本书为国家社会科学基金项目“藏缅语并列结构的类型学研究（17BYY177）”的研究成果

藏缅语并列结构类型比较研究：兼与汉语比较

范丽君◎著

中国社会科学出版社

图书在版编目(CIP)数据

藏缅语并列结构类型比较研究 ：兼与汉语比较 / 范
丽君著 . -- 北京 ：中国社会科学出版社，2025. 9.
ISBN 978-7-5227-4953-2

Ⅰ. H429.4；H146

中国国家版本馆 CIP 数据核字第 2025HL7230 号

出 版 人	季为民
责任编辑	宫京蕾
责任校对	夏慧萍
责任印制	郝美娜

出　　版	中国社会科学出版社
社　　址	北京鼓楼西大街甲 158 号
邮　　编	100720
网　　址	http：//www. csspw. cn
发 行 部	010-84083685
门 市 部	010-84029450
经　　销	新华书店及其他书店

印　　刷	北京君升印刷有限公司
装　　订	廊坊市广阳区广增装订厂
版　　次	2025 年 9 月第 1 版
印　　次	2025 年 9 月第 1 次印刷

开　　本	710×1000　1/16
印　　张	20.75
插　　页	2
字　　数	353 千字
定　　价	118.00 元

序

戴庆厦

丽君副教授2017年获准国家社会科学基金项目“藏缅语并列结构的类型学研究”，于2021年底结项，经过反复修改，形成了《藏缅语并列结构类型比较研究》一书，即将出版。成书过程历经疫情，克服了很多困难，其甘苦我是了解的。

以往研究具体语言的并列结构，国外多从跨语言的角度研究，缺少从语言类型的角度对并列结构进行比较的成果。国内并列结构研究的成果，主要集中在汉语研究上，成果颇丰。但藏缅语并列结构的研究只有一些单一语言的描写，研究零散，缺乏系统性。在此背景下，作者运用语言类型学理论，收集了大量的语料，对藏缅语并列结构进行了全方位的审视，取得了一些新的认识，难能可贵。

《藏缅语并列结构类型比较研究》一书，以语言事实分析研究为基础，并借鉴国外现代语言学的研究范式，对并列结构的定义和组成、并列结构的分类、并列结构的关联标记、并列结构的限制、并列结构成分省略、并列结构的不对称、并列结构与语言其他系统的关系、从句连接视角下的并列结构等问题进行了分析和梳理。在研究中重视以下三点：一是从从句连接的角度考察并列结构特点，二是对具体语言并列结构做了尽可能细致的描写，三是运用多种研究方法解释并列结构特点。

作者探讨藏缅语并列结构的特征时，通过并列复合词、并列词组、并列复句三个方面的对比，观察藏缅语并列结构及其连接手段的特点，揭示了不同层次语言单位并列结构之间的关系。该书归纳出的藏缅语并列结构的类型特征，有助于进一步探讨整个汉藏语系并列结构的特点。从藏缅语并列结构及其连接模式的特点来反观汉语并列结构的特点，能为深化汉语并列结构的研究提供新的思路。

作者在研究过程中，发现藏缅语并列复合词在音节上缺乏形态手段的分析性特点，比形态手段丰富的语言有更多的四音节并列复合词。关于藏缅语并列复合词语素顺序制约因素，作者发现大多数藏缅语并列复合词受到语素内元音高低的制约，以语音为第一制约因素。

在探讨并列词组时，作者也有一些新的发现。例如：藏缅语多项并列中，前置于最后并列项型关联标记模式在藏缅语中占绝对优势地位。从语言的经济原则来看，多项并列使用一个关联标记更为符合语言经济原则，应该是藏缅语多项并列发展的一个趋势。关于数字表达中使用并列标记问题，藏缅语的景颇语支，各级位数之间的连接都不用连词，彝语支各级位数的连接也很少用连词。数字表达是否用连词，跟各民族计数的方法有关。

在探讨并列类复句时，也取得了一些新的认识。例如：藏缅语和汉语并列复句关联标记构成丰富，它们不是一个封闭的类，也都是由副词、词组和其他词汇形式构成，构成形式丰富，并且根据表达需要，还有很多词语可以进入并列复句关联标记中。汉语和藏缅语递进复句都有采用“否定+虚词”形式的关联标记，后一分句是递进义的承担者。汉语递进复句关联标记数量上要比藏缅语丰富，主要原因是现代汉语的关联标记与古代汉语关联标记一脉相承。由于语序类型和语言接触的原因，藏缅语递进复句关联标记模式类型比汉语多。藏缅语疑问语气和语气词在表达选择关系上占有重要地位，在疑问选择关系的表达中，关联标记居中的模式占绝对优势，多数藏缅语疑问选择复句关联标记来源于副词“还是”。相对于藏缅语，汉语选择复句对疑问语气词的依赖较少，汉语陈述选择复句和疑问选择复句关联标记分野明显。

作者在收集的语言材料方面很下功夫，几乎覆盖了目前我国公开出版的有关藏缅语族语言的论著。对每类并列结构都给予归纳总结，能一目了然地看出并列结构在不同语言中的分布特点。

在研究方法方面，作者共时描写与历时探究相结合，在描写藏缅语并列结构特点的基础上，探寻并列标记的多功能性及其演变路径与机制。在与汉语的并列结构进行比较时，重视藏缅语并列结构的特点。例如：较之汉语，藏缅语数字之间连接要用并列关联标记，常用重叠形式表并列，藏缅语重叠并列项表并列关系可能是由于其缺乏表形容词并列的标记；用重叠性质状态词语的方式再加上副词的方式表示同时具有两种性质状态；动词性并列词组重叠并列项是因为重叠本身表示量的累积和增多；用比较形象、直观的重叠方式表达动作行为的累积。关于并列项顺序，作者认为大部分藏缅语并列复合词语素的顺序与词素语音和语义都有关系。藏缅语和汉语的并列词组的词序和语义有关，根据语义关系，有常规的顺序，但词序灵活，可根据语义调整词序。藏缅语和汉语并列复句分句顺序较为灵活，能够根据语义表达调整顺序，但调整顺序后，相对应的语用意义有所改变，且句法结构也有微调。

此成果是国内并列结构研究中系统而有深度的学术研究成果，对认识藏缅语并列结构的形式、语义、形态句法特点以及并列标记来源、演变具有重要的学术价值和理论价值，并对中国境内其他语言的并列结构研究都具有一定的参考价值和借鉴意义。

丽君多年从事汉藏语的语法比较研究，善于从类型学的视角观察、发现问题。汉藏语的语法系统不同于印欧语、阿尔泰语，汉藏语内部不同的语言在类型上也存在差异，通过语言的类型比较，能够有效地发现语言的特点及其演变。我国有丰富的语言类型比较资源，能为汉藏语类型比较提供珍贵的语料。我希望丽君坚持做下去，取得更多的成果。

是为序。

2024. 10

目　录

第一章

绪　论

第一节　并列结构研究概况

一　国外并列结构研究概况

并列结构是世界上各语言的基本结构单位。并列结构的探讨由来已久，各语言在讨论句法结构时，都不能避开并列结构。人们很早就对并列结构形式、语义、语用、功能进行了全方位的描写，就其中有争议的问题再三深入探讨。就以往的研究内容来看，有的是对并列结构功能的探讨，有的是对并列结构语义的关注，有的是对具体语言并列结构的研究，有的从跨语言的类型学的角度探讨并列结构问题；就研究方法来说，有从功能语言学角度对并列结构进行描写，有从形式句法角度对并列结构的问题进行解读，有从类型学角度把并列结构放到更广阔的领域去研究。国外并列结构的研究主要就以下问题展开。

（一）并列结构的定义和组成

什么是并列结构？这是个基本的问题。Dik（1968）定义并列结构为：当两个从句（或其他成分）结合时，二者互不包含和依赖。韦里（2009）认为并列结构两种基本的形式为并列和使用连接词。并列为结构上的并列，连接词连接相邻的两个单位。

Martin Haspelmath（2004）认为，目前来看，可以根据对称性判定并列结构，即如果结构 A 和结构 B 处于相同的状态，这个结构可以判定为并列结构。反之，如果不对称，或者一个结构更为突出，则不是并列结构，而是某种意义上的从属结构。英语的结构分为并列结构和从属结构，也是依据此种判定方法。并列结构一般由两个或两个以上的并列项（coordinands）（如并列短语）组成。并列项的连接可以有显性的标记联系项（coordinators）进行识别，如连词或小品词 and、or 和 but 等，或者词缀形式，如 Chechen 语的联系项为词缀形式-ii。除了常见的二分的并列项，还有多个并列项的并列结构。因此可以说并列结构的形式由并列项和联系项组成。

上面是对并列结构形式的探讨，加上对语义因素的考虑，Haspelmath（2004）给出的并列结构的定义为：“并列结构是指两个或两个以上相同类型的单位组成更大的单位的句法结构，这两个相同的句法结构和他周围的成分拥有相同的语义关系。”①

关于并列结构的内涵问题，Yuasa & Sadock（2002）提出了几条参考的标准。第一，具有可逆性，更改并列项的顺序并不影响真值条件。第二，并列结构制约的应用为：不能单独质疑一个从句的组成成分，例如 The old man worked/working at the mountain，(and) who tended the store？不是一个合法的句子，二者之间没有相关的语义联系。第三，非向后回指，第一个从句中的代词不能和第二个从句中的名词短语共指，比如“His$_i$ wife worked/working at the mountain，（and）the old man$_i$ tended the store”也不是合法的句子，第一个从句中的代词和第二个从句中的 NP 不能共指。第四，可能存在多个并列项。第五，所有的并列项平等。事实上，并列结构并不总是与此相符，也不是简单地能用形式和句法或语义定义的。我们认为可以从两个角度定义，一些并列结构呈现出句法语义的并列，另一些并列结构则只是语义上的并列而在句法上是从属的。并列结构的属性也并不总是整齐划一的。

关于并列结构是否二进制结构的问题，张宁（Niina Ning Zhang 2009）列出以前学者提出的两种结构图，一是典型的扁平多分支结构 a，二是二进制结构 b。如下图所示（2009：37）：

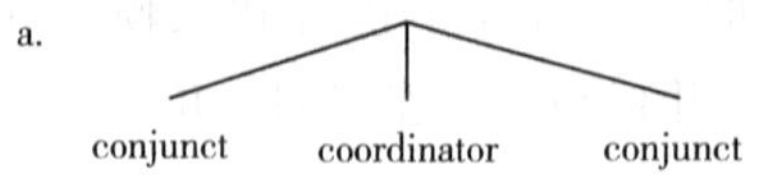

图 1 扁平的分支结构

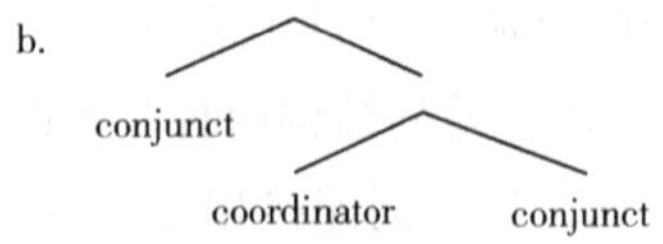

图 2 二进制结构

而张宁提出并列复合句有补充结构，而不是之前认为的特殊并列结

① Martin Haspelmath（2004）Coordinating Constructions，Typological Studies in Language（TSL）58：34.

构，两个并列项的关系是内部并列项（specifier）和外部并列项（complement）之间的关系。还认为由于在许多情况下，并列结构形态学上的一致性本质是一个处理方式或语义问题，不能适用于并列复合句的任何特殊结构。

张宁在谈到并列复合结构时认为，并列复合结构（coordinate complex）是由两个及两个以上单元（conjuncts 并列项）组成的句法结构，并且并列项的类别至少与其中另一个并列项相同。一般来说，有一个元素（小品词、附着形式、词缀）连接并列项，这个元素我们可以称之为关联标记或联系项（coordinator），关联标记可以分为并列连接词关联标记（conjunctive：and），选择词关联标记（disjunctive：or），以及转折词关联标记（adversative：but），这与 Haspelmath 的分类相同。

Dik（1968：41，58）关于联系项的位置问题做过一般的介绍，"if only one coordinator is present, its place is determined, generally, by the last member of the series," and "an almost universal rule puts the coordinator before or after the last member of the series." "如果联系项存在，它的位置一定位于边缘位置，一般来说，临近许多项的最后一项。一个普遍的原则是联系项在最后一项前面或后面。"

张宁（2009）结合 Dik 的论述，参照英语，认为并列结构并不是扁平结构，理由之一是在有多个并列项的并列复合结构中，静态的联系项必须和一个边缘并列项结合在一起。第二个理由是在英语中，所有的非最后并列项决定了整个并列复合结构的范畴。只有最后并列项允许与其他并列项有不同的结构范畴。再次强调并列结构没有特殊的句法限制。

张宁还提到并列项属于不同范畴的情况。如：（2009：2）

a. You can depend on [my assistance and that he will be on time]. (Sag *et al*. 1985：165)

b. John eats only pork and only at home. (Grosu 1985：232)

如 a 的并列项分别是名词性结构和从句，b 的并列项分别是名词性结构和介词结构。

对于复杂结构，Lindsay J. Whaley（1997）列出图表，直观地显示了从属结构、并列结构、并列从属结构的关系。列表如下①：

① 参见 Lindsay J. Whaley 著《类型学导论——语言的共性和差异》，世界图书出版公司 2009 年版，第 268 页。

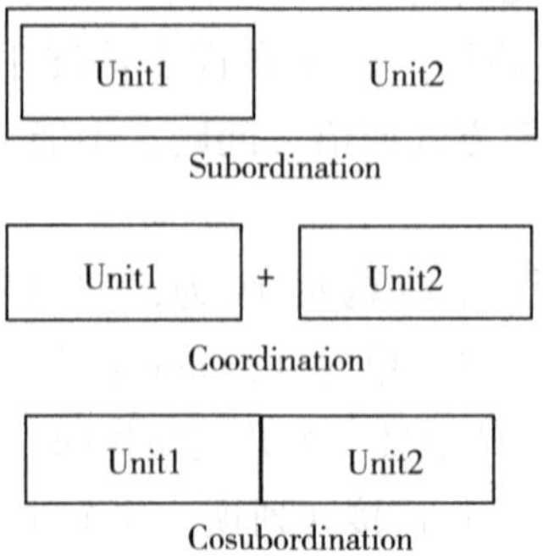

图 3 三种复杂结构

从属结构的两个结构单位互相依赖、互相包含，并列-从属结构（也有人翻译为主次结构）既互相依赖又相对独立。并列-从属结构的提出（Olson1981），用来指称那些既具有从属结构特性，又具有并列结构特性的结构。如：

fu fi fase isoe

3s sitletter write

He sat (down) and wrote aletter. (Date from Olson 1981)

动词 fi 和 isoe 结构上不互相包含，语义上也不相互依赖，依据这两个特征可以判定是典型的并列结构，但这两个动词共有一个主语，并且有相同的时体和情态，这点上又相互依赖，具有从属结构的特性，因此 Olson 称之为并列-从属结构。之后 Foley 和 Van Valin（1984）对此进行描绘，打破了二分结构的格局，通过跨语言的视角，更加证实了三种结构存在的必要性。

（二）并列结构的分类

对并列结构进行分类，一般可根据有无关联标记、关联标记的位置、并列项的语义类型等对并列结构进行分类，即一是从形式角度分类，二是从语义关系角度进行分类。

Haspelmath（2004）认为，并列结构首先根据有无联系项可以分成两类：一类为 syndetic，即有标记并列结构；另一类为 asyndetic，无标记并列结构，再根据并列结构中联系项的多少进行分类，两个并列项需要一个联系项的类型，称为单连接并列结构 monosyndetic coordination，两个并列项需要两个联系项的类型，称为双连接并列结构 bisyndetic coordination。

单连接并列结构举例[①]：

monosyndetic：Iraqw（Mous°，ex. 29）

kwa/angw nee du'uma

hare and leopard

"the hare and the leopard"

双连接并列结构举例：

bisyndetic：Upper Kuskokwim Athabaskan（Kibrik°，ex. 1）

dineje ʔił midzish ʔił

moose with carlbou with

"moose and caribou"[②]

从类型学角度看，在许多语言中，在单连接并列结构类型中，除了最后一个联系项不能被省略，其他的联系项都可以被省略。但是也有很多语言联系项是不能省略的。在双连接并列结构中，多个并列项中联系项一般不能省略。根据联系项在并列结构中的位置，可分为前置联系项（prepositive）和后置联系项（postpositive）。

我们再来看从语义角度对并列结构进行分类的情况。

Haspelmath（2004）认为并列结构的语义类型分为三种：第一种是并列关系（conjunction），如英语中用连词 and 连接；第二种是选择关系（disjunction），如英语中用连词 or 连接；第三种是转折并列（adversative），如英语中用连词 but 连接。英语中的并列结构包含以上三种。还应看到因果并列也是一个附加的类型，如德语的 denn "for，because" 句型也归入了并列结构。在欧洲一些语言里，"因果关系" 归入并列结构，但是更多语言是把 "因果关系" 归入从属结构的。

Haspelmath（2004）认为并列结构包括并列、选择和转折三种语义类型。关于选择关联标记，他认为选择关联标记的重要性小于并列关联标记，因为在很多语言里，选择关联标记的使用少于并列标记。在有些语言中，名词性并列结构和从句并列项结构的选择关联标记并不作区分，这也与选择关联标记的使用频率低有关。

---

① Martin Haspelmath（2004）Coordinating Constructions，Typological Studies in Language（TSL）58：4.

② Martin Haspelmath（2004）Coordinating Constructions，Typological Studies in Language（TSL）58：4.

在一些语言中，选择关联标记是借来的，也更容易借用。借用的等级层次可表示为 but>or>and，像并列结构的联系项一样，选择关联标记经常也是多功能性的。

选择关联标记和并列关联标记的关系如何，从句和词组中的选择标记是否一致？这给了我们探讨藏缅语选择关联标记时一些启示。

张宁（2009）指出研究并列结构还应区分自然的并列和偶然的并列结构。认为 Haspelmath（2004）等指出自然的并列是一种语义关系，根据语义关系各个并列项紧密地联系在一起。紧密关系表明并列项之间都有语义上的联系，而不是没有联系地堆砌在一起。与此相反的是偶然并列，偶然并列包含并列的一些元素，但彼此之间没有紧密的语义联系。

Elena Rudnitskaya 和 Elena Uryson（2008）的《并列结构的语义类型学》一文以俄语、韩语、英语为对象语言，探讨并列结构的语义关系。主要调查两种类型的语言学单位，一是主要并列结构连词连接从句，如俄语的 i、a、no；或者英语的 and、but（it started raining and got cooler; it started raining, but didn't get cooler）。二是排除欧洲语言中的语义相似实体（词缀），如连词和句法并列的单位，如韩语的 -ko、-myense、-se、-（u）na、-ciman、-（nu）ntey。一个特定语言的并列连词或词缀是语言学单位的子系统，它们的目的是建立类型学上与子系统相关的语义对立关系。

作者提到 Haspelmath（2004）已经建立了并列结构的类型学划分。然而，对连词/词缀的语义特征说明受到传统术语并列连词或转折连词的限制。作者将使用更详细的语义元语言，并通过一组简单的语义元素来描述并列连词和转折连词的含义。在这篇文章中，作者还提出两个假设：第一个假设是不同语言中的并列连词/词缀表达了单一的一组语义，因此，在某种程度上可以预测任何给定语言中并列连词/词缀的意义。第二个假设是并列结构并列项连词的选择取决于两个因素：一是并列项 P 和并列项 Q 的意义；二是说话者连接并列项 P 和 Q 时选择的连接策略。这些策略是具有普遍性的。但是语言在上下文语境或不同情形中的首选策略有所不同。

这里提到了并列项进行连接时，由于并列项之间的关系、说话者的连接策略、上下文等因素的影响，可能选择使用不同的连接标记，即不同的联系项。在很多语言中，有很多种类型的连接标记，即使同一类型的连接标记，也有语义表达上的细微差异。关于并列结构连接标记的研究，作者认为对于连接标记发达的语言来说，更要区分其细微的语义差别。

接下来作者讨论了韩语的并列结构类型，还介绍了并列连词/词缀系统中的语义对立以及并列项的连接策略。所讨论的三种语言韩语、俄语、英语在并列连词和转折连词方面选择的首选策略有所不同。

这篇文章从语义角度入手，探讨不同类型语言并列连接标记的选择策略。每种语言都代表其独特的思维方式，有的语言用相同的标记连接不同类型并列结构，而有的语言进行并列结构连接时，对关联标记区分很细，因此我们可以根据选择策略，对并列关联标记进行分类分析。

Caterina Mauri（2008）的《欧洲语言及其他语言中的并列关系》一书以并列、转折和选择关系并列结构为对象进行研究。关于并列关系的并列结构，侧重动词短语和句子的并列关系的探讨。方法上侧重探讨不同语言并列结构的语义和形态句法参数，如语义参数会涉及时间、对立、相关、目的等。

（三）并列结构的关联标记

根据联系项在并列项的位置，Haspelmath（2004）分析了单连接并列结构，即在只有一个联系项的并列结构中联系项的位置类型情况。在只有一个联系项的并列结构中，联系项的位置有四种可能的逻辑类型，下面按 ABCD 降序的排列展示出跨语言中不同类型出现的频率。A 和 B 代表两个并列项（coordinands），co 代表联系项（coordinator）

A. [A] [coB] e. g. Hausa①

B. [Aco] [B] e. g. Lai

C. [A] [Bco] e. g. Latin

D. [coA] [B]

在上面四种类型中，没有发现任何一种语言属于第四种类型，且第三种类型非常罕见。第一种和第二种之间的区别不是很直接，存在第三种逻辑的可能性 [A] [co] [B]，但 AB 两种类型都反映了联系项居于并列项的中间位置。在大多数语言中，联系项外置于它所要连接的并列项，但是当并列项很长，尤其是一个从句时，联系项可能也会位于并列项的内部位

① Martin Haspelmath（2004）Coordinating Constructions, *Typological Studies in Language*（TSL）58：6.

置。联系项在并列项中的位置问题是一个基本问题，世界上大多数语言并列结构中联系项处于居中的位置，除了极为罕见的第三种类型。汉藏语并列结构中联系项的位置也多数处于中间位置。

联系项都能连接哪些语法范畴，不同的联系项连接的语法范畴类型一致吗？Haspelmath（2004）探讨了并列结构联系项连接的语法范畴。他认为在英语和其他欧洲语言中，联系项 and 和 or 能联系广泛的语法范畴，如名词词组、动词词组、从句、形容词词组、介词词组等，但 but 由于语义原因限制，仅限于连接从句。还指出大约一半以上的世界语言在连接名词性成分和动词/从句性成分时使用不同的连接词。所以我们在考察并列结构时，也应考虑联系项连接的语法范畴是否一致，有哪些特点。藏缅语多数语言在连接名词性成分和动词性成分时也使用不同的联系项。

连词可以表示不同类型的语义关系，如并列、连贯、转折等关系。Haspelmath 指出世界上很多语言依据语义因素的不同，可分成不同的连词结构。第一个语义影响因素是并列项的生命度，生命度不同，使用不同的联系项。第二个语义影响因素是专有名词和普通名词的区别，二者可能使用不同的联系项。第三个语义影响因素是，当两个并列项形成一个概念集合或是两个不同的实体时，倾向于使用不同连词（联系项）。第四个语义影响因素是，根据并列项与现实世界联系的紧密程度使用不同联系项。

Haspelmath（2004）还提到从句和从句组合时，连贯意义和并列意义是很难区分的，从句的联系项经常被译为 and、and then、then 等，以至于很难判断这种顺序含义在多大程度上是联系项意义的一部分，以及在多大程度上只是从报道时间序列的上下文中得出的，也就是说是连词本身的意义使然还是上下文使然。他还提出在一些语言中并列从句语义之间的区别是靠换指（switch-reference）表示的，并列从句之间如果主语相同或主语不同则换指不同。

藏缅语有的语言不同性质、不同语义关系的并列项使用不同的关联标记，从句并列项之间的关系是并列关系还是连贯关系，除非有非常明确的连接标记，否则很难区分二者的关系，只能从实际语境上下文关系去判定。Haspelmath 从跨语言角度区分了影响并列项使用不同联系项的语义因素，还指出了并列关系和连贯关系的密切关系，对我们有很大的启发意义。

关于联系项的位置，Jan-Wouter Zwart（2005）在《中心词后置语言中并列结构的一些特点》一文中，对中心词后置语言（162 种语言样本）的名词短语的并列现象进行调查后发现，中心词后置语言显示出对居首连词的显著偏好。绝大多数中心词后置语言采用居首连接标记。中心词居首的语言中也采用汇总策略列出多个并列项作为一个实体（eg：John and Mary；John，Mary）和居首连词联合使用。从后置连词（受汇总策略和伴随格因素影响 John with Mary）发展到真正的居首连词是一条普遍的规则。

谈到联系项，一定会谈到连词与伴随格。关于伴随标记和连词标记，Stassen（2000）已作出阐述，指出世界上大多数语言用相同的标记表示并列关系（A and B）和伴随关系（A with B）。关于二者使用相同的标记，有两种解释：一方面，在使用 with 的语言中，伴随标记和并列标记只有一个单一的功能，形式是相同的，在使用 and 的语言中，恰好以两种不同的方式呈现，如英语。另一方面，伴随标记和并列标记共时看来是不同的，从共时角度语义上是不同的，现有形式经历了从伴随格到并列标记的语义-句法转变。有些语言属于前者，有些语言属于后者，即有的语言属于共时角度看伴随标记和并列标记一致，而有些语言共时角度看不一致，但经历了从伴随格到并列标记转变的历时过程。

关于伴随标记和并列标记的相关性问题，Haspelmath（2004）从跨语言角度提出了两种情况，一是共时看伴随格和并列标记一致的语言，二是共时看二者不一致但有历时演变关系的语言。以及由于伴随格和并列标记的密切演化关系，对其他句法结构也会产生不同的影响。所以我们在讨论并列标记的时候，不能回避上述讨论。藏缅语伴随格标记和并列标记的关系，定会丰富 Haspelmath 的讨论。

从跨语言的角度看，很多语言联系项除了兼表并列关系、伴随关系外，还能兼表很多其他的功能，如韩语的并列结构的联系项可表示并列、伴随、工具、方式、比较、主格等语义关系。综合跨语言的例子，初步绘制出了联系项即并列标记的语义图。具体如下：

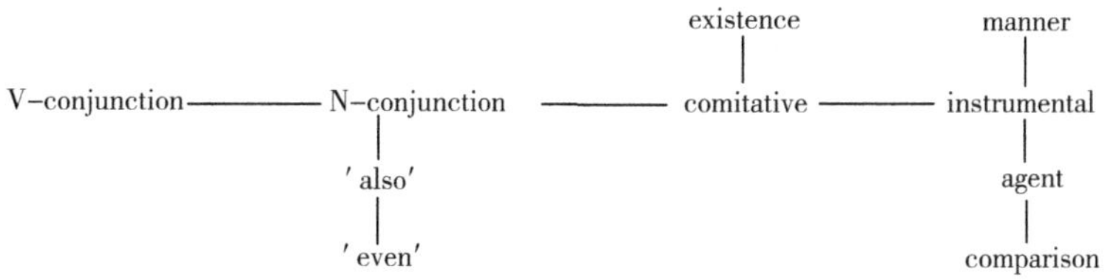

图 4　并列标记及相关概念的语义图

这个语义图形象地表达了联系项多功能语义的分布情况。按照遵循语义图连续性假设：在语义地图上，每一个语言的成分和范畴占据一个联系的区域，它们在空间上是延续性的。虽然语义地图表达了多功能的普遍性，但像其他普遍性一样，都会有例外。这个并列标记的语义图给了我们关于并列标记多功能性衍生的一个基本框架，随着进入语言库的语言的数量的增多，我们可以验证、修改、扩展该语义图。汉藏语系并列标记是如何衍生的，我们尝试在此语义图上找出汉藏语并列标记相对的概念空间。

Haspelmath（2004）还绘制了并列标记与其相关概念的历时演变语义图，如下：

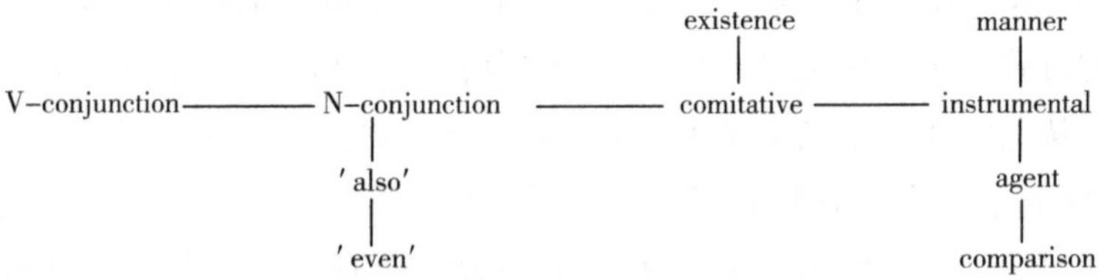

图 5　并列标记与其相关概念的历时演变联系图

韦里也提到了并列标记的多功能性，指出并列标记往往兼表介词、工具格和伴随格。关于并列标记的位置，在并列标记只表示并列关系时，一般居于两个从句的中间位置。

Marianne Mithun（1989）的《并列结构的语法化》一文比较并列结构中的语调类型。作者调查了用于标记并列结构的连词的语法化的类型，试图找出它们的历史来源及语法化历程。得出如下结论：尽管在口语话语中，概念的语调连接更具普遍性，并列结构的语法化并不普遍。在一些语言中，并列结构根本没有显性的标识。然而在另一些语言中，并列结构有系统性的标识并且是强制性的。语言间组成并列结构的标记的发展也不是整齐划一的，并列标记可能源于多种不同的语法领域，来自多种不同的来源，并向不同的方向发展。

不同语言间如此基本的并列结构的形式变化很大，而且很容易借用。如果一种语言有书写系统，或者专注于书写本身，就会刺激该语言产生明显的语法结构标记，并最终使并列标记语法化。这种语法化不仅导致了显性标记的系统化，而且也强调了句子作为语言结构基本单位的确定性。

（四）并列结构的限制问题

进行句式变换时，并列结构中哪些项目是可以提取的？提取时又有哪些限制？关于并列结构提取限制问题，Ross（1967、1986）已经进行过多次讨论。Ross（1967：89）论述了如下限制：在一个并列结构里，并列项不能被移动，或者在一个并列项里被限制的成分也不能被移出并列项。这个规则的提出，产生了巨大影响。

普遍的观点认为并列结构中并列的范畴应该具有相同的句法形式，但也有人质疑了并列结构只有句法上的限制的观点，认为并列结构的并列限制是一种语义上的限制。关于并列结构是句法上的并列还是语义上的并列的问题，不同的学者有不同的侧重，但应该从句法语义两个角度去考查并列结构的范畴、限制等问题。

张宁（2009）关于并列结构制约问题，认为制约由两部分组成，无并列项位移和没有成分从并列项中提取。如：

a. * Which boy did John kiss [_ and which girl]?（CC violation）

b. * What kind of herbs did you [[eat_] and [drink beer]]?（EC violation）

并列结构的制约问题已经存在40多年了，对生成语言学包括最简方案来说，它仍是一个重要挑战。

这本书对句法理论中并列结构的制约有两点贡献：第一，数据显示CC和EC都能被违背。如果满足相关平行需求则并列结构制约违背可以被接受。如果并列项语义相关或并列项显示语义类型或移动历史相似则相关平行需求能够被满足。第二，关于并列结构制约效果，EC效果能从相关平行需求偏离得到解释，但CC效果则受制于两个因素：一是相关平行需求偏离，二是类似于and类的连词的特殊词汇属性。

关于ATB结构，具体如下：

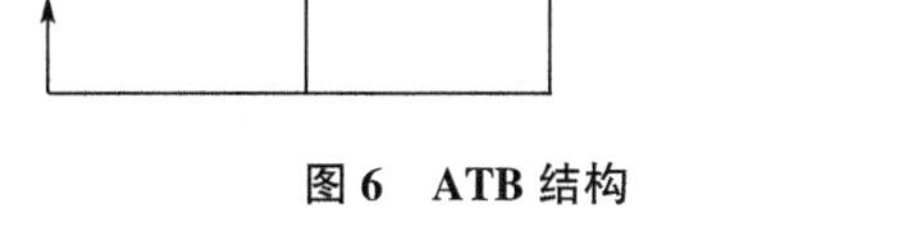

Who did Jim like and Jane hate?
Who did Jim like_and Jane hate_?
(ATB movement)

图6 ATB结构

ATB结构是从一个依存的联系项中提取出来的，依存于相互关系和另一个联系项的无标记元素。提取项和依存代词都是被独立的并列复合结构驱动的。

张宁（2009）从生成语法的角度解析并列结构，对并列结构中可省略成分运用生成理论进行解析，给并列结构研究带来全新视角。

关于并列结构并列项的限制问题，韦里认为并列结构当然不只局限于从句，还包含更小的语言单位，不同的语言能够并列连接的单位不一样，连接方式也不一样。如豪萨语用连接标记 da 连接名词短语，但从句连接则没有连接标记。不同语言的情况不一，但还是有些规律可循，J. Payne（1985）发现语言基于连接单位的不同，采用不同的并列连接策略，策略选择遵循下面等级序列：

Clause>verb phrase>adjective phrase>adpositional>noun phrase

即一种语言如果连续统上某个单位前后的两个单位共用一个连接标记，那么这个单位也一定使用这个并列标记。假设一种语言有两种策略连接并列结构，一是结构并置（意合法），二是连接标记，不可能所有的情景都使用这些连接策略，事实上，它们是相互排斥的。并置一般用于连接从句和名词词组，连接标记在所有的情景中都能使用。

（五）并列结构成分省略问题

关于并列结构成分省略的问题，Haspelmath（2004）认为在并列结构中，只要两个并列的成分小于完整的从句，其中一个有特殊结构的允许其省略，如 Robert is at home but Ø has no time。对并列结构而言，另一种类型省略可以称之为话语省略（前指省略）。在话语省略方面，许多语言比欧洲语言更为自由，当然也更难发现真正的并列省略。因此要区分话语省略和真正的并列省略。汉藏语的并列省略和话语省略也是结合在一起的，需要仔细甄别。

关于并列结构省略的讨论更多地集中在从句组成成分上，而不是名词结构成分上，在从句结构中，第二个并列项的成分更容易被省略，如果是从句中的成分，这种省略类型称为空缺。关于并列结构的省略我们知之甚少，这说明关于并列从句成分省略的问题，我们还有很多的探索空间。

Anette Frank（2002）的《非对称并列结构的话语功能分析》一文分析德语中限制结构中的主语空缺（SGF）的并列结构。Chris Wilder（1994）的《并列结构、ATB 及省略》一文从形式语法角度分析并列结构。这些文章中都涉及了并列结构并列成分的省略问题。

（六）并列结构的不对称问题

张宁（2009）讨论了并列项连接中的不对称问题，并列项的出现顺序的不对称问题，如有些并列项不能改变顺序。作者把汉语中的假设复句也并入并列结构进行讨论。跨语言研究显示，伴随结构的连接词经常和有着其他功能的词同音。还讨论了汉语伴随格词语“和”和“跟”的特点。推导出汉语里联系项历时演化的序列是动词>介词>联系项。

（七）并列结构与语言其他系统的关系的讨论

Jeffrey Heath（2004）的《并列结构：适应性视角》运用三种语言的语料，尝试说明并列结构是如何和语言的其他功能系统关联的。E. N. S. Bhat（2004）的《连词和人称代词》指出在有些语言中，人称代词的单复数形式与连词相关而非与数量相关。还有其他类型结构，数量标记或非单数人称代词能够表示连词而非复数。

（八）从从句连接的视角探讨并列结构问题

Haspelmath（2004）认为，并列结构中句法语义的不搭配现象并不能解决所有的问题，并列结构对称而从属结构的不对称性很难解释有争议的议题，有很多结构显示是二者的混合体。

其实在国外研究中，并列结构的讨论往往是和从属结构的讨论结合在一起的，它们都属于从句连接的一种方式，而且二者往往互相包含，形成更为复杂的句子结构。

Tang，G.，& Lau，P（2012）的《手势语中的并列结构和主从结构》一文指出：在任何自然语言中，子句都可以通过各种手段组合成更为复杂的句子，组合手段通常包括并列、从属等手段。

Lehmann（1988）依据语法依赖性定义从属结构和并列结构，从属结构相互依赖，而并列结构则是并列项之间的姐妹并列关系。

Isabelle Bril（2010）主编的《从句连接和从句层次：句法和语用》一书探讨跨语言的从句连接问题。Isabelle Bril 的卷首文章《从句连接和从句层次的句法和语用—— 一些新的观点》简要介绍了该论文集情况：以跨语言的视角探讨从句连接策略，侧重于探讨与并列结构和从属结构相关的问题，更侧重于从属结构。从属结构与多种结构相关，如连接从句、副动词、相关结构、特定类型的动词变形和动词屈折形态、时体态标记等，以及信息层级及所指层级参照策略。这本书中的文章探讨了复杂句子结构中语法、语用和语义之间的相互作用，旨在依据现有的与并列结构和从属结构相关的争论，对新的语言材料进行重新分析。

这本论文集旨在通过新的语言材料，解决如下问题。

1. 在特定的语言中，怎么区分从句连接结构的类型和从句连接层次等级的水平？2. 用于从属从句连接的形态装置的范围是什么？例如是否为限定动词形式、masdars，副动词、时体态形态标记、特殊的动词变形、格标记系统、限定和所指装置、信息层次装置等？3. 这些形态装置来源于什么范畴和功能领域？

还试图解决一些理论和方法问题：

并列结构、从属结构和并列-从属结构是普遍的句法范畴吗？是否有从句连接层次等级的共性？如何定义这些概念以使其具有跨语言的有效性？什么样的标准能够给它们定义？

从句连接装置的形式、功能和意义之间是否匹配？存在地域性的从句连接现象吗？从句连接的哪些功能和语义类型能够被区分和分组，它们具有可比性吗？

这本论文集主要探讨从句连接问题，包括并列结构、从属结构和并列-从属结构，世界上各个语言是用什么样的手段连接这些结构的，形态丰富语言和形态不发达语言在连接上述结构时采取的手段有何异同，从其他角度分类，分类结果又如何。一般都探讨并列结构和从属结构，但一些语言也有并列-从属结构，所以这三种结构是普遍的语法范畴吗？这些问题的解决需要更多的新的语言材料的佐证和对现有语言材料的重新分析。但有一点给我们以重要启示，即探讨并列结构可以探知这个结构的组成、特点，但深入地探讨应该探索一种语言分句和分句之间是如何连接的，即从句连接问题。从句连接并列结构、从属结构乃至一些语言并列-从属结构的上位概念，只有弄清楚一种语言从句连接问题，才能更好地理解其下位概念的连接问题。

Isabelle Bril 列出了一系列区分并列结构和主从结构的标准。列举了并列结构和主从结构的特点。并列结构的特点为：与从属结构相反，并列结构是在逻辑上结构对称的关系，如果 x 和 y 并列，则 y 与 x 并列。尽管并列结构可能包含逻辑上和形式上的对称性，至少在某些情况下和抽象水平上来说是这样，但这并不意味着它是句法或语义上不受限制的，例如：一些并列结构受因果关系和阅读的影响，对顺序特别敏感（当我生气时他离开了房子 vs 他离开房子时我生气了)。

这里的并列结构包含了连贯结构，汉藏语广义的并列结构也包括连贯关系。在这里，连贯关系的并列结构的两个并列项变换顺序则不是自由的。并列结构的各种限制因不同类型的并列结构而有所区别。

还探讨了并列结构联系项和并列结构不对称的问题。关于并列结构不对称的认识如下：由并列结构本身特点导致的不对称特征为一些并列短语的结构的层次性提供了证据，跨语言研究表明具有不对称特征的并列项是并列结构的一个可能选择。

在这本论文集中，第一部分是从巴布亚语言和跨语言视角，讨论对称术语及类型学方法。首先是组连理论的重新评估。Foley 提出组连理论(第一个发展提出 Foley & Van Valin 1984) 区分了组连的三个范畴：从属结构、并列结构和并列-从属结构。现在削减到只有主从和并列结构。之后，还讨论了从句链 (clause-chaining) 和并列-从属结构。第二部分的文章围绕从句链 (clause-chaining)、副动词、绝对结构等与从句连接相关的问题。第三部分探讨从属、信息层次、所指层次与从句连接的关系。第四部分的文章主要探讨从句连接中的信息层次和时体态功能的相互作用。

汉语把分句与分句之间的连接问题归入复句问题，这是在句子层面上的探讨。如果按西方句法体系，一般的复杂句中包含从属结构和并列结构，这些都是研究并列结构和从属结构时的内容，即并列结构和从属结构不应只限制在句子层面。藏缅语探讨并列结构时还是按汉语的框架，我们可以把其放入世界语言范围下去探讨，在分析并列结构时也应与从属结构对照进行，通过比较可以更加深刻地认识并列结构的特点。

从句连接一般会涉及主从和并列结构，很多学者谈到并列结构，都会涉及主从结构，谈到主从结构，也不得不说到并列结构。Bernard Comrie(伯纳德·科姆里) 主编的《亚洲北部语言的并列和从属结构策略》(2008) 一书中，集合了亚洲北部语言并列结构和从属结构的连接策略。其中伯纳德·科姆里的《从属、并列：形式、语义、语用》一文旨在区分并列结构和从属结构，举例指出了一些表面看起来像并列结构的实质上是偏正结构，表面看起来是偏正结构的实质上是并列结构。二者的区分不是一个严格的二分法问题，而是一个程度问题。语法例子表明同样的结构是从属结构还是并列结构主要取决于解释。

（九）具体语言并列结构的讨论

Ohori & Toshio（2004）讲述了 Mentalese 语的并列结构。在 2003 年关于并列结构的论文集中，作者们还探讨了非洲语言、高加索语言、中东语言、南亚语言、太平洋地区语言和美洲语言中与并列结构相关的问题。

Jeschull（2004）的《Chechen 语的并列结构》、William A. Foley（2010）的《巴布亚语言从句连接》，Chris H. Reintges（2010）的《Coptic 语言中的并列结构、副动词和从句链》等文章都涉及具体语言当中的并列结构。

对一种语言并列结构的特点描写的文章很多，涉及世界上各个语系的语言，但关于藏缅语族并列结构的深入描写并不多见，对苗瑶语族并列结构的深入描写也并不多见。关于藏缅语族并列结构的一般描写集中在 Graham Thurgood and Randy J. LaPolla（2003）编著的《汉藏语概论》（*The Sino-Tibetan Languages*）。

（十）代表性的并列结构论述

国外学者就并列结构进行讨论并得出有益的结论，很多观点给我们以启示。这里列出一些对并列结构研究有代表性的一些论述。

2004 年，《语言类型学研究》58 卷 Typological Studies in Language（TSL）刊发了一系列研究并列结构相关的文章，取名为《并列结构》（Coordinating Constructions），由 Martin Haspelmath 主编，这也是并列结构问题多年研究的一个集成，反映了国外学者们对并列结构问题的关注和研究的方向。

Haspelmath 在《并列结构》论文集中的《并列结构概述》一文可谓是对以往并列结构问题研究的一个总结，文章提到的并列结构各方面的问题，对我们都有很大的启发作用，在此我们简单介绍评价如下。

《并列结构概述》共分 11 个部分，探讨了并列结构概念、联系项内容、并列结构的联系范畴、连词的语义、伴随格标记和连词标记、一些语言特殊的包容结构、选择关联标记、并列结构的提取、并列结构的省略问题以及并列结构和主从结构。

Haspelmath 讨论了一些具体的问题，如语序问题，在许多 SVO 语言中，语序非常严格，如豪萨语和英语。动词在主语之后，介词短语并列项也在动词之后。关于成对并列标记问题：在一些语言里，源于伴随格的并列标记成对使用。联系项或关联标记省略问题：当有三个或三个以上并列项时，许多语言允许非最后联系项省略。当这些联系项和伴随标记形式相同时，联系项的省略可能是确切表明我们在面对一个不同的结构。关于独立代词的运用问题：并列结构的一般属性是人称代词并列项作为一个独立的代词，而不是黏着的、附着的代词。即只要进入并列结构作为并列项，具有相对的独立性。关于数的一致性问题：在一些语言中如伊拉克语，并列结构和伴随结构在动词非单数形式一致性方面形成鲜明的对比。关于非名词短语范畴的运用问题：许多和伴随格一致的并列标记同样能够连接非名词短语范畴，如形容词短语和从句。在这些结构里，并列标记没有了伴随的意义。最后提出了如下疑问：从伴随格到并列标记的转变是单向的吗？有没有可能是从并列标记转向伴随格的？

Haspelmath 还提到了一些语言的特殊结构，如包含结构，许多语言有的结构在概念上很像并列结构，但是不同于一般意义上的并列结构，因为其中一个构成要素和整个结构具有共同的所指。

Haspelmath 的这篇文章比较全面地论述了并列结构应该关注的问题，是对之前并列结构研究的总结，我们可以从这篇文章中了解国外并列结构研究的动态。诸如并列项探讨了并列结构的特点、联系项的性质、并列结构的并列项范畴、连词的语义类型、伴随格标记和连词标记、选择关联标记、并列结构的省略问题以及并列结构和主从结构的关系问题，都是我们讨论并列结构时需要关注的问题，这些问题深化了对并列结构问题的讨论，也给汉藏语并列结构研究以启示。

国外关于并列结构的论著，还有一本不得不提，那就是主要通过汉语和英语对比研究并列结构的《并列结构句法》（2009）一书，作者为张宁。该书认为并列结构是句子结构分析的重要组成部分。尤其着眼于英语和汉语中的例子，阐述了并列项以及并列结构的隐含意义等问题。这本书的探讨涵盖了并列句法结构的主要问题，为以往文献中提出的论点提供了新的视角。作者解释了并列复句是如何组织的，为何一些并列项需要用连词连接，而另一些则不是必需的。她所提出的理论得到了许多实例的支持，并提供了一种跨语言的视角。

张宁关于并列结构的论述有其特点，一是着眼于汉英对比的角度论述并列结构，二是使用生成语法的理论论述并列结构，三是从跨语言的角度论述并列结构。对于以往学者认为并列结构是较为特殊的句法形式的论点，提出自己的观点，即并列结构不是特殊句法，并列结构在句法中没有特殊地位。

（十一）国外并列结构的研究给我们的启示

1. 从从句连接的角度考察并列结构问题

并列结构作为语言系统组合的一种手段，有必要和其他组合手段放到一起来综合比较，才能够更全面地了解其组合特点。从句和从句之间的并列关系使用什么样的手段表达，都有哪些特点？我们应该站在从句连接的大的背景下去考察。因为并列从句作为从句连接的一种方式，其连接手段与从属结构有哪些不同？藏缅语各语言是否也存在并列-从属结构？如果有，从属-并列结构、从属结构、并列结构的连接都有哪些特点，认清这三者，有助于我们了解并列结构的特点。研究一种语言现象（语言结构），然后从这种结构中跳出来，观察与之相对的其他结构的特点，是深入研究语言的一种好的办法。

2. 对具体语言并列结构做尽可能详尽的描写

关于并列结构特点以及设计并列结构的一些问题，人们已经做了较为深入的研究，对并列结构进行的跨语言的研究也很多，并且找出了不同语言类型并列结构的共性和个性，为寻找并列结构普遍性特点做出了有益的尝试。但是，我们也应该看到，单个具体语言并列结构的详尽的描写还不充分，所以各国的学者们也不断补充具体语言的并列结构的描写材料，并对具体语言中出现的特殊连接方式进行细致地解读。就我国语言来说，一是对整个并列结构的综合研究还比较欠缺，如汉语单个的并列复合词、并列复句的研究比较充分，而综合比较则较为欠缺。藏缅语、苗瑶壮侗语并列结构研究方面，虽有零星的关于并列复合词的研究，但整体来说，单个具体语言并列结构的描写还远远不够。国际上关于藏缅语的并列结构的特点论述还处于起步阶段，这些都是我们今后努力的方向。

3. 运用多种研究方法解释并列结构特点

国外关于并列结构的研究方法主要有三种。一是功能描写的方法，主要描写并列结构的特点以及具体语言并列结构的特性。二是形式主义语言学的方法，主要运用移位、空缺等理论对并列结构不对称、省略以及特殊结构等现象进行解读。三是语言类型学的方法，从跨语言角度分析并列结构特点，找出并列结构的共性。在研究并列结构的过程中，也用到诸如语法化理论、语义地图理论等，对涉及的现象做出了较好的解释。同时，也发展出了诸如联系项居中理论、并列项限制理论等影响较广的理论。藏缅语并列结构研究也拟采用功能描写和类型学的方法，解释藏缅语并列结构的特点，验证、补充、丰富并列结构的相关理论。

二　国内并列结构研究概况

国内汉语并列结构的研究比较成熟。无论是并列复合词、并列词组，还是并列复句的研究，都积累了成系统、较深入的研究成果。

（一）并列复合词研究概况

在我国语言中，并列复合词多存在于汉藏语系语言中，主要涉及并列复合词的语序和语义。

1. 汉语并列复合词的研究

汉语并列复合词的研究比较成熟，主要探讨并列复合词的字序、语素顺序与词义之间的关系问题。

（1）并列复合词语素之间的顺序的讨论

关于并列复合词语素之间的顺序，主要有“调序论”“义序论”“多种因素制约论”几种观点。陈爱文、于平（1979）持“声调论”，他们通过对《普通话三千常用词表》中525个双音节并列式复合词的全面调查，发现并列式双音词中两个字（词素）的顺序多依四声（包括中古四声和今四声）的顺序排列，因而得出结论：“并列双音词的字序，如果两个字属于强制性的意义，由意义决定；其余主要是由声调决定的。”① 张冈（1980）持“义序论”，认为“声调同字序之间没有必然的联系，‘调序说’是靠不住的。我们只能从词的意义和语法规则（词法规则）上来考察汉语双音词（包括并列双音词）的字序（有些是约定俗成的结果），舍此是没有其他道路的。”② 张博（1996）选取先秦《尚书》《左传》《论语》《孟子》《荀子》五部典籍，对其中的双音节同义连用、类义连用和反义连用作穷尽性统计，发现“影响先秦并列式连用词序的因素十分复杂。在众多的制约因素中，调序的制约力度最强，其他制约因素与调序制约因素相互影响，相互有机交织，在特定的条件下和范围内发挥作用，从而共同构成了作用于并列式连用词序的内在制约机制”③。马清华（2009）的《论汉语并列复合词调序的成因》一文从古代汉语、方言等材料入手，考察汉语并列复合词调序的成因。认为汉语并列复合词主要按

① 陈爱文、于平：《并列式双音词的字序》，《中国语文》1979年第2期。
② 张冈：《调序说“异议”》，《中国语文》1980年第5期。
③ 张博：《先秦并列式连用词序的制约机制》，《语言研究》1996年第2期。

“平>上>去>入”的声调序列排序，其原因持发音省力说是十分片面的。他认为虽不排除调序成因中有省力因素的参与，但从更广泛意义上说，并列复合词的调序应是语音地位、受关注程度、频率、典型性、节奏等联合作用所致，背后则隐藏着更为深刻的功能动机。

关于并列复合词语素顺序问题的讨论基本成型，但后续还有更为细化的研究，如赵小刚（2012）通过分析《朱子语类》的并列式复合词，认为若两个语素的声调相同，且其声母一为全清一为次清，则一般是全清声母语素居前，次清声母语素居后；若其声母一为全浊一为次浊，则一般是全浊声母语素居前，次浊声母语素居后。

（2）并列复合词语义的讨论

近些年来，学者们关于并列复合词语素义和词义之间关系的探讨有很多，刘继超（1994）分析并列式新词词义与语素义之间的关系。伊志（2012）探讨并列式复合词的建构和汉民族的整体思维观的联系。智红霞（2016）讨论征战类并列式双音节动词的语素组配方式及语素选择倾向性。王诚、王云路（2020）认为核心义是考察并列式复音词语素结合的重要视角。核心义处于词义结构的深层，是贯穿和统摄词义的一种抽象意义。有的从认知语言学的角度进行探讨，也有的从二语习得角度探讨并列复合词的语义问题，如赵凤娇（2017）采用实验和访谈相结合的研究方法，探讨制约中级水平汉语二语学习者并列式复合词词义识解的因素。研究表明：构词语素间的语义关系、语义透明度和语境条件是制约并列式复合词词义识解的主要因素，并详细分析了这些因素是如何制约词义理解的。

（3）综合讨论并列复合词的结构、语义问题

崔希亮（1990）的《并列式双音词的结构模式》一文分析了并列式双音词语素顺序的排列与语音、语义、语法的关系以及并列式双音词的语义结构模式。还有的从定量角度分析复音词的语义、结构、语序，对其进行综合研究，如李智（2009）一文以《孟子》并列式双音复合词作为研究对象，进行定量、定性分析，着重关注构词成分之间的语义关系问题。洪帅（2009）从赵岐注释语中共剥离出1763个复音词，分别从语义、词性、语序上作静态描写和动态分析。从语义上看，偏语素与正语素共有相同意义、相类意义、相反意义三种并列形式；从词性上看，共有名+名等八种构词方式；从语序上看，共有AB /BA都存在和只有BA两种形式。

诸如此类的研究还有张革革（2016）等。也有从微观方面研究并列复合词，如张萍（2020）从微观考察《墨子》“比列”“陈执”两词，分析这一对并列复合词的句法、语义。

2. 少数民族语言并列复合词的研究

相对于其他并列结构，关于少数民族语言并列复合词的研究相对较多。主要集中在汉藏语系语言中，如戴庆厦（1986）的《景颇语并列结构复合词的元音和谐》一文认为景颇语里并列结构复合词的元音和谐，是以元音的舌位高低为依据的。胡坦（1986）说明了藏语复合词的特征并分析其成因。余金枝（2004）探讨了吉首矮寨苗语并列复合名词的结构和声调特征。赵燕珍（2012）认为在满足语义原则的前提下，大理白语并列复合词的词素顺序主要受音高制约，当前后两个词素音高相同时则按主要元音的舌位或逻辑关系并列。和智利（2016）分析了大具纳西语的并列复合词，认为复合词音节结构以双音节和四音节结构居多，词类以名词占多数，其词素顺序受语义和语音共同制约。其中语音制约为主要原因，语音制约主要分为舌位高低相同和高低不同两种情况：当同一个词中元音舌位高低不同时，舌位高的居前；当同一个词中元音舌位高低相同时，唇形圆展影响词素顺序。陈娥（2017）分析了布依语四音格并列复合词的韵律特征，发现制约布依语四音格并列复合词的主要因素是元音舌位的高低。根据统计数据，受高元音居前规律制约的占了 71. 9 %，不受高元音居前规律制约的占 28. 1%。全炳善（1990）从语言对比角度，讨论了汉语、朝鲜语并列式复合名词字序的共同点。金海月（2017）认为朝鲜语并列复合词的词素顺序主要受语音条件的制约，由词素音节的长短、元音舌位高低、辅音发音方法及部位决定。

以上研究主要是对具体语言并列复合词结构、语义以及语素顺序的描写，并试图找出制约语素顺序的原因。汉藏语并列复合词的词序和韵律之间存在什么样的关系，戴庆厦对此作出了初步回答。戴庆厦（2015）的《汉藏语并列复合词韵律词序的类型学特征》一文认为，并列复合词是汉藏语的一个有特色的构词手段。汉藏语控制并列复合词词素的顺序有语音和语义两个因素。其中，语音规则是形态标记，具有韵律和谐的显著特征，是由汉藏语语音结构的类型学特征所规定的。汉语和藏缅语的并列复合词在构造上、语言标记上、演变上都普遍存在相同或相似的特点，比如语序固定、主要靠语音标记组合词素等。这不是偶然的，有其亲缘关系的内在原因。

（二）并列词组研究概况

汉语关于并列结构的研究，大多数是关于并列词组的研究，这方面的研究较为深入，主要探讨并列成分、并列标记以及并列结构的句法功能。研究的视角多样，有从类型学角度入手，有从形式句法方面考量，有从信息处理角度着手，有的为第二语言教学服务，有的从语言对比角度分析，总之，基于并列结构本身特点，实现多种研究目的。少数民族语言并列结构研究则相对薄弱，只有零星的论述。

1. 汉语并列结构（词组）的研究

（1）并列结构并列成分的研究

吴云芳（2004）的《V+V 形成的并列结构》从中文信息处理的角度出发研究并列项之间的关系，认为现代汉语中 V+V 可以形成 8 种不同的句法结构，表达述宾关系、联合关系、主谓关系、述补关系、连动关系、定中关系、状中关系以及非语法形式，是一个典型的歧义格式，是中文信息处理中的一个难点。全文从计算语言学角度出发，基于语料，充分利用词语的句法知识和语义知识，借助复杂特征的表示手法，定量和定性地研究了 V+V 形成并列结构的约束条件。试图找出 V+V 结构在何时可能是并列结构，什么时候不可能是并列结构的约束条件。

邓云华（2007）从多种角度分析英汉并列短语，关于并列结构的典型结构形式，认为最典型的并列短语是同词类和同结构的并列，次典型的并列短语是同词类而不同结构的并列，再次是不同词类的并列。不同词类的并列中，形容词和动词在语义上又更为接近，其典型程度大于名词和形容词、名词和动词的并列。因此，并列短语的典型程度主要是根据语义的亲近程度来判别的。关于并列结构的对称，作者从形式对称、语义对称进行了讨论。并列短语在并列过程中，“意义优于形式”是一个普遍遵循的重要原则，语义一致（语义的亲近性）是并列短语构成的比形式一致更为重要的结构基础。作者列出了并列短语的对称典型性等级的连续体：意义对称、形式对称>意义对称>形式对称>意义和形式不对称。并列短语的典型性表现具有可以解释的认知基础：象似原则和经济原则。

对并列短语的接近性原则进行了说明：并列短语中语义接近的各并列项之间的形式上的距离不会大于语义疏远的各并列项之间的形式上的距离。换句话说，并列项之间语义上越接近，项之间的形式上的距离就越小，并列项之间语义上越疏远或越不接近，项之间的形式上的距离就越大。

马清华（2007）的《偶举成分的并列格式化条件》分析了成分条件、均衡配置、表义特征对并列偶举格式的影响，偶举成分在格式化为并列偶标时，往往以体现对最大程度的结构标示力和标示明晰性为指标，在象似原则下，以单标语法化的成果为意义起点，以特有的格式意义和作用为基础，组成最适于确定地体现并列关系和传达新信息的结合模式。

段业辉、张怡春（2006）的《论现代汉语并列结构内部构造的紧凑性》根据语言事实，指出紧凑性是指“一部分并列项在某种情况下它们是黏着的，与其他并列项的关系是不可分的，不能单独充当句子成分，不能任意分割”。指出制约紧凑性的因素有语言习惯、语音和谐等因素，还受语义特征、完句功能等因素的制约。

宋文辉（2015）的《现代汉语名词性并列结构的部分类型学特征》指出现代汉语名词性并列结构有黏合式和组合式及二者的混合型三种。居主导地位的黏合式和单连接型组合式的对立决定该结构的诸多类型特征；用是否有停顿和并列符用不用形态等手段来区分自然并列和偶然并列；存在多项黏合式并列结构和混合型并列结构。该文主要探讨并列项，也谈到并列标记。

关于并列项的研究，人们较多地关注到并列结构的语序，这方面的研究也有很多。除了常规语序，人们也关注到语序变异，如谢晓明、王倩（2018）的《并列结构的语序异变类型及其制约因素》认为并列结构的语序异变可分为三种类型：照应异变、加标异变、直接异变。异变现象的原因有韵律和谐的需要、语义量级关系的影响、语用因素的驱动和上下文制约等。并列结构的语序能否发生异变，受到客观逻辑的限制和结构外成分的语义限制。

张怡春（2003）的《并列结构中并列项的句法结构和序列》认为并列结构中各并列项结构上的联系可分为两种情况：一种是各并列项结构可比，显现出对称性的特征；另一种是各并列项结构不可比，显现出不对称性的特征。各并列项除了无序合取，不分主次外，还存在有序合取的现象，这一现象往往会受到时空、文化、信息结构、隐含的逻辑语义等因素的制约。

探讨并列结构省略的问题有：宋文辉（2016）的《再论汉语名词性并列结构的“欧化”说》对既有研究认为现代汉语名词性并列结构省略型的急速增长和完整型、多并列符混合式的消失都是“欧化”的结果提出了质疑。

王伟（2010）的《并列结构的认知功能》一文就并列结构中名词性并列项所表达的语义与语法存在不对应关系的现象，从认知语言学角度对此进行了解释：并列结构是汉语中一种表示事物（事件）同时存在的结构形式，这一结构形式本身就表示“说话人通过一定的认知途径，认为并强调同时存在的不同事物/事件在某一点上存在说话人所理解的认同”。这一认知功能义决定了这个结构形式在对同现词词项的选择上必须是有差异的（这是第一要求），而且以“同一语义维度上存在差异的同类词”为优先选择的词项，但不排除在特殊语境下选择不同语义维度或无法比较差异的词项，以达到说话人的某种特殊要求。可见，从这种并列结构所蕴含的认知功能义出发，类似上述的语法结构上的平行并列与语义级差的矛盾现象就很好解释：首先，说话者认识到多种同时存在的不同事物/事件之间的语义有相同的语义关联；其次，说话者具备表达这种同时存在的不同事物/事件之间的相同的语义关联的动机；最后，选择并列的语法结构并非只是展示平行罗列，而是为了表达说话者对并列项语义中某一点的认同，因而，就并列项的整体语义而言就必然存在差异。

（2）并列标记研究

并列结构可分为有标记的并列结构和无标记的并列结构。有标记的并列结构包含连词和助词等连接手段，关于并列连词的研究很多，在这里就不一一列举了，只考察与并列结构密切相关的标记成分。

李宗江（2002）的《并列成分的层次标记》分析了多个并列成分构成的并列结构，认为其内部可能存在语义层次，概括了六种主要层次标记：语序、词汇、结构、节律、标点和连接词。李育林、邓云华（2009）的《并列短语标记性的认知研究》综合英语和其他语言，从跨语言角度出发，探讨汉语并列短语的标记性，重点探讨汉语无标记现象，并进行了认知语言学的解释。认为世界上多数语言如英语等并列短语的标记性的种类只有一种——“有标记”，而少数语言如汉语等分为两种——“有标记”和“无标记”。文中还讨论了标记手段和标记程度。标记性的范畴等级可标示为：无标记<标记程度小<标记程度大。而许多其他语言并列短语的标记性程度一般标示为：标记程度小<标记程度大。无标记匹配是以项之间语义相当的接近性和整合性为必要条件的，语义距离大就会导致标记的出现。标记性是从一个极端到另一个极端的连续体。标记性的

程度显示了并列项之间的距离。形式上的距离又对应于语义上的距离，即语义接近性程度高的并列短语各项的形式距离不会大于语义接近性程度低的并列短语。该文认为无标记现象的存在来自于汉语等语言独有的语言结构特性，这一论点还是值得进一步验证的。

朱斌（2015）的《并列句关联标记模式的类型学问题》从跨语言类型学角度探讨了关联标记模式问题，Haspelmath（2004、2007）以项首句法成分为界线把并列关联标记区分为居前和居后两种，检测到两类七种关联标记模式。作者把 Haspelmath 未列举并列句例的三种模式补充了语例，找到了空缺模式“co-A，B”的语例，把项内关联标记单列出来，区分关联标记词和标记缀，共检测到九种单标关联模式和十四种双标关联模式。

马清华（2003）的《并列连词的语法化轨迹及其普遍性》主要运用古代汉语、现代汉语和少数民族语言材料，说明“并列>承接：转折”是并列连词的一条语法化序列或轨迹，是一条反映结构由“不发生特殊关系”到“发生特殊关系”的轨迹，并具有一定普遍性。提出句法适用面较宽的并列连词存在“语并列连词>句连词”的演化趋势。依此类推，当“语并列连词-句并列连词-句转折连词-句承接连词”构成多义关系时，一般是语并列连词的用法先有，而后内变为句并列、句转折或句承接连词的用法。并列连词能否升级为句并列连词，受制于复句衔接手段对句并列连词的需要程度。根据并列连词跟与同格标的直接语源关系可推知，当“与同格标-并列连词-转折连词-承接连词”构成多义关系时，转折、承接连词用法一般是从并列连词用法内变而成的。

李丹弟（2012）的《汉语有标并列词语考察》考察了汉语并列词语并列标记必有情形和汉语并列词语并列标记句法分布特征，认为汉语的“意合”在并列词语中不具有普遍性。所谓“意合”，主要表现在汉语复句的分句相互连接时较少用连接词，是否渗透到汉语句法结构的各个层面，是值得怀疑的；所谓重意合，只是汉语相对英语而言的一种句法倾向，而不能片面夸大汉语的“意合”特征。关于多项并列中连接成分的论述有：如果在一个多项并列词语中，并列项不在同一层次，该并列词语有几个语义层次，就有几个并列连接词，因为在这种并列结构中，并列连接词是语义分界的形式标志。

李丹弟（2016）的《语序类型中的并列连词参项》通过考察汉语、英语以及我国少数民族语言，发现并列连词显现和隐匿共存于绝大多数语言。并列连词的隐匿或显现受制于两个方面的因素：一是该语言连词系统的发展演化情况。二是该语言形态变化的丰富程度。关于并列标记的语序类型，认为线性位置上中立的并列连词在语序类型上依然有前置和后置之分，并且与该语言的介词语序类型相和谐，与从属连词语序类型具有蕴含共性。并列连词成为语序类型学中重要参项的主因正是联系项居中原则。

（3）并列结构的功能

有的从传统语言学角度探讨并列短语的句法功能。例如：邓云华（2007）认为并列短语的句法功能基本对应于单个的名词、形容词和动词的句法功能，主要差异是：单个名词做主语和作宾语的比例相差不大明显，但“名+名”并列短语作宾语的比率明显大于作主语的，这应该与“名+名”并列短语的较长的结构和表达新的信息量有关：结构长的成分和较新的信息倾向于置于句尾。朱晓亚（2001）的《并列短语的句法作用》针对汉语并列短语并列项不可删减的情况，探讨并列短语的句法作用。认为并列短语具有不可删减性有时与句中的关系名词和关系谓词有关，并列短语是关系范畴构成的必要条件，有呼应关系名词和关系谓词的作用。并列结构有呼应句中副词状语及句中表总括的数量词语的作用，因而其构成项具有不可删减性。某些特殊结构的句法要求使并列短语具有多个并列项。

有的从生成语法理论出发，考察汉语并列结构的中心语，王强（2020）的《再论汉语并列结构的中心语》在生成语法理论的框架下重新研究汉语并列结构的中心语，首先区分语义中心语和句法中心语，放弃并列结构无中心语论和双中心语论，再从语类再分词、唯一性等五个方面论证并列连词是且只有并列连词是并列结构的句法中心语，并论证汉语并列连词属于功能语类，在并列结构中充当功能性中心语，且具有弱的中心语特征，总体上不同于核心功能语类。

（4）并列结构的综合研究

综合研究是指关注到了并列词组的并列项、并列标记、并列结构的功能等各个方面的研究。学者们从不同角度对并列结构进行综合研究。

①从语言信息处理的角度研究并列结构

吴云芳（2013）主张现代汉语并列结构是扁平结构，现代汉语并列结构是由“句子并列”经由“连接减缩”生成的。因为要实现信息处理的目标，该书采用基于约束的文法，并把汉语的并列结构分为无标记并列结构和有标记并列结构。

运用形式句法理论，分析不同类型词类构成的并列结构。关于同词类形成的有标并列结构，从中心语相似和结构平行两个角度探讨了体词性并列结构、动词性并列结构和形容词性并列结构的句法语义约束条件。就中心语相似而言，体词性并列结构有着明显的表现，并且在体词性并列结构的自动识别中“中心语相似”也扮演着一个相对重要的角色；但动词性和形容词性并列结构没有表现出明显的中心语相似的特性。就结构平行而言，体词性并列结构、动词性并列结构都有表现，并且在各自的自动识别中都扮演着重要的角色，但形容词性并列结构在平行性上也表现“不出色”。

关于异词类形成的有标并列结构，作者指出汉语由于缺乏形态变化而产生了异词类并列现象，这种异词类并列不完全等同于英语研究中的“不同类并列”。异词类并列可形成指称性并列结构、陈述性并列结构和修饰性并列结构，其中指称性并列结构出现频率最高。

关于并列标记，作者探讨了四种类型的并列标记。第一种是并列连词，第二种是有连接作用的副词，第三种是标点符号“、”和“，”，第四种是语气词“啊”“啦”。以个案的形式对比分析了并列标记的特点，认为虽然“与”“和”“并”“而”都可以连接谓词性成分，但它们在句法分布上显现出差异，这种差异进一步可解释为表述功能上的差异：“与”“和”连接的并列结构其表述功能是指称性的；“并”“而”连接的并列结构其表述功能是陈述性的。作者还讨论了多项并列的情况。

作者讨论并列结构的目的虽然是面向信息处理的，但上篇中关于并列结构本体特征的讨论给我们启发良多。

②从类型学角度探讨并列结构

李占炳（2019）通过跨语言（80 种左右的中国境内少数民族语言、汉语方言以及国际上比较通行的英语、德语、日语等）的对比研究，试图找出并列结构的特征变异限制范围以及有关并列结构的普遍特性，并找出参数差异和相关普遍性特征存在的各种理据。

该书探讨了并列标记合用问题，并对跨类并列标记做出了解释，还探讨了异类并列短语中的并列标记。关于并列短语中并列标记的位置，主要探讨了二项式并列短语以及三项式并列短语中并列标记的位置，并探讨了并列标记位置类型与基本语序的关系。关于并列标记的隐现，认为并列项的数量越多，标记程度越低；生命度越高，标记程度越高。在并列结构是显赫范畴的语言中，并列短语的标记程度高。另外，语体以及语言的接触都会影响并列标记的隐现。在制约并列标记隐现的因素中，韵律因素是最先必须满足的条件，然后是与语义相关的制约因素（生命度、并列项之间的距离等），最后是与语用相关的制约因素（话题位置、强调）。

关于并列标记和伴随标记的探讨，作者认为从历时层面看，在SVO语言中，伴随标记与并列标记之间的历时演变关系与伴随结构位于动词前后无必然联系。从共时层面看，伴随标记与并列标记有可能形式编码相同并且分布相同，也可能形式编码相同但分布不同。另外，伴随标记与并列标记是否采取相同的形式编码与该语言的基本语序（OV/VO）并没有严格的蕴含关系。

作者还列出了很多其他语言关于并列标记的语义图，进行语义图模式研究。结合新的汉语方言以及民族语的语料，作者试图完善语义图如下。

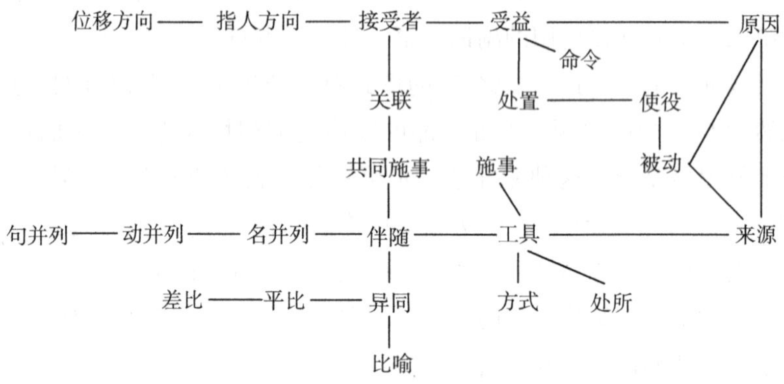

图7 并列标记语义图①

关于并列短语的否定表达研究，认为不同语言采取不一样的措施确保每个并列项都被否定，如果对经济原则更为偏重，那么可以通过选择特定的并列标记来达到目的；如果更偏重象似性原则，那么会在每一个并列项前面添加否定标记。对并列短语否定的探讨主要以汉语和英语为例，也涉及了我国少数民族对语言及其他语言，并对深入研究这些语言的否定并列结构提出了一些建议。该书还讨论了并列名词的部分一致模

① 李占炳：《并列结构的类型学研究》，商务印书馆2019年版，第148页。

式和并列结构中的等同成分省略问题。在并列结构越显赫的语言中，允许省略的位置越多；并列结构越不显赫的语言中，允许省略的位置越少。由于人类短时记忆的限制，在实际语言中，承前省略比溯后省略分布频率更高。

该书主要以并列短语为研究对象，以汉语、英语为主，并结合我国少数民族语言及其他语言材料，对并列结构标记、位置模式、不同类型的并列标记，以及并列结构的省略、否定等问题进行了深入探讨，试图找出并列结构的普遍共性和个性，并对此作出类型学的解释。该书的主要观点有：关于有标并列短语，并列标志最典型的位置是位于最后一项和倒数第二项之间，位于这个位置是由于经济原则、联系项居中原则以及标记居尾原则等相互竞争后达到的平衡状态。并列标志的位置与基本语序相关，在VO型语言中，最典型的并列标记为前置标记；而在OV型语言中，最典型的并列标记为后置标记。这符合结构和谐原则，也从另外一个角度证明了并列标记作为一种功能核心的地位。作者还指出，不同属性的并列短语的标记程度不一样，同一种属性的并列短语位于不同句法位置时标记程度也不一样。

③从语言对比角度综合研究并列结构

陈池华（2019）认为并列现象是一种重要的语言现象，并列结构是汉英语言中重要的句法语义结构之一。该书对汉英并列结构的概念、并列结构的分类、并列项的排序、并列结构的语法标记、并列结构的生成等问题进行较为全面、系统的考察和研究，力求找出汉英并列结构的异同，最后从应用的角度来探讨汉英并列结构的学习策略与互译策略。吴静、石毓智（2005）的《英汉并列结构的语法共性与个性》一文系统地分析了英语和汉语的并列连词系统，着重分析了英汉合取和析取连词的功能，并确定了影响其并列连词系统设立的因素有：所连接的两个单位是否在语法上平行；是名词性的还是其他词性的；是词、词组还是句子。英汉两种语言对这些因素的选择不同，从而形成了它们并列连词的系统差异。戴雪梅（2013）的《英汉并列结构的语序对比与翻译》一文探讨了英汉两种语言的并列结构的语序差异，指出英汉并列结构的语序差异涉及语义、思维模式、语音、语用等。周刚（2001）的《汉、英、日语连词语序对比研究及其语言类型学意义》通过三种语言对比研究，讨论连词语序的共性和个性。

④运用语言自组织理论综合研究并列结构

马清华（2005）运用“语言自组织理论”，以并列关系为对象，探讨并列结构在可联性、有序化、繁简互换、关系值的变化与维持、标记化等各种形式组织或意义组织方面的内在作用因素，尤其注意考察其中决定常量和干涉性变量的分别以及它们内部或相互之间的作用关系，通过对并列结构的句法语义研究，解释了其内部的自律、竞争、协调、优化等机制和作用规律。

马清华采用全新术语定义并列结构，“他组织”和“自组织”来自系统论，“变量”和“常量”来自数学，全书围绕四种类型的子系统：结构S，项目I，标记M，认知C得到从S出发到达S的六种重要向量，在这六种向量下，列出“吸收、控制、值变、取配、外设、适应、组联、有序化”等作用关系。

全书有如下结论：关于“组联”分析项目组联成并列结构所需的条件，得出了“紧联式严于松联式，无标记严于有标式，内设式严于外设式”这三个基本结论，这三个结论适用于各层级的并列结构，具有句法层级的超越性。

汉语并列结构的研究较为成熟，郭燕妮（2005）对并列结构的成果就做过总结，从并列短语界定、并列短语外在标记、并列短语内部构成（异类词的并列、并列项的词序）、并列短语句法功能、并列项之间语义关系等方面，总结了过去并列结构的研究成果。

并列结构和小句是什么关系，并列结构和并列复句的区分在哪里，孙良明（2010）的《再说“并列结构”和“小句”》一文认为并列结构是数元（一般是两元）加合而成的句法结构，元跟元之间的句法关系是平等并立关系，语义关系则是平列、承接、递进、选择、转折、让步、假设、因果等逻辑语义关系。并列结构分单式、复式两种，单式结构元跟元之间结合紧密，复式结构元跟元之间有语音停顿/间歇（书面有逗号标志），换句话说，语音停顿/间歇是复式并列结构构成的句法手段、句法形式。

2. 少数民族语言并列结构研究

少数民族语言学界于2018年在中国民族语言学会语言类型学专业委员会第二届学术年会上就少数民族并列结构展开过讨论，黄成龙教授做了主题报告《并列结构调查研究框架》，在Haspelmath（2004，2007）以及Dixon（2009）类型学研究框架的基础上，结合中国境内语言，对并列结构调查框架进行梳理，为并列结构调查研究提供基本框架和一些参项。与会学者做了关于个别语言并列结构的讨论和研究，是少数民族语言并列结构研究的一个高峰。

近些年来，关于少数民族并列结构的研究成果逐渐呈现。如吴秀菊（2019）的《论湘西苗语的名词性并列结构》一文把湘西苗语的名词性并列结构分为无标记和有标记两种类型。并列标记的隐现受语义整体性、语义亲近性、句法位置、音节和韵律、语用等因素的制约。并列项的排序受语义认知、语用交际、韵律要求、社会文化等因素的影响。

还有类型学视角下对具体语言并列结构特征的考察，如贾越（2018）的《论类型学框架下的满语并列结构》一文指出满语并列标记策略以零策略为主，词汇策略为连词标记和后置词标记，标记模式既有单标标记也有双标标记。满语并列结构表达合取并列、析取并列和转折并列三种语义类型。并列结构的句法功能与单个并列项相同，语法范畴标记在并列结构序列之后，表现为标记在末尾并列项。丛珊（2019）的《鄂伦春语的并列结构及类型特征》一文认为鄂伦春语并列结构的连接类型丰富，无连接词标记为主要连接手段，虽然表示并列关系的连接词数量较少，但是对三种并列语义类型的选择和表现各有特点。伴随性连接和总结性连接是鄂伦春语的两种并列连接策略，其伴随标记有向名词性并列标记演化的趋势。

才项措、王双成（2020）的《藏语的并列结构》认为藏语并列结构可分为无标记并列结构和有标记并列结构两种类型，并列项的形式有 A+M+B 型、A+M+B+C 型或 A+B+M+C 型。藏语并列结构的语义类型有等立型、转折型、选择型三种语义类型。认为藏语的并列结构的形态句法特征、并列标记的位置都属于比较典型的 SOV 语言的类型特征，对藏语并列结构的调查描写具有类型学价值。

目前基于类型学视角的并列结构的研究，都使用了少数民族语言的材料，如李占炳、金立鑫（2012）的《并列标志的类型学考察》一文结合少数民族语言，从跨语言角度研究并列标志的位置及其适用范围，并对跨类并列标志作了解释，语言的经济性催生了跨类并列标志的产生，属性越接近的并列短语越容易合用并列标志。关于并列标志的位置类型，认为纷繁复杂的背后有着清晰的规律：并列标志严格遵守联系项居中和标志后置的原则。正是因为受这两条原则的相互作用，因此各种语言中排斥居首型，而将倒数第二位置作为典型位置。诸如此类的研究还有朱斌（2005）、马清华（2003）、李丹弟（2016）等。

（三）并列类复句研究概况

学界关于并列复句的认识已有一定共识，主要观点集中在邢福义（2001）、王维贤等（1994）的著作中。少数民族语言并列复句的研究正在起步，现把并列类复句研究的现状呈现如下。

1. 并列复句研究

近些年，有学者从语言信息处理的角度进行的研究，如吴云芳等（2013）的《汉语并列复句的自动识别方法》一文探讨并列复句的自动识别问题。

单纯探讨少数民族语言并列复句研究并不多见。少量研究从语言对比角度对并列复句进行研究。拉都（2002）的《汉藏并列复句的比较与翻译》一文从汉藏语言翻译的角度对二者进行对比分析，认为汉语并列复句根据关联词语分为平列、对比、解证三种情况，大多用互相呼应的关联词语（也有单用的），还有不用关联词语的，并列关系是通过语义和逻辑关系来体现的；而藏语表示并列关系的复句大多为单用关联词语，互相呼应的关联词极少，藏语表示并列关系的关联词语有表示纯语法意义的属格助词、连词、少数副词以及具格助词或副词与一些虚化的实词组合而成的连词等。翻译时根据汉藏并列复句的特点，在译文中要使用恰当的关联词语，汉语中无关联词语的，在译文中要增译相应的关联词语。刘瑞莲（2013）的《汉维语并列复句的时空认知特点》一文对比汉维两种语言，发现汉维语并列复句描述时空位置和时空关系时组构的顺序象似于外部时空顺序，证明时空语言和时空认知紧密联系。刘瑞莲（2012）还运用衔接理论探讨汉维两种语言的并列复句。

并列复句关联标记作为并列复句的显性标识，人们从不同角度对此进行了研究，如杨丹（2019）的《上古汉语并列复句关联标记“亦”的使用与发展》认为“亦”是上古汉语并列复句中较为常见的关联标记，“亦”的使用在上古汉语早、中、晚期呈现出不同的面貌。并列复句中“亦”在语义上主要表类同，语法上具有关联功能。其在上古汉语并列复句中的发展演变主要表现为：表义的抽象化与并列关系的明晰化、标记类型与句式的多样化以及“亦”的构式化。

并列复句的分类已有共识，但也存在小的分歧，曹婧一（2018）的

《并列复句分类的拓展研究》试对并列复句进行再分类。认为既有并列复句的研究太粗糙，单纯依据形式标记的分类并不能反映出汉语并列复句丰富的面貌，需要从功能的视角对并列复句进行重新界定。在以功能为主，参考语义、韵律和形式等多方面因素的综合标准下，汉语并列复句内部可区分为七个次类：列举型、顺同型、近类型、分述型、对举型、连锁型、回环型。

2. 递进复句研究

同并列复句一样，关于递进复句的论述绝大部分集中在经典的语法著作当中。也有一些文章对递进复句相关问题进行了研究。周静（2004）的《现代汉语递进复句研究回眸与范畴化思考》一文把递进复句研究分为草创、探索、描写、开拓四个时期，总结出各个时期研究的特点与存在的问题。并在此基础上从范畴化的角度重新审视汉语，把汉语的构词、短语结构、小句、句群甚至篇章等都纳入了递进范畴。也有从主观性角度探讨递进复句的，如陈英（2004）的《递进复句与语言的主观性》一文从主观性角度探讨递进复句和其他并列复句的关系，指出不管递进复句所使用的关联词语是什么样的，其逻辑基础始终是统一的，都属于并列关系。尽管如此，递进复句在主观性方面却与其他类型的并列类复句存在明显的不同，它是用于体现主观视角的评述性句式，并且都包含两层叙述，其语用价值在于凸显和加强反证力度。沈红丹（2006）的《“不但 p，更 q”复句语义探究》一文从对外汉语教学角度分析具体句式“不但 p，更 q”句式的深层语义。

关于少数民族语言递进复句的研究很少，主要是针对一种语言复句的描写，如郑燕（2017）的《维吾尔语递进复句的语义关系范畴考察》指出维吾尔语一般通过关联词、连词或黏着语气词的形式，表示显性递进关系。有显性的词汇或语法手段表达递进的语义内容。但也有不使用关联词或连词等递进标记，而是仅仅依靠语义等级或语义的变化，即用隐性手段来表达递进的语义关联范畴的情况。

3. 选择复句

人们从多种角度对选择复句进行研究。从逻辑角度探讨选择复句的有朱子良（1995）的《选择复句与选言命题》，他认为选择复句应以选言命题为基础，分为相容选择复句和不相容选择复句两大类；并对选择复句和选言命题主要差别进行区分。有对选择复句两个选择项顺序的探讨，如史慧媛（2004）的《“或者”类选择复句语序的初步考察》认为“或者”类选择复句的语序并不是完全自由的，而是要受到多种因素的制约，如认知因素和语义因素。还有对选择复句语义、语用的探讨，如尹蔚（2011）归纳了“或者说”类有标选择复句较为典型的六种语义类型，即“等义近义”型、“概括、具体”型、“绝对、相对”型、程度上的“轻、重”型、“包含与被包含”型、“迂回曲折”型。从哲学的角度来看，“同中有异，异中有同”的规律制约着“或者说”类有标选择复句的使用；从认知角度来看，“横看成岭侧成峰”的认知规律也制约着它的使用。“或者说”类有标选择复句的实际运用还受到“求稳求准”的语用策略的制约。从信息处理角度看特定的有标选择复句，如尹蔚、罗进军（2007）的《从“是p，还是q”有标选择复句看合用型关系词的自动识别》一文，从自然语言理解入手，着重探讨有标复句领域的合用型关系词的自动识别问题。发现有四条规律制约着此类合用型关系词的自动识别，分别是语序制约律、相互制约律、句法空间制约律、亲密度制约律。诸如此类的研究还有尹蔚、罗进军（2016）。对有标选择复句进行综合研究，如尹蔚（2008）的《多维视域下的有标选择复句研究》，考察了汉语方言和少数民族语言中有标选择复句，指出了汉语亲属语言选择复句标记的异同点。尹蔚（2013）的《有标选择复句语义关系之辨察》指出语义上有标选择复句的前呼句跟后应句至少有一个语义点不同，否则很难构成选择关系。有标选择复句还存在三类复合型语义关系，即“选择+假设”、“选择+假转”和“选择+假转+推断”。对古代汉语选择复句进行研究的如韩滨（2015）考察了《左传》选择复句的特点。

少数民族语言选择复句的记录散见于各语言志及语法书中，专门的研究很少。

4. 连贯复句研究

连贯复句的研究视角主要有：一是连贯关联标记的研究，如王祖姝（1998）的《说承接连词“于是”》认为承接连词“于是”在复句或句群中具有连续性承接、间隔性承接、层进式承接、解说性承接、例释性承接等多种承接方式。“于是”作为一个用法较灵活的承接连词，在句中有独特的作用。赵运普（2001）的《说“于是”——兼谈顺承、因果复句的划界》认为现代汉语的“于是”是一个多义多功能连词，既可以表示顺承关系，又可以表示因果关系。二是探讨并列复句和承接复句的关系，如祝克懿（1988）的《并列复句和承接复句中的语法关联手段》指出语法关联手段是通过起连接作用的语法手段关联各分句为一整体的手段。主要有语序、结构平行、省略、照应、替换手段。祝克懿（1988）的《并列复句和承接复句的话语结构》考察了一定数量的并列复句和承接复句，抽象出六种基本结构模式，二者是以平行结构、链式结构为基础，发展变化、交叉后形成的。三是考察历史文献中的承接复句，如于峻嵘（2009）的《〈荀子〉单重承接复句语义及标示研究》考察了《荀子》单重承接复句的类型，发现承接复句长于显示迹象、显示交流、显示推进，比起平列形式的复句类型更具活动性。四是从对外汉语教学角度研究承接复句及其关联标记。

少数民族语言连贯复句主要集中在语法著作中，也有从语言对比角度考察连贯复句的，如拉都（2004）的《汉藏连贯复句的比较与翻译》从语言翻译的角度考察汉藏连贯复句。

第二节 研究意义及研究方法

一 研究意义

如前文所述，少数民族语言并列结构的研究更多的是作为别的研究的一种佐证，关于藏缅语并列结构的全貌我们并未探知。藏缅语并列复合词、并列词组、并列复句的研究成果并不是太多，系统地研究藏缅语并列结构的成果更不多见。本研究具有如下意义。

1. 系统地研究藏缅语并列结构，有助于深化汉藏语系语言的并列结构研究。以往的研究大多选取并列结构中的一部分进行研究，还没有人系统地探讨过藏缅语的并列结构，本研究可以弥补以往研究的不足。藏缅语并列结构研究的深入，还有助于我们进一步探讨整个汉藏语系并列结构的特点。

2. 有助于汉藏语系语言的历史比较研究。藏缅语语支之间、语言之间各个层次的并列结构各有其自身的特点，共时的差异往往透露出其历时演变的讯息。横向比较藏缅语族语言并列结构尤其是并列连接标记，可以理出并列结构发展的历时演变轨迹。

3. 深化类型学理论和语言接触理论。横向比较藏缅语多种语言并列结构，找出各层次并列结构联结模式的特点，这些特点哪些是个性，哪些是类型学的共性，哪些是语言接触产生的特点，这些需要我们仔细地分析甄别。通过多种语言比较研究，挖掘并列结构的普遍性的特点，有助于丰富语言类型学理论。

随着交通的便利和信息传递的多样化，民族之间的接触越来越频繁。藏缅语族各语言之间、藏缅语和其他语言之间都有不同程度的接触，语言接触对藏缅语各语言的并列结构及其联结标记的影响有哪些，程度有多深，呈现什么样的特点，这也是本研究要探索的问题。厘清语言接触对藏缅语诸语言并列结构特点形成所起的作用，有助于丰富语言接触理论。

4. 可以为汉语并列结构研究提供新的思路。比较和对比可以让我们更能认清语言事实，从汉语亲属语言——藏缅语并列结构及其连接模式的特点反观汉语并列结构的特点，可以为深化汉语并列结构的研究提供新的思路。

5. 有助于认识不同民族认知方式的差异。亲属语言的比较，可以找出藏缅语和汉语并列结构逻辑关系表达的差异性。语言中词、词组和分句间逻辑关系表达的差异体现着思维方式的差别，深入理解不同语言并列结构的特点，进一步探讨不同民族的认知方式的差异，可为实现和谐民族关系提供参考。

二　概念界定与研究方法

（一）相关概念的界定

1. 并列复合词

由于侧重点不同，人们使用不同的术语指称诸如“骨肉”“美好”“国家”之类的词。一种看法是把这类词称为联合式复合词，另一种称为并列式复合词。

主张联合式的有：

吕叔湘（1956）把合义复词分为两类，一类为联合式，另一类为组合式。诸如“骨肉”“水土”等类的词称之为联合式复词。在意义方面，认为联合式复词不等同于两个词的意义的简单相加，两个有具体意义的词合成联合式复词后，往往含有比较抽象的意义。

张斌（2008）把这类词称之为联合型复合式合成词。并根据联合型两个语素内部的语义关系可以分为同义、类义、反义和偏义四个小类。

邵敬敏（2007）认为联合式复合词是两个意义相近、相关或相反的语素并列组合而成。

黄伯荣、廖序东（2011）称这类词为联合型复合式合成词，由两个意义相同、相近、相关或相反的词根并列组合而成，又叫并列式。认为联合式和并列式等同。

主张并列式的有：

陈爱文、于平（1979）、崔希亮（1990）称这类词语为并列式双音词。认为“并列式双音词是由两个并列关系的语素 A 和 B 构成的，原则上说，A 与 B 没有偏正之分”[①]。

赵元任（1979）把这类词称之为并列复合词，指出其词义组合类型有同义词复合、反义词复合和平行词复合等，还包括聚合体，诸如“春夏秋冬”“东南西北”等。

北京大学中文系现代汉语教研室（2012）称这类词为并列式合成词。这类词在意义上前一个语素和后一个语素地位平等，有意义相同或相近、相反和相关的关系。

以上学者对这类词的定名不尽相同，主要在于联合和并列的区分，也有人认为二者是等同的。但对于这类词语义类型看法基本一致：组成词的语素意义相同、相近、相关或相反。李占炳（2019）曾对“联合”和“并列”进行过区分，认为学界比较通行的观点是“不管是在短语层面，还是在句子层面，‘并列’都是‘联合’的下位概念，联合包括了‘并列’（北京、上海和广州），还包括‘承接’（讨论并通过）、‘递进’（积极而热情）、‘选择’（升学或就业）”[②]。我们基本赞同这种观点。

但根据前人论述，在词汇层面，我们认为“并列”“联合”这两个概念基本等同。为了跟词组、小句统一，我们采用并列复合词的术语，认为并列复合词由两个词根语素构成，两个语素地位平等，意义上有相同、相近、相反、相关关系。赵元任（1979）认为并列复合词包括聚合体，诸如“春夏秋冬”“东南西北”等，本书中认为这些是并列词组。

---

① 崔希亮：《并列式双音词的结构模式》，《第三届国际汉语教学讨论会论文选》，1990 年。

② 李占炳：《并列结构的类型学研究》，商务印书馆 2019 年版，第 2 页。

藏缅语诸语言并列复合词由两个或两个以上词根语素构成，构成的语素地位平等并列，意义上有相同、相近、相反、相关关系。且构成的复合词意义凝练抽象，并不是各个语素义的简单相加。常见的有双音节复合词，也有多音节复合词。

2. 并列词组

诸如“阴谋和幻想”“扩大并巩固”“最高、最强、最快”之类的词语的组合，语法学界大致有五种术语来指称。

第一是并列结构。

丁声树等（1961）把“阴谋和幻想”“扩大并巩固”之类的结构称之为并列结构，认为并列结构的成分是平等的，并列结构的成分之间可以有连词，也可以没有连词。

赵元任（1979）认为并列结构是一种有两个或更多中心的内中心结构，每个中心都有大致跟整个结构相同的功能。他指出并列标记有零和停顿、助词（啊、咧）、降调、连词、一副两个或几个关联标记或重复标记等。

第二是联合短语。

张斌（2010）认为“联合短语也有人称作并列短语，它由两个或两个以上部分组成，组成部分之间的关系有的是并列，有的是选择，还可以有其他关系。各类实词和各种短语都可以构成联合短语，它们可以直接组合，可以依靠连接词组合，也可以在组成部分之间用逗号或顿号隔开”①。根据联合短语内词语的语义关系，又可分为并列联合和选择联合。此处张斌也认为“并列”是“联合”的下位概念。

黄伯荣、廖序东（2011）认为联合短语由语法地位平等的两项或几项组成，其间是联合关系，可细分为并列、递进、选择等关系。

第三是联合结构。

朱德熙（1982）指出，“联合结构是由两个或更多的并列成分组成的。并列成分叠加在一起，中间没有什么形式上的标记。可以用停顿隔开，有时在每一项后头加上语气词‘啊’或‘啦’，也可以用虚词连接。体词性并列成分用连词‘和、跟、同、与、及’，谓词性并列成分用副词‘又……又……’ ‘也……也……’或是连词‘而、并、并且’等连

① 张斌主编：《现代汉语描写语法》，商务印书馆 2010 年版，第 315 页。

接”①。朱德熙认为联合结构里的并列成分后可加上语气词“啊”“啦”，前面张斌所指的联合短语里没有这一项，我们可以在此推知“结构”大于“短语”。

第四是联合词组。

胡裕树（1999）认为联合词组由两个或更多的部分组成，组成部分之间的关系，有的是并列的，有的是选择的。胡裕树定义诸如“阴谋和幻想”“扩大并巩固”“最高、最强、最快”的词语组合为联合词组，联合词组的下面又分为并列和选择关系，这样，联合就包含“并列”和“选择”两类词组。

邵敬敏（2007）认为，“联合词组由两个或两个以上成分组成，构成并列、承接、选择或者递进等关系”②。指出联合词组的构成必须是语法性质相同或相近的。只有表示并列关系的，其构成成分才可以不用连词来连接。邵敬敏所说的“联合词组”所指范围较大，除了“并列”“选择”关系是其下位概念，还包括“承接”和“递进”关系。

第五是并列短语。

范晓（1991）认为由两个或两个以上的直接成分并列地组合成的短语，叫作并列短语，也称“联合短语”。范晓认为并列短语和联合短语等同。

根据以上论述，我们发现关于“阴谋和幻想”“扩大并巩固”“最高、最强、最快”之类的词语的组合，可命名为“并列结构”“联合短语”“联合结构”“联合词组”“并列短语”，根据学者对上述概念的解读，它们之间的关系如下：联合结构>并列结构>联合短语＝联合词组＝并列短语。“词组”和“短语”这两个概念大致等同。那么，又归结到“联合”和“并列”这两个概念的异同上，我们认为“词组”表示词语的组合，这一概念更为直观。

前文说过，联合包括并列、承接、选择、递进等关系，但在本文的研究中，我们使用“并列”这个概念，并列下面还会讨论连贯、选择和递进关系，一方面是因为我们主要探讨句法结构上的平等关系的结构，连贯、选择、递进属于语义范畴。③ 另一方面是要与我们讨论的并列类复句

① 朱德熙：《语法讲义》，商务印书馆2005年版，第156页。

② 邵敬敏：《现代汉语通论》（第二版），上海教育出版社2007年版，第196页。

③ 王力：《王力文集第二卷　中国现代语法》，商务印书馆1985年版，第89—106页。

相契合。所以对于“阴谋和幻想”“扩大并巩固”“最高、最强、最快”之类的词语的组合，我们称之为并列词组。具体来讲，并列词组由两个或两个以上成分组成，它们之间的句法地位是平等的，组成成分之间的关系有并列、选择、连贯、递进关系。

3. 并列类复句

丁声树等（1961）把复句分为并列句和偏正句。认为并列句的成分是平等的，可分为四个小类：连贯句、联合句、交替句、对比句。交替句指“不是……就是……”类句子。对比句和联合句都归为普遍认为的并列句。

王力（1985）把复合句分为主从句和等立句。其中等立句相当于现在的并列句，等立句所包含的句子形式是有平等的价值的。分为积累式、离接式，转折式、按断式（论据在前，结论在后）、申说式（解说）等五类。等立句相当于并列复句，积累式相当于并列复句，离接式相当于选择复句，申说式是指现在的解说复句。这里转折式也归入了等立句中。

胡裕树（1999）对复句也主张二分法，分为联合复句和偏正复句。联合复句是由两个或两个以上的分句平等地连接起来的，分句之间的关系是并列的，分不出主次。联合复句中分句之间的关系常见的有并列关系、连贯关系、递进关系和选择关系。

黄伯荣、廖序东（2011）根据分句间的意义关系，把复句分为联合复句和偏正复句两大类。联合复句是指各分句间意义上平等、无主从之分的复句。联合复句可分为并列、顺承、解说、选择、递进五个小类。

黎锦熙（1924）认为等立句为两个以上的单句组成，彼此接近，或互相联络，却都是平等而并立的。从关系上分为四类：平列句、选择句、承接句、转折句。平列句里又分为等价的、进层的、分割的三种关系。黎锦熙对等立句的划分包含了如今的并列复句、选择复句、连贯复句以及递进复句，还包括了转折复句。王维贤等（1994）根据逻辑语义关系，把复句分为单纯的和非单纯的两类，单纯的下分条件的和非条件的两类。非条件的下分选择和非选择，非选择下分简单并列和非简单并列。连贯、递进、总分属于非连贯。如下图。[①]

---

① 王维贤等：《现代汉语复句新解》，华东师范大学出版社 1994 年版，第 69 页。

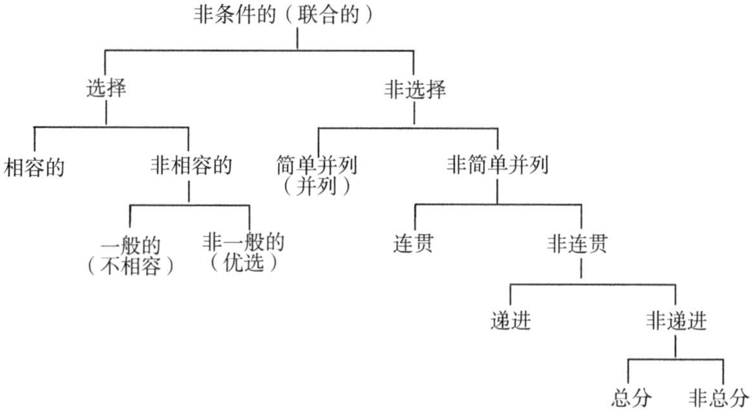

图 8　非条件复句

从以上学者关于复句的论述中，基本都持汉语复句二分的观点，虽术语不同，基本都分为偏正复句和并列复句。比较有争议的是转折复句，王力、黎锦熙把转折复句也归入并列类的复句中，丁声树、胡裕树、黄伯荣、廖序东、王维贤等的并列复句未包含转折复句。王维贤等把选择和连贯、并列、递进、总分复句都归为非条件的联合复句，只不过联合复句下先二分为选择和非选择复句。

邢福义（2003）打破了二分系统的束缚，把复句分为三大类：因果类复句、并列类复句和转折类复句。并列类复句是表示广义并列关系的各类复句的总称。排除种种关系，几件事之间只要存在并举罗列的关系，而不存在因果联系，那么都是广义的并列关系。并列类复句表示分句间存在并举罗列的关系，下列的二级分句并列句、连贯句、递进句和选择句体现分句间具体的逻辑语义关系，主要因标志不同而导致逻辑语义的差别。

邵敬敏（2007）把复句分为四大类，十个小类。一是平等，包括并列复句和选择复句；二是轻重，包括递进复句和补充复句；三是顺理，包括连贯复句、因果复句、条件复句、目的复句；四是违理，包括转折复句、让步复句。邵敬敏的四分法划分基础是基于分句间的逻辑语义关系。平等关系的复句有并列复句和选择复句，连贯和递进分属轻重关系和顺理关系。

邢福义和邵敬敏关于复句的划分都打破了二分的传统观点。邢福义根据“并列聚合”把并列类复句、因果类复句、转折类复句分别开来，邵敬敏把并列复句和选择复句归为平等关系，递进复句归为轻重关系，连贯复句归为顺理关系，这样虽准确地反映了逻辑语义关系，但较为繁琐。本书在讨论并列结构的时候，认同邢福义先生的划分标准，探讨所有“并列聚合”的并列类复句，具体包括并列复句、连贯复句、递进复句和选择复句。

4. 并列结构

高名凯（1948）曾定义：“并列就是把占有同等语法价值的词或词群排列起来。”① 这里的并列指的是并列短语。赵元任（1979：136）认为并列结构是一种有两个或更多中心的内中心结构，每个中心都有大致跟整个结构相同的功能。该定义只是大致界定并列结构应该具有的特征，并没有界定哪个层面的并列。李占炳（2014）分析了以往关于并列结构的界定，根据自己的研究目的，研究了句法的并列，即短语层面和句子层面的并列。吴云芳（2013）根据研究目的，区分了词语并列和短语并列。指出宾州树库（Penn Chinese Treebank）将并列结构划分成了三个层次；词层（word-Level）、短语层（Phrase-Level）、子句层（Clause-Level）。本书试图研究词汇层面、词组层面和小句层面的并列关系，因此，与宾州树库对并列结构的界定不谋而合。因此，本书所指的并列结构包括并列复合词、并列词组和并列类复句。

5. 并列项

并列结构中处于并列关系的成分如何命名，不同层次的并列结构有不同的命名。并列复合词中的并列成分为构词成分，我们一般称之为并列语素。关于并列词组中并列成分（coordinands）的命名，丁声树（1961）、朱德熙（1982）等直接称之为并列成分。张斌（2010）认为联合短语中并列项的排列顺序不是任意的，特别是当并列项不止两项时，排列顺序会显示出一定规律，遵循时空原则、感知原则或文化原则。把并列词组的并列成分称之为并列项。本书中根据论述需要，这两个命名我们都会使用。关于并列类复句，我们根据复句的一般构成，称为分句。

6. 并列标记

并列词组中表并列关系的标记（coordinator 多译为联系项），本书称之为并列标记。并列类复句中的标记，诸如“又……又……”“不仅……而且……”“或者……或者……”等标明分句间具体关系的标记，学术界称呼也不统一，邢福义（2003）称之为“复句关系词语”“标志”；邵敬

① 高名凯：《汉语语法论》，商务印书馆 2011 年版，第 392 页。

敏（2007）、黄伯荣、廖序东（2011）称之为关联标记；王维贤等（1994）还区分了关联词语和关联成分。认为关联词语一般指连词、副词以及一些表示复句间特定的逻辑语义关系的短语。特定词语的反复、对偶和排比形式以及语音停顿，都可以算作关联成分。本书主要探讨复句中的显性标记，这些标记在小句之间起重要的衔接作用，所以本书把并列类复句中表并列、连贯、递进、选择等关系的显性标记称为“关联标记”。

（二）研究方法

本书使用的研究方法主要有比较法、语言描写和解释相结合的方法和统计法。

1. 描写与解释相结合的方法。对藏缅语各个层次的并列结构及其联结手段的特点进行多角度的翔实描写，也注重运用语言类型学、认知语言学、语言接触理论、语法化理论等现代语言学理论对藏缅语并列结构的连接手段的共性和差异进行科学的解释。

2. 比较法。本书比较藏缅语内部各个层次的并列结构，找出其个性和共性，再比较不同层次并列结构之间的关系。整个研究都建立在多种语言比较基础之上。

3. 调查问卷法。设计藏缅语并列复合词、并列短语、并列复句的调查问卷，向藏缅语的母语人或专门从事某一语言研究的学者进行调查。

4. 田野调查法。在调查问卷调查的基础上，重点对各语支语言的标准点进行实地调查，充分获取第一手资料。

5. “表-里-值”与“普-方-古”结合法。“表-里-值”是邢福义提出的比较成熟的研究汉语复句的方法。我们把其运用到藏缅语并列类复句研究中，深入挖掘各语言的并列类复句的句式、语义、语用特点。“在少数民族语言中，有半数以上的语言与汉语同属汉藏语系，不同程度地保留了汉藏语系古代的语法特点及演变规律。通过汉语与少数民族语言的语法比较，能够窥见汉藏语系古代的语法特点及演变规律，这对汉语语法的研究乃至语法理论的研究都有重要的理论价值。”[①] 此处，我们运用“普-方-古”研究方法，从古代汉语并列结构的发展中看藏缅语并列结构的发展，进而挖掘整个汉藏语并列结构的特点，也可以从藏缅语并列结构的发展反观汉语并列结构的发展。

---

① 戴庆厦：《语法比较的几点思考》，《语言与翻译》2006 年第 1 期。

6. 统计法。本书涉及数十种藏缅语并列结构数据，建立了藏缅语并列结构语料库。本书对藏缅语并列标记位置模式和并列复句关联标记位置模式的类型学考察都是建立在数据统计的基础之上的。

第三节 研究对象及语料来源

一 研究对象

我国境内有多种藏缅语，分属藏语支、彝语支、景颇语支、缅语支、羌语支等几个语支。此外，印度、尼泊尔、巴基斯坦、不丹、缅甸、泰国、越南等国也有藏缅语分布。并列结构存在于语言系统的各个层级当中，有并列关系的复合词、并列关系的词组和并列关系的复句。本书的研究对象为我国境内的藏缅语的并列结构，包括并列复合词、并列词组、并列类复句。

二 语料来源

本书研究过程中搜集整理的语料涉及藏缅语族藏语支、羌语支、景颇语支、彝语支、缅语支等语言，共计约 40 种语言或方言。可分为文献类语料和调查类语料两类。

（一）文献类语料

这部分语料主要引自 20 世纪 80 年代以来在国内公开出版的语言调查丛书和专著，包括中国少数民族语言简志丛书、中国新发现语言研究丛书、中国少数民族语言参考语法研究系列丛书等，它们都是相关领域的专家和学者深入田野调查后所发表的研究成果，具有较高的学术水准和参考价值。本书所涉及的藏缅语族语言如下：

藏语支：藏语（拉萨话）、门巴语（错那）、白马语（平武）、仓洛语

羌语支：羌语（桃坪）、羌语曲谷话、蒲溪羌语、普米语（兰坪白族普米族自治县河西区箐花乡、兰坪河西乡大羊村）、扎巴语（道孚县）、史兴语、贵琼语

景颇语支：景颇语（盈江县铜壁关区）、独龙语（贡山县独龙河）、格曼语（察隅县）、博嘎尔语

彝语支：彝语喜德、傈僳语、哈尼语（绿春大寨）、碧约哈尼语、拉祜语（勐朗坝）、邦朵拉祜语、纳西语（青龙乡）、怒苏语、白语（剑川）、土家语（仙仁）、土家语（靛房）

缅语支：载瓦语（潞西县西山载瓦话）、遮放载瓦语、阿昌语（陇川县户撒朗光）、梁河阿昌语、浪速语（潞西县三台山允坝寨）、波拉语（潞西市三台山乡孔家寨）、勒期语（芒市中山乡户板村）

本书尽可能穷尽性收集文献类关于并列结构的语料，不只把文献中关于并列复合词、并列词组复句中的并列结构全部搜集起来，还从其他论述中找出所有的并列结构。如收集仓洛语并列词组的语料，有从“连词”条目下收集的：

仓洛语（张济川 2009：900）

tɕaŋ^{13}taŋ$^{(13)}$nan^{13}　我和你

我　和　你

有从“并列短语”条目下收集的：

（张济川 2009：915）

ŋa^{13}taŋ$^{(13)}$ri^{13}　鱼和水

鱼　和　水

也有从“语气助词”条目下收集到的：

（张济川 2009：909）

nan^{13} ki$^{(13)}$　jin^{55}tɕa^{55}pu$^{(13)}$ŋon^{13} ȵi，om^{55}tɕaŋ^{55}rai^{13}pu$^{(13)}$ŋon^{13}ȵi

你（结构）　盐　也　买　又　布　也　买

你是又买盐又买布。

汉语的语料主要来自 CCL 语料库、何金松的《虚词历时词典》等。

（二）调查类语料

本书部分语料采用调查问卷的方法获得。下列表格包含所调查语言、语言点、语料提供人。语料提供人为本书的写作给予了很大支持，在此深表谢意。

语种	所属语言及方言点	语料提供者
白宏哈尼语	云南省红河州红河县垤玛乡	李浩
他留彝语	云南永胜县	段秋红
景颇语	德宏铜壁关话	戴庆厦

续表

语种	所属语言及方言点	语料提供者
东旺藏语	云南香格里拉东旺乡	次林央珍
大具纳西语	云南玉龙纳西族自治县	和智利
安多藏语	甘肃省夏河县科才乡	三木旦
补远基诺语	西双版纳勐旺乡补远村科联	叶金保
攸乐山基诺语	西双版纳基诺山	沙金寿

正文中语料提供人所提供的材料，直接注明语言种类，引自文献类语料的，则指明用例的具体出处。

第二章

藏缅语并列复合词特征分析

藏缅语并列复合词由两个或两个以上词根语素构成，各语素间的地位平等，不存在因果、转折等关系，组成的词意义抽象，并不只是各个语素的简单相加。

第一节　藏缅语并列复合词的类型

一　藏缅语并列复合词的音节类型

根据藏缅语并列复合词中音节的数量，可分为双音节并列复合词、三音节并列复合词、四音节并列复合词和多音节并列复合词。

（一）双音节并列复合词

藏缅语双音节并列复合词最为常见，每一种语言都有，两个具有实际意义的语素并合在一起组成并列复合词。如：

东旺藏语①：pha^{33}ma^{41} 父母　ɲ̥i^{24}tshɛn^{33} 日夜　tsha^{24}dʐ̥oŋ^{33}　冷热
父　母　　日　夜　　热　冷

桃坪羌语：pi^{55}ma^{55}　父母　khuə^{31}pa^{33}　家畜　zɿ^{31}ŋu^{55}　牛
父　母　　狗　猪　　公牛母牛

景颇语：nu̱w^{51}wa̱^{51}　父母　tʃi^{33}　khai^{51}　祖父　ʃan^{31}ŋa^{55}　荤菜
母父　　曾祖父　祖母　　肉　鱼

波拉语：khji^{55}la^{ʔ31}　肢体 mɔ^{31}na̱uŋ^{35}　兄弟 mi^{31}ɔ̄^{55}　夫妻

---

① 本章语料来源于“中国少数民族语言简志丛书（藏缅语部分）”“中国新发现语言研究丛书（藏缅语部分）”“中国少数民族语言参考语法研究系列丛书（藏缅语部分）”《中国的语言》（藏缅语部分）、调查问卷。还有从已发表的刊物中摘取，这一部分作了标注。

脚 手 兄 弟 妻 夫

青龙纳西语：$zɔ^{33}mi^{55}$儿女 $dzʅ^{33}tshɔ^{33}$ 跳舞 $phv^{33}me^{55}$公母

儿子女儿 唱 跳 公 母

（二）三音节并列复合词

藏缅语三音节的并列复合词不常见，主要有以下几个类型。

1. 单音节语素+双音节语素构成的三音节并列复合词

指一个单音节语素和一个双音节语素并合，两个组合成分之间是并列关系，组成的新词不等于两个成分的简单相加，具有一定的抽象意义。

景颇语：$tʃum^{31}mă^{55}tʃap^{55}$ 调味品 攸乐山基诺语：$tsɔ^{33}tɔ^{33}jɔ^{44}$ 食物

盐 辣子 吃的 喝的

曲谷羌语：ɭəp lapa 花花绿绿 qutʂ khəˑwe 六畜

绿 花 大牲畜 山羊

格曼语：$thoŋ^{55}a^{31}ku^{53}$ 看守

看 管

2. 双音节语素+单音节语素构成的三音节并列复合词

景颇语：$ʃă^{33}t\underline{a}^{33}tʃan^{33}$ 日月 鱼通贵琼语：$jɑ^{33}jɑ^{33}bi^{35}$ 洗澡

月 日 洗澡 做

青龙纳西语：$ɑ^{33}pɑ^{33}me^{33}$ 父母

爸 妈

纳西语的$ɑ^{33}pɑ^{33}$为“爸”，$a^{33}me^{33}$为“妈”，后一个双音节词省略前缀，构成了三音节并列复合词。

3. 三个单音节语素组成的三音节并列复合词

喜德彝语：$zʅ^{55}dzʅ^{33}$ $tɕi^{21}$收割 剑川白语：$ɕĩ^{55}kã^{55}phiɑ^{44}$心肝宝贝（爱称）

割 打场 收 心 肝 肺

三音节并列复合词主要由双音节的语素和单音节的语素并合而成，少数是三个三音节语素并合成一个复合词。

（三）四音节并列复合词

考察四音节复合词时我们排除了有配音的（无意义音节）四音格词，只考察有实际语素意义的四音节的复合词，也不考虑并列关系的重叠式构词。如梁河阿昌语的$lɑi^{33}lɑi^{55}mɑu^{31}mɑu^{31}$风风雨雨。藏缅语中四音节并列复合词也很常见，有以下几种类型。

1. 双音节语素+双音节语素构成的四音节并列复合词

（1）四音节中的两套双音节语素都不包含词缀

构成四音节并列复合词的两套双音节语素中，不包含词缀成分。如：

独龙语：tɑ^{55}nɑ^{55}tɯ^{31}mɑ^{55}弓箭　景颇语：tă^{31}ʒu^{33}ʃă^{31}ʒin^{55}批评

弓　箭　骂　教

喜德彝语：ŋ^{31}kɔ^{55}da^{55}ɣo^{31}上下　青龙纳西语：ȵi^{33}nə^{31}ʐa^{33}ka^{31}zɿ^{33}夫妻

上　下　妻子　丈夫

补远基诺语：u^{44}lɔ^{44}mɔ^{44}tʃhe^{44}炊具　白宏哈尼语：tsɿ^{55}ba^{31}ɕa^{31}tsɿ^{55}酒肉

铁锅 罗锅　酒　肉

碧约哈尼语：ŋɔ^{31}tshɿ^{33}nɪ^{55}po^{55}虾　大理白语：ɕu^{55}ɕo^{35}ta^{21}xui^{33}供奉

鱼　蚱蜢　烧 香 点 火

土家语：tshi^{55}pa^{55}pi^{35}tshi^{55}大小　扎巴语：xo^{55}pe^{31}tʂo^{31}tsɿ^{55}藏桌

大　小　火盆　桌子

史兴语：qho^{33}lɛ^{55}liɑ^{55}uɛ̃^{33}　进退

进去　退出

（2）四音节中的两套双音节语素中包含相同词缀

构成四音节并列复合词的两个双音节词中，具有相同的词缀。如：

景颇语：mă^{31}su^{ʔ31}mă^{31}lem^{55}哄骗　喜德彝语：ɔ^{31}bu^{31}ɔ^{31}mu^{33}　父母

骗　哄　父　母

格曼语：kɯ^{31}ɕoŋ^{35}kɯ^{31}ti^{35}　瘦小　白马语：pe^{13}ʐɔ^{35} pɑ^{13}pe^{35}　姐妹

瘦　小　姐姐　妹妹

白宏哈尼语：a^{31}phi^{31}a^{31}po^{55}　祖先　梁河阿昌语：ɑ^{31}kɯ^{31}ɑ^{31}ŋə^{33}　大小

奶奶　爷爷　大的　小的

剑川白语：tshɛ^{44}tɕui^{33}tshɛ^{44}ŋui^{33}害羞　史兴语：ʔɑ^{31}dʑe^{55}ʔɑ^{31}mi^{55}　父母

红　嘴　红　眼　父亲　母亲

波拉语：vɛ^{ʔ31}pu^{31}vɛ^{ʔ31}mai^{55}　穿着

穿　衣　披　毯

（3）四音节中的两套双音节语素中包含不同词缀

构成四音节并列复合词的两套双音节语素中，都是派生构词法构词，但词缀不相同。如：

景颇语：kă^{55}khum^{51}n^{33}kjin^{33}瓜类　碧约哈尼语：kɔ^{33}xo^{31}ka^{33}nv^{55}　前后

南瓜　黄瓜　前　后

带有词缀的四音节并列复合词，在有的语言中可以缩减为两个音节，缩减之后不影响整个词的意义。如勒期语：

a^{33}phou^{55}+ a^{33}phji^{55}→ phou^{55}phji^{55}祖宗

祖父　　祖母

景颇语：

lǎ^{31}ko^{33}+lǎ^{31}ta̤^{ʔ55}→lǎ^{31}ta̲^{ʔ55}　手脚

脚　　手

独龙语并列复合词 ǔɹ^{55}xɹǎi^{55} “肢体”、pǎi^{53}mǎi^{53} “父母”，就是由四个音节的词缩减而成的。如：

ɑŋ^{31}ǔɹ^{55}+ ɑ^{31}xɹǎi^{55}→ǔɹ^{55}xɹǎi^{55}　肢体

手　　脚　　手 脚

ɑ^{31}pǎi^{53}+ ɑŋ^{31}mǎi^{53}→pǎi^{53}mǎi^{53}　父母

父亲　　母亲

有些语言复合词是双音节的，很多是从四音节语素中提取承担主要意义的词根要素，双音节化趋势明显。而有些语言复合词是四音节的，并且不大能够缩减为双音节词。如：

他留彝语：tshɔ^{55}pu^{31}tshɔ^{55}mu^{33}夫妻　白宏哈尼语：a^{31}tɕa^{55}a^{31}ma^{33}公母

夫　　妻　　　　公　　母

大具纳西语：ɑ^{33}phv^{33}ɑ^{33}dzɯ^{33}祖先　攸乐山基诺语：kɔ^{33}pɔ^{44}kɔ^{33}mɔ^{44}男女

男性祖先女性祖先　　　　男　　女

(4) 单音节语素+音节语素+双音节语素构成的四音节词

勒期语：fu^{55} tʃha^{55}lǎ^{31}tsɿ^{33}　作料

葱　姜　辣椒（汉）

(四) 多音节并列复合词

多音节并列复合词包含有多个音节成分，是由多音节的语素并合而成的多音节词。如：

博嘎尔语：abɯŋnɯro-ameːbɯrməː　亲戚

兄弟　　　　姐妹

青龙纳西语：ȵi^{33}nə^{31}ʐa^{33}ka^{31}zɿ^{33}　夫妻

妻子　丈夫

补远基诺语：a^{44}ŋɔ^{44}lɔ^{44}a^{44}xje^{44}le^{44}　高低

高　　低

藏缅语中，无声调语言以及派生构词比较发达的语言多音节复合词较多，还有一些彝缅语支的并列复合词没有缩减为双音节或四音节词，呈现为多音节的状态。

藏缅语并列复合词主要分为四种类型：双音节词、三音节词、四音节词和多音节词。其中双音节和四音节并列复合词最为常见。总体来讲，在一些语言中，四音节词呈现出双音节化的趋势，但在另一些语言中，这种趋势受到一定的阻碍。为什么具有相同词缀的两个双音节词并合成并列复合词时，并没有整齐划一地并合为双音节词，可能的原因是，藏缅语一些语支，如彝语支、缅语支等语言，具有丰富的四音格词，这种具有较强韵律感的词汇表达形式，使四音节的并列复合词没有必要简化为二音节的并列复合词。

四音节的并列复合词都是四音格词，而四音格词并不都是并列复合词。四音节并列复合词丰富的语言，四音格词也相对丰富。四音格词和四音节并列复合词的关系如图 2-1 所示。

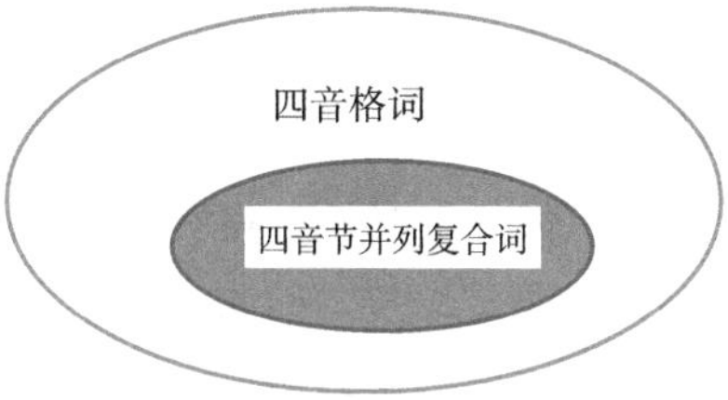

图 2-1　四音格词和四音节并列复合词关系

四音节并列复合词未简化为双音节词，与四音格词有关。四音格词简化为双音节词，则可能与语言的经济原则、语言接触有关。进一步讲，语言中四音节的并列复合词的多少，与语言的类型有关。缺乏形态手段的分析型语言，比形态手段丰富的语言有更多的四音节并列复合词，也更容易把四音节的并列复合词减缩为二音节的并列复合词。具有更多屈折特征，形态手段相对丰富的语言有更多的多音节并列复合词。

二　藏缅语并列复合词的语素性质类型

藏缅语组成并列复合词的语素主要是同类语素。同类语素指的是语素性质类型相同，主要有名词语素+名词语素型，动词语素+动词语素型，形容词语素+形容词语素型，还有副词语素+副词语素型等类型。

从构成并列复合词的语素构成性质来看，有以下几种类型。

1. 名词语素+名词语素型

名词语素和名词语素并合，一般构成名词。

东旺藏语：goŋ^{33}ʐao^{ʔ54} 上下 景颇语：lǎ^{31}ta̱^{ʔ55} 手脚
上 下 脚 手

独龙语：ǔɹ^{55}xɹǎi^{55} 肢体 博嘎尔语：abɯŋnɯro 兄弟
手 脚 哥哥 弟弟

补远基诺语：a^{44}pu^{44} a^{44}mɔ^{44} 父母 碧约哈尼语：sɿ^{55}nɯ^{55} 棕色
父 母 黄 黑

他留彝语：a^{31}zɿə^{31}ȵɔ^{55}zu^{31} 兄弟 剑川白语：tɕui^{33}ŋui^{33} 脸
兄 弟 嘴 眼

靛房土家语：tɕe^{35}tɕi^{21} 手脚 邦朵拉祜语：mu^{53}mi^{31} 地方
手 脚 天 地

傈僳语：hɛ^{31}ȵi^{44} 日子 大羊普米语：ʂɿ$^{24/31}$fpʉ^{55} 霜
夜 日 露 雪

曲谷羌语：qapa qodu 老人 史兴语：ʔɑ^{31}dʑe^{55}ʔɑ^{31}mi^{55} 父母
老头 老太太 父亲 母亲

拉萨藏语：kha^{52}la^{ʔ132} 饭 白马语：re^{53}sɿ^{53} 罗缎
口 手 布 丝

门巴语：phɔ^{53}mɔ^{53} 雌雄 波拉语：mi^{31}lɔ̃^{55} 夫妻
公 母 妻 夫

梁河阿昌语：phɑu^{31}phɑ^{31} 祖宗
祖父 父亲

2. 动词语素+动词语素型

动词词素和动词词素并合，可构成动词或名词。

东旺藏语：tɕha^{41}thoŋ^{44} 吃喝 景颇语：lu^{ʔ31}ʃa^{55}食物
吃 喝 喝 吃

攸乐山基诺语：zɔ^{44}tɔ^{33} 吃喝 碧约哈尼语：ja̱^{33}pha^{55} 扫帚
吃 喝 捆 扫

梁河阿昌语：ʐa^{ʔ31}kã^{35} 织布机 喜德彝语：pe^{44}tɕhe^{33} 跳舞
织 拉 踢 跳

剑川白语：tɛ̃^{44}ko^{42} 扑打 靛房土家语：tha^{35}khu^{55} 锅

打 敲　　　　　　　　　　烘 烤

傈僳语：kuɑ^{44}khi^{35}　舞蹈　　大具纳西语：dzɿ^{33}tshɔ^{33}　跳舞

抖 跑　　　　　　　　　　唱 跳

怒苏语：shuɑ^{55}phiẽ^{35}　散步　　邦朵拉祜语：mɯ^{31}va^{53}　劳动

走 玩　　　　　　　　　　做 干

桃坪羌语：ne^{33}ɡuə^{33}　铺盖、被子　箐花普米语：dzə^{55}thiẽ^{55}　饮食

睡 穿　　　　　　　　　　吃 喝

贵琼语：si^{33}　pɑ^{55}　破　史兴语：jɛ^{33}tʃhɿ^{55}（做）生意

分开 裂开　　　　　　　　买 卖

拉萨藏语：sa^{132}thuŋ^{55}　饮食　门巴语：za^{35}toŋ^{53}　饮食

吃 喝　　　　　　　　　　吃 喝

波拉语：ta^{31}ʃauʔ^{55}　生活　　勒期语：no^{33}mjaŋ^{33}　牲畜

吃 喝　　　　　　　　　　牛 马

勒期语：paːt^{31}sa̱ːt^{55}打杀

打 杀

3. 形容词语素+形容词语素型

形容词词素和形容词词素并合，可构成形容词和名词。

东旺藏语：tɕhe^{33}ɕoŋ^{41}　大小　景颇语：tiŋ^{33}man^{33}　老实

大 小　　　　　　　　　　直 老实

独龙语：dzɯ̆ŋ^{53}ɟĭt^{55}　冷热　勒期语：tʃiːn^{33}tʃhaiːu^{33}　酸甜

冷 热　　　　　　　　　　酸 甜

补远基诺语：sɿ^{44}mɔ^{44}sɿ^{44}zɔ^{44}大小　碧约哈尼语：a^{55}jɪ^{31}tshɿ^{33}mɤ^{33}　妯娌

大 小　　　　　　　　　　大的小的

梁河阿昌语：kən^{31}nɑŋ^{33}　臊　　他留彝语：sɿ^{55}sɔ^{31}　生死

腥 臭　　　　　　　　　　死 生

剑川白语：pho^{31}thɛ^{44}　破烂　靛房土家语：tshi^{55}pa^{55}pi^{35}tshi^{55}　大小

破 烂　　　　　　　　　　大 小

傈僳语：le^{33}me^{31}　温暖　　怒苏语：ʐi^{55}dzi^{35}　大小

暖 温　　　　　　　　　　大 小

邦朵拉祜语：khi^{53}ɡɛ^{31}　勤快　　大羊普米语：tsɿ^{55}ta^{24}　辈分

急 快　　　　　　　　　　小 大

曲谷羌语：la tshi　肥瘦　　拉萨藏语：te^{132}ciʔ^{52}　幸福

宽窄　　　　　　　　　　　　安 乐

4. 藏缅语还有个别语言有以其他词类的词素并合而成的并列复合词。如：

（1）副词+副词构成的并列复合词

萝卜寨羌语：ɑ^{31}tɕi^{55}nə^{31}　完全

全部 都

（2）代词+代词构成的并列复合词

格曼语：ȵo^{53}ki^{53}　自己

你 我

（3）介词+介词构成的并列复合词

波拉语：ŋji^{55}tʃhɔ̃^{35}　胎盘

在 跟

副词与副词构成的并列复合词还是副词，代词和代词构成的并列复合词还是代词。波拉语中介词和介词构成的是名词。

现将并列复合词语素性质和并列复合词关系列表如下：

表 2-1　藏缅语并列复合词语素性质与并列复合词关系表

	名	动	形
名+名	+	-	-
动+动	+	+	-
形+形	+	-	+

从表 2-1 可知，藏缅语并列复合词以名词居多，有三种途径可以并合成名词，而并列复合词动词和形容词只有与之对应的一种来源。我们还可以推出：并列复合词语素之间性质的一致性，是构成并列复合词的必要条件。

藏缅语都有名词语素加名词语素并合而成的复合词，第一种类型最多。对于形态相对丰富的多音节语言来说，并列构词并不常见，因此，各语素类型并合的并列复合词相对较少。对于词缀丰富的语言来说，并不是两个语素的并列，也可能是两个音节的并列，复合词各语素之间缺少独立性，如博嘎尔语。

三 藏缅语并列复合词语素间的语义关系类型

从并列复合词内部组成成分语义的性质来看，可以分为三大类型：一是并列复合词两个并列成分之间具有相对、相反的语义关系；二是复合词两个并列成分之间具有相近、相关的语义关系；三是复合词两个并列成分之间不具有相互关系，只是简单的并列。

（一）复合词两个并列成分之间具有相对、相反的语义关系

藏缅语诸语言运用词根语素和词根并列组合造词时，把意义相对立的词、意义相反的语素或意义相互矛盾的语素并合在一起，是一个通行的做法。

景颇语：num^{33}la^{33}　男女　格曼语：ɕip^{55}jɯit^{55}　买卖

女　男　　买　卖

独龙语：mɹăŋ^{53}tɯ̆i^{53}长短　博嘎尔语：abɯŋnɯro–ameːbɯrməː 亲戚

长　短　　兄弟　姐妹

他留彝语：tshɔ^{55}pu^{31}tshɔ^{55}mu^{33}夫妻　补远基诺语：ʂʅ^{31}a^{44}tje^{54}a^{44}　生死

夫　妻　　生　死

碧约哈尼语：a^{55}jɪ^{31}tshʅ^{33}mɤ^{33}　妯娌　白宏哈尼语：a^{31}ʐ̱ɤ^{31}　a^{31}ȵi^{55}　兄弟

大的小的　　年长者 年少者

大具纳西语：zɔ^{33}mi^{55}子女　喜德彝语：o^{33}m̥（ʅ）^{33}　头尾、上下

男　女　　头尾

大理白语：thɯ^{55}tso^{33}　上下　靛房土家语：tɕe^{35}tɕi^{21}　手脚

下　上　　手　脚

傈僳语：hɛ^{31}ȵi^{44}　日子、日期　怒苏语：ʐi^{55}dzi^{35}　大小

夜　日　　大　小

勐朗坝拉祜语：m ɣ^{53}mi^{31}　地方（国）大羊普米语：mə$^{55/31}$din^{24}　地方

天　地　　天　地

桃坪羌语：zʅ^{31}ŋu^{55}　牛　史兴语：qho^{33}lɛ^{55}liɑ^{55}uɛ̃^{33}　进退

公牛母牛　　进去　退出

拉萨藏语：ȵo^{132}tshoŋ^{55}　生意　东旺藏语：thu^{33}mɛ^{41}　高低

买　卖　　高　低

门巴语：phɔ^{53}mɔ^{53}　雌雄　波拉语：khji^{55}laʔ^{31}　肢体

公　母　　脚　手

梁河阿昌语：kɛ̃^{31} ʂɑŋ^{31}　厚薄　勒期语：kjiː^{33}tse̠i^{53}粗细
厚　薄　粗　细

（二）复合词两个并列成分之间具有相近、相关的语义关系

语义相近的两个语素并合，是指意义上相似的两个语素并合在一起；相关的语素并合是指语素之间同属一种聚合关系之中，也可以指两个语素之间具有上下位关系，它们靠着某种联系并合在一起。

景颇语：kă^{55}khum^{51}n^{33}kjin^{33}瓜类　独龙语：ɟɔ̆^{ʔ55}bɯ̆^{ʔ55}　铺盖
南瓜　黄瓜　毯子被子

攸乐山基诺语：pjʌ^{44}khe^{31}　告诉　碧约哈尼语：sɿ^{55}nɯ^{55}　棕色
说　告诉　黄　黑

他留彝语：dzu^{31}dɔ^{55}　吃喝　大具纳西语：ɕi^{33}dɯ^{31}ɕi^{33}mu^{55}　老人
吃　喝　人　大　人　老

喜德彝语：ʂɿ^{44}nɔ^{33}（动物毛色）黄底黑花　大理白语：khɔ^{55}tshɯ^{44}　腰带
黄　黑　系　捆

剑川白语：ku^{33}jĭ^{21}ku^{33}tshi^{31}老人家　靛房土家语：tha^{35}khu^{55}　锅
老人　老辈　烘　烤

傈僳语：kho^{31}dze^{33}　桥　怒苏语：shuɑ^{55}phiɛ̃^{35}　散步
垫　摆　走　玩

勐朗坝拉祜语：tɔ^{53}khɔ^{53}　语言　邦朵拉祜语：xa^{31}ja^{53}ɣɔ^{53}ja^{53}　穷人
话　语（音）　贫人　瘦人

大羊普米语：ʐɿ$^{24/31}$ʃɿ^{24}　皮肤　桃坪羌语：ne^{33}ɡuə^{33}　铺盖、被子
皮　肉　睡　穿

贵琼语：si^{33} pɑ^{55}　破　史兴语：buŋ^{55}pœ^{55}　沤（肥）
分开裂开　堆　埋

拉萨藏语：te^{132}ci^{ʔ52}　幸福　白马语：re^{53}sɿ^{53}　罗缎
安　乐　布　丝

门巴语：maŋ^{35}ɬak^{53}　剩余　波拉语：ta^{31}ʃau^{ʔ55}　生活
多　余　吃　喝

梁河阿昌语：tɕɑ^{ʔ31}wɑ^{ʔ31}　家禽　勒期语：nu^{55}mjaŋ^{33}牛马
鸡　猪　牛　马

（三）复合词两个并列成分之间不具有相互关系，只是简单的并列

并列复合词两个并列的语素意义上没有相关、相对性，两个并列的成

分都为同性质的语素，也不具有其他诸如修饰、陈述、支配等语义关系，只是单纯地并合在一起。这类并列复合词数量少。

景颇语：tiŋ^{33}man^{33}　老实　格曼语：kɯ^{31}ɕɑŋ^{35}kɯ^{31}pioŋ^{55}　正确
直　老实　　　　　　　　正当　直接

攸乐山基诺语：tɕɯ^{44}nɔ^{44}　牲畜　碧约哈尼语：tsɔ^{31}tsa^{55}　饲料
钱　套子　　　　　　　　吃　有

剑川白语：jĩ^{44}ɕɛ^{44}　日子　靛房土家语：kha^{55}the^{55}　铧口
日　天　　　　　　　　过　撮

傈僳语：sɿ^{31}ʃɛ^{44}　干净、清洁　箐花普米语：mɤ^{55}dʒy^{13}　雷公
红　干净　　　　　　　　天　龙

扎巴语：xo^{55}pe^{31}ʈʂo^{31}tsɿ^{55}　藏桌　拉萨藏语：kha^{52}la^{ʔ132}　饭
火盆　桌子　　　　　　　　口　手

门巴语：kar^{55}lem^{35}流星　梁河阿昌语：khuɑi^{33}tɕɑ$^{31/33}$　剥削
星星路　　　　　　　　剥　吃

藏缅语各语言的并列复合词都可以归并到上述三类当中，前两种并列复合词为多数，把不相关的两个因素简单地并合在一起而未有其他语义关系的后一种各语言中占比很小，这具有一定普遍性。

第二节　藏缅语并列复合词语序制约因素考察

藏缅语并列复合词并列成分的前后顺序一般来说不容变动。戴庆厦（2015）认为，“制约汉藏语并列复合词词序孰先孰后主要受语音和语义两个因素的制约，在不同的语言里，二者所占比例存在差异。藏缅语并列复合词语序制约有语义和语音因素的制约，语音因素中包含元音因素和辅音因素、声调①”。语义关系排列的顺序大多是：“凡语义重要、正面、阳性、与整个词意义更靠近的词素，居于另一词素之前。”此外，本民族语言习惯也应考虑在内。

我们从少数民族语言简志材料、语言专著以及调查问卷中收集并列复合词语料，由于条件限制，语料收集不能按统一标准实施，有的语言语料较为丰富，而有的语言材料稍显欠缺，但总体对分析结果影响不大。从材

① 戴庆厦：《汉藏语并列复合词韵律词序的类型学特征》，《吉林大学社会科学学报》2015 年第 3 期。

料分析中发现，每种语言并列复合词语序都有一定的例外，但总体是有规律可循的。制约语素顺序的语音因素里，有的是第一制约因素，有的是第二或第三制约因素，第一制约因素不起作用时第二或第三制约因素就发挥作用。

（一）语素顺序以元音为主要依据

并列复合词语素顺序以语素的元音为主要依据，语素中主要元音舌位的高低、唇形的圆展、舌位的前后等因素，是语素前后顺序的主要参考项。具体来讲，还可以分为以下几种类型。

1. 元音舌位高低——辅音韵尾——语义型

并列复合词语素顺序总体受元音舌位高低制约，元音因素不起作用时，以辅音韵尾的性质决定词序，在元辅音都不起作用时，则以语义为词序前后的判断标准。如：

景颇语并列复合词受前后音节元音舌位“前高后低”搭配规律的制约。例如：

kun^{33}phai^{33} 担负　tʃi̱ŋ^{33}pau^{31} 锣鼓
背　抬　鼓　锣

在元音一致的情况下，跟是否有辅音、辅音性质有关。如：

sai^{31}ʃan^{31} 亲骨肉　pan^{31}sa^{ʔ55} 休息
血　肉　休息歇

总体的规则是：元音一致的情况下，有辅音韵尾的在后；都有辅音韵尾的，塞音的在后。

在元音、辅音韵尾都一致的情况下，语义规则才起作用。如：

ŋaŋ^{31}ka̱ŋ^{33} 结实
牢　绷紧

波拉语并列复合词语素顺序也绝大多数遵循元音舌位高低、前后原则，元音是否带有鼻化音也是一个重要的参项，带有鼻化音的一般位于并列复合词的后一个语素。如：

mi^{31}lɔ̃^{55} 夫妻　ŋau^{55}jɔ̃^{31} 哭歌　ɣa^{ʔ31}kɛ̃^{31} 织布机
妻　夫　哭　哼　织　拉

但是，波拉语还存在大量的例外情况，应该是语义原则在起作用。如：

phau^{35}phi^{31} 祖宗

祖父 祖母

2. 元音唇形圆展——元音舌位高低——语义型

这类语言以元音唇形的圆展作为词序的第一参考要素，元音舌位的高低为第二参考要素，语义为第三参考要素。

据不完全统计，独龙语并列复合词圆唇元音在前，展唇元音在后。如：

ŭɹ^{55}xɹăi^{55}　肢体　　ɟɔ̆^{55}　bɯ̆^{ʔ55}　铺盖

手 脚　　　　　　　　毯子 被子

如唇型圆展相同，则舌位低的在前，舌位高的在后。如：

tăi^{55}tɕiŋ^{53}　大小

大 小

如若舌位高低一致，则语义为判断标准决定词序。如：

dzɯ̆ŋ^{53}ɟĭt^{55}　冷热　　păi^{53}măi^{53}　父母

冷　　热　　　　　　父　母

综观独龙语，独龙语屈折形式较多，并列复合词并不发达。

3. 元音舌位高低——语义并重型

在这类语言中，音节塞音的韵尾很少，都是元音韵尾或鼻音韵尾，语音上总体遵循元音舌位高的在前，元音舌位低的音在后的规律，但有相当多的并列复合词并不遵循此规律，这说明这些语言的并列复合词并不完全遵循语音规律，还有更为复杂的制约机制，语义原则也起着重要的作用。如：

白宏哈尼语：xa^{31}mi^{31}xa^{31}ʐo̱^{33} 夫妻　za^{21}mi^{31}za^{31}ʐo̱^{33}　儿女

妻子　丈夫　　　　女儿　儿子

a^{31}phi^{31}a^{31}po^{55}　祖先

奶奶　爷爷

白宏哈尼语的并列复合词“夫妻”“儿女”“祖先”以第二第四音节的元音舌位高低为次序，舌位高的在前，舌位低的在后，与语义无关。但是也有相当一部分词，并不遵循语音规律，而以语义规律为先。如：

a^{31}ʐɣ̱^{31}a^{31} ȵi^{55} 兄弟　ɣɔŋ^{31}ɯ^{55}　买卖　hɯ^{31}ȵi^{55}　大小

年长者 年少者　　　卖　买　　　　大　小

上述几个词语素安排并不遵循元音舌位高低的原则，与之正好相悖，那可能就是语义原则在这些词中起着更为重要的作用。

攸乐山基诺语并列复合词与哈尼语情况类似，总体上遵循元音舌位高低的原则，如：

攸乐山基诺语：mi^{31}tsʰo^{54}　天地　sɯ^{44}lo^{44}　植物

地　天　　　　树类草类

天地中，以“地”为前一语素，以“天”为后一语素，这是元音舌位高低原则在起作用。然而，有相当一部分词与此原则相违背，更多地倾向与语义相契合。如：

攸乐山基诺语：tso^{44}mi^{44}寨子　lʌ^{33}tʌ^{33}　浑圆

房　火　　　圆　整齐

上述词以词义的主要承担者在前，或本民族以为重要事物的在前。

勒期语也主要遵循元音语音舌位高低的原则，如：

khjei^{33}lɔ^{ʔ31}手脚　o̱$^{33/55}$thɔ^{ʔ55}上下

脚　手　　下　上

但也有相当一部分并列复合词以语义原则来确定语素顺序。如：

kjɔ^{ʔ31}vu$^{31/55}$　家禽　tsɔː^{33}ʃuːk^{55}吃喝

鸡　猪　　　吃　喝

4. 元音舌位前后——语义并重型

这类语言中，很大一部分词依据舌面元音舌位的前后来决定并列复合词语素的顺序，当这种情况不起作用时，则以语义原则为先。如：

大具纳西语：

zɔ^{33}　mi^{55}儿女　ɑ^{33}pɑ^{33}me^{33}父母　phv^{33}me^{55}　公母　dɯ^{33}dʐʅ^{55}　大小

儿子 女儿　　父　母　　　公　母　　　大　小

ʂuɑ^{33}ɕy^{31}　高低　uɑ^{33}ʑi^{31}　左右

高　矮　　　左 右

上述例词都是元音舌位或者元音发音靠前的在后，相对来说元音发音靠后的在前；同时，在语义上也是符合词义重要的安排在前的原则。

在舌位前后原则不能分辨时，语义原则可以解释。如：

ʐu^{31}phe^{33}ʐu^{31}me^{33}　公婆　dzʅ^{33}thɯ^{31}　吃喝

岳父/公公岳母/婆婆　　吃　喝

上面两词遵循语义原则。结合符合语音原则的语义上也都契合的情况，我们可以看出大具纳西语的语义原则很重要。

再如：邦朵拉祜语遵循大致遵循舌位后前-舌位高低-语义型的规则，但并不完全遵循这项规则。

mɯ^{31}va^{53}　劳动　mu^{53}mi^{31}　地方

做　干　　　天　地

拉祜语的“地方”为舌位靠后的在前，舌位靠前的在后；如果同为舌面后的元音，则舌位高的在前，舌位低的在后，如“劳动”。如果不遵循语音原则，则是语义原则在起作用。

5. 元音舌位高低——语义混合型

此类型语言大体是以元音舌位的高低为依据安排并列复合词的语素顺序，如语素包含有舌尖音，则包含舌尖音的语素倾向于比包含舌面音的语素靠前。大体规则如此，但又有相当多的违反，还需依据语义规则。比之语义并重型，语义混合型语音的约束作用更小，如相对于语义并重型，即基诺语、纳西语等语言，语义混合型语言元音舌位高低原则的约束性更低，声调在此类型中也不起作用。例如：彝语、傈僳语、拉祜语、梁河阿昌语等语言。

喜德彝语：tɕhu^{33} ʂʅ^{33}　金银　zɯ^{33}ɭ(ʅ)^{33}　子孙后裔

银　金　　　子　孙

彝语的上面两个词语不符合语音规则，与语义原则相契合。白银在彝族人生活中具有重要的地位，因此“银”先于“金”。“子”“孙”则遵循时间先后顺序。

梁河阿昌语：

ŋu^{33}phu^{33}ŋu^{33}ȵɛ^{33}金银　　phɑ^{31}lɑ^{31}pɛi^{33}mɑ$^{33/55}$　日月

银子　金子　　　月亮　太阳

nɯŋ^{31}ȵa^{ʔ31}　多少　m̥jin^{33}m̥jɑŋ^{55}高矮

少　多　　　矮　高

桃坪羌语：

pi^{55}ma^{55}　父母

父 母

（二）语素顺序以声调为主要依据

声调——舌位高低型——语义型。对于声调比较丰富的语言，声调的类型与并列复合词的词序有关。如白语（赵燕珍，2012）：“在两个单音节词素构成的双音节并列复合词和两个单音节词重叠构成的四音格并列复合词中，其组合顺序取决于两个词素的相对音高。”①

---

① 赵燕珍：《大理白语的并列复合词》，《百色学院学报》2012 年第 2 期。

其次调值相同的依据舌位高低，再其次依据舌位前后。

（三）语素顺序以语义为主要依据

此类语言以派生构词为主要构词方式，语言中并列复合词较少，多为多音节声调不发达语言。语素顺序遵循语义顺序、积极义比消极义在前、本民族看重与否、与词义关系远近等原则。如：

博嘎尔语：abɯŋnɯro　兄弟
　　　　　哥哥 弟弟

箐花普米语：ko^{55}　ni^{55}　胜负　ʒə^{55}nɛ^{55}　多少
　　　　　　胜利 失败　　　多 少

大羊普米语：fpəuŋ^{55}tsɿ^{55}fpəuŋ^{55}ta^{55}大官小员
　　　　　　官　　小 官　　大

大羊普米语"大官小员"遵循从小到大的顺序，很多藏缅语在排列时遵循从小到大的原则。

曲谷羌语：总体遵循语义原则，如：

quʈʂ　khəʴwe　六畜
大牲畜山羊

表示类称、泛称的在前，表示具体的在后。

但也有例外，如：ʂʈʂa waʴ　大小
　　　　　　　　　小　大

拉萨藏语也属语义型。并列复合词语素顺序与声调、元音无关。如：

joŋ^{14}pəp^{132}　收入　jaŋ^{14}ca^{55}　再
来　降　　　　　又　重复

白马语：ga^{13}ŋa^{53}　锣鼓　re^{53}sɿ^{53}　罗缎
　　　　锣　鼓　　　　布 丝

东旺藏语：tsha^{24}dʐoŋ^{33}　冷热　ʑao^{33}noŋ$^{?54}$　里外
　　　　　热冷 外　　　　　里

门巴语：phɔ^{53}mɔ^{53}　雌雄　tɕa^{35}ʈʂɔk^{35}　敌友
　　　　公　母　　　　　敌人朋友

门巴语并列复合词语素顺序以语义为主要依据，如：

za^{35}toŋ^{53}　饮食　ʈʂup^{35}tshar^{55}　成就　maŋ^{35}ɬak^{53}　剩余
吃 喝　　　　成功 完　　　　　多　余

（四）词素顺序无明显规则

此类语言中，并列复合词既不遵循语音原则，语义上也难寻依据，暂定为无规则型。如：

鱼通贵琼语：

dʑiɔ̃^{55}ʃø^{53}　东北　ʃø^{53}ɬø^{53}　东南

北　东　　　　东　南

ɬø^{53}lø^{53}　西南　lø^{53}dʑiɔ̃^{55}　西北

南　西　　　　西　北

bi^{35}liu^{55}　来去　jɛ^{33}tʃhʅ^{55}（做）生意

去　来　　　　买　卖

仙仁土家语的并列复合词可以自由调换顺序，也属于无规则型，如：

tɕi^{33}pha^{33}tɕe^{35}　tɕe^{35}tɕi^{33}pha^{33}　手脚

脚　　手　　手　　脚

tha^{54}pha^{33}ɕi^{33}ka^{33}　ɕi^{33}ka^{33}tha^{54}pha^{33}皮毛

皮　　帽　　毛　　皮

藏缅语并列复合词语序制约因素主要有四种：语素顺序以元音为主要依据、语素顺序以声调为主要依据、语素顺序以语义为主要依据、语素顺序无明显规则。藏缅语大多数语言并列复合词词素顺序与元音有关，在有关联的元音因素里，元音舌位的高低、前后，唇形的圆展等因素起重要作用。白语并列复合词的词素顺序与声调有关，其他藏缅语并列复合词并不受声调规则制约。还有一些语言主要遵循语义规则，有些语言并列复合词语素顺序无明显规律可循。现将藏缅语并列复合词语素顺序制约因素列表如下：

表 2-2　　藏缅语并列复合词语素顺序的制约因素列表

第一制约因素	第二制约因素	制约条件	语言
元音舌位高低	辅音韵尾	语义参考	景颇语、波拉语
	语义并重	—	白宏哈尼语、攸乐山基诺语、勒期语
	语义混合	—	喜德彝语、傈僳语、勐朗坝拉祜语、梁河阿昌语、桃坪羌语
元音唇型圆展	元音舌位高低	语义参考	独龙语

续表

第一制约因素	第二制约因素	制约条件	语言
元音舌位前后	语义并重	—	大具纳西语、邦朵拉祜语
声调	舌位高低	语义参考	大理白语
语义	—	—	曲谷羌语、博嘎尔语、箐花普米语、大羊普米语、门巴语、白马语、贵琼语、拉萨藏语、东旺藏语

从表 2-2 中可以看出，大多数藏缅语并列复合词受到语素元音的制约，在元音因素里，元音舌位的高低是首要制约因素，很多语言都受这条规则制约。还有个别语言与元音的唇形圆展和舌位前后有关。

在所有的制约因素里，语义因素都会起作用，根据语义因素起作用的大小程度，依次分为语义参考<语义并重<语义混合<语义几种类型，语义参考指的是语义因素只是作为参考因素，起主要作用的还是语音因素。语义并重指的是语义因素在并列复合词语素顺序里起的作用等同于语音因素。语义混合指的是语义因素在并列复合词词序里起较大作用。还有的语言语义因素起主要因素。

元音舌位高低-语义混合型的语言中并列复合词受元音因素影响的程度比元音舌位高低-语义并重型语言要低，有更多的词不受元音制约，语义因素更为凸显。在这两个类型当中，元音舌位高低是第一制约因素，但我们发现的例外也很多，这说明并列复合词的语素顺序受多重因素的影响，可能是几个规则在同时起作用。

以语义为第一制约因素的语言，大多是富于形态变化，有屈折特征和丰富词缀的藏羌语支的语言，这些语言的并列复合词还具有多音节性、声调不发达的特点。在这些语言中，相同、相近或相反语素并合造词的并列复合词也不甚发达。

总体来讲，制约藏缅语并列复合词语素顺序的因素很多，语音因素是一个重要因素，制约力最强，但最终的词序则是多种因素共同作用的结果。

第三节 藏缅语并列复合词与汉语并列复合词的比较

作为汉语的亲属语言，藏缅语与汉语并列复合词具有一些共性，如并列复合词都有双音节词，内部语素性质组合的一致性，内部语素语义关系的一致性等。但藏缅语也有自己显著的个性，通过二者的比较，可以让我们对汉语并列复合词有更为深入的认识。

1. 汉语并列复合词以双音节形式居多

汉语的并列复合词绝大多数都是双音节形式，三音节的如度量衡、短平快、老大难①，数量很少。也有四音节形式的成语，如万紫千红、七上八下、青红皂白等，一般把四音节的并列成分划分为成语，属于固定短语，其功能相当于词。藏缅语四音节形式是并列复合词的重要组成成分，大部分语言都有四音节的并列复合词，缺乏形态手段的分析性语言，比形态手段丰富的语言有更多的四音节并列复合词。为何汉语双音节的并列复合词数量多而藏缅语四音节并列复合词数量多？一般藏缅语名词或形容词都有词头，使得二者结合时词头也并合在内，形成双音节和双音节的并合，从而形成四音节，而丰富的四音格韵律形式的存在，使有些语言还未曾缩减为双音节。而汉语从先秦以来，已有大量的双音节复合词而少见多音节复合词，在之后的语言发展中，汉语双音节化趋势明显，未能发展更多音节的并列复合词。总体来讲，汉语的分析性更强，藏缅语诸语言分析性强弱不一，这是二者并列复合词音节形式差异的根本性原因。

2. 制约并列复合词语素顺序的因素有别

汉语并列复合词语素顺序探讨由来已久，比较一致的看法是“调序论”，按声调排列顺序，绝大多数异调并列复合词自左往右按中古的四声顺序排列，有“平>上>去>入”顺序。即便如此，也不是所有的并列复合词都遵循调序原则，尤其是随着语言的发展，语音系统的演变，遵循调序原则的并列复合词比例下降。张博（1996）认为影响先秦并列式连用词序的因素十分复杂，在众多的制约因素中，调序的制约力度最强。马清华（2009）认为，“并列复合词调序应是语音地位、受关注度、频率、典型性、节奏等联合作用所致，背后则隐藏着更为深刻的功能动机”②。

① 卞成林：《现代汉语三音节复合词结构分析》，《汉语学习》1998 年第 4 期。

② 马清华：《论汉语并列复合词调序的成因》，《语言研究》2009 年第 1 期。

藏缅语不同类型的语言并列复合词语素顺序所受制约因素不一，但大多数是受到元音因素影响。戴庆厦（2015）认为与藏缅语声调产生较晚有关。藏缅语中，还有无声调的语言，如博嘎尔语、曲谷羌语等，在有声调的语言当中，声调对语素顺序不起作用。关于辅音，藏缅语都有复辅音，有的语言有辅音韵尾而有的没有，这些不确定性也使得辅音标准不会作为主要参项。当然在一些多音节语言中，元音因素也很难起到作用，语义因素支配语素顺序。藏缅语诸语言并列复合词语素顺序同样受多重因素的制约，这一点与汉语一致。

3. 并列复合词形成的动因不一

汉语并列复合词在先秦时期已经十分丰富，存在大量的并列复合词，这可能与汉语是词根孤立语有关，两个词根并合造词十分常见，相同性质语素并合而语义上并无包含关系的即为并列复合词。藏缅语并合造词的方式可能产生稍晚。以藏语为例，从现有文献资料来看，并列复合词主要来源于宗教典籍，如胡坦（1986）的研究。[①]

Rgyu-vbras 因果　sdig-nyes 罪孽　ser-skya 僧俗
因　果　　罪　孽　　黄　灰白

这些藏语词汇是宗教词汇，极有可能来源于语言接触，从梵语借来的。藏缅语形态发达的语言，并列复合词不是太丰富。较之汉语，并列造词的方式丰富与否，与藏缅语词根独立与否、独立的程度等有较大关系。

藏缅语并列复合词语序各制约因素之间如何交互作用；新产生的并列复合词遵循哪些规律；并列复合词哪些四音节可以缩减为双音节，是否与语言的使用频率有关；汉语和藏缅语并列复合词的形成的动因还有哪些，这些问题还有待探讨。

本章小结

本章考察了藏缅语并列复合词的音节类型、语素性质类型、语义类型、语素顺序制约因素等几个方面。音节方面，认为缺乏形态手段的分析性语言，比形态手段丰富的语言有更多的四音节并列复合词；四音节并列复合词未简化为双音节词，与四音格词有关。语素性质方面，认为并列复

① 胡坦：《藏语并列式复合词的一些特征》，《民族语文》1986 年第 6 期。

合词语素之间性质的一致性，是构成并列复合词的必要条件。语素顺序制约因素方面，大多数藏缅语并列复合词受到语素内元音的制约，以语义为第一制约因素的语言，大多具有较多的形态变化，有屈折特征和丰富词缀、声调不发达的特点。

藏缅语与汉语相比发现，汉语的分析性更强，藏缅语诸语言分析性强弱不一，这是二者并列复合词音节形式差异的根本性原因；藏缅语声调较汉语晚，是造成二者语素顺序所受制约因素不一的一个原因；二者并列复合词形成的动因不一，较之汉语，并列造词的方式丰富与否，与藏缅语词根独立与否、独立的程度等有较大关系。

第三章

藏缅语并列词组特征分析

并列词组是并列结构的重要组成部分，就结构单位而言，属于中间层级，比并列词组小的单位是并列复合词，比并列词组大的单位是并列小句。并列词组由语法地位平等的两项或几项组成，语法地位平等的几项之间的关系细分为并列关系、递进关系、选择关系等①。作为中间层的并列结构，藏缅语会有哪些特点，我们本章就此进行探讨。

第一节　藏缅语并列词组特征分析

根据组成并列词组的成分的性质，可以把藏缅语并列词组分为名词性的并列词组、动词性的并列词组、形容词性的并列词组。根据并列词组并列项的多少，藏缅语并列词组又可分为两项并列和多项并列。

一　名词性并列词组

名词和名词并置组合成并列词组时，关联标记可有可无，因此又可分为无标记的名词性并列词组和有标记的名词性并列词组。我们把数量词/指量词+数量词/指量词、代词+代词，以及名词性短语组成并列词组统称为名词性并列词组。数词+数词的组合也属名词性并列词组，我们另行讨论。

（一）无标记的名词性并列词组

两个或两个以上名词并列，不分前后顺序，也可以不用连词连接，组成无标记的名词并列词组。它们运用到句子中主要做主语或宾语。如：

① 连贯关系的词组与大一级的连贯复句使用的关联标记大体一致，一并在复句部分讨论。

东旺藏语

rʅ^{24}ŋu^{33}rʅ^{24}ʐao^{ʔ54}　山上山下

山 头 山 底

门巴语（陆绍尊 2009：789）

ʔa^{55}tɕe^{53}ʑɔk^{35}po^{53}　哥哥弟弟　ri^{35}khu^{53}la^{35}po^{31}　山上山下

哥哥　弟弟　　　　　　　山上　山下

曲谷羌语（黄布凡、周发成 2006：71）

satʂu̥sawa˞　姐姐妹妹

妹妹姐姐

格曼语（李大勤 2002：177）

ki^{53}n̥o^{53}ɯi^{53}　我、你、他

我 你 他

喜德彝语（陈士林、边仕明、李秀清 2009：94）

m̥a^{21}tsɿ^{55}n̥i^{21}mo^{21}　兄妹

兄　　妹

他留彝语

tshɿ^{31}nie̠^{33}nu̠^{31}n̥a^{31}　今年和明年

今年　　明年

绿春哈尼语（李永燧、王尔松 2009：453）

si^{31}xu̠^{31}sa^{55}phɯ^{55}　黄瓜和冬瓜

黄瓜　冬瓜

（李永燧、王尔松 2009：196）

nɔ^{31}po^{55}na^{55}mɪ^{55}耳朵鼻子

耳朵　鼻子

白宏哈尼语

ɡɯ^{31}v^{31}ɡɯ^{31}mi^{31}　山上山下　tshɯ̠^{31}nɯ̠^{33}na̠^{31}ha̠^{31}　今年和明年

山头　山尾　　　　　　今年　　明年

青龙纳西语（和即仁、姜竹仪 2009：745）

bv^{33} dzɯ^{33}si^{55}li^{31}　桃子和梨子

桃子　　梨子

大具纳西语

dʑy^{33}kv^{33}dʑy^{33}khɯ^{33}　山上山下　tʂhɿ^{33}pe^{33}sɔ^{31}pe^{33}今年和明年

山上　　山下　　　　　　　　　　今年明年

傈僳语（徐琳、木玉璋、盖兴之 2009：565）

tsho^{44}mo^{31}phɑ^{31}tsho^{44}mo^{31}mɑ^{44}　老头老太太

老　头　　　老太太

遮放载瓦语（朱艳华、勒排早扎 2013：234）

a^{55}nu^{31}a^{55}va^{31}　爸爸妈妈

爸爸　妈妈

勒期语（戴庆厦、李洁 2007：218）

vu^{ʔ31}khui^{55}　猪和狗

猪　狗

藏缅语大部分语言中，若两个或几个名词连用，整体用作某一个句法成分，整体性较强，则可以不用关联标记。

怒苏语（孙宏开、刘璐 2009：846）

mi^{55}dʑu^{55}vɑ^{53}ɑ^{31}mɹɯ^{55}tshe^{55}te^{35} ɑ^{31}dʑi^{31}çɑ^{35}ʔne^{53}.

出头　　斧子　刀　　剪刀　　　　都　铁　是

锄头、斧子、刀、剪刀都是铁的。

上例中，并列词组在怒苏语中做主语，中间不用任何关联标记。

勐朗坝拉祜语（常竑恩、和即仁等 2009：652）

xɔ^{35}qha^{33}za^{53}mi^{53}a^{33}nɛ^{31}la^{31}ti^{33}la^{31}mɯ^{53}ma^{11}kɯ^{31}ŋa^{31}tsa^{33}dzɔ^{31}qai^{33}.

男　　　女　　　青年　茶 栽种　技术 教处　　我　找　学习去

我要到男女青年种茶技术培训班去学习。

勐朗坝拉祜语中，并列词组 xɔ^{35}qha^{33} za^{53}mi^{53} “男、女” 做定语，也不用关联标记。

（二）有标记的名词性并列词组

有标记的名词性并列词组包含名词+名词、代词+代词、指量词/数量词+指量词/数量词、名词性词组+名词性词组、代词+名词等的组合，它们在句子中的功能与名词相当，统称名词性并列词组。

1. 名词+名词构成的并列词组

东旺藏语

nə^{33}ʑi^{ʔ54}nə^{33}a^{35}ʐa^{ʔ54}　今年和明年

今年　　和　明年

安多藏语

rərtse ra rəndəp　山上和山下　totshək ra　ɸʐək kə　今年和明年

山上 和 山下　今年　和　明年

门巴语（陆绍尊 2009：789）

tɕa^{35}neŋ^{55}tsha^{53}　茶和盐

茶　连　盐

仓洛语（张济川 2009：900）

a^{55}pa^{55}taŋ$^{(13)}$a^{55}ma^{13}　爸爸和妈妈

爸　和　妈妈

（张济川 2009：909）

ŋa^{13}taŋ$^{(13)}$ri^{13}　鱼和水　sa^{13}ma^{13}taŋ$^{(13)}$juŋ^{13}pu^{13}　蚊子和苍蝇

鱼　和　水　蚊　和　蝇

白马语（孙宏开、齐卡佳、刘光坤 2007：124）

kɑ^{53}mɑ^{53}re^{13}dzɑ^{13}　星星和月亮

星星　和　月亮

羌语（孙宏开 2009：387）　（孙宏开 2009：376）

tshuə^{55}na^{33}tsuə^{33}　山和水　χmɑ^{33}na^{33}　dzuə^{33}　小米和粟子

山　连　水　小米　和　粟子

蒲溪羌语（黄成龙 2007：215）

ɑvɑ　ȵi　aje　妈妈和爸爸

妈妈　LNK　爸爸

曲谷羌语（黄布凡、周发成 2006：211）

ɣzə ȵa ɡueɹ　官兵

官　和　兵

扎巴语（龚群虎 2007：111）

ji^{35}　nə^{31}dʐa^{31}　房子和院子　tɕa^{55}ɕi^{55}nə^{31}ȵi^{55}ma^{31}　扎西和尼玛

房子 和　院子　扎西　和　尼玛

箐花普米语（陆绍尊 2009：566）

tsy^{55}　nə^{55}m̥i^{55}　儿子和女儿

儿子　和　女儿

大羊普米语（蒋颖 2015：334）

ʒə^{55}ni^{31}nəuŋ^{55}pʉ^{55}ni^{31}　昨天和今天

昨天　和　今天

贵琼语（宋伶俐 2011：138）

nbu^{35}lu^{53} lø^{55} thiɛ̃^{55}mɑ^{33} 虫草和天麻

虫草 连 天麻

景颇语（戴庆厦 2012：185）

ma^{31}kam^{33}the^{ʔ31}ma^{31} 老大和老二 tai^{31}ni^{55}the^{ʔ31}phot^{55}ni^{55} 今天和明天

老大 和 老二 今天 和 明天

独龙语（孙宏开 2009：694）

bu^{53}dzɯ̆ŋ^{55}niŋ^{55}sɯ̆m^{53}dɯ̆ŋ^{55} 核桃树和桃子树

核桃树 连 桃子树

格曼语（李大勤 2002：143）

ʈu^{35}nʌŋ^{31}man^{55}tshu^{55} 官兵 bɯi^{35}ɑ^{31}kɹɑi^{55}nʌŋ^{31} ɑ^{31}ti^{35}kɹɑi^{55} 鸡和鸭

官 助 群众 家 鸡 （助） 水鸡

博嘎尔语（欧阳觉亚 2009：995）

pɯrɯ lo hajaŋ 碗和锅

碗 和锅

喜德彝语（陈士林、边仕明、李秀清 2009：84）

vɿ^{55}vu^{33} si^{33}ni^{21} i^{44}ʐi^{33} 哥哥和弟弟

哥哥 和 弟弟

（陈士林、边仕明、李秀清 2009：94）

zo^{44}dɯ^{33}si^{33}ni^{21}ko^{33}ʈʂha^{33} 学校和工厂

学校 和 工厂

他留彝语

thɔ^{31}zɿ^{31}ni^{33}pɿ^{31} 纸和笔

纸 和 笔

绿春哈尼语（李永燧、王尔松 2009：445）

so^{31}ɣa^{31}zo^{55}ne^{33} bu^{31}du^{55} 纸和笔

纸 和 笔

碧约哈尼语（经典 2015：144）

tsv^{33}tɪ^{55}xɪ^{33}khɔ^{31}jɔ^{31} 筷子和碗 jɔ^{31}ɲi^{33}xɪ^{33} ji^{33}sv^{31} 今天和明天

筷子 和 碗 今天 和 明天

白宏哈尼语

sɔ^{31}ɣa^{31}sɤ^{53}po^{31}tv^{55}纸和笔

纸　　和 笔

补远基诺语

tʃhi^{33}mjɔ^{44}ɤ^{33}nɤ^{44}xɤ^{44}　今年和明年 a^{44}pjo^{44}ɤ^{33}pi^{31}　纸和笔

今年　　和 明年　　　　　　　　纸　　和 笔

勐朗坝拉祜语（常竑恩、和即仁、张蓉兰 2009：642）

sɿ^{54}mɔ^{35}lɛ^{33}tsa^{33}li^{35}　木工和铁匠　ma^{21}za^{53}lɛ^{33}ma^{21}pu^{31}　士兵和军官

木工　和 铁匠　　　　　　　　士兵　和 军官

邦朵拉祜语（李春风 2014：179）

ja^{53}pa^{11}lɛ^{33}ja^{53}mi^{53}　男孩和女孩　mu^{53}ȵi^{33}lɛ^{33}xa^{33}pa^{33}　太阳和月亮

男孩　和 女孩　　　　　　　　太阳　和 月亮

怒苏语（孙宏开、刘璐 2009：841）

liɑ^{35} bɹɑɹ^{35}su^{35}le^{31}lɑ^{53}mo^{31}m̩^{35}su^{35}　农民和工人

农民　　　和 工人

青龙纳西语（和即仁、姜竹仪 2009：738）

ȵi^{33}ne^{31}dʑi^{31}　鱼和水　mba^{33}ne^{31}bɑ^{31}　蜜蜂和鲜花

鱼 和 水　　　　蜂　和 花

大具纳西语

se^{33}sv^{55}nə^{13}pi^{13}　纸和笔

纸　　和 笔

傈僳语（徐琳、木玉璋、盖兴之 2009：560）

tsho^{44}pɑ^{55}zɑ^{31}ɑ^{31}ne^{33}zɑ^{31}mɯ^{31}zɑ^{31}　男人和女人

男　人　　和　　女人

（徐琳、木玉璋、盖兴之 2009：566）

tsho^{44}zɑ^{31}tʃho^{33}tsho^{44}zɑ^{31}　人跟人　xuɑ^{31}zɑ^{31}tʃho^{31}xuɑ^{31}zɑ^{31}　兽跟兽

人　　跟　人　　　　　　　　兽　　跟　兽

（徐琳、木玉璋、盖兴之 2009：569）

sɿ^{35}li^{31}be^{33}mɑ^{44}dɑ^{33}　木材和竹子

木材　和 竹子

剑川白语（徐琳、赵衍荪 2009：216）（徐琳、赵衍荪 2009：221）

tsɛ̃^{55}jĩ^{55}xɯ^{33}　针和线　jõ^{21}pɑ^{42}jĩ^{55}jĩ^{33}sẽ^{42}　乳饼和乳扇

针　和 线　　　　　羊奶　和 乳扇

遮放载瓦语（朱艳华、勒排早扎 2013：212）

ju^{ʔ31}kə^{51}tsɔ^{31} ə^{ʔ55}mji^{31}və^{31}tsɔ^{31}　男孩和女孩

男孩　和　女孩

阿昌语（戴庆厦、崔志超 2009：465）

phən^{35}lɔ^{ʔ55} taŋ^{31}xu^{ʔ31}　桌子和椅子

桌子　和　椅子

波拉语（戴庆厦、蒋颖、孔志恩 2007：148）

khɔi^{35}tsɛ^{51}ɣɛ^{ʔ55}khɔ^{ʔ55}　筷子和碗　a^{31}nuŋ^{55}ɣɛ^{ʔ55}a^{31}vɛ^{55}　父和母

筷子　和　碗　　母　和　父

勒期语（戴庆厦、李洁 2007：217）

sə̆^{33}ʒa^{33}jɔ^{55}tʃuaŋ^{33}tso^{33}老师和学生　nə̆^{33}ʃo^{55}ɣɛ^{ʔ55} tʃhɔt^{55}pat^{31}ʃo^{55}牛肉和羊肉

老师　和　学生　　牛肉　和　羊肉

藏缅语各语言都有专门的连词连接名词和名词，组成名词并列词组，大多数语言只有一个连词，少数语言有两个连词连接名词词组。

2. 代词+代词构成的并列词组

东旺藏语　　安多藏语

ŋa^{35}nə^{24}ɕʰə^{35}　我和你　　ŋa ra tɕo　我和你

我　和　你　　我　和　你

门巴语（陆绍尊 2009：789）

ŋe^{35}neŋ^{55}ʔi^{53}　我和你

我　连　你

仓洛语（张济川 2009：900）

tɕaŋ^{13}taŋ$^{(13)}$nan^{13}　我和你

我　和　你

白马语（孙宏开、齐卡佳、刘光坤 2007：124）

ŋɑ^{35}re^{13}tɕhø^{53}　我和你

我　和　你

箐花普米语（陆绍尊 2009：566）

ɛ^{55}ʐə^{55}nə^{55}nɛ^{13}ʐə^{55}　我们和你们

我们　和　你们

大羊普米语（蒋颖 2015：334）　　景颇语（戴庆厦 2012：286）

ɑ^{55}nəuŋ^{55}ni^{24}　我和你　　an^{55}the^{33}the^{ʔ31}nan^{55}the^{33}　我们和你们

我和　你　　我们　和　你们

格曼语（李大勤 2002：143）　　他留彝语

ki^{53}nʌŋ^{31}ɯi^{53}　我和他　　ŋu^{55}ni^{33}ȵi^{55}　我和你

我 助 他　　我 和 你

绿春哈尼语（李永燧、王尔松 2009：445）

ŋa^{55}zo^{55}ne^{33}no^{55}　我和你

我 和 你

碧约哈尼语（经典 2015：144）

nv^{55}xɪ^{33}ji^{31}khɔ^{31}　你和他

你 和 他

白宏哈尼语　　补远基诺语

ŋa^{55}sɤ^{53}no^{55}　我和你　ŋo^{54}ɤ^{33}nɤ^{31}　我和你

我 和 你　　我 和 你

邦朵拉祜语（李春风 2014：179）

ŋa^{31}lɛ^{33}nɔ^{31}　我和你　jɔ^{53}xɯ^{33}lɛ^{33}ŋa^{31}xɯ^{33}　他们和我们

我 和 你　　他们 和 我们

青龙纳西语（和即仁、姜竹仪 2009：745）

thɯ^{33}ne^{13}ŋə^{31}　他和我

他 和 我

大具纳西语

ŋə^{33}nə^{13}nə^{31}　我和你

我 和 你

傈僳语（徐琳、木玉璋、盖兴之 2009：565）

ŋuɑ^{44}ɑ^{55}ne^{44}nu^{33}　ɡuɑ^{44}be^{33}nu^{33}我和你

我 和 你 我 和 你

剑川白语（徐琳、赵衍荪 2009：210）

ŋo^{31}ĩ^{55}（li^{55}）mo^{31}　我和她

我 和 她

遮放载瓦语（朱艳华、勒排早扎 2013：212）

jaŋ^{55}mɔ^{ʔ31}ə^{ʔ55}ŋa^{55}mɔ^{ʔ31}　他们和我们　ŋɔ^{51}ə^{ʔ55}naŋ^{51}　我和你

他们 和 我们　　我 和 你

波拉语（戴庆厦、蒋颖、孔志恩 2007：148）

ŋa^{55}ɣɛ^{ʔ55}jɔ̃^{31}　你和他

你 和 他

勒期语（戴庆厦、李洁 2007：217）

ŋo^{53} jɔ^{55} naŋ^{53} 我和你

我 和 你

代词+代词组成的名词性词组使用的关联标记与名词+名词组成的并列词组的关联标记一致。

3. 指/数量词+指/数量词构成的并列词组

东旺藏语

nə^{33} nə^{33}tə^{33} 这个和那个

这个和 那个

安多藏语

ndə ra ka 这个和那个

这个和那个

史兴语（孙宏开、徐丹、刘光坤 2014：105）

dʑi^{33}qhu^{55}n̥i^{55}dʑi^{33}qhu^{55} 每年

一 年 和 一 年

景颇语（戴庆厦 2012：286）

n^{33}tai^{33} the^{33}the^{ʔ31}wo^{55}ʒa^{31}the^{33} 这些和那些

这些 和 那些

喜德彝语（陈士林、边仕明、李秀清 2009：83）

tshɿ^{44}ma^{33}si^{33}ni^{21}a^{33}dzɿ^{44}ma^{33} 这个和那个

这 个 和 那 个

他留彝语

ɔ^{33}mu^{55}ni^{33}gu^{33}mu^{55} 这个和那个

这个 和 那个

白宏哈尼语

hi^{55}ma^{55}sɤ^{53}ø^{55}ma^{55} 这个和那个

这个 和 那个

补远基诺语

ʂʅ^{44}ɤ^{33}xɤ^{44} 这和那

这个和 那个

邦朵拉祜语（李春风 2014：179）

tɕhi^{33}ve^{33}lɛ^{33}u^{35}ve^{33} 这个和那个

这 个 和 那 个

大具纳西语

tʂhɿ^{33}kv^{55}nə^{13}ɑ^{55}tʂhɿ^{33}kv^{55} 这个和那个

这个 和 那个

遮放载瓦语（朱艳华、勒排早扎 2013：212）

xji$^{51/55}$lum^{31}ə^{ʔ55}xjɛ$^{51/55}$lum^{31} 这个和那个

这 个 和 那 个

阿昌语（戴庆厦、崔志超 2009：471）

sək^{55}ʐu^{ʔ55}lɔ^{ʔ55}sum^{31}ʐu^{ʔ55}　两个和三个
两　个　和　三　个
勒期语（戴庆厦、李洁 2007：218）
xjɛ^{33}lɔm^{33}ɣɛ^{ʔ55}thə^{33}lɔm^{33}这个和那个
这　个　和　那　个
4. 名词词组或名物化结构+名词词组或名物化结构构成的并列词组
东旺藏语
mə^{33}mɯ^{41}nə^{33}kɯ^{33}kə^{41}　红的和白的
红色　　和　白色
安多藏语
hmaruwu ra karuwu　红的和白的
红的　　和白的
扎巴语（龚群虎 2007：113）
mdʐ̩e^{55}ta^{55}tɕho^{55}mtsha^{31}de^{31}ɕi^{55}ta^{55}ʂpa^{55}　一碗米饭和一块饼
米饭　一 碗　和　　饼　　一 块
史兴语（孙宏开、徐丹、刘光坤 2014：153）
ʔɑ^{33}bə^{55}dʑi^{35}ȵi^{33}ʔɑ^{33}dʑyɛ^{35}dʑi^{35}　一个老伯伯和一个老婆婆
老伯伯 一　和　老婆婆　 一
大羊普米语（蒋颖 2015：336）
də^{31} sthʉ$^{24/31}$　si^{55}　nəuŋ^{31}də^{31}　khun$^{24/31}$si^{55}　借的和给的
（趋）借　　（缀）和　（趋）给　　（缀）
ɡua^{55}siɛ^{31} ʃtʃhiəŋ^{24}nəuŋ^{31}tə^{55}　xkua^{55}siɛ^{31}lɑ^{31}bjɑ^{55}　穿的衣服和背的包
穿　（缀）衣服　和　　（趋）背　　（缀）包
景颇语（戴庆厦 2012：286）
tʃă^{33}si^{33}the^{ʔ31}tʃă^{33}khʒuŋ^{33}死的和活的
死的　和　活的
博嘎尔语（欧阳觉亚 2009：994）
rokpo ako lo roknə aȵi　一只公鸡和两只母鸡
公鸡 一　和母鸡 二
他留彝语
phɔ^{33}ȵi^{55}mu^{33}ni^{33}phɔ^{33}phv^{55}mu^{33}　红的和白的
红　　红 和 白　　　的

绿春哈尼语（李永燧、王尔松 2009：445）

dza^{31}ɤ^{33}zo^{55}ne^{33}dɔ^{33}ɤ^{33} 吃的和穿的

吃 的和 穿 的

白宏哈尼语

ɲ̩i^{55}ɤ^{33}sɤ^{53}pa^{33}ɤ^{33} 红的和白的

红的 和 白的

补远基诺语

a^{44}pje^{44}le^{44}ɤ^{33} a^{44}pjʌ^{44}la^{44} 红的和白的

红的 和 白的

邦朵拉祜语（李春风 2014：179）

na̠^{53}ɛ^{31}ve^{33}lɛ^{33}phu^{35}ɛ^{31}ve^{33}黑的和白的 ɲ̩i^{33}ɕa^{33}ve^{33}lɛ^{33}ɲ̩i^{33}xa^{11}ve^{33}美的和丑的

黑 的和白 的 美的 和丑 的

ɔ^{11} te^{53}khɛ^{53}lɛ^{33}ɣɔ^{53}tɕa^{35}te^{53}khɛ^{53} 一碗饭和一碗菜

饭 一碗 和菜 一碗

怒苏语（孙宏开、刘璐 2009：842）

mɹɯ^{55} dzɑɹ^{55} dzɑ^{31} le^{31} m̥iɔ^{55} i^{31}miɔ^{53} dzɑ^{31} 刀子砍的和镰刀割的

刀子 砍 （助词）连词 镰刀砍 （助）

大具纳西语

ɕy^{31}ŋɡə^{33}nə^{13}phɚ^{31}ŋɡə^{33} 红的和白的

红的 和 白的

剑川白语（徐琳、赵衍荪 2009：216）

tshɛ^{44}no^{33} jĩ^{55} pɛ^{42}no^{33} 红的和白的

红的 和 白的

傈僳语（徐琳、木玉璋、盖兴之 2009：572）

dzɑ^{31}du^{33}be^{33}ɡuɑ^{31}du^{33}吃的和穿的

吃 的 和 穿 的

遮放载瓦语（朱艳华、勒排早扎 2013：212）

nɔ^{ʔ31}ku$^{31/51}$ə^{ʔ55}phju^{51}ku$^{31/51}$黑的和白的

黑 的 和白 的

tsaŋ^{31}lă^{31}khɔ^{ʔ55}ə^{ʔ55}tsaŋ$^{31/35}$tshun^{31}lă^{31}khɔ^{ʔ55}一碗饭和一碗菜

饭 一碗 和菜 一碗

阿昌语（戴庆厦、崔志超 2009：465）

a^{31}lʐə^{31}lɔ$^{?55}$a^{31}ȵi^{55} 大的和小的

大的 和 小的

波拉语（戴庆厦、蒋颖、孔志恩 2007：148）

ŋa̠$^{35/55}$ɛ^{31}ɣɛ$^{?55}$pi$^{31/35}$ɛ^{31}借的和给的

借 的和 送给的

勒期语（戴庆厦、李洁 2007：219）

kɛ^{53}tse^{53}ɣɛ$^{?55}$a^{33}ke^{53}tse^{53} 好的和坏的

好 的 和 坏 的

5. 名词和代词组成的并列词组

扎巴语（龚群虎 2007：111）

ŋa^{55}nə^{31}ntʂyi^{55}pa^{55} 我和客人

我 和 客人

博嘎尔语（欧阳觉亚 2009：995）

noː loŋ tatəŋ 你和达登

你 和 达登

博嘎尔语连接名词和代词的标记不同于连接名词+名词的标记。

桃坪羌语（孙宏开 2009：376）

ŋɑ^{55}ko^{55}ko^{55}na^{33} 我和哥哥

我 哥哥 和

在桃坪羌语中，如果两个并列项性质不同，关联标记要放在两个并列项之后。

剑川白语（徐 琳、赵衍荪 2009：221）

ŋo^{31}tɑ^{44}ɑ^{31}tɑ^{55} 我和大姐

我 和 大姐

遮放载瓦语（朱艳华、勒排早扎 2013：232）

ŋɔ^{51}ə$^{?55}$a^{55}va^{31} 我和爸爸

我 和 爸爸

根据上述语言材料，我们把各语言的名词性并列词组的关联标记统计如表 3-1 所示。

表 3-1 名词性并列词组关联标记

类型 语言	名词+名词居于并列项中间	代词+代词居于并列项中间	指/数 量词 + 指/数量词居于并列项中间	名词词组+名词词组或名物化结构构成的并列词组居于并列项中间	名词+代词绝大多数居于并列项中间，少数后置于并列项
东旺藏语	nə^{33}	nə^{24}	nə^{33}	nə^{33}	

续表

类型 / 语言	名词+名词居于并列项中间	代词+代词居于并列项中间	指/数 量词+指/数量词居于并列项中间	名词词组+名词词组或名物化结构构成的并列词组居于并列项中间	名词+代词绝大多数居于并列项中间，少数后置于并列项
安多藏语	ra	ra	ra	ra	
门巴语	neŋ^{55}	neŋ^{55}	theʔ^{31}		
仓洛语	taŋ$^{(13)}$	taŋ$^{(13)}$			
白马语	re^{13}	re^{13}			
桃坪羌语	na^{33}				na^{33}
蒲溪羌语	ŋ̥i				
曲谷羌语	ŋ̥a				
扎巴语	nə^{31}/mtsha^{31}			mtsha^{31}	nə^{31}
箐花普米语	nə^{55}	nə^{55}			
大羊普米语	nəuŋ^{55}	nəuŋ^{55}		nəuŋ^{31}	
贵琼语	lø^{55}				
史兴语	ŋ̥i^{55}				
景颇语	theʔ^{31}	theʔ^{31}		theʔ^{31}	
独龙语	niŋ^{55}				
格曼语	nʌŋ^{31}	nʌŋ^{31}			
博嘎尔语	lo			lo	loŋ
喜德彝语	si^{33}ni^{21}		si^{33}ni^{21}		
他留彝语	ni^{33}	ni^{33}	ni^{33}	ni^{33}	
绿春哈尼语	zo^{55}ne^{33}	zo^{55}ne^{33}		zo^{55}ne^{33}	
碧约哈尼语	xɪ^{33}	xɪ^{33}			
白宏哈尼语	sɤ^{53}	sɤ^{53}	sɤ^{53}	sɤ^{53}	
补远基诺语	ɤ^{33}	ɤ^{33}	ɤ^{33}	ɤ^{33}	
勐朗坝拉祜语	lɛ^{33}				
邦朵拉祜语	lɛ^{33}	lɛ^{33}	lɛ^{33}	lɛ^{33}	
怒苏语	le^{31}			le^{31}	
青龙纳西语	ne^{31}	ne^{13}			
大具纳西语	nə^{13}	nə^{13}	nə^{13}	nə^{13}	

续表

类型 / 语言	名词+名词居于并列项中间	代词+代词居于并列项中间	指/数量词+指/数量词居于并列项中间	名词词组+名词词组或名物化结构构成的并列词组居于并列项中间	名词+代词绝大多数居于并列项中间，少数后置于并列项
傈僳语	ɑ^{31}ne^{33}/tʃho^{31}/be^{33}	ɑ^{31} ne^{33}/be^{33}			
剑川白语	jĩ^{55}/li^{55}	jĩ^{55}/li^{55}		jĩ^{55}	tɑ^{44}
遮放载瓦语	ə^{ʔ55}	ə^{ʔ55}	ə^{ʔ55}	ə^{ʔ55}	ə^{ʔ55}
阿昌语	lɔ^{ʔ55}		lɔ^{ʔ55}	lɔ^{ʔ55}	
勒期语	ɣɛ^{ʔ55}	ɣɛ^{ʔ55}	ɣɛ^{ʔ55}	ɣɛ^{ʔ55}	
波拉语	jɔ^{55}/ɣɛ^{ʔ55}	jɔ^{55}	jɔ^{55}	ɣɛ^{ʔ55}	

由表 3-1 显示，无论是名词+名词、代词+代词、指/数量词+指/数量词还是名词词组+名词词组或名物化结构+名物化结构构成的并列词组，一般来说，由于都使用相同的关联标记，在两项并列时，关联标记位于两个并列项的中间位置。这也是我们把上述几类统称为名词性并列词组的理由。

各语言都有自己的关联标记，多数为 1 个，少数为 2—3 个。扎巴语 mtsha^{31}为助词，但在此与连词 nə^{31}功用相同。傈僳语和波拉语分别有 3 个和 2 个关联标记，可以通用。

值得一提的是在表达名词+代词的结构时，少数语言关联标记或关联标记的位置会发生一些变化，而大多数语言则是与其他名词结构一致。扎巴语和遮放载瓦语等在连接两个词性不一致的并列项时，与其他名词性并列结构一致，关联标记及其位置一致，并无变化。连接两项并列时，绝大多数关联标记位于两个并列项的中间位置，只有桃坪羌语连接代词时，关联标记后置于两个并列项，这是因为连接的前后两个词属性不同，连词 na^{33}不再位于两个并列项的中间位置，而是位于被连接的第二个并列项的后面。如：

桃坪羌语（孙宏开 2009：376）

ŋɑ^{55}ko^{55}ko^{55}<u>na</u>^{33}a^{31}sy^{33}tɑ^{33}kə^{33} ʂʅ^{31}.　　我和哥哥一起去。

我　哥哥　　和　一起　　　去（后加）

博嘎尔语和白语由于连接的两个词的属性不一致，所用的连接词语改变。如：

博嘎尔语（欧阳觉亚 2009：995）

noː loŋ tatəŋ 你和达登

你 和 达登

剑川白语（徐 琳、赵衍荪 2009：221）

ŋo^{31} tɑ^{44}ɑ^{31}tɑ^{55} 我和大姐

我 和 大姐

博嘎尔语用 loŋ 连接两个词性不一样的并列项时，不同于其他连接标记 lo；白语用 tɑ^{44}连接两个性质不一样的并列项，不同于其他连接标记 jĩ^{55}或 li^{55}。

由此提示我们在进行语言调查时，应该考察代词和名词组合时关联标记和关联标记的位置是否有变化，变化的原因是什么。

（三）关于多项名词并列的探讨

超过两项以上的并列项如何连接，有无关联标记，如果有，其位置如何安排，这都关涉多项名词并列的问题。根据我们对藏缅语的考察，我们把多项名词并列的情况首先分为无标记的多项名词并列和有标记多项名词并列。

1. 无标记多项名词并列

箐花普米语（陆绍尊 2009：549）

kue^{55}siː^{55}tɕhy^{55}ɣu^{13} sã^{55}kɛ^{55}kõ^{55} ʂɛ^{55}、ta^{55}iã^{13}kõ^{55} ʂɛ^{55}、tshĩ^{55}xuɑ^{55}kõ^{55} ʂɛ^{55}、

河西区 （助）三介公社 大洋公社 箐花公社

ia^{55}la^{55}kõ^{55} ʂɛ^{55}（iː^{13} xa^{55}phʐə̃ ^{55}miː^{55}nə^{13} dziõ^{55} ʐɯu^{55}）

玉狮公社 全部 普米族 （后加）住（后加）

河西区三介公社、大洋公社、箐花公社、玉狮公社（全部居住普米族）。

大羊普米语（蒋颖 2015：366）

ni^{55}ni^{55}kəu^{24}kəu^{31}pa^{24}pa^{31} 姑姑、舅舅和姐姐

姑姑 舅舅 姐姐

独龙语（孙宏开 2009：694）

tɯ^{31}wɑ^{55}tɯ^{31}mɑ^{53}ɹm^{31}lɑŋ^{53}sɯ^{31}nǎʔ^{55}tɯ^{31}ɹuŋ^{53}lɯ^{31}kɑ^{55}dɔ^{31} ǎi^{53}.

龙竹 箭竹 紫竹 都 独龙 山上 （助）有

龙竹、箭竹和紫竹在独龙族山上都有。

他留彝语

ȵi^{55}ŋu^{55}tɕhi^{55}　你、我和他

你　我　他

怒苏语（孙宏开、刘璐 2009：846）

mi^{55}dʑu^{55}vɑ^{53}ɑ^{31}mɹɯ^{55}tshe^{55}te^{35}ɑ^{31}dʑi^{31}ɕɑ$^{35?}$ne^{53}.

锄头　　斧子　刀　　剪刀　　都　　铁　是

锄头、斧子、刀、剪刀都是铁的。

剑川白语（徐琳、赵衍荪 2009：215）

ɕui^{55} li^{55}kã^{55}tsi^{33}xuã^{55}ɕi^{31}thã^{55}　梨、橘子、欢喜糖

梨　　橘子　欢喜糖

波拉语（戴庆厦、蒋颖、孔志恩 2007：180）

ɔ̃$^{35/31}$na$^{?55}$ɔ̃$^{35/31}$khui^{55}pɔ̱n^{55}ɔ̃$^{35/31}$phju^{55}　青菜、萝卜、白菜

青菜　　萝卜　　　　白菜

勒期语（戴庆厦、李洁 2007：218）

a^{33}phou^{55}a^{33}phji^{55}a^{33}pho^{53}a^{33}mji̱^{53}paːn^{53}ʃɔ$^{?55}$kjei^{55}vaːŋ^{31}ji̱^{33}pjɛ^{33}.

爷爷　　奶奶　父亲　母亲　全部　　街　赶　去了

爷爷奶奶父亲母亲全部都去赶集了。

多项名词性成分并列时，它们的句法功能是一个整体，主要作主语或宾语，藏缅语各语言都有零标记并列词组。

2. 有标记的多项名词并列

有标记的多项名词并列的情况较为复杂，根据关联标记在各个并列项中的位置，又可以分为后置于第一并列项型、置于各并列项中间型、前置于最末并列项型、后置于每一并列项型四种类型。具体如下：

（1）后置于第一并列项型

该模式中，关联标记位于第一并列项之后，其他并列项之后无需关联标记，如：

东旺藏语

pə^{24}nə^{33}ʐa^{41}ȵoŋ^{41}　哈尼、拉祜和汉族

藏　和　汉　纳西

大羊普米语（蒋颖 2015：365）

ni^{55}ni^{55}nəuŋ^{31}kəu^{24}kəu^{31}pa^{24}pa^{31}　姑姑、舅舅和姐姐

姑姑　和　　舅舅　　姐姐

碧约哈尼语（经典 2015：198）

tshɔ̱^{31}me̱^{31}xɪ^{33} ɔ^{31}tshv^{55}、lɔ^{31}khɪ^{55} 油、盐和茶

盐 和 油 茶

遮放载瓦语（朱艳华、勒排早扎 2013：233）

maŋ^{31}tsɔ^{31}ə^{ʔ55}mji^{31}və^{31}、tsɔ̆^{31}ʃa^{ʔ51} 老人、妇女和孩子

老人 和 妇女 孩子

（2）置于各并列项中间型

关联标记位于每个并列项中间位置，即并列项与并列项之间都有关联标记，如：

安多藏语

ɦani ra laku taroŋ rdʐarək 哈尼族、拉祜族和汉族

哈尼 和 拉祜 和 汉族

曲谷羌语（黄布凡、周发成 2006：211）

paːpa ȵa maːmu ȵa tutʂ̥u ȵa ɤl̥u ɦũɭu-jy

爸爸 和 妈妈 和 弟弟 和 妹妹 都来情体

爸爸、妈妈、弟弟和妹妹都来了。

ȵa 可用于第一和第二个并列项之间，也可以重复用于各个并列项之间。

大羊普米语（蒋颖 2015：366）

ni^{55}ni^{55}nəuŋ^{31}kəu^{24}kəu^{31}nəuŋ^{31}pa^{24}pa^{31} 姑姑、舅舅和姐姐

姑姑 和 舅舅 和 姐姐

（3）前置于最末并列项型

多个并列项有一个关联标记，且关联标记位于最末一个并列项之前，如：

曲谷羌语（黄布凡、周发成 2006：71）

ʁlə dzə ȵa jamaɹ 麦子、青稞和玉米

麦子 青稞 和 玉米

箐花普米语（陆绍尊 2009：549）

li^{55} ʂu^{55}tɕi^{55}、thɑ̃^{13} ʂu^{55}tɕi^{55}nə^{55} ʂɛ^{55}tʃɑ̃^{55}（ti^{13}ʐuɐ^{13}pu^{13}tə^{55}ʃə^{55}si^{55}）

李书记 唐书记 连 社长 一路 （前加）去 （后加）

李书记、唐书记和社长（一块上去了）

大羊普米语（蒋颖 2015：365）

ni^{55}ni^{55}kəu^{24}kəu^{31}nəuŋ^{31}pa^{24}pa^{31} 姑姑、舅舅和姐姐

姑姑　舅舅　　和　　姐姐

景颇语（戴庆厦 2012：286）

ma^{31}kam^{33}ma^{31}no^{33}the^{ʔ31}ma^{31}la^{ʔ31}　麻干、麻诺和麻拉

麻干　　麻诺　和　麻拉

格曼语（李大勤 2002：177）

pʌi^{55}ŋ̥ɑuŋ^{35}nʌŋ^{31}kɯ^{31}ɕik^{55}　爸爸、妈妈和孩子

爸爸妈妈　和　孩子

绿春哈尼语（李永燧、王尔松 2009：445）

la^{31}phi^{55}dze^{55}dzu̠^{31}zo^{55}ne^{33}gu^{31}tsi̠^{33}tɕhi^{31}gɔ^{33}ɕa^{33}.

辣椒　茄子　　和　　韭菜　一起 种

辣椒、茄子和韭菜一起种。

白宏哈尼语

no^{55}ŋa^{55}sɤ^{53}a^{31}ʐo^{31}　你、我和他

你 我 和 他

补远基诺语

a^{44}tshʅ^{44}、tʂhɤ^{44}lɤ^{44} ɤ^{33}xo^{44}po^{44}　油盐茶

油　　　盐　　　和茶

邦朵拉祜语（李春风 2014：231）

tshɔ^{33}mɔ^{53}ja^{53}mi^{53}ma^{33}lɛ^{33}ja^{53}jɛ^{53}　老人、妇女和孩子

老人　　妇女　　　和 小孩

青龙纳西语（和即仁、姜竹仪 2009：745）

nɑ^{31}dze^{33}mɯ^{33}dze^{33}khɑ^{31}dze^{33}ne^{13}ɕi^{31}　be^{33}xɑ^{33}ly^{33}tɑ^{55}uɑ^{31}.

小麦　　大麦　　苞谷　　和 稻谷 助 粮食　只 是

小麦、大麦苞谷和稻谷都是粮食。

大具纳西语

gu^{33}dzv^{31}le^{33}pv^{33}nə^{13}nɑ^{31}ɕi^{33}　藏族、白族和纳西

藏族　　白族　和　纳西

傈僳语（徐琳、木玉璋、盖兴之 2009：560）

tho^{31}dzi^{33}tho^{31}sɯ^{31}ɑ^{31}ne^{33}tho^{31}phiɛ^{31}　松树、松球和松叶

松　树　松　球　和　　松　叶

遮放载瓦语（朱艳华、勒排早扎 2013：233）

maŋ^{31}tsɔ^{31}、mji^{31}və^{31}ə^{ʔ55}tsɔ̃^{31}ʃaŋ^{51} 老人、妇女和孩子

老人　　妇女　和 孩子

（4）后置于每一并列项型

关联标记位于每一个并列项之后，有多少并列项就有多少关联标记，如：

遮放载瓦语（朱艳华、勒排早扎 2013：233）

ŋɔ^{51} ə^{ʔ55} naŋ^{51} ə^{ʔ55} jaŋ^{31} ə^{ʔ55} nap^{31} ma^{55} jɛ^{51} ʒa^{51}.　我、你、他明天去。

我 和 你　和 他　和 明天　　去（将行）

阿昌语（戴庆厦、崔志超 2009：471）

mou^{ʔ51}　lɔ^{ʔ55}　te^{ʔ55}　lɔ^{ʔ55} pa^{ʔ31}　lɔ^{ʔ55}　妈妈、爸爸和姑母

妈妈　和　爸爸　和 姑母　和

表 3-2　　多项并列词组关联标记位置模式

	后置于第一并列项型	置于各并列项之间型	前置于最末并列项型	后置于每一并列项型
东旺藏语	+			
安多藏语		+		
曲谷羌语		+	+	
箐花普米语			+	
大羊普米语	+	+	+	
景颇语			+	
格曼语			+	
绿春哈尼语			+	
白宏哈尼语			+	
碧约哈尼语	+			
补远基诺语			+	
邦朵拉祜语			+	
青龙纳西语			+	
大具纳西语			+	
傈僳语			+	
遮放载瓦语	+		+	+
阿昌语				+

在表 3-2 有标记的 17 种语言或方言中，13 种语言三项并列时，使用的关联标记前置于最末项，4 种语言的关联标记后置于第一个并列项，3

种语言关联标记位于各并列项之间，2 种语言关联标记后置于每一并列项之后。多项并列中只使用一个关联标记，即前置于最末并列项型关联标记模式在藏缅语中占绝对优势地位。从语言的经济原则来看，多项并列使用一个关联标记更为符合语言经济原则，这应该是藏缅语多项并列发展的一个趋势。

有多个并列项时，遮放载瓦语和大羊普米语不只使用一种模式，遮放载瓦语可使用一个关联标记，关联标记可后置于第一并列项，前置于最末并列项，也可以用多个关联标记，每个关联标记都后置于并列项。大羊普米语同样有后置于第一并列项型和前置于最末并列项型模式，也可以用多个关联标记，位于各并列项中间。

（四）关于数字使用并列关联标记的探讨

在一些藏缅语中，数字表达尤其是百位以上数字表达时，常常用到并列关联标记连接各级位数。根据个位和十位、十位和百位、百位和千位之间连接时是否需要连接词，可以大致分为以下几种类型。

1. 个位与十位、十位与百位、百位与千位的连接均用关联标记

东旺藏语

toŋ^{33}ʈʂ^{h}a^{ʔ54}tɕi^{ʔ54}nə^{33} s^{h}on^{35}ʐa^{41}nə^{33} ŋa^{33} tɕə^{33}tsa^{41} soŋ^{41} 一千三百五十三

千 一 连词 三 百 连词 五 十 连词 三

十位和个位连接时使用 tsa^{41}，而不是 nə^{33}。

仓洛语（张济川 2009：900）

khai^{55}thor^{55}taŋ$^{(13)}$ȵik^{13}tsiŋ^{55} 二十二

二十 一 和 二

桃坪羌语（孙宏开 2009：352）

a^{31}χgya^{33}na^{33}χguə^{33}χto^{55}na^{33}χtʂ u^{33}ʈʂhi^{55}na^{33}ʁuɑ^{33}sɑ^{33}na^{33}ȵi^{55}

一万 和 九千 和 六百 和 五十 和 二

一万九千六百五十二

箐花普米语（陆绍尊 2009：549）

ʈʂhu^{13}stĩ ^{55} nə^{55}ʈʂhu^{13} ʂ ə^{55}六千六百

六 千 连 六 百

大羊普米语（蒋颖 2015：187）

səuŋ$^{24/55}$man$^{55/31}$nəuŋ^{31}nə^{31}stin^{55}nəuŋ^{55}wɑŋ^{31}ʃɿ^{55}nəuŋ^{55}xiɛn$^{24/31}$go^{55}nəuŋ^{31}ti^{24}

三万 和 两千 和 五百 和 七十 和 一

三万两千五百七十一

贵琼语（宋伶俐 2011：138）

tũ^{33}tshø^{53}ȵi^{35}tɕiɔ̄^{53}lø^{55}khɔ^{55}ŋɔ̄^{33}lø^{33}ŋɛ̃^{33}li^{53} 二零零六年五月

总共 二 千 连 六 年 连 五 月

史兴语（孙宏开、徐丹、刘光坤 2014：90）

dʑi^{33}ɕɛ^{55}ȵi^{55}nɐ^{33}ʁɛ^{53}ȵi^{55}tɕho^{55}ko^{33} 一百二十六

一百 和 二十 和 六 个

上述语言各个位数之间从小到大均可加连接词连接。

2. 个位和十位连接不用连词，其他位数连接有的需用关联标记

白马语（孙宏开、齐卡佳、刘光坤 2007：124）

sɛ̃^{53}uɑ^{35}re^{13}to^{35}tsɿ^{53}ȵi^{341}ŋɑ^{13}dʑɑ^{341}re^{13}ȵi^{13}ʃo^{53}tʃɑ^{13} ȵi^{35}

三万 和 千 二 五 百 和 二十 二

三万两千五百二十二

他留彝语

tshɿ^{31}tv^{55}ni^{33}sɔ^{33}ȵu^{55}ni^{33}ŋu^{31}tshɿ^{55}sɔ^{55} 一千三百五十三

一千 和 三百 和 五 十 三

他留话个位和十位连接不用连接词，千位和百位连接、百位和十位连接可用连接词，连接词位于并列项之间。

大具纳西语

dɯ^{33}mɯ^{33}sv^{55}ɕi^{33}nə^{13}uɑ^{33}tshɿ^{31}sv^{33} 一千三百五十三

一 千 三 百 和 五 十 三

纳西语的连接词位于百位和十位之间。

3. 非次第排位连接时用关联标记连接

扎巴语（龚群虎 2007：111）

ʂtʊ^{55}mtʂha^{55}te^{55}ji^{31}nə^{31} ŋui^{35}zɿ^{31} tʂho^{55} 一千零五十六

千 一 个 和 五十 六

tʂh^{55}mtʂha^{55}tʂho^{55}nə^{31}sɪ^{55}dʑɪ^{55}ne^{55}tshɿ^{31}sɪ^{55} 六万零三百二十三

十 千 六 和 四 百 二 十 三

箐花普米语（陆绍尊 2009：549）

tʂhu^{13} ʂə^{55}nə^{55}tʂhu^{13} 六百零六

六 百 连 六

碧约哈尼语（经典 2015：122）

$tɕi^{31}ti^{55}sɿ^{55}\underline{xɹ^{33}}$　li^{31}　九千零四

九　千　　连　四

勐朗坝拉祜语（常竑恩、和即仁、张蓉兰 2009：633）

$te^{53}xa^{33}\underline{lɛ^{33}}xi^{35}ma^{31}$　一百零八（个）

一　百　和　八　个

邦朵拉祜语（李春风 2014：106）

含“零”的数字用 $lɛ^{33}$ “和”连接。例如：

$te^{53}xa^{33}\underline{lɛ^{33}}xi^{35}$　一百零八　$ɕɛ^{53}xi^{35}ɔ^{53}xa^{33}\underline{lɛ^{33}}te^{53}$ 三千四百零一

一　百　和　八　　　　　　三　千　四百　和　一

波拉语（戴庆厦、蒋颖、孔志恩 2007：75）

“零”的表示法，用 $jaŋ^{31}$（又）来表示。例如：

$tă^{31}ja^{55/31}\underline{jaŋ^{31}}sam^{55}$　一百零三

一百　　又　三

$sam^{55}tshɛn^{35/55}\underline{jaŋ^{31}}ŋa^{31}thai^{55}$　三千零五十

三　千　　又　五　十

上述语言非第次排位连接时一般用连词连接，如邦朵拉祜语百位和个位连接需用连词 $lɛ^{33}$ “和”，碧约哈尼语千位和个位连接可用连词 $xɹ^{33}$ “和”。

藏缅语的景颇语支，依据计数方法，各级位数之间的连接都不用连词。彝语支各级位数的连接也很少用连词。数字表达是否用连词，跟各民族计数的方法有关，在进行民族语言调查时，也应重点考察这一项。

计数时，各级位数之间的连接标记选择使用并列关联标记，是由于各位级之间本质上是一种并置的关系，也是一种“和”的关系。

二　动词性并列词组

动词性并列词组的情况比较复杂，动词性的并列词组指两个或几个动词并列或动词词组并列的情况。关联标记连接两个结构地位相等的动词或动词词组，但两个动词或动词词组的关系比较复杂，根据动词或动词词组之间的语义关系。可以分为以下几个类型。

（一）动词或动词词组并列

动词或动词词组并行列举，在句子中主要作主语、宾语和定语等，有无标记的并列和有标记的并列。无标记的并列，如：

曲谷羌语（黄布凡、周发成 2006：71）

qupu sə-χsu nə-χsu 他跳下跳上

他 跳下 跳上

此例中，曲谷羌语动词性词组作谓语。

独龙语（孙宏开 2009：699）

kɑi^{55}cɑ^{53}ĭp^{55}cɑ^{53}ɟɔ̆^{ʔ55}măi^{53}ɹɑ^{31} 能吃能睡的老头

吃 能 睡 能 老头

独龙语（孙宏开 2009：700）

bɹi^{53}sɔ^{53}gɯ^{ʔ55}sɔ^{53} tui^{55}tsɑŋ^{53} 能写会说的队长

写 会 说 会 队长

独龙语上述两例中，动词性并列词组作定语。

独龙语（孙宏开 2009：695）

ăŋ^{53}măn^{55}dʑu^{55}ɔ^{53}<u>niŋ</u>^{55} kɑ^{55}gɯ^{ʔ55}<u>ni</u>^{55} sɯ^{31}nă^{ʔ55}tɑ^{55}sɑ^{55} găm^{53}

他 歌 唱（连）话 说 （连）都 听（后加）好

他唱歌和说话都好听。

独龙语 niŋ^{55}在连接动宾词组或动词性其他词组时，位于两个并列项的后面。

博嘎尔语（欧阳觉亚 2009：996）

rəː <u>to</u> puk <u>to</u> 买呀卖呀

买 （语助） 卖 （语助）

有标记的并列，如：

东旺藏语 安多藏语

nə^{41}<u>nə</u>^{33}ʈʂɯ^{35} 读和写 mdʐə <u>ra</u> hlok 读和写

读 和 写 读 和 写

门巴语（陆绍尊 2009：789）

a^{35}wo^{53} <u>ne</u>^{35} cɛ^{ʔ35}wo^{53} 来来去去

来（后加）连词 去 （后加）

仓洛语（张济川 2009：900）

sa^{13}le^{13}<u>taŋ$^{(13)}$</u>tɕho^{55}le^{13} 吃和住

吃 和 住

桃坪羌语（孙宏开 2009：376）

sie^{33}tshua^{55}na^{33}zuə^{33}phia^{33}　砍柴和种地

柴 砍　和 地　种

大羊普米语（蒋颖 2015：336）

qua^{55}ɬi^{55}nəuŋ^{31}ʒdʒiəŋ$^{24/31}$kɯ^{55}　放牛和割草

放牛　和　割草

他留彝语　　碧约哈尼语

sɔ^{55}ni^{33}　bo^{33}　读和写　xo^{31}mi^{55}tsɔ^{31}　做饭吃

读 和　写　　饭 做 吃

白宏哈尼语　　补远基诺语

tso^{55}sɤ^{53}tsho^{33}读和写　　tu^{31}　ɤ^{33}pjo^{54}　读和写

读　和　写　　读　和 写

大具纳西语

tʂhu^{33}nə^{13}pɚ^{55}　读和写

读　和 写

剑川白语（徐琳、赵衍荪 2009：216）

ŋɛ^{21}jĩ^{55}ja^{44}tse^{44}　sui^{55}ua^{55}　要去要回随便

去 和　回 随便 得了

阿昌语（戴庆厦、崔志超 2009：471）

a^{31}pʐo^{55}ʑəŋ^{31}lɔ^{ʔ55}mu^{55}lə^{31}　读书和干活

书　读　和 活　干

上述语言中，动词和动词词组并列，可分为有标记的和无标记的，各语言都有无标记的动词性并列结构，如曲谷羌语、独龙语、博嘎尔语等，在此不一一列举。有标记的动词性并列词组中，动词和动词连接或动词词组和动词词组并列连接，使用的并列关联标记与名词性并列词组一致，因为在这种类型的动词性并列词组在句子中主要作主语、宾语以及定语等句子成分，关联标记连接的两个动词名物化了。如：

独龙语（孙宏开 2009：694）

ăŋ^{53}măn^{55}dʑu^{55}ɔ^{53}niŋ^{55}ka^{55}gɯ̆^{ʔ55}niŋ^{55}sɯ^{31}nă^{ʔ55}ta^{55}sa^{55}　găm^{53}

他　歌　唱　（连）话说　（连）都　听（后加）好

他唱歌和说话都好听。

măn^{55}dʑu^{55} ɔ^{53} niŋ^{55} ka^{55} gɯ̆^{ʔ55} niŋ^{55} “唱歌和说话”中，关联标记连接的动词词组在句子中作主语。

（二）关于表动作行为累积的并列词组的探讨

藏缅语表示动作行为的累积，并不一定意味着动作的同时性，表示这几种动作行为累积在一起，这种情况一般都有相应的标记标明，根据藏缅语各语言表示动作行为累积的手段方式及关联标记位置，我们对此进行分类，把关联标记记作 G，如果有两个以上关联标记，则分别记作 G1、G2……，把动词记作 V、V1、V2……动词词组记作 VP、VP1、VP2……，名词记作 N、N1……据此，我们把藏缅语表动作行为积累的并列词组归结为以下几种模式。

1. 双标记前置于各并列项型，可记作 G+V1+G+V2 模式

G+V1+G+V2 模式有两个相同的关联标记，分别前置于所有并列项。如：

东旺藏语

zoŋ³⁵ŋa³³ zoŋ³⁵ wa^ʔ⁵⁴ 又哭又闹

又 哭 又 闹

东旺藏语在动词前分别加上关联副词。

他留彝语

ʐou⁵⁵ŋɯ⁵⁵ʐou⁵⁵nau⁵⁵ 又哭又闹

又 哭 又 闹

在两个动词前分别加关联标记 ʐou⁵⁵ “又”，表示两个动作并行存在。

白宏哈尼语

o³¹ny⁵⁵o³¹zv̱³³ 又哭又闹

又哭 又闹

大具纳西语

le³³ŋv³¹le³³za³¹ 又哭又笑

又 哭 又 笑

表示同时进行的两个动作时，使用前置于并列项的关联标记 le³³ “又” 连接。

遮放载瓦语（朱艳华、勒排早扎 2013：233）

tum³¹tai³¹tum³¹wui⁵¹ 又说又笑

又 说 又 笑

在两个动词前加关联标记 tum³¹ “又” 表示同时并行的两个动作。

表示同时进行的两个动作状态时，在两个动词前加关联标记 mu³⁵

“又”，如下例：

阿昌语（戴庆厦、崔志超 2009：471）

ʑu^{35}ŋau^{55}ʑu^{35}ʐə^{55}　又哭又笑

又 哭　又 笑

在两个动词前加关联标记 tum^{53} “又” 表示同时进行的两个动作。如下：

勒期语（戴庆厦、李洁 2007：218）

ŋjaŋ^{33}tum^{53}ji^{53}tum^{53}tei^{53}　他又说又笑

他　又　笑 又　说

2. 三标记居中联系型，可记作 NP1+G1+V1+G2+NP2+G1+VP2 模式

在 NP1+G1+V1+G2+NP2+G1+VP2 模式中，有两种不同类型的关联标记，一种标记分别位于动词词组内部，另一种标记连接两个动词词组。如：

仓洛语（张济川 2009：909）

nan^{13}ki$^{(13)}$jin^{55}tɕa^{55}pu$^{(13)}$ŋon^{13} ȵi，om^{55}tɕaŋ^{55}rai^{13}pu$^{(13)}$ŋon^{13} ȵi.

你（结构）盐　也　买　　又　　布　也　买

你是又买盐又买布。

关联标记 om^{55}tɕaŋ^{55} “又” 用在两个动词词组中间，动词词组内部同时用 pu$^{(13)}$ “也” 联系，构成双标记形式，表示同时两个动作的并列叠加。

勐朗坝拉祜语（常竑恩、和即仁、张蓉兰 2009：642）

mɤ^{53}xɔ^{33}ka^{31}mɯ ^{54} lɛ^{33}mɤ^{53}ze^{31}ka^{31}la^{31}　又刮风又下雨

风　　也 吹　连 雨　　也 下

ka^{31}位于动词短语内部，然后再用连词 lɛ^{33}连接两个动词词组。

3. 双标记居于并列项中间型，可记作 NP1+G+V1+NP2+G+V2 模式

NP1+G+V1+NP2+G+V2 模式，很像第二种类型的模式，只是只有一种关联标记，位于并列的两个动词词组内部，并没有标记把前后动词词组连接起来。

扎巴语（龚群虎 2007：105）

tsɪ^{55}mɪ^{55}lu^{55}thi^{55}nə^{31}kə^{35}　tə^{31}mə^{35}ku^{55}nə^{31}a^{55}　the^{31}……

刚才　风　　又 前加 打 雨　　又 前加下

刚才又刮风又下雨的……

扎巴语关联标记分别位于两个动词词组内部，表示两个动作并行叠加。

喜德彝语（陈士林、边仕明、李秀清 2009：81）

tʂhɯ$^{33/44}$ n̠i^{33} tsɿ^{33} n̥e^{21} ka^{33} n̠i^{33} tsɿ^{33} 又种稻子又种瓜

稻 又 种 瓜 又 种

分别在两个动词词组内部加关联标记 n̠i^{33} “又”，构成并列结构。

4. 双标记居于重复的并列项中间型，可记作 V1+G+V1+V2+G+V2

在 V1+G+V1+V2+G+V2 模式中，两个被连接的动词分别重复，关联标记分别位于重复的动词中间。

大羊普米语（蒋颖 2015：364）

ʃtʃɿ^{55} ʐe^{31} ʃtʃɿ^{55} zdi$^{24/31}$ ʐe^{55} zdi^{24} 又跳又跑

跳 又 跳 跑 又 跑

独龙语（孙宏开 2009：700）

ŋɯ^{55} ɕɯ^{31} ŋɯ^{55} tɯ^{31} xɹăi^{53} ɕɯ^{31} tɯ^{31} xɹăi^{53} tɕăm^{55} ɹɑ^{31} 又哭又闹的孩子

哭 也 哭 闹 也 闹 孩子

V1+关联标记+V1、V2+关联标记+V2 这两个相同的动词结构并列，两个动词分别重复，中间加关联标记 ɕɯ^{31} “也” 表示同时存在两种动作行为。

补远基诺语

ŋjau^{44} nɛ^{44} ŋjau^{44} tʃu^{31} nɛ^{44} tʃu^{31} 又哭又闹

哭 又 哭 闹 又 闹

剑川白语（徐 琳、赵衍荪 2009：210）

mo^{31} tɕi^{55} lɑ^{35} tɕi^{55} lu^{21} lɑ^{35} lu^{21}

他 嘱咐 又 嘱咐 说 又 说

他重复地嘱咐，重复地说。

ko^{42} lɑ^{35} ko^{42} tshuɛ^{44} lɑ^{35} tshuɛ^{44} 抖了又抖，洗了又洗。

抖 又 抖 洗 又 洗

表示同时进行的两个动作时，重复两个动词，分别在重复的两个动词中间加上关联标记 lɑ^{35} “又”，然后再把动词词组并行放在一起。

5. 双标记后置于并列项型，可记作 V1+G+V2+G

在 V1+G+V2+G 模式中，关联标记分别后置于两个动词之后。

桃坪羌语（孙宏开 2009：388）

ŋə^{55}ɕi^{31}ʈʂɑ^{55}ʐɑ^{55}ɕi^{31} 又哭又闹

哭 复 闹 复

关联标记 ɕi^{31}分别位于两个动词后面表示同时进行两个动作。

6. 三标记前置且居中型，可记作 G1+V1+G2+G1+V2

G1+V1+G2+G1+V2 模式有两种类型的关联标记，一种分别前置于动词前，另一种位于两个并列的结构中间。

曲谷羌语（黄布凡、周发成 2006：211）

qupu ʈʂu wu^{ɹ}ȵi ʈʂu dʐaɕtɕi 他又说又笑

他 又 说 并 又 笑

副词标记 ʈʂu“边、又”前置于两个动词前，再用连词 ȵi 连接两个动词性结构，表示两个动作同时进行。

7. 单标记居中联系型，可记作 VP1+G+VP2

这种模式只有一个关联标记，位于两个并列项的中间位置。

碧约哈尼语（经典 2015：197）

ji^{31}khɔ^{31}la^{31}ta^{31}ku^{55} ju^{33} ko^{31}tɯ^{55}tɯ^{55} 他在台上又唱又跳。

他 唱歌 又 跳舞

在两个动作词组中间加 ju^{33}“又”表示两个动作行为同时进行。

两个动词中间用关联标记 jaŋ^{31}“又”连接，表示两个同时进行的动作状态，如下：

波拉语（戴庆厦、蒋颖、孔志恩 2007：180）

ti^{35} jaŋ^{31} thɔ^{55} 又说又唱

说 又 唱

我们把动作行为累积的并列词组的情况列表如下（见表 3-3）：

表 3-3 表动作行为累积的并列词组的关联标记模式表

语言类型	双标记前置于各并列项型 G+V1+G+V2	三标记居中联系型 NP1+G1+V1+G2+NP2+G1+VP2	双标记居于并列项中间型 NP1+G+V1+NP2+G+V2	双标记居于重复的并列项中间型 V1+G+V1+V2+G+V2	双标记后置于并列项型 V1+G+V2+G	三标记前置且居中型 G1+V1+G2+G1+V2	单标记居中联系型 VP1+G+VP2
东旺藏语	zoŋ^{35}…zoŋ^{35}						
仓洛语		pu$^{(13)}$…om^{55}tɕaŋ^{55}…pu$^{(13)}$					
扎巴语			nə^{31}…nə^{31}				

续表

语言类型	双标记前置于各并列项型 G+V1+G+V2	三标记居中联系型 NP1+G1+V1+G2+NP2+G1+VP2	双标记居于并列项中间型 NP1+G+V1+NP2+G+V2	双标记居于重复的并列项中间型 V1+G+V1+V2+G+V2	双标记后置于并列项型 V1+G+V2+G	三标记前置且居中型 G1+V1+G2+G1+V2	单标记居中联系型 VP1+G+VP2
桃坪羌语					ɕi^{31}…ɕi^{31}		
曲谷羌语						tʂu… ȵi…tʂu	
大羊普米语				ʑe^{31}…ʑe^{31}			
独龙语				ɕɯ^{31}… ɕɯ^{31}			
喜德彝语			ȵi^{33}…ȵi^{33}				
他留彝语	ʑou^{55}… ʑou^{55}						
白宏哈尼语	o^{31}…o^{31}						
碧约哈尼语							ju^{33}
补远基诺语				nɛ^{44}…nɛ^{44}			
勐朗坝拉祜语		ka^{31}… lɛ^{33}…ka^{31}					
大具纳西语	le^{33}…le^{33}						
剑川白语				lɑ^{35}…lɑ^{35}			
遮放载瓦语	tum^{31} …tum^{31}						
阿昌语	ʑu^{35}…ʑu^{35}						
波拉语							jaŋ^{31}
勒期语	tum^{53}…tum^{53}						

从表 3-3 可知，在表达动作行为累积并列时，藏缅语各语言表达方式不一，总体呈现出多样化的态势。前置于各并列项型（G+V1+G+V2）模式占据微弱优势，在 19 种语言中，7 种语言有此种模式，并列关联标记分别位于动词及动词短语的前面，成对等并列态势。之所以呈现出多样化模式，主要取决于以下几个方面的因素：一是动作行为累积并列时，有几种不同的关联标记。NP1+G1+V1+G2+NP2+G1+VP2 模式和 G1+V1+G2+G1+V2 模式分别有两种不同的关联标记，先用一种关联标记与动词或动词词组直接连接，然后再用另一种标记连接整个并列结构。二是如

果只有一种关联标记时，动作行为累积并列，看关联标记的位置在哪里，是前置或后置于动词或动词词组，还是在动词或动词词组的中间位置。三是表达动作行为累积并列，需不需要重复动词或动词词组。此外，一般来说，表达动作行为累积并列，大多都有两个关联标记，但少数语言属于 VP1+G+VP2 模式，只有一个关联标记位于并列项的中间，桃坪羌语属于此种类型。

从表示动作行为累积并列的标记来看，多数语言使用固有的、本族语的关联标记，如大具纳西语的 le^{33}、剑川白语的 lɑ^{35}、遮放载瓦语的 tum^{31}等。也有语言使用借用关联标记，如碧约哈尼语的 ju^{33} “又”。

（三）表示动作行为同时进行的并列词组

藏缅语表示几个动作行为同时进行时，一般都有相应的标记标明，根据藏缅语各语言表示动作行为同时进行的手段方式及关联标记位置，我们对此进行分类，关联标记记作 G，如果有两个以上关联标记，则分别记作 G1、G2…… 把动词记作 V、V1、V2…… 动词词组记作 VP、VP1、VP2……名词记作 N、N1……据此，藏缅语动作同时进行的并列词组可归结为以下几种模式。

1. 三标记后置且居中型，可记作 V1+G1+G2+V2+G1

在 V1+G1+G2+V2+G1 模式中，有两种类型的关联标记，一种类型的关联标记 G1 分别后置于所连接的动词，另一种类型的关联标记 G2 位于两个并列结构中间。

东旺藏语

tɕ^{h}a^{33} lao^{ʔ54}tɕi^{33} nə^{33} ʂie^{33}rao^{41}jɛ^{24}lao^{ʔ54}tɕi^{33}　一边吃饭一边说话

吃　边　连　说话　边

表同时的关联标记 G1 lao^{ʔ54}tɕi^{33} “一边” 分别用于并列项动词之后，然后再用连词 G2 nə^{33}连接两个动词结构。

2. 双标记后置于各并列项型，可记作 V1/VP1+G+V2/VP2+G

在这种模式中，关联标记分别后置于所连接的动词或动词词组。

安多藏语

ndʐo ʐor ɸçat ʐor　边走边说　len ʐor ntɕam ʐor　边唱边跳

走　边　说　边　　唱　边　跳　边

安多藏语同时性标记 ʐor 分别位于两个动词后面。

景颇语（戴庆厦 2012：186）

ʃat^{31}ʃa^{55}let^{31}tat^{55}ʃin^{31}ju^{33}let^{31} 边吃饭边看电影

饭 吃 边 电影 看 边

景颇语分别在两个并列的动词词组后加 let^{31}。

补远基诺语

ji^{44}ʃʅ^{44}loŋ^{44}，sa^{44}loŋ^{44} 一边笑，一边说

笑 一边 说 一边

载瓦语在两个动词后加关联标记 lɛ^{51}“一边”表示两个动作的同时性。如下例：

遮放载瓦语（朱艳华、勒排早扎 2013：233）

sɔ$^{31/51}$lɛ^{51} wut^{31}lɛ^{51} 边走边叫

走 一边 叫 一边

波拉语在两个动词后分别加关联标记 a^{55}“一边”，强调两个动作的同时性。如下：

波拉语（戴庆厦、蒋颖、孔志恩 2007：149）

ŋa^{55}ti^{35}a^{55} tuŋ^{35}a^{55} kɔt^{55}na^{55} 我一边说一边写

我 说 一边 写 一边 做 （助）

3. 单关联标记居中型，可记作 V1+G+V2

在 V1+G+V2 模式中，只有一个关联标记，位于两个并列项的中间。

门巴语（陆绍尊 2009：789）

ɕat^{53}ti^{53} ne^{35}（na^{35}）cɛ^{ʔ35}kho^{53} 边说边走

说（后加）连词 走（后加）

门巴语用连词 ne^{35}或 na^{35}连接两个动词，表示两个动作同时进行。

仓洛语（张济川 2009：891）

u^{55}ȵu^{13}wak^{13}tsa^{55}kep^{13}kep^{13}ȵi kau^{55}ko^{55}jek^{13}la

那 孩 哭 哭 连 话 说 （助动）

那孩子一边哭一边说

上例是用连词 ȵi 连接前后动词词组表示动作同时进行，且关联标记前的并列项动词重复。

桃坪羌语（孙宏开 2009：387）

gu^{241}gu^{33}tɑ^{33} sʅ^{31}dʒʅ^{33} 边走边吃

走 （连词）（前加）吃

用连词 tɑ^{33}表示两个动作同时并行。

景颇语（戴庆厦 2012：186）

khom^{33} <u>let^{31}</u> ʃa^{55} 边走边吃

走 边……边吃

在两个并列的动词中间加 let^{31}，表示同时存在两个动作行为。

4. 双标记居于并列项中间型，可记作 NP1+G+V1+NP1+G+V2

在 NP1+G+V1+NP1+G+V2 模式中，两个相同的关联标记分别位于所连接的动词词组的内部。

桃坪羌语（孙宏开 2009：374）

tha^{55}lə^{55}χqɑ^{33} <u>tsuə^{31}</u> thie^{33}pu^{33} pɑu^{13}ʈʂʅ^{51} <u>tsuə^{31}</u> tsia^{33}pu^{33}

他 饭 边 吃（后加）报纸 边 看（后加）

他边吃饭边看报

关联标记 tsuə^{31}“边”分别位于两个动词词组的内部，表示动作同时进行。

5. 三标记前置且居中型，可记作 G1+V1+G2+G1+V2

在 G1+V1+G2+G1+V2 模式中，有两种类型的关联标记，一种类型的关联标记 G1 分别前置于各并列项，另一种类型的关联标记 G2 连接整个并列结构。

曲谷羌语 （黄布凡、周发成 2006：211）

qupu <u>ʈʂu</u> tse <u>ȵi</u> <u>ʈʂu</u> bəl 他边看边做

他 一边 看 并 一边 做

补远基诺语

<u>ji^{44}me^{44}</u> zu^{44} <u>nɛ^{44}</u> <u>ji^{44}me^{44}</u> sa^{44} 边走边说

一边 走 和 一边 说

分别在两个动词前加 ji^{44}me^{44}“一边”，构成 G+V1+G+V2 结构，还可以再加一个关联标记 nɛ^{44}“和”，构成 G+V1+G1+G+V2 结构。

邦朵拉祜语在动词前加 ɔ^{31}mɯ^{53}或 te^{53}phɔ^{53}“一边”，构成动词词组，同时用 lɛ^{33}连接两个动词词组。如：

邦朵拉祜语（李春风 2014：210）

ja^{53}jɛ^{53}xɯ^{33} <u>ɔ^{31}mɯ^{53}</u> qa^{33} <u>lɛ^{33}</u> <u>ɔ^{31}mɯ^{53}</u> qhe^{53}ve^{33}. 孩子们又唱又跳。

孩子 们 一 边 唱（关）一边 跳 的

邦朵拉祜语还有一种特殊的类型，两个同时进行的动词词组并列时，先在动词词组内部加上连接标记 te^{53}phɔ^{53}“一边”，然后再用关联标记

lɛ^{33}连接两个并行的动词词组。如：

邦朵拉祜语（李春风 2014：180）

jɔ^{53}xɯ^{33}qa^{33}te^{53}phɔ^{53}mɯ^{31} lɛ^{33} puai^{53}te^{53}phɔ^{53}te^{33}.

他们 歌 一边 唱 （关） 舞 一 边 跳

他们一边唱歌一边跳舞。

6. 双标记前置于各并列项型，可记作 G+V1+G+V2

在 G+V1+G+V2 模式中，关联标记 G 分别前置于各并列项。如：

蒲溪羌语（黄成龙 2007：216）

thala pi-gegu pu，pi-dze pu. 他/她边走边吃。

3sg CONT-走 做 CONT-吃 做：3

蒲溪羌语在两个动词前后加上连续体前缀 pi，表示两个动作同时发生。

大羊普米语（蒋颖 2015：338）

ɑ^{55}tʃʅ^{55}pɑ^{31}sto^{55}tʃʅ^{55}pɑ^{31}ɖʉ$^{24/31}$ʐəuŋ^{55}. 我一边看一边写。

我 一边 看 一边 写 （缀）

贵琼语（宋伶俐 2011：146）

zø^{35}te^{33}ȵe^{55} tɕhiɔ̃^{53}te^{33}ȵe^{55}dʑye^{35}. 他一边唱一边跳。

他 一边 唱 一边 跳

在两个动词前加关联标记 te^{33}ȵe^{55} “一边” 构成相同结构并列。

他留彝语

tshʅ^{31}ta^{33}ɕɔ^{55}tshʅ^{31}ta^{33}bɛ^{33} 一边走一边说

一边 走 一边 说

在两个动词前分别加关联标记 tshʅ^{31}ta^{33}，表示两个动作同时进行。

碧约哈尼语（经典 2015：146）

ji^{31}khɔ^{31}thɯ^{31}pja^{33}ŋ̊i^{55} thɯ^{31}pja^{33}mi^{31}. 她边哭边说。

她 一 边 哭 一 边 说

碧约哈尼语在两个动词或动词词组前分别加关联标记 thɯ^{31}pja^{33}……thɯ^{31}pja^{33}、ji^{33}tsɤ^{33}…… ji^{33}tsɤ^{33} “一边……一边” 表示并列关系，表示两个动作同时进行。

白宏哈尼语

o^{31}kɤ^{31}o^{31}dɤ^{55} 边走边说

边说 边走

在两个动词前加 o^{31} “边、又”，构成 G+V1+G+V2 结构，表示动作同时进行。

邦朵拉祜语（李春风 2014：232）

te^{53}phɔ^{53}dɔ^{31}te^{53}phɔ^{53}qo^{53}da^{31}　边吸边聊

一边　吸　一边　聊天

怒苏语（孙宏开、刘璐 2009：831）

ʔɲ̊o^{55}me^{35}le^{31}lɔ^{53}me^{35}le^{31}ŋɯ^{35} ɑ^{31}. 他一边干活一边哭。

他　一边　做　一边　哭（助）

在两个动词前加并行标记 me^{35}le^{31} “一边”。

大具纳西语

如果强调动作的同时发生，在动词前边使用关联标记 ka^{33} “一边”，如：

ka^{33}dʐʅ^{33}ka^{33}ʂɚ^{55}　边走边说　　ka^{33}dzʅ^{33}ka^{33}tshɔ^{33}　边唱边跳

边 走 边 说　　边 唱 边 跳

傈僳语（徐琳、木玉璋、盖兴之 2009：559）

xuɑ^{31}mu^{33}e^{55}lu^{44}mɑ^{44}ɡuɑ^{33}phiɛ^{35}ɡuɑ^{33}tshe^{35} ʒi^{33}.

毛　旧　的　边　折　边　断

旧羊毛（衣）边折边断。

傈僳语在两个动词前使用关联标记 ɡuɑ^{33} “边”，强调动词同时发生。

如果强调动作的同时性，在两个动词前分别加关联标记 lɛ^{35} “一边”，如下例：

剑川白语（徐琳、赵衍荪 2009：216）

lɛ^{35}pe^{44}lɛ^{35}tɕɑ^{44}　边走边抓吃

边 走 边 抓（吃）

阿昌语（戴庆厦、崔志超 2009：471）

tă^{31}pa^{31}tɕɔ^{31}，tă^{31}pa^{31}kʐai^{55}　边吃边说

一 边 吃　一 边 说

阿昌语表示两个动作的同时性时，在两个动词前加关联标记 tă^{31}pa^{31} “一边”，如上例。

勒期语在两个动词前分别加关联标记 a^{33}no^{33} “一边”，强调两个动作的同时性，如下：

勒期语（戴庆厦、李洁 2007：222）

ŋjaŋ^{33} <u>a^{33}no^{33}</u>ji^{53} <u>a^{33}no^{33}</u>tei^{53}. 他一边笑一边说。
他　　一边　笑　一边　说

关联标记在表动作行为同时性并列词组中的分布情况如表 3-4 所示。

表 3-4　　藏缅语各语言表动作行为同时性并列词组模式

类型 语言	三标记后置且居中型 V1+G1+G2+V2+G1	双标记后置于各并列项型 V1+G+V2+G	单关联标记居中型 V1+G+V2	双标记居于并列项中间型 NP1+G+V1+NP1+G+V2	三标记前置且居中型 G1+V1+G2+G1+V2	双标记前置于各并列项型 G+V1+G+V2
东旺藏语	lao$^{?54}$tɕi^{33}…nə^{33}…lao$^{?54}$tɕi^{33}					
安多藏语		ʐor…ʐor				
门巴语			ne^{35}/na^{35}			
仓洛语			ȵi			
桃坪羌语			tɑ^{33}	tsuə^{31}		
曲谷羌语					tʂu…ȵi…tʂu	
蒲溪羌语						pi…pi
大羊普米语						tʃɿ^{55} pɑ^{31} … tʃɿ^{55} pɑ^{31}/də^{55}bie^{31}…də^{55}bie^{31}
贵琼语						te^{33}ȵe^{55}…te^{33}ȵe^{55}
景颇语		let^{31}…let^{31}	let^{31}			
他留彝语						tshɿ^{31}ta^{33}…tshɿ^{31}ta^{33}
白宏哈尼语						o^{31}…o^{31}
碧约哈尼语						thɯ^{31} pja^{33} … thɯ^{31}pja^{33}
邦朵拉祜语					ɔ^{31} mɯ^{53} … lɛ^{33} … ɔ^{31} mɯ^{53}/te^{53} phɔ^{53}…lɛ^{33}…te^{53} phɔ^{53}	te^{53}phɔ^{53}…te^{53}phɔ^{53}
补远基诺语		loŋ^{44}			ji^{44} me^{44} … nɛ^{44}…ji^{44}me^{44}	

续表

类型 / 语言	三标记后置且居中型 V1+G1+G2+V2+G1	双标记后置于各并列项型 V1 + G + V2+G	单关联标记居中型 V1+G+V2	双标记居于并列项中间型 NP1+G + V1 + NP1+G+V2	三标记前置且居中型 G1+V1+G2+G1+V2	双标记前置于各并列项型 G+V1+G+V2
怒苏语						$me^{35}le^{31}$…$me^{35}le^{31}$
大具纳西语						ka^{33}…ka^{33}
傈僳语						gua^{33}…gua^{33}
剑川白语						$lɛ^{35}$…$lɛ^{35}$
遮放载瓦语		$lɛ^{51}$…$lɛ^{51}$				
阿昌语						$tă^{31}pa^{31}$…$tă^{31}pa^{31}$
波拉语		a^{55}…a^{55}				
勒期语						$a^{33}no^{33}$…$a^{33}no^{33}$

藏缅语在表达动作行为同时性时使用多种形式的关联标记，形成了多种类型的并列模式。并列模式的差异性主要由两种因素决定，一是关联标记的数量及种类，二是关联标记与动词及动词词组的位置关系。使用两套关联标记的就形成了 V1+G1+G2+V2+G1、G1+V1+G2+G1+V2 这两种类型的并列关联标记模式；根据关联标记与动词及动词词组的位置关系，分为关联标记前置于动词的并列模式，如 G1+V1+G2+G1+V2 模式和 G+V1+G+V2 模式；关联标记后置于动词的并列模式，如 V1+G1+G2+V2+G1 模式和 V1+G+V2+G 模式；关联标记在动词之间的并列模式，如 V1+G+V2 模式；关联标记在动词词组内部的并列模式，如 NP1+G+V1+NP1+G+V2 模式。

藏缅语表达动作行为同时性的并列关联标记模式众多，但居于优势的模式是前置于各并列项的模式（G+V1+G+V2 模式），在统计的 23 种语言或方言中，13 种语言属于此种并列模式，此外，在 G1+V1+G2+G1+V2 模式中，关联标记也属于前置性的。这样，就有 15 种语言有前置性的关联标记。6 种语言的关联标记位于动词和动词词组之后，属于后置型的关联标记。例如：东旺藏语、安多藏语、景颇语、补远基诺语、遮放载瓦语、波拉语等。只用一个关联标记表示动作行为同时进行的是 V1+G+V2 模式，如门巴语、仓洛语、桃坪羌语、景颇语等，这些语言关联标记可归为中置型。桃坪羌语的 $tsuə^{31}$ 和邦朵拉祜语的 $te^{53}phɔ^{53}$ 位于动词词组内部，这种关联标记可归为内置型。因此，从另一个角度看，表达动作行为同时进行的并列关联标记可分为后置型、前置型、中置型和内置型。

对于大多数藏缅语来说，一种语言一般用一种模式表达动作行为同时进行。景颇语则有后置型的关联标记和中置型的关联标记两种模式，let^{31} 既可以后置于两个同时进行的动作行为，也可以位于两个动作行为中间。对于邦朵拉祜语来说，使用双标记前置且居中型和前置于各并列项型表达动作行为的同时进行，即使用前置型和中置型。基诺语补远方言有后置于各并列项的并行关联标记 $loŋ^{44}$，也有前置的关联标记 $ji^{44}me^{44}$，但这里的 $ji^{44}me^{44}$ 是汉语借词，使用 $ji^{44}me^{44}$ 时，还有居中的关联标记 $nɛ^{44}$ 连接并列结构。

此外，藏缅语各语言还有无标记形式的，表示动作同时性的表达，如：

博嘎尔语（欧阳觉亚 2009：996）

kap da　　ŋ̊ir　da　又哭又笑

哭 （尾助）笑　（尾助）

该例使用相同的尾助表示动作的并行性。

藏缅语诸语言还通过词汇形式连接两个动作行为，表示两个动作状态在某方面的情况下并列。如：

大羊普米语（蒋颖 2015：339）

$ə^{55}gɯ^{55}tə^{31}dʒʅ^{24}$　$xkua^{55}ʐəu^{55}$　$tə^{31}dʒʅ^{24}$　$ʂɑ^{31}ʐəu^{55}$. 他一会儿哭，一会儿笑。

他　　一会儿　哭　（缀）一会儿 笑（缀）

通过词汇形式连接两个动作行为，在两个动词前加副词 $tə^{31}dʒʅ^{24}$ “一会儿”，表示某段时间内并列的两个动作行为。

（四）选择关系的动词并列词组

选择关系的动词词组根据使用功能可以分为两种，一种是陈述的选择关系，另一种是疑问的选择关系。表选择关系的动词词组与表选择关系的复句之间的区别在于是否有停顿，动词词组结合是否紧密，中间有无停顿。选择关系的并列词组和选择关系的并列复句使用关联标记基本一致，我们在此简列如下，在选择复句部分重点讨论其关联标记模式。

1. 表陈述选择的动词词组

东旺藏语

a^{24}ren^{33}tʂʅ^{33}　mɛn^{24}nə^{33}　s^{h}on^{24}ȵi^{33}tʂʅ^{33}　今天去或者明天去

今天　去　不然　明天　去

白马语（孙宏开、齐卡佳、刘光坤 2007：125）

sɔ^{35}kɐ^{13}mbo^{35}ʑe^{341}rɛ^{35}sɔ^{35}thy^{35}ʑe^{341}rɛ^{35}tʃhʅ^{53}ʑi^{13}ʑe^{341} re^{13}

饭　干　或者　饭　稀　或者　什么　行　是

（吃）干的或者（吃）稀的什么都可以

ʑe^{341}rɛ^{35}要加在每个连接成分的后面。

景颇语（戴庆厦 2012：187）

ja^{ʔ55}　ko^{31}　lai^{31}ka̱^{33}ka̱^{33}ʃiŋ^{31}n^{55}ʒai^{55}lai^{31}ka̱^{33}ʒu^{33}mă^{31}ju^{33}n^{31}ŋai^{33}.

现在　（话）字　写　或者　书　看　想　（尾）

我现在是想写字或者想看书。

喜德彝语（陈士林、边仕明、李秀清 2009：84）

dza^{44}dzɯ^{33}da^{33}mo^{33}ve^{55}ga^{33}ga^{55}　da^{33}mo^{33}　吃饭或者穿衣

饭　吃　或者　衣服　穿　或者

他留彝语

tʂhan^{55}ko^{33}xo^{31}tʂə^{33}thiao^{55}wu^{33}

唱歌　或者　跳舞

碧约哈尼语（经典 2015：147）

va̱^{31}sɔ^{31}tsɔ^{31}xa^{55}kɔ^{31}nv^{31}sɔ^{31}tsɔ^{31}xa^{55}kɔ^{31}.　吃猪肉或者牛肉都行。

猪　肉　吃　或者　牛　肉　吃　或者

白宏哈尼语

ʑe^{31}nɔŋ^{33}tsɛ^{55}tɕo^{31}khɔ^{55}na^{33}ɕo^{31}tsɛ^{55}.　今天去或者明天去。

今天　去　或者　明天　去

攸乐山基诺语

khɛ^{44}o^{31}ɕo^{31}ɕau^{54}le^{44}　（ku^{54}）khɛ^{44}o^{31}tsɔ^{44}nɔ^{35}je^{54}　去学校或者回家

或者　学校　去　或者　家　回　回

补远基诺语

nɤ^{44}jɯ^{44}maŋ^{54}ŋa^{44}xɤ^{44}tshɔ^{44}jɯ^{44}.　你去或者他去。

你　去　或者　他　去

勐朗坝拉祜语（常竑恩、和即仁、张蓉兰 2009：642）

qa^{33}mɯ^{31}ma^{53}xe^{54}lɛ^{33}qa^{31}qhe^{54}. 唱歌或者跳舞。

唱歌　或者　跳舞

邦朵拉祜语（李春风 2014：181）

ŋa^{31} ma^{53}xe^{53}qo^{33}ka^{35}te^{33}，ma^{53}xe^{53}qo^{33}li^{31} dʑɔ^{31}.

我 或者 工作 或者 书 读

我或者工作，或者读书。

大具纳西语

tʂhʅ^{33}ȵi^{33}bɯ^{33}nɯ^{55} sɔ^{31}ȵi^{33}bɯ^{33} 今天去或者明天去

今天 去 或者 明天 去

遮放载瓦语（朱艳华、勒排早扎 2013：214）

ŋɔ^{51}kuŋ^{55}tsɔ^{31}ʒa^{51}， a^{31}ŋut^{55}tʃaŋ^{55} kə^{31} tʃɔŋ^{31}tɔ^{ʔ31}ʒa^{51}.

我 工作 （将行）或者 （话助）上学 （将行）

我或者工作，或者读书。

2. 表疑问选择的动词词组

东旺藏语

tʂʅ^{33}zɛn^{33}nə^{33}ma^{33}tʂʅ^{33}zɛn^{33} 去还是不去？

去 还是 不 去 疑问

门巴语（陆绍尊 2009：794）

tɕa^{35}toŋ^{55}ta^{31}ni^{55} tɔ^{53}za^{35}cu^{ʔ53} jin^{35}te^{31}ka^{31}？喝茶还是吃饭呢？

茶 喝 （连词）饭 吃 （后加）（助动）（语助）

扎巴语（龚群虎 2007：113）

nu^{55}shʊ^{31}nʊ^{55}ɬa^{55}sha^{55}ʐi^{31}tʂə^{55} mɪ^{55} ma^{31}tʂə^{55} a^{31}？

你 明天 拉萨 去 （助词）还是 不 （助词）

你明天去不去拉萨？

箐花普米语（陆绍尊 2009：559）

nɛ^{13}py^{55}nuɑ^{55}diɑ^{13}mɑ^{13}nuɑ^{55}？你敢不敢做呢？

你 做 敢 或 不 敢

大羊普米语（蒋颖 2015：341）

ni^{31} ʃʅ^{55}ʃo^{31}diɑ^{31} tə^{55}gɯ^{55}ʃʅ^{55}qa^{31}？你去还是他去？

你 去 （缀） 还是 他 去 （缀）

他留彝语

ʐi^{55}xɛ^{31} ʂʅ^{55}ŋ^{31}ʐi^{55}？ 去还是不去？

去 还是 不去？

绿春哈尼语（李永燧、王尔松 2009：445）

so^{31}ɣa^{31}bu̠^{31}u^{55}a^{31}，ma^{31} na^{33}so^{31}ɣa^{31}xu^{33}u^{55}a^{31}？　写字还是看书？

字　写（助）还　是　书　看（助）

补远基诺语

li^{44}a^{44}la^{44}　maŋ^{44}ŋa^{44}ma^{44}li^{44}a^{44}la^{44}？　去还是不去？

去（疑问）还是　不　去（疑问）

邦朵拉祜语（李春风 2014：187）

ŋa^{31}qe^{33}la^{53}　ma^{53}xe^{53}lɛ^{33}　nɔ^{31}qe^{33}la^{53}？我去还是你去呢？

我　去　呢　还是　你　去　呢

青龙纳西语（和即仁、姜竹仪 2009：738）

phiə^{31}nɯ^{55}mə^{33}phiə^{31}？喜欢还是不喜欢？

喜欢　还是不　喜欢

大具纳西语

bɯ^{33}nɯ^{55}mə^{33}bɯ^{33}？去还是不去？

去　还是不　去

遮放载瓦语（朱艳华、勒排早扎 2013：214）

ŋɔ^{51}jɛ^{51}　ʒa^{51}　lu^{55}，a^{31}ŋut^{55}ʒʅ^{31}kə^{31}　naŋ^{51}jɛ^{51}　ʒa^{51}　lu^{55}？

我　去　（将行）呢　还是　（话助）你　去（将行）呢

我去还是你去呢？

波拉语（戴庆厦、蒋颖、孔志恩 2007：150）

nɔ̃^{55}ai^{55}lɛ̃^{55}la^{51}a^{31}ŋɔt^{55}tʃɔ̃^{55}a^{31}ai^{55}lɛ̃^{55}la^{51}？　你去还是不去？

你　去　吗　还是　不去　吗

勒期语（戴庆厦、李洁 2007：257）

naŋ^{53} ke^{33}　sə̆^{33}ʒa^{33}la^{53}　mə^{55}ʃʅ^{33}tʃuaŋ^{33}nu^{55}la^{53}？你是老师还是学生？

你　（话助）老师　（语助）么是　学生　（语助）

藏缅语很多语言疑问选择关系的动词词组，采用直接并置的手段，并不需要关联标记，如：

绿春哈尼语（李永燧、王尔松 2009：422）

e^{55}phɤ^{31}ma^{31}e^{55}phɤ^{31}？　敢说不敢说？

说敢　不　说敢

白宏哈尼语

tsɛ^{55}lɛ^{55}ma^{31}ma^{31}tsɛ^{55}lɛ^{55}ma^{31}？去还是不去？

去　呢　不　去　呢

攸乐山基诺语

le^{44}a^{44}la^{44}？ ma^{44}le^{44}a^{44}la^{44}？去还是不去？

去 吗 不 去 吗

补远基诺语

li^{44}a^{44}la^{44} ma^{44}li^{44}a^{44}la^{44}？ 去还是不去？

去（疑问）不 去（疑问）

（五）表示递进的并列词组

藏缅语诸语言在表示情况状态或动作行为更进一层的时候，往往有一种固定的格式来表示，类似于汉语的“越来越”格式，在此我们只讨论这种表递进关系的固定格式。

东旺藏语

zə^{33}zə^{33}moŋ^{35}趋向（向上） ʈʂʅ^{33}zɛ^{33}ʈʂʅ^{33}zɛ^{33}tɕ^{h}ie^{ʔ54} 越走越累

越来越多 走 越 走 越 累

də^{33}ɡə^{41}tɕ^{h}oŋ^{35}zɛ^{33}tɕ^{h}oŋ^{35}zɛ^{33}ja^{35}rɛ^{33}锅越小越好

锅 小 越 小 越 好

东旺藏语中，表程度递增的格式中，如果只有一个实词，则用第一种模式 zə^{33}zə^{33}+A（形容词），如果有两个谓词，则使用 V1/A1+zɛ^{33}+V1/A1+zɛ^{33}+A2 的模式表示。

桃坪羌语（孙宏开 2009：374）

χmə^{33}da^{241}pə^{33} ti^{33} ʁu^{241}tsia^{33}ko^{33} ʁu^{241}mu^{51}i^{31}. 天愈来愈黑了。

天 （助）愈 看 （连词）愈 黑（后加）

tha^{55}lə^{55}ku^{13}dy^{33}ko^{13} ku^{13}ko^{55}pho^{33}. 他越说越生气。

他 越 说（连词）越 生气

羌语有两种程度递增标记，它们的模式可以总结为 ʁu^{241}/ku^{13}+V1/A1+Conj①+ʁu^{241}/ku^{13}+V2/A2，二者模式一致，两个连接项中间要用连词 ko^{33}连接，其递进义的承担者则是 ku^{13}/ʁu^{241}…ku^{13}/ʁu^{241}。

蒲溪羌语（黄成龙 2006：216）

thala teteʐ də，tete ʐde-i.（别人）越骂他/她，他/她越不听话。

3sg 越 骂 越 不听话-CSM：3

thala kuekue dze，kuekue lu-i. 他/她越吃越胖了。

① Conj 指连词。

3sg 越 吃 越 胖-CSM：3

蒲溪羌语递进义模式为 tete/kuekue+V1+tete/kuekue+V2/A。

曲谷羌语（黄布凡、周发成 2006：250）

qupu sə-thə-j tshæə˞ ha-la. 他越吃越胖。

他 （趋向）吃越 肥膘 （趋向）出来

羌语曲谷话在动词后用后缀-j 表示程度义递增。

箐花普米语（陆绍尊 2009：561）

tə^{13}ʈʂhi^{13}还可以相对呼应使用，表示“越……越……”

ɛ^{55}mau^{13}ɕyɛ̃^{55} tɕi^{55} tə^{13}ʈʂhi^{13}sto^{55}tə^{13}ʈʂhi^{13}sto^{55}ɬɛ̃^{55} ʂə^{55}ʐõ^{55}.

我毛 选 （助）越 看 越 看 喜欢 （后加）

我对毛选越看越喜欢。

普米语表递增义时也有专门的关联标记，构成“tə^{13}ʈʂhi^{13}+V1+tə^{13}ʈʂhi^{13}+V1+V2/A 模式。

大羊普米语来自副词合用的固定结构“tɛ^{31} ʈhʅ^{24}……þ tɛ^{31} ʈhʅ^{24}……”也能起到递进关联作用，意义相当于“越……越……”如：

大羊普米语（蒋颖 2015：342）

tɛ^{31}ʈhʅ$^{24/31}$ʃʅ^{55}tɛ^{31}ʈhʅ^{24}thə^{31} tiu^{55}ʐəu^{55}. 越走越累。

越 走 越 （趋）累（缀）

大羊普米语表递增义的模式为 tɛ^{31}ʈhʅ$^{24/31}$+V1+tɛ^{31}ʈhʅ^{24}+V2/A 模式。

景颇语表递增义的模式有两种：一种是 V1/A1+mă^{31}kaŋ^{33}+V2/A2+mă^{31}kaŋ^{33}模式，如：

景颇语（戴庆厦 2012：168）

ʃi^{33}kăpa^{31}mă^{31}kaŋ^{33}mă^{31}na^{31}mă^{31}kaŋ^{33}ai^{33}. 他越大越傻。

他 大 越 傻 越 （尾）

另一种是 tʃe^{31}/muŋ^{31}+V1/A1+tʃe^{31}/muŋ^{31}+V2/A2 模式，如：

kyin^{31}ʃau^{33}ko^{31} tʃe^{31}kă^{31}pa^{31}tʃe^{31}mu^{33}ai^{33}. 西瓜越大越好吃。

西瓜 （话）越 大 越 好吃(尾)

ʃi^{33}ko^{31} tʃe^{31}kă^{31}leŋ^{31}tʃe^{31}lă^{31}kon^{31}ai^{33}. 他越躺越懒。

他（话）越 躺 越 懒 （尾）

独龙语副词 sɔ̆t^{55}……sɔ̆t^{55}……“更、更加”“越……越……”可以拆开，构成 sɔ̆t+V1/A1+Conj+sɔ̆t+V2/A2 模式，如：

独龙语（孙宏开 2009：682）

ɑŋ^{31}dzɑ^{55}sɔ̆t kɑi^{55}bǎi^{53} sɔ̆t^{55}tɕi̐ŋ^{53}. 粮食越吃越少了。

粮食 越 吃 (连词)越 少

博嘎尔语在表达递增义时有三种模式，第一种是 A + joŋ + joŋ 模式，如：

博嘎尔语（欧阳觉亚 2009：986）

miː ahɯ joŋjoŋ da 人越来越多

人 多 越来越(尾助)

另一种是 V+joŋ+A+joŋ 模式，如：

(欧阳觉亚 2009：986)

koː in joŋ dəmə joŋ da. 他越走越快。

他 走越 快 越 (尾助)

第三种是 V1+joŋ+V1+joŋ+A 模式，如

(欧阳觉亚 2009：998)

koː moː joŋ moː joŋ lak joŋ da. 他越做越好。

他 做 越 做 越 好 比较(尾助)

喜德彝语（陈士林、边仕明、李秀清 2009：81）

彝语表递增义的第一种模式是 a^{33}n̥a^{55}+V+a^{33}n̥a^{55}+V+A，如：

a^{33}n̥a^{55}hɯ^{21}a^{33}n̥a^{55}hɯ^{21}sa^{33} 越看越好看

越 看 越 看 好

第二种模式是 a^{33}n̥a^{55}+V1/A1+a^{33}n̥a^{55}+A2，如：

m̩u^{33}du^{33}a^{33}n̥a^{55}a^{44}ȵi^{33}，tshɿ^{33}a^{33}n̥ a^{55}kha^{55}

工作 越 多 他 越 高兴

工作越多他越高兴。

他留彝语

他留彝语表示递增义的模式为 ʑo^{31}+V1/A1+ʑo^{31}+V2/A2，如：

ʑo^{31}lɛ^{31}ʑo^{31}mjø^{31} 越来越多 ʑo^{31}ɕɔ^{55}ʑo^{31}ɣu^{31}di^{33} 越走越累

越 来 越 多 越 走 越 累

ɔ^{55}lv^{31}ʑo^{31}ʑɔ̱^{55}ʑo^{31}dɔ^{33} 锅越小越好

锅 越 小 越 好

白宏哈尼语

白宏哈尼语表示递增义的模式有二，一是 ŋɛ^{31}ɛ^{55}+Conj+ŋɛ^{3} ɛ^{55}+ɣa^{55}+A 模式，除了有递进义标记 ŋɛ^{31}ɛ^{55}，还需要有递进义副词 ɣa^{55} “更”，如：

ŋɛ^{31}ɛ^{55} o^{55} ŋɛ^{31}ɛ^{55} ɣa^{55}na^{31}. 越来越多

越来 （连） 越 更 多

二是 ŋɛ^{31}ɛ^{55}+V1/A1+Conj+ŋɛ^{3} ɛ^{55}+ɣa^{55}+A2

ŋɛ^{31}ɛ^{55}dɤ^{55}o^{55}ŋɛ^{31}ɛ^{55}ɣa^{55}tum^{31}. 越走越累

越 走 就越 更 累

ø^{31}luŋ^{31}ŋɛ^{31}ɛ^{55}ȵi^{55}o^{55}ŋɛ^{31}ɛ^{55}ɣa^{55}mɯ^{31}. 锅越小越好

锅 越 小 就越 更 好

碧约哈尼语表示递增义的模式也有两种，一种是 tsɤ^{55}+V1/A1+Conj+tsɤ^{55}+V2/A2 模式，如：

碧约哈尼语（经典 2015：214）

tsɤ^{55}pɪ^{55} pa^{53} tsɤ^{55}mo^{55} 越飞越高

越 飞 （连） 越 高

tsɤ^{55}tsɔ^{31}pa^{53} tsɤ^{55}tsɔ^{31}mɯ^{31} 越吃越想吃

越 吃 （连） 越 吃 想

另一种是 ji^{31}tsɤ^{55}la^{33}pa^{53}ji^{31}tsɤ^{55}+A，如：（经典 2015：147）

nɔ^{31}kɯ^{33}tshu^{55}na^{55}ji^{31}tsɤ^{55} la^{33}pa^{53}ji^{31}tsɤ^{55}mɔ^{31}. 你的病人越来越多。

你 的 病 人 的越 来 越 多

攸乐山基诺语

tʃɤ^{44}xɯ^{44}tʃɤ^{44}tʃe^{54} 越大越懂事

越 大 越 懂事

补远基诺语

补远基诺语表递增义的模式是 tʂɯ^{44}+V1/A1+tʂɯ^{44}+V2/A2，如：

tʂɯ^{44}zu^{44}tʂɯ^{44}kɔ^{44}kje^{33}a^{44} 越走越累

越 走 越 累

u^{44}lu^{44}tʂɯ^{44}zɔ^{44}tʂɯ^{44}xo^{54} （=mɯ^{33}）锅越小越好

锅 越 小 越 好

邦朵拉祜语（李春风 2014：251）

邦朵拉祜语表示程度递增义的模式为 ɣa^{31}+V1/A1+ɣa^{31}+V2/A2，如：

phu^{33}ɣa^{31}ma^{53}ɣa^{31}a^{31}. 钱越多越好。

钱 越 多 越 好

ŋa^{53}jɛ^{53}ɣa^{31}po^{31}ɣa^{31}mu^{33}. 小鸟越飞越高。

小鸟 越 飞 越 高

怒苏语（孙宏开、刘璐 2009：831）

怒苏语表示程度递增义的模式为 dzɯ^{55}+V1/A1+dzɯ^{55}+V2/A2，如：

tiɛ̃^{35}ĩ^{55}ɕi^{35}ku^{35}dzɯ^{55}ɹu^{31}dzɯ^{55}nɤ^{35}.　这电影越看越喜欢。

电影　这个　越　看　越　喜欢

大具纳西语

大具纳西语表示程度递增义的模式有两种，一种是 le^{33}xɑ^{55}+le^{33}xɑ^{55}+A 模式，如：

le^{33}xɑ^{55}le^{33}xɑ^{55}bɯ^{31}　越来越多

越　越　多

另一种是 le^{33}xɑ^{55}+V1/A1+le^{33}xɑ^{55}+V2/A2 模式，如：

le^{33}xɑ^{55}dʐʅ^{33}le^{33}xɑ^{55}ŋgɑ^{31}　越走越累

越　走　越　累

傈僳语（徐琳、木玉璋、盖兴之 2009：559）

傈僳语表示递增义的模式为：uɑ^{44}+V1/A1+ uɑ^{44}+V2/A2，如：

ŋuɑ^{33}nu^{31}uɑ^{44}ʒe^{33}uɑ^{44}ku^{55}　我们越做越会

我　们　越　做　越　会

剑川白语表示程度递增义的模式为 lɯ^{44}lɯ^{44}+V1/A1+lɯ^{44}lɯ^{44}+V2/A2，如：

剑川白语（徐琳、赵衍荪 2009：209）

lɯ^{44}lɯ^{44}tsu^{55}lɯ^{44}lɯ^{44}tsɛ^{21}tsɣ^{42}

越　做　越　成熟

遮放载瓦语表示程度递增义的模式有两种，一种是固定格式 tʃɛ^{31}ʒʅ^{31}tʃɛ^{31}+A，如：

遮放载瓦语（朱艳华、勒排早扎 2013：166）

a^{55}ku^{31}mɔ̠^{ʔ55}ə^{55}tʃɛ^{31}ʒʅ^{31}tʃɛ^{31}kə$^{51/31}$lɔ$^{51/31}$　ʒa^{55}　弟弟学得越来越好

弟弟　学　得　越来越　好　（起始）（实然）

另一种是 tʃɛ^{31}+V1/A1+ tʃɛ^{31}+V2/A2，如：

tʃɛ^{31}wu^{55}tʃɛ^{31}phaŋ^{51}kə^{31}　xai^{51}？越看越远的是什么？

越　看　越　逃　（话助）什么

阿昌语表示程度递增义的模式为：kă^{31}tau^{31}+V1/A1+ kă^{31}tau^{31}+V2/A2，如：

阿昌语（戴庆厦、崔志超 2009：465）

n̥aŋ^{31}kă^{31}tau^{31}kʐai^{55}kă^{31}tau^{31}ŋau^{55}　他越说越哭

他　越　　说　越　　哭

a^{31}ȵi^{55}kă^{31}tau^{31}so^{31}kă^{31}tau^{31}ve^{31}　弟弟越走越远

弟弟　越　　走　越　　远

勒期语（戴庆厦、李洁 2007：221）

勒期语表示程度递增义的模式为：tʃei^{53}+V1/A1+ tʃei^{53}+V2/A2，如：

ŋo^{53}tʃei^{53}tsu̱ŋ^{33}tʃei^{53}mjɔŋ^{33}. 我越坐越累。

我　越　坐　越　累

muŋ^{53}tuŋ^{33}ʃʅ^{55}tʃei^{53}kji^{33}tʃei^{53}ŋa̱m^{55}. 牛肚子果越大越好吃。

牛肚　子果　越　大　越　好吃

波拉语（戴庆厦、蒋颖、孔志恩 2007：235）

波拉语表示程度递增义的模式为：tʃɛ^{31}+V1/A1+ tʃɛ^{31}+V2/A2，如：

jɔ̃^{31}tʃɛ^{31}ti̱$^{35/55}$tʃɔ̃^{55}ŋa^{55}tʃɛ^{31}jɔn^{35}（n） a^{55}. 他越解释我越糊涂。

他　越　说　的话我　越　难过（助）

我们把表示递增义的标记记作 G，把模式中的连接并列结构的标记记作 Conj，动词记作 V、V1、V2，形容词记作 A、A1、A2，藏缅语各语言表示程度义递增的模式可以概括为模式 1：G+A、模式 2：A+G、模式 3：V1/A1+G+V1/A1+G+A2、模式 4：G+V1+Conj+G+V2/A、模式 5：G+V1/A1+G+V2/A2、模式 6：V1/A1+G+V2/A2+G、模式 7：G+V1+G+V1+V2/A 等七种模式如表 3-5 所示。

表 3-5　　藏缅语递增义标记模式

	模式 1：G+A	模式 2：A+G	模式 3：V1/A1+G+V1/A1+G+A2	模式 4：G+V1+Conj+G+V2/A	模式 5：G+V1/A1+G+V2/A2	模式 6：V1/A1+G+V2/A2+G	模式 7：G+V1+G+V1+V2/A
东旺藏语	zə^{33}zə^{33}		zɛ^{33}				
桃坪羌语				ʁu^{241}/ku^{13}			
蒲溪羌语					kuekue/tete		
箐花普米语							tə^{13}ʈʂhi^{13}
大羊普米语					tɛ^{31} ʈhʅ^{24}		
景颇语					tʃe^{31}/muŋ^{31}	mă^{31}kaŋ^{33}	

续表

	模式 1：G+A	模式 2：A+G	模式 3：V1/A1+G+V1/A1+G+A2	模式 4：G+V1+Conj+G+V2/A	模式 5：G+V1/A1+G+V2/A2	模式 6：V1/A1+G+V2/A2+G	模式 7：G+V1+G+V1+V2/A
独龙语				sɔ̌t			
博嘎尔语		joŋjoŋ	joŋ		joŋ		
喜德彝语				a^{33}n̥a^{55}			a^{33}n̥a^{55}
他留彝语					ʑo^{31}		
白宏哈尼语	ŋɛ^{31}ɛ^{55}			ŋɛ^{31}ɛ^{55}			
碧约哈尼语	ji^{31}tsɤ^{55}la^{33} pa^{53}ji^{31}tsɤ^{55}			tsɤ^{55}			
攸乐山基诺语					tʃɤ^{44}		
补远基诺语					tʂɯ^{44}		
邦朵拉祜语					ɣa^{31}		
怒苏语					dzɯ^{55}		
纳西语大具话	le^{33}xɑ^{55}				le^{33}xɑ^{55}		
傈僳语					uɑ^{44}		
白语（剑川）					lɯ^{44}lɯ^{44}		
载瓦语	tʃɛ^{31} ʒʅ^{31}tʃɛ^{31}				tʃɛ^{31}		
阿昌语					kǎ^{31}tau^{31}		
勒期语					tʃei^{53}		
波拉语					tʃɛ^{31}		

藏缅语各语言在表示程度递增义时，有上述七种模式，制约这些模式形成的因素是递增义关联标记和动词、形容词的位置。有的递增义关联标记居于动词、形容词之前，就形成了模式 1、4、5、7。递增义关联标记位于动词、形容词之后，形成模式 2、3、6。总的来说，关联标记居前的占多数。在统计的语言中，景颇语、博嘎尔语有后置的模式，景颇语同时也有关联标记标记居前的模式 5。在统计的 23 种语言或方言中，有 16 种语言都有模式 5，表程度递增义的模式 5 在藏缅语中居于绝对优势地位。

模式 4：G+V1+Conj+G+V2/A 中，在连接两个程度递增的动作行为时，还需并列连词连接，有 5 种语言属于这种模式，并列连词连接两个动作行为，也充分说明递进义模式结构上的并列性。

在模式 3 和模式 7 中，都使用了重复的语法手段，第一个动作行为需要重复，然后再引出第二种行为结果。重复本身就是表示动作行为不止一次出现，有程度累积增加的意义。在表达一种动作行为程度的累积加深时，还可以重复关联标记，如博嘎尔语模式 2 中的 joŋjoŋ，载瓦语的模式 1 中的 tʃε^{31}ʒʅ^{31}tʃε^{31}等。

从上述各语言来看，表示动作行为状态程度递增义的关联标记没有同源关系，各语言有各语言自己的表达方式，如同属于景颇语支的景颇语的关联标记为 tʃe^{31}/muŋ^{31}，独龙语为 sɔ̆t、博嘎尔语为 joŋ，它们的关联标记没有任何联系，都是各自生发出来的。但从小范围的接触较密切的语言来看，它们的关联标记接近，如景颇语的 tʃe^{31}、载瓦语的 tʃε^{31}、勒期语的 tʃei^{53}、波拉语的 tʃε^{31}等，这几种语言同属景颇族支系语言，他们的关联标记接近，不排除标记的相互借用关系。

就各语言表程度义递增的标记的来源来看，桃坪羌语的 ʁu^{241}/ku^{13}义为“愈、更”、大羊普米语的 tε^{31}ʈhʅ^{24}为数量短语“一点儿”；景颇语的 mă^{31}kaŋ^{33}义为“一边”、tʃe^{31}义为“愈、越”、muŋ^{31}义为“也”；独龙语的 sɔ̆t 来源于 sɔ̆t^{55}sɔ̆t^{55}“更加”；碧约哈尼语的 tsɤ^{55}义为“更、最”；补远基诺语的 tʂɯ^{44}义为“更、最”；“遮放载瓦语的 tʃε^{31}义为“更、最”；勒期语的 tʃei^{53}义为“更、最”，借自载瓦语；波拉语的 tʃε^{31}义为“最”。邦朵拉祜语的 ɣa^{31}和怒苏语的 dzɯ^{55}都有“越”义，表程度更进一层。总体来看，各语言表程度义递增的标记来源虽然不一，但都与“量”的概念相关，很多语言的标记来源于程度副词。

综上所述，表程度递增义的固定表达具有普遍性，世界上各个语言都有表达程度递增义的固定模式，至于采用什么具体的模式，则与该语言的语序类型、句法类型、比较模式等语言其他系统因素密切相关。

三　形容词性并列词组

藏缅语各语言形容词与形容词并列时一般都有关联标记，组成形容词性质的并列词组。根据连接标记在两个形容词之间的位置，可以分为以下几种类型。

（一）形容词重复且关联标记居中型

可记作 A1+G+A1+A2+G+A2，其中 A 为形容词，G 为关联标记。在这种类型中，两个被连接的并列项分别重复，关联标记分别位于重复的形容词中间，如：

东旺藏语

ȵu^{24}la^{33}ȵu^{24}ja^{24}la^{33}ja^{24} 快而好

快 也 快 好 也 好

thə^{33}la^{33} thə^{33}mə^{33}tɕʰu^{33}la^{33}tɕʰu^{33} 又高又大

高 也 高 大 也 大

东旺藏语中，单音节形容词直接重复，而双音节形容词重复时，只重复前一个音节，连接词位于音节和形容词中间。

大羊普米语（蒋颖 2015：336）

tʂʅ^{31}kuɑ^{55}ta^{55}ʐe^{55}ta^{55}，thə^{24}ʐe^{55}thə^{24} 瓜又大又甜

瓜 大 也 大 甜 也 甜

独龙语（孙宏开 2009：683）

mɹăŋ^{53}kɯ̆^{ʔ55}mɹăŋ^{53}tăiː^{53}kɯ̆^{ʔ55}tăiː^{53} 又高又大

高 又 高 大 又 大

喜德彝语（陈士林、边仕明、李秀清 2009：65）

ʂʅ$^{33/44}$ȵiː^{33}a^{33} ʂʅ$^{33/44}$ȵiː$^{33/45}$ȵiː^{33}a^{44}ȵiː^{33} 又黄又多

黄 又 黄 多 又 多

（陈士林、边仕明、李秀清 2009：81）

tshiː$^{33/44}$ȵiː^{33}i^{44}tshiː^{33} ʂo$^{33/44}$ȵiː^{33}a^{33} ʂo^{33} 又细又长

细 又 细 长 又 长

彝语也同东旺藏语类似，但双音节的形容词重复后一音节。

碧约哈尼语（经典 2015：145）

ji^{31}khɔ^{31}te̠^{31}ke̠^{33}xa^{55} ke̠^{33} ɔ^{31}tshv^{55}xa^{55}tshv^{55} 他又矮又胖

他 矮 又 （叠）胖 又 （叠）

碧约哈尼语双音节形容词也重复后一音节。

哈尼语白宏话

mɔŋ^{55}ʑi^{31}mɔŋ^{55}，hɯ^{31}ʑi^{31}hɯ^{31} 又高又大

高 也 高 大 也 大

补远基诺语

tshuaŋ^{53}nɛ^{44}tshuaŋ^{53}mɯ^{33}nɛ^{44}mɯ^{33} 快而好

快 而 快 好 而 好

邦朵拉祜语（李春风 2014：233）

gɔ^{31}ka^{31}gɔ^{31}pɔ^{53}ka^{31}pɔ^{53}　又安静又敞亮

静 也 静 亮 也 亮

怒苏语（孙宏开、刘璐 2009：842）

su^{35}ɕi^{35}ʔiu^{53}gɹɔ̃^{55}li^{35}gɹɔ̃^{55}ɑ^{31}kɹu^{53}li^{35}kɹu^{53} ɑ^{31}

人 这 个 高 又 高 瘦 又 瘦

这个人又高又瘦

（二）关联标记居中型，可记作 A1+G+A2。

这种类型的形容词性并列词组中，连接标记位于两个形容词并列项的中间位置。

安多藏语

mdʐoknu tokʁa ʂaɣə　快而好　mthonu thokʁa（上面）tɕheɤə　又高又大

快 而 好 高 又 大

大羊普米语（蒋颖 2015：336）

ɖɛ$^{24/31}$nəuŋ^{55}ʃu^{55}　聪明和漂亮

聪明 和 漂亮

贵琼语（宋伶俐 2011：138）

zø^{35}dʐɑ^{33}wu^{55}lø^{33}ndzɿ^{33}wu^{53}ɳɹi^{33}bʉ^{35}.

她 聪明 连 漂亮 两 有

她不但聪明，而且漂亮。

贵琼语（宋伶俐 2011：146）

zø^{35}tɔ^{33}le^{55}ʂɿ^{33}kɑ^{55}ɳɹi^{33}ji^{35}.　他迟早都要去。

他 迟 连 早 都 去

景颇语（戴庆厦 2012：286）

kă^{31}lu^{31}n^{31}na^{55}kă^{31}pa^{31}　又长又大　khʒi^{33}n^{31}na^{55}　tui^{31}　又酸又甜

长 连 大 酸 连 甜

独龙语（孙宏开 2009：700）

mɯ^{31}ɹɑp^{55}ɑ^{31}jɑ^{55}niŋ^{55}mɹăŋ^{53}ɑ^{31}jɑ^{55}ɕiŋ^{55}

粗 那 连 高 那 树

既粗又高的树。

博嘎尔语（欧阳觉亚 2009：986）

ɕəkɯ tombu to　təːpə nako　高而大的马

马 高 而且大（结助）

邦朵拉祜语（李春风 2014：179）

tɕhi^{33}te^{53}mu^{53}mi^{31}ȵɛ̠^{53}lɛ^{33}xɔ^{33}这个地方潮湿而闷热

这　一地方　湿　而　热

剑川白语（徐琳、赵衍荪 2009：221）

mo^{31}f ɣ^{55}no^{33}tɕi^{42}tsuɑ^{42}jĩ ^{55}tse^{21}tsɑ^{42}.

他　插　得　迅速　又　整齐

他插（秧）插得又快又齐。

遮放载瓦语（朱艳华、勒排早扎 2013：212）

ja̠ŋ^{31}lɛk^{55}lui^{55}tum^{31}ʒup^{55} ʒa^{55}.　他机灵而勇敢。

他　聪明又　勇敢（实然）

（三）关联标记前置于并列项型，可记作 G+A1+G+A2。

这种类型中，相同的关联标记分别前置于各个并列项，如：

他留彝语

ʑou^{55}my̠^{55}ʑou^{55}ɤuɔ^{31}　又高又大

又　高　又　大

大具纳西语

le^{33} ʂuɑ^{31}le^{33}dɯ^{31}　又高又大

又 高　又 大

剑川白语（徐琳、赵衍荪 2009：216）

lɛ^{31}kã^{55}to^{42}lɛ^{31}khṽ ^{55}khuɑ^{44}lɛ^{31}mɛ^{21}ɕuɛ̃^{55}又高大、又宽敞、又明亮

又 高大　又 宽敞　又 明亮

靛房土家语（田德生等 2009：330）

jiu^{35} tshi^{55} jiu^{35} tsha^{35}　又大又好

又　大 又　好

遮放载瓦语（朱艳华、勒排早扎 2013：233）

tum^{31}kɔ̠^{31}tum^{31}nɛ^{51}　又大又红　tum^{31}xəŋ^{51}tum^{31}kɔ̠^{31}　又长又大

又　大 又　红　又　长　又　大

阿昌语（戴庆厦、崔志超 2009：471）

tɕum^{51}mɔ^{ʔ35}m̥ʐaŋ^{55}tɕum^{51}mɔ^{ʔ35}pʐau^{31}　又高又胖

最　高　最　胖

ʑu^{35}na^{55}ʑu^{35}kʐə^{31}　又红又大

又 红 又 大

勒期语（戴庆厦、李洁 2007：218）

ŋa^{55} nɔš^{31} nə̱k^{55} tum^{53} kjəŋ^{33} tum^{53} juŋ^{55}　我妹妹又聪明又漂亮

我　妹妹心　又　聪明　又　漂亮

波拉语（戴庆厦、蒋颖、孔志恩 2007：181）

tam^{31} tʃɔ̱n^{55} tam^{31} tʃhu^{55} 又酸又甜

又　酸　又　甜

我们把形容词性并列词组连接标记的模式列表如下（见表 3-6），并与名词性关联标记进行比较。

表 3-6　　形容词性并列词组关联标记模式

类型 语言/方言	形容词重复且关联标记居中型 A1+G+A1+A2+G+A2	关联标记居中型 A1+G+A2	关联标记前置于并列项型 G+A1+G+A2	名词性并列关联标记
东旺藏语	la^{33}			nə^{33}
安多藏语		tokʁa		ra
大羊普米语	ʐe^{55}	nəuŋ^{55}		nəuŋ^{31}
贵琼语		lø^{33}/le^{55}		lø^{55}
景颇语		in^{31}/n^{31} thom^{55}/n^{31} na^{55}		the^{ʔ31}
独龙语	kɯ̆^{ʔ55}	niŋ^{55}		niŋ^{55}
博嘎尔语		to		lo
他留彝语			ʑou^{55}	ni^{33}
喜德彝语	ȵi^{33}			si^{33} ni^{21}
碧约哈尼语	xa^{55}			xɪ^{33}
白宏哈尼语	ʑi^{31}			sɤ^{53}
补远基诺语	nɛ^{44}			ɤ^{33}
邦朵拉祜语	ka̱^{31}	lɛ^{33}		lɛ^{33}
大具纳西语			le^{33}	nə^{13}
怒苏语	li^{35}			le^{31}
剑川白语		jĩ^{55}	lɛ^{31}	jĩ^{55}/li^{55}
靛房土家语			jiu^{35}	ne^{55}
遮放载瓦语		lui^{55} tum^{31}	tum^{31}	ə^{ʔ55}
阿昌语			ʑu^{35}/tɕum^{51} mɔ^{ʔ55}	lɔ^{ʔ55}
勒期语			tum^{53}	ɣɛ^{ʔ55}
波拉语			tam^{31}	jɔ^{55}/ɣɛ^{ʔ55}

在形容词性并列词组里，有 15 种语言或方言的关联标记居中，有 9

种语言是A1+G+A1+A2+G+A2模式，有9种语言是A1+G+A2模式；有8种语言的关联标记前置于各并列项，形成G+A1+G+A2的模式，总体来讲，不管是哪一种模式，关联标记G总会居于并列项的中间位置，这一点符合Dik（1997）的联系项居中原则。在上述三种模式中，藏缅语诸语言使用哪种模式并没有明显倾向，三种模式使用所占比重相当。

如果和名词性并列词组的关联标记作比较的话，我们发现大部分语言的形容词性并列词组的关联标记和名词性并列词组的关联标记不一致，只有贵琼语名词性并列词组的关联标记和形容词性并列词组的关联标记一致。独龙语、剑川白语、邦朵拉祜语的居中的关联标记类型的形容词性并列词组关联标记和名词一致，但也有和名词性并列词组标记不一致的标记。总体来说，各语言形容词性并列词组关联标记和名词性词组并列关联标记有着明显的区分，都倾向于用不同的标记连接两类性质不同的成分。

第二节　汉语并列词组特征简析

汉语的并列词组研究比较充分，主要涉及的问题有并列结构的识别、并列标记、并列成分的省略等问题。本章节在前人的研究基础上简要归纳汉语并列词组分类、并列标记分布、多项并列、并列标记演变等问题，以期与其亲属语言藏缅语形成相互参照。

一　现代汉语并列词组的类型

（一）名词性并列词组

1. 无标记的名词性并列词组

语言文字[①]　风俗习惯　科学技术

2. 有标记的名词性并列词组

（1）名词+名词

今天<u>和</u>明天　上海<u>和</u>天津　本科生<u>和</u>研究生　公正<u>与</u>持久

（2）代词+代词

你<u>和</u>他　我们<u>和</u>他们　你<u>跟</u>我

① 本节语料主要来自史冬青（2015）《汉语并列关系连词通释》、何金松（1994）《虚词历时词典》、吴云芳（2013）《面向信息处理的现代汉语并列结构研究》、黄伯荣、廖序东（2002）《现代汉语》及自省语料。

（3）数量词+数量词

这个和那个　这些和那些

（4）名词性结构+名词性结构

商场及娱乐场所　失足青少年和公安干警

（5）其他

小王和我

（二）动词性并列词组

1. 无标记的动词并列词组

唱歌跳舞　调查研究　游览观光

2. 有标记的动词并列词组

辱骂和恐吓　讨论并且通过　重温与反思　支持与赞赏

参加会见并出席宴会

3. 表示动作行为累积的并列词组

汉语采用前置于各并列项型的关联标记模式表示动作行为累积，如：

又哭又闹　又说又笑　又刮风又下雨

4. 表示动作行为同时进行的并列词组

汉语同样采用前置于各个并列项的关联标记模式表示动作行为同时进行，如：

边唱边跳　边走边吃　一边下棋一边喝茶

（三）形容词性并列词组

1. 无标记的形容词并列词组

美丽大方　真诚友好　干净明亮

2. 有标记的形容词并列词组

（1）连词连接型

这种类型的模式属于"关联标记居中型"，关联标记位于并列项中间，如：

伟大而质朴　伟大和荒谬　光荣而艰巨

无论名词性并列词组、动词性并列词组还是形容词性的并列词组，都有位于两个并列项中间位置的并列关联标记，这种模式属于"关联标记居中型"。只是不同性质的并列词组，在选择关联标记时有所差别，具体如表3-7所示。

表 3-7 现代汉语并列标记分布①

	名词性并列词组	动词性并列词组	形容词性并列词组
和	+	+	+
跟	+		
并		+	
及	+		
而			+
与	+	+	+

依据表 3-7 可知，名词性并列词组常使用“和”“跟”“及”“与”几个并列标记，动词性并列词组常使用“和”“并”“与”等并列标记，形容词性并列词组常使用“和”“而”“与”等并列标记。“和”和“与”是通行的并列标记，能连接任何性质的并列词组。“跟”和“及”针对性地连接名词性词组，“并”单一连接动词性词组，“而”专门连接形容词性词组。

（2）关联副词连接型

在这种形容词并列词组中，关联标记前置于各并列项，如：

又大又圆　又甜又香

（四）现代汉语多项并列问题

1. 无标记多项并列

同胞们、朋友们、女士们、先生们

2. 有标记多项并列

汉语多项并列中关联标记的模式可以概括为“前置于最末并列项型”，关联标记位于最后一个并列项的前面，如：

花生、小枣、芝麻和你爱吃的绿豆杂面

商场、饭店、歌厅及其他场所

公务员、商人和企业家及各界民众

财长、央行行长及官员和 2000 多传媒人士

我们把上述现代汉语并列词组关联标记的模式总结如表 3-8 所示。

① 本表参照张斌主编（2003）《现代汉语虚词词典》。

表 3-8　现代汉语并列词组关联标记模式简表

模式＼类型	关联标记居中型	前置于各并列项型	前置于最末并列项型（多项并列）
名词性并列词组	和、跟、及、与		及、以及、和
动词性并列词组	和、并、与	又A又B	
形容词性并列词组	和、而、与	边A边B；一边A一边B	

二　古代汉语并列词组的类型

古代汉语跨越时间长，所产生的并列标记众多，在此我们不一一列举。此外，古代汉语文本句读关系由后人断定，并列词语之间难以辨别停顿关系，因此我们只关注古代汉语有标记的并列词组情况。

（一）名词性并列词组

1. 名词+名词

贲鼓维镛。（《诗经·大雅·灵台》）

为汤武驱民者，桀与纣也。（《孟子·离娄上》）

七月亨葵及菽。（《诗经·七月·豳风》）

追觅夫人并太子消息。（《菩萨投身饴饿虎起塔因缘经》）

2. 代词+代词

我有好爵，吾与尔靡之。（《易经·中孚》）

我与你须小心伺候。（《长生殿》）

我和你尾这厮去，看那里着落，却与他官司。（《清平山堂话本·简帖和尚》）

3. 数词或名词+数词或名词

吾所以得三士者，亡于十人与三十人，乃在百人与千人之中。

一瓶兼一钵，到处是天涯。（《祖堂集》卷一三）

4. 名词性结构+名词性结构

绳之外与绳之内，皆失直者也。（《淮南子·缪称训》）

5. 其他

余与四人拥火以入，入之愈深，其进愈难，而其见愈奇。（王安石《游褒禅山记》）

（二）动词性并列词组

1. 一般动词性词组

夫行与止也，其势相反，而皆可以存国，此所谓异路而同归者也。（《淮南子·修务训》）

心之忧矣，我歌且谣。（《诗经·魏风·园有桃》）

圣人在上，民迁而化，情以先之也。（《淮南子·缪称训》）

此处可种禾并种大小豆。（《大庄严论经》）

老学种花兼学稼。（刘克庄《朝天子》）

2. 表示动作行为累积的并列词组

古代汉语采用前置于各并列项型的关联标记模式表示动作行为累积，如：

不见复关，泣涕涟涟。既见复关，载笑载言。（《诗经·卫风·氓》）

既种既戒，既备乃事。（《小雅·大田》）

3. 表示动作行为同时进行的并列词组

古代汉语同样采用前置于各个并列项的关联标记模式表示动作行为同时进行，且关联标记丰富，如：

把君试卷西归去，一度相思一度吟。（唐·戎昱《别公安贾明府》）

深锁雷门宴上方，旋看歌舞旋传杯。（唐·章碣《陪浙西王侍郎夜宴》）

苏卿告覆，金山题句。行哭行啼，行想行思，行写行读。（元·吴弘道《〈中吕〉上小楼·题小卿双渐》）

头面礼拜，闻讯父母。父母亦下，便共抱持，别久念想，与子相见，一悲一喜。（《贤愚经》卷九）

（三）形容词性并列词组

1. 连词连接型

这种类型的模式属于“关联标记居中型”，关联标记位于并列项中间，如：

故圣人之道，宽而栗，严而温，柔而直，猛而仁。（《淮南子·汜论训》）

众人皆有以，而我独顽且鄙。（《老子》二十章）

孔子曰：“道二，仁与不仁而已矣。”（《孟子·离娄上》）

其性烈而能温，气清而且穆。（《高僧传》卷八）

2. 关联副词连接型

在这种形容词并列词组中，关联标记前置于各并列项，属于“关联标记前置型”，如：

将恐将惧，维予与女。将安将乐，女转弃予。（《诗经·小雅·谷风》）

襄子迎孟谈而再拜之，且恐且喜。（《韩非子·十过》）

也有采用三关联标记型，可描述为：G1+A1+G2+G1+A2，如：

雅调又高兼又稳，清音能美复能和。（敦煌变文《双恩记》）

（四）古代汉语多项并列问题

古代汉语多项并列中关联标记的模式可以概括为“前置于最末并列项型”，关联标记位于最后一个并列项的前面，如：

齿、革、羽、毛惟木（《尚书·禹贡》）

我们把上述古代汉语并列词组关联标记的模式总结如下（见表3-9）。

表3-9　古代汉语并列词组关联标记模式简表

类型＼模式		关联标记居中型	前置于各并列项型	三关联标记型	前置于最末并列项型
名词性并列词组		维、与、及、并、和、兼			
动词性并列词组	一般动词词组	与、且、而并、兼			
	动作行为积累		载……载……；既……既……		
	动作行为同时进行		一度……一度……；旋……旋……；行……行……；一……一……		
形容词性并列词组		而、且、以、与、而且	将……将……；且……且……	又……兼又……	
多项并列		并、及			惟

古代汉语并列词组以居中的关联标记模式居多，表动作行为积累和同时进行的词组，以及形容词性并列词组常用前置于各并列项的对举的关联标记。形容词性并列词组模式最为丰富，除居中和前置外，还使用三关联标记。多项并列时，关联标记采用前置于最后一项，或者居于各个并列项

中间位置。

由于并列关系表示并置，并列的两个成分地位平等，常采用无标记的形式。综观古代汉语和现代汉语并列词组，无标记的并列词组十分常见。有标记的并列词组的关联标记模式古今变化不大，三种类型的并列词组都有关联标记居中型，即关联标记位于并列项中间位置。动词性词组和形容词性词组都有前置于各并列项的关联标记，这两种类型的关联标记模式一脉相承，并无太大变化。古代汉语较之现代汉语，还有三关联标记型模式G1+A1+G1+G1+A2，这种模式在现代汉语中已经消亡。

古代汉语并列词组关联标记很丰富，有的现代汉语还在沿用，如：与、及、并、和、而、而且。有的现代汉语已不再使用，单用的如：维；合用的如：载……载……、旋……旋……、行……行……等。有的口语不常使用，在书面语中还在使用，如：兼、及等。汉语在发展的过程中，每个阶段都有一些词语产生，也有一些词语消亡，还有一些词语合并需要重新分析。现代汉语作为汉语发展的一个阶段，共时呈现给我们的并列词组关联标记并不如古代汉语累积的丰富。

第三节　藏缅语与汉语并列词组比较分析

藏缅语和汉语并列词组都是组成更大一级语法结构的单位，在很多方面拥有共同特征。由于语言类型等原因，差异性也很显著，我们从并列词组的句法功能、关联标记模式类型、关联标记等方面，比较藏缅语和汉语的异同，并解释异同的成因。

一　藏缅语和汉语并列词组的共性

1. 藏缅语和汉语并列词组的功能相当

名词性词组在句子中主要作主语和宾语以及表修饰关系的定语成分，如：

独龙语（孙宏开 2009：694）

ɑ^{31}păi^{53}niŋ^{55} ɑ^{31}măi^{53} sɯ^{31}nă^{ʔ55}nă^{ʔ55}cɯ̆m^{53}dɔ^{31}　ɹɔŋ^{53}.

父亲　(连词) 母亲　　全都　　家　(助) 在

父亲和母亲全都在家。

gɔŋ^{55} dɔ^{31}　bu^{53}dzɯ̆ŋ^{55}　niŋ^{55}　sɯ̆m^{53}dzɯ̆ŋ^{55}　bɯ̆m^{53}bɯ̆m^{53}ăi^{53}.

山坡（助）核桃树　（连词）桃子树　多多　有

山坡上有很多核桃树和桃子树。

独龙语（孙宏开 2009：694）

ɑ³¹ pǎi⁵³ niŋ⁵⁵ ɑ³¹ mǎi⁵³ ɑŋ³¹ niŋ⁵⁵

父亲　（连词）母亲年龄

父亲和母亲的年龄

上述三例分别是并列词组作主语、宾语和定语的情况。

动词性并列词组主要作谓语成分，如：

傈僳语（徐琳、木玉璋、盖兴之 2009：559）

xuɑ³¹ mu³³ e⁵⁵ lu⁴⁴ mɑ⁴⁴ ɡuɑ³³ phiɛ³⁵ ɡuɑ³³ tshe³⁵ ʒi³³.

毛　旧　的　边　折　边　断

旧羊毛（衣）边折边断。

形容词性并列词组主要作定语和谓语，如：

怒苏语（孙宏开、刘璐 2009：842）

mɹɯ⁵⁵ çi³⁵ khɹɑ⁵³ fhɑɹ³⁵ li³⁵ fhɑɹ³⁵ ɑ³¹ dʑũ⁵³ li³⁵ dʑũ⁵³ ɑ³¹ tɑ³¹

刀　这 把　宽　又 宽　短　又 短　是

这把刀又宽又短。

藏缅语中形容词性词组作谓语比较常见，做定语则不多见。

2. 用不同的关联标记标识不同类型的词组

藏缅语倾向于用不同的关联标记连接不同类型的词组，如东旺藏语形容词性并列词组关联标记是 la³³，名词性并列词组的关联标记是 nə³³；博嘎尔语形容词性并列词组关联标记是 ro，名词性并列词组的关联标记为 lo，藏缅语动词性并列词组情况复杂，一般并列词组主要是名物化的用法，因此与名词性并列词组关联标记一致，如东旺藏语都用 nə³³连接。

现代汉语不同类型词组的并列关联标记有的一致，如三种类型的并列词组都能用“和”和“与”连接，但也有不同的关联标记标识不同类型的并列词组，如“跟”和“及”主要连接名词性并列词组；“并”主要连接动词性并列词组；“而”主要连接形容词性词组。

总之，藏缅语和现代汉语不同类型的并列词组使用的关联标记有的一致，也有专属某个类别的关联标记，各个类别词组的关联标记彼此交叉又分工明确。

3. 都有专门的标记标识表动作行为积累和表动作行为同时进行

藏缅语各语言和汉语都有专门的关联标记和格式表示动作行为累积和

动作行为同时进行。汉语一般用“又 A 又 B”格式表示动作行为的累积，藏缅语诸语言表示动作行为累积的关联标记虽然不一，格式也不一样，但各语言都发展出了固定的格式表示动作行为累积，有的采用三标记，既不同的标记，如羌语曲谷话：

曲谷羌语（黄布凡、周发成 2006：211）

qupu tʂu wu^{ɹ}ȵ̥i tʂu dʐaçtɕi　他又说又笑

他　又 说 并 又　笑

有的采用重复双标记，既一致的标记，如：

补远基诺语

ŋjau^{44}nɛ^{44}ŋjau^{44}tʃu^{31}nɛ^{44}tʃu^{31}　又哭又闹

哭　又 哭　闹 又 闹

表动作行为同时进行的一般由双标记和单标记型，如：

景颇语（戴庆厦 2012：186）

khom^{33}let^{31}　ʃa^{55}边走边吃

走　边……边吃

遮放载瓦语（朱艳华、勒排早扎 2013：233）

sɔ$^{31/51}$lɛ^{51}　wut^{31}lɛ^{51}　边走边叫

走　一边 叫　一边

也有三标记型，如：

东旺藏语

tɕ^{h}a^{33}lao^{ʔ54}tɕi^{33}nə^{33}ʂie^{33}rao^{41}jɛ^{24}lao^{ʔ54}tɕi^{33}　一边吃饭一边说话

吃　边　连 说话　边

二　藏缅语和汉语并列词组的差异

1. 较之汉语，藏缅语并列词组关联标记模式多样

藏缅语诸语言并列词组的关联标记类型模式多样，现代汉语并列词组关联标记模式相对来说较为单一。现代汉语三种类型并列词组都有关联标记居于并列项中间模式，形容词性并列词组和动词性并列词组还有前置于各并列项型的模式。

藏缅语诸语言并列词组关联标记模式较为多样，就名词性并列词组来说，藏缅语诸语言几乎都是关联标记居于并列项中间型，少数语言有后置的关联标记，如：

桃坪羌语（孙宏开 2009：376）

ŋɑ⁵⁵ko⁵⁵ko⁵⁵na³³　我和哥哥

我　哥哥　和

藏缅语诸语言形容词性并列词组关联标记模式有形容词重复且关联标记居中型“A1+G+A1+A2+G+A2”、关联标记居中型“A1+G+A2”和关联标记前置于并列项型“G+A1+G+A2”，各语言情况不一，有的语言具有两种模式，如大羊普米语有关联标记居中型和形容词重复且关联标记居中型两种；有的只有一种，如碧约哈尼语，只有形容词重复且关联标记居中型。就形容词性并列词组来说，藏缅语诸语言比汉语多的是形容词重复且关联标记居中型“A1+G+A1+A2+G+A2”。

汉语采用前置于各并列项的关联标记模式表示动作行为累积和动作同时并行。藏缅语诸语言表动词行为累积的并列词组类型可归为七种，这反映了藏缅语诸语言内部表达动作行为累积手段的多样性。但多数语言和汉语一样，采用的是前置于各并列项型的关联标记模式。

还有的语言分别使用三标记居中联系型 NP1+G1+V1+G2+NP2+G1+VP2、双标记居于并列项中间型 NP1+G+V1+NP2+G+V2、双标记居于重复的并列项中间型 V1+G+V1+V2+G+V2、双标记后置于并列项型 V1+G+V2+G、三标记前置且居中型 G1+V1+G2+G1+V2、单标记居中并列型 VP1+G+VP2 等模式。

在统计的藏缅语中，多数语言和汉语一样，采用前置于各并列项型模式，也有相当一部分语言采用后置于各并列项型的模式，还有语言使用三标记后置且居中型 V1+G1+G2+V2+G1、单关联标记居中型 V1+G+V2、双标记居于并列项中间型 NP1+G+V1+NP1+G+V2、三标记前置且居中型 G1+V1+G2+G1+V2 等模式。

藏缅语诸语言并列词组关联标记模式表现出的多样性主要与以下几个特点有关，一是藏缅语是 OV 型语序语言，常使用后置词，在表达并列关系时使用后置的关联标记。二是藏缅语在表达并列关系时，采用双套标记，其中一套关联标记连接并列词组，另一套关联标记重复出现在所连接的并列词组中间或前后。三是藏缅语并列词组常采用重复的手段。基于以上三个原因，藏缅语诸语言表现出了较为丰富的并列词组关联标记模式类型。

2. 较之藏缅语诸语言，汉语并列词组关联标记数量更为丰富

现代汉语并列词组关联标记常用的关联标记如 3-8 表所示，较为丰

富。藏缅语诸语言并列词组关联标记并不多，如景颇语的并列词组关联标记比较发达，有 the$^{?31}$ “和”、in^{31} “又”、n^{31} thom^{55} “又/和”、n^{31} na^{55} “和”、let^{31} “边”；独龙语的并列词组关联标记有 niŋ^{55} “和”、kɯ̆$^{?55}$ “又”、ɕɯ^{31}……ɕɯ^{31} “也”；东旺藏语有 nə^{33} “和”、la^{33} “也”、zoŋ^{35} “又”、lao$^{?54}$tɕi^{33} “边”。藏缅语诸语言一般有 3—5 个并列词组关联标记，动词性和形容词性并列词组的标记与名词性并列词组标记不同。以名词性并列词组为例，汉藏语诸语言名词性并列词组常常只有 1 个关联标记，而现代汉语常用的有和、跟、及、与等标记。

汉语并列词组关联标记更为丰富，是与其书面语发达是分不开的。汉语的书面语记录下了汉语各个发展时期的并列标记，在演变过程中，一些标记被淘汰，一些标记留存到现代汉语中，在现代汉语的使用中，又根据语言使用环境，活跃在书面语体或口语体中。藏缅语并列词组关联标记与很多其他标记同形，可能是后来产生，来源于其他标记，在发展的过程中，也无需区分出更多使用场合等其他需求，故数量较少。

3. 藏缅语常用重叠形式表并列

汉语和藏缅语都用关联标记重叠的形式表示并列，如汉语的“又……又……”“一边……一边……”标记，彝语的 ȵi^{3}……ȵi^{33}……“又……又……”等，但藏缅语除了使用关联标记重叠的手段表并列，还用并列项重叠的手段表并列，藏缅语这种并列项重叠表并列关系主要集中在动词性并列词组和形容词性并列词组上。

如东旺藏语：

ȵu^{24}la^{33}ȵu^{24}ja^{24}la^{33}ja^{24}　快而好

快　也 快　好 也 好

表示“又快又好”或“好而且大”的语义时，并列项需重叠并在其间加入关联副词 la^{33} “也”。

还有的语言只是重复不完整并列项，如：

碧约哈尼语（经典 2015：145）

ji^{31}khɔ^{31}te̱^{31}ke̱^{33}xa^{55}　ke̱^{33}　ɔ^{31}tshv^{55}xa^{55}tshv^{55}.　他又矮又胖。

他　　矮　　又　（叠）胖　　又（叠）

大羊普米语、怒苏语、独龙语、喜德彝语、绿春哈尼语、补远基诺语、勐朗坝拉祜语等在表达形容词性并列词组时，都用重叠并列项的手段。

大羊普米语、独龙语、补远基诺语、剑川白语等语言动词性并列词组使用重叠并列项的手段，如：

大羊普米语（蒋颖 2015：364）

ʃtʃʅ^{55}ʐe^{31}ʃtʃʅ^{55}zdi$^{24/31}$ʐe^{55}zdi^{24}　又跳又跑

跳　又　跳　跑　又　跑

补远基诺语

ŋjau^{44}nɛ^{44}ŋjau^{44}tʃu^{31}nɛ^{44}tʃu^{31}　又哭又闹

哭　又　哭　闹　又　闹

表动作行为累积的动词性词组使用重叠并列项的手段表并列，表示动作行为并行的动词性词组并未发现这种用法。

汉语也有"哭也哭了，闹也闹了，应该收场了吧"诸如此类的表达方式，但倾向于表达语用意义，表示无可奈何之义，与藏缅语重叠并列项客观的描述动作和事物性质还是有所区别的。藏缅语重叠并列项表并列关系可能是由于其缺乏表形容词并列的标记，用重叠性质状态词语的方式再加上副词的方式表示同时具有两种性质状态。动词性并列词组重叠并列项是因为重叠本身表示量的累积和增多，用比较形象、直观的重叠方式表达动作行为的累积。

4. 藏缅语数字之间连接要用并列关联标记

藏缅语多位数数词常常需要使用并列标记。有的语言在每一进位之间都需要并列标记，如：

史兴语（孙宏开、徐丹、刘光坤 2014：90）

dʑi^{33}ɕɛ^{55}ȵi^{55}nɐ^{33}ʁɛ^{53}ȵi^{55}tɕho^{55}ko^{33}　一百二十六

一百　和　二十　和　六　个

史兴语在百位、十位和个位之间均使用并列标记 ȵi^{55}

有的语言有的进位之间不用连接词，有的进位之间的连接需要并列标记，如：

白马语（孙宏开、齐卡佳、刘光坤 2007：124）

sɛ̃^{53}uɑ^{35}re^{13}to^{35}tsʅ^{53}ȵi^{341}ŋɑ^{13}dʑɑ^{341}re^{13}ȵi^{13}ʃo^{53} tʃɑ^{13}ȵi^{35}

三万　和　千　二　五　百　和　二十　二

三万两千五百二十二

白马语在万位和千位、百位和十位使用并列关联标记 re^{13}，十位和个位、千位和百位之间无关联标记。

有的语言在各位数之间只使用一次并列标记，往往使用在进位相隔较多的时候，如：

扎巴语（龚群虎 2007：111）

tʂh^{55}mtʂha^{55}tʂho^{55}nə^{31}sɪ^{55}dʑɪ^{55}ne^{55}tshʅ^{31}sɪ^{55}　　六万零三百二十三

十　千　　六　和　四　百　二　十　三

扎巴语在万位和百位之间使用并列标记 nə^{31}，其他位数之间则不使用。

古代汉语表达数字的时候，也会加连词“又”，连接整数和零数，如：六百又五十九夫。(《两周金文辞大系·大盂鼎》)——六百五十九人。现代汉语“又”只有副词用法，表示整数之外再加零数，如：一又二分之一、一小时又十八分、一年又三个月。

古代汉语和藏缅语都有用连词连接数词词组的用法，古代汉语使用的是不常用的连词，到现代汉语中这种用法已不常用。藏缅语诸语言则使用该语言常用的并列连词连接数词词组，用法多样，藏缅语诸语言更加重视多位数词词组之间的连接关系。

本章小结

无论是名词+名词、代词+代词、指/数量词+指/数量词还是名词词组+名词词组或名物化结构构成的并列词组，藏缅语倾向于使用相同的关联标记。一般来说，在两项并列时，关联标记位于两个联系项的中间位置。各语言都有自己的关联标记，多数为 1 个，少数为 2—3 个。在表达名词+代词的结构时，少数语言关联标记或关联标记的位置会发生一些变化，而大多数语言则是与其他名词结构一致。由此提示我们在进行语言调查时，还应该考察代词和名词组合时关联标记和关联标记的位置是否有变化，变化的原因是什么。

关于多项并列问题，藏缅语多项并列中只使用一个关联标记，即前置于最末并列项型关联标记模式，该模式在藏缅语中占绝对优势地位。从语言的经济原则来看，多项并列使用一个关联标记更为符合语言经济原则，这应该是藏缅语多项并列发展的一个趋势。

关于数字表达中使用并列标记问题，藏缅语的景颇语支，依据其计数方法，各级位数之间的连接都不用连词，彝语支各级位数的连接也很少用连词。数字表达是否用连词，跟各民族计数的方法有关，在进行民族语言调查时，也应重点考察这一项。

藏缅语各语言形容词性并列关联标记和名词性并列关联标记有着明显的区分，都倾向于用不同的标记连接两类性质不同的成分。

在表达动作行为累积并列时，藏缅语各语言表达方式不一，总体呈现出多样化的态势。主要取决于以下几个方面的因素：一是动作行为累积并列时，有几种不同的关联标记。二是如果只有一种关联标记时，动作行为累积并列，看关联标记的位置在哪里，是前置还是后置于动词或动词词组，还是在动词或动词词组的中间位置。三是表达动作行为累积并列，需不需要重复动词或动词词组。藏缅语在表达动作行为同时性时使用多种形式的关联标记，形成了多种类型的并列模式。并列模式的差异性主要由两种因素决定，一是关联标记的数量及种类，二是关联标记与动词及动词词组的位置关系。

关于表程度递增义的固定表达，结构上也成并列关系，世界上各个语言都有表达程度递增义的固定模式，至于采用什么具体的模式，则与该语言的语序类型、句法类型、比较模式等语言其他系统因素密切相关。

藏缅语和汉语并列词组的共性特征体现为以下几点，一是藏缅语和汉语并列词组的功能相当，二是用不同的关联标记标识不同类型的词组，三是都有专门的标记标识表动作行为积累和表动作行为同时进行，藏缅语诸语言和汉语中句法结构上并列的动词词组，其内部复杂的语义关系常用无标记和虚词的形式表示，这也是分析性语言的一个特点。

藏缅语和汉语并列词组的差异体现为：较之汉语，藏缅语并列词组关联标记模式不同，汉语并列词组关联标记数量更为丰富，藏缅语数字之间连接要用并列关联标记，藏缅语常用重叠形式表并列。对于藏缅语常用重叠表各种类型并列结构的原因，我们认为藏缅语重叠联系项表并列关系可能是由于其缺乏表形容词并列的标记，用重叠性质状态词语的方式再加上副词的方式表示同时具有两种性质状态。动词性并列词组重叠联系项是因为重叠本身表示量的累积和增多，用比较形象、直观的重叠方式表达动作行为的累积。

第四章

藏缅语并列类复句特征分析

并列复句有广义和狭义之称，狭义的并列复句指语义平行的并列，区别于连贯、递进和选择。广义的并列复句则从结构出发，区别与偏正（主从）复句，“广义的并列就是指非主从（非偏正）型的复句……此义国内多称联合复句”①。广义的并列复句包括并列、连贯、选择、递进复句，这类复句结构上并列，意义上有各种其他关系。邢福义（2003）勾画了汉语复句的三分系统：因果类复句、并列类复句和转折类复句，并列类复句又包含并列句、连贯句、递进句和选择句。为了全面考察并列复句情况，我们参考邢福义复句分类框架和广义复句的界定，在本章分析探讨藏缅语并列类复句，包含并列复句、连贯复句、递进复句和选择复句。

第一节　藏缅语并列复句特征分析

一　有标并列复句和无标并列复句

依据并列复句的连接是否需要关联标记，可将藏缅语并列复句分为无标并列复句和有标并列复句两类。

（一）无标并列复句

并列复句各分句间没有连接成分，我们称之为无标并列复句。藏缅语各语言都有没有标记的并列复句。无标并列复句具有以下特点：两个或两个以上分句并行排列，结构上具有一致性，前后顺序不是强制的，可以互相颠倒而不影响语义。例如：

---

① 刘丹青编著：《语法调查研究手册》（第二版），上海教育出版社2019年版，第125页。

东旺藏语：

ŋa^{35}pɤ^{24} zen^{41}，k^{h}u^{33}ʐa^{41} rɛ^{24}. 我是藏族，他是汉族。

我 藏族 是 他 汉族 是

门巴语（陆绍尊 2009：798）

ŋe^{35}lop^{55}ʈʂu^{ʔ53}jin^{35}，ʔi^{53}cer^{35}kan^{55}jin^{35}te^{31}. 我是学生，你是老师。

我 学生 是 你 老师 是

仓洛语（张济川 2009：929）

tɕaŋ^{13} ɕo mon^{13}pa^{55}ki^{13}la^{13}，tɕa^{13}ka$^{(13)}$tshe^{55}ro^{ʔ13} ɕo pø^{13}rik^{13}ki^{13}la^{13}.

我（语气）门巴 是 我 的 爱人（语气）藏族 是

我是门巴族，我爱人是藏族。

白马语（孙宏开、齐卡佳、刘光坤 2007：97）

ʃhe^{3}ndɛ^{53}ndɐ^{13}mbu^{35}re^{13}，ʃhe^{13}u^{53}lɛ^{53}ma^{13}me^{35}re^{13}.

树 这 高 是 树 那 矮 是

这树高，那树矮。

桃坪羌语（孙宏开 2009：395）

tu^{55}bʐɑ^{31}ti^{33} kuŋ^{55}ʐən^{31}ti^{33} ŋuə^{33}，tu^{55}tsuə^{31}ti^{33} tɕai^{51}fɑŋ^{13}tɕyn^{55}ti^{33} ŋuə^{33}.

哥哥 （助）工人 （助）是 弟弟 （助）解放军 （助）是

哥哥是工人，弟弟是解放军。

蒲溪羌语（黄成龙 2007：178）

tsi qa^{ɹ}， thi kue^{ɹ}. 这个我的，那个你的。

这：CL1sg：NTP：GEN 那：CL 2sg：NTP：GEN

曲谷羌语（黄布凡、周发成 2006：111）

qa ɕuppu toːpu-a， qupu ɭəp toːpu.

我 红的 喜欢人称 1 单 他 绿的 喜欢

我喜欢红的，他喜欢绿的。

箐花普米语（陆绍尊 2009：576）

nɛ^{13}kõ^{55}ʐɜ̃^{13}gɯ^{13} diɯɯ^{13}，ɛ^{55}ʐə^{55}ʐe^{13}dzu^{13}mi^{55}gɯ^{13} dʒĩ^{13}. 你是工人，我是农民。

你 工人 （助）是 我劳动 做人 （助） 是

大羊普米语（蒋颖 2015：474）

ni^{24}sin^{31}vbəuŋ^{55}phʐɛ$^{24/55}$，ɑ^{55}sin$^{24/31}$phjɛ$^{24/55}$. 你砍树，我劈柴。

你 树 放倒 我 柴 劈

贵琼语（宋伶俐 2011：104）

ti^{55}ȵɑ^{33}ŋø^{35}mɛ^{53}，li^{33}ki^{55}ȵɑ^{33}nũ^{35}mɛ^{53}. 这些是我的，那些是你的。

这 些 我 （助） 那 些 你 （助）

史兴语（孙宏开、徐丹、刘光坤 2014：114）

hɛ^{55}rɿ^{55}hĩ^{35}liɛ^{33}liɛ^{33}hĩ^{55} βɛ̃^{31}ji^{55}，thɛ^{55}rɿ^{55} hũ^{33} tʂʉ^{33}tʂʉ^{55}

这个 红 （名物化）是 （后加）那个 绿

hĩ^{55} βɛ̃^{31} ji^{55}.

（名物化）是 （后加）

这个是红的，那个是绿的。

景颇语（戴庆厦 2012：403）

ŋai^{33}ko^{31}n^{31}ʃon^{31}te^{31}sa^{33}na^{33}，yin^{31}kja̠ŋ^{33}teʔ^{31}n^{33}sa^{33}na^{33}n^{31}ŋai^{33}.

我 （话）陇川 处 去 要 盈江 处 不 去 要 （尾）

我去陇川，不去盈江。

独龙语（孙宏开 2009：704）

mɹăŋ^{53}ɑ^{31}jɑ^{55}tɑm^{53}bɔŋ^{55}e^{53}，tɯ̆i^{53}ɑ^{31}jɑ^{55}pɯ^{31}kɑ^{55}e^{53}.

高 那 玉米 是 矮 那 荞子 是

高的是玉米，矮的是荞子。

格曼语（李大勤 2002：209）

kɹɯŋ^{55}tsoŋ^{35}kɯ^{31}pɹɑ^{35}，mɯ^{31}tɕɑi^{55}tsoŋ^{35}kɯ^{31}kɹɑi^{53}.

聪明 人 富有 不 勤奋人 贫穷

聪明的人富有，懒惰的人贫穷。

博嘎尔语（欧阳觉亚 2009：985）

ŋoː loptʂə ɦəːŋgegen moŋ. 我是学生，不是老师。

我 学生 是 老师 不是

喜德彝语（陈士林、边仕明、李秀清 2009：102）

ŋo^{21} ɕɿ^{33}pɿ^{21}bo^{33}，no^{21} m̩（u）^{21}m̩(u)^{55}bo^{33}.

我们 粪 背 去 你们 麻 薅 去

我们背粪去，你们薅麻去。

绿春哈尼语（李永燧、王尔松 2009：460）

za^{31}jo^{33}ɕa^{55}de^{33}tshe^{31}，za^{31}mi^{31}xa^{31}pha^{55}ɣa̠^{31}. 儿子犁田，姑娘织布。

儿子 田 犁 姑娘 布 织

碧约哈尼语（经典 2015：271）

ja̠^{31}jo^{33}tɕhɤŋ^{31}tɛ^{53} ŋe^{33}，jɔ^{31}mi^{31}jɹ^{55}to^{55}to^{55}tsɔ^{31}ŋe^{33}. 男人挣钱，女人持家。

男人 钱　 找（语）女人 家　　 吃（语）

白宏哈尼语

ŋa^{55} lɔ^{31}　ha^{31}ni^{31}，a^{31}ʑo^{31} lɔ^{31}　phy^{55}ny^{55}.　我是哈尼族，他是汉族。

我（话助）哈尼族　他（话助）汉族

补远基诺语

ŋo^{54}nɛ^{31}tʃi^{54}nɔ^{31}，xɤ^{44}tshɔ^{44}nɛ^{31}mɔ^{44}xɔ^{31}.　我是基诺族，他是汉族。

我 是 基诺族　他　　　是 汉族

怒苏语（孙宏开、刘璐 2009：847）

ŋɑ^{35}dɯ^{31}sɤ^{31}nɤ^{31}liɑ^{35}bɹɑɹ^{35}su^{35ʔ}ne^{53}，ʔn̥o^{31}dɯ^{31}sɤ^{31}nɤ^{31}lɑ̠^{53}mo^{31}m̥^{55}su^{35}ʔne^{53}.

我们　（助词）农民　　　是　他们　（助）工人　　　是

我们是农民，他们是工人。

青龙纳西语（和即仁、姜竹仪 2009：749）

ŋə^{31}mi^{33}khɯ^{55}，thɯ^{33}xɑ^{33}thv^{55}.　我烧火，他做饭。

我 火 点　　他 饭 做

大具纳西语

ŋə^{31}nɑ^{31}ɕi^{33}　uɑ^{31}，thɯ^{33}xɑ^{33}pɑ^{31}uɑ^{31}.　我是纳西族，他是汉族。

我 纳西族 是　他 汉族 是

傈僳语（徐琳、木玉璋、盖兴之 2009：549）

hi^{33}kuɑ^{44}thi^{31}be^{33}　lɑ^{33}，phɑ^{31} tʃɛ^{35}kuɑ^{44}thi^{31}be^{33} niɛ^{35}.

屋 里　一 部分 来　院子　　里　一 部分在

一部分来屋里，一部分在院子里。

遮放载瓦语（朱艳华、勒排早扎 2013：341）

xji^{51} kə^{31}　ŋa^{55} ə^{55}，naŋ^{55}ə^{55}a^{31}ŋu̠t^{55}.　这是我的，不是你的。

这（话助）我的 的　你的 的 不是

阿昌语（戴庆厦、崔志超 2009：479）

ŋɔ^{55}a^{31}na^{55}n̥u^{55}，n̥aŋ^{31}a^{31}n̥au^{55}n̥u^{55}.　我要红的，他要绿的。

我 红的 要　他　绿的　要

勒期语（戴庆厦、李洁 2007：236）

khə̆^{55}ŋjei^{55}ŋo^{53}jɛ̠ː^{33}，nap^{31}jɔ^{53}ŋjei^{55}naŋ^{53}ji̠^{33}a^{ʔ31}！今天我去，明天你去！

今天　　我　　　去　　明天你　去（语助）

波拉语（戴庆厦、蒋颖、孔志恩 2007：231）

ŋa^{55}ta^{55}tʃa^{ʔ55}，nɔ̄^{55}thɔn^{35}tʃhʅ^{35}.　我做饭，你洗菜。

我 饭 煮 你 菜 洗

无标并列复句分句间没有关联标记连接，分句间的联系一是依靠语义的相关性，表现为前后语义相关或相对。二是结构的一致性。结构的一致性可分为两类，一是前后分句语言结构一致，但主语不同，比如：

（1）剑川白语（徐琳、赵衍荪 2009：228）

mo^{31}tsɯ^{33}xɑ̃^{42}xo^{44}，ŋo^{31}tsɯ^{33}pɛ^{42}xo^{44}.

他 是 汉族 我 是 白族

他是汉族，我是白族。

（2）邦朵拉祜语（李春风 2014：304）

xɔ^{35}qha̠^{53}ɕa^{11}ɣa̠^{31}，ja^{53}mi^{53}sɿ̠^{53}kha̠^{53}. 男人打猎，女人砍柴。

男人 打猎 女人 柴 砍

前后分句主语不同，但语言结构结构相同，例（1）都是系表结构，语义上相关。例（2）前后分句都是主谓结构，语义相关相对。

二是前后主语一致，前后分句语言结构一致。如：

（3）载瓦语（朱艳华、勒排早扎 2013：341）

ŋɔ^{51}lɔŋ^{31}tʃhuan^{31}lɔ^{55}lɛ^{51}， jin^{31}kjaŋ^{55}a^{31}lɔ^{55}.

我 陇川 去（非实然）盈江 不去

我去陇川，不去盈江。

该例前后分句主语一致，语言结构也相同，例句都包含 VP 结构，只不过前句肯定，后句否定，语义上成相对关系。

（二）有标并列复句

藏缅语并列复句前后分句有关联成分，或位于前一分句，或位于后一分句，或前后分句均有，有关联成分的并列复句我们称之为有标并列复句。简要举例如下：

扎巴语（龚群虎 2007：256）

va^{55}ko^{55}ȵe^{31}mɪ^{55}dʑyi^{31}dʑyi^{31} kə^{55}tsɿ^{55} ʐo^{31}ndʑa^{55}ʈʂə^{55}ʐe^{35}a^{55} nthu^{31}

猪肉 陈久 生的（前加） 吃 也 可以（助） （前加）煮

kə^{55} tsɿ^{31}ʐo^{31}ndʑa^{55}ʈʂə^{31}ʐa^{31}.

（前加）吃 也 可以 助

陈猪肉可以生吃，也可以煮着吃。

大羊普米语（蒋颖 2015：334）

tə^{55}gɯ^{55}ɖei$^{24/31}$ʐe^{55}dʐuŋ$^{24/31}$ʐəu^{55}，tsho$^{24/31}$ʐe^{55}dʐuŋ$^{24/31}$ʐəu^{55}.

她　　唱歌　也　会　　（缀）　跳舞　也　会　　（缀）

她又会唱歌，又会跳舞。

独龙语（孙宏开 2009：683）

gɔŋ^{55}dɔ^{31}　bɯ̆m^{53}bɯ̆m^{53}ɕiŋ^{55}dzɯ̆ŋ^{55}mɹăŋ^{53}kɯ̆^{ʔ55}mɹăŋ^{53}tăi^{53}kɯ̆^{ʔ55}tăi^{53}

山坡（助）多多　　树　　　高　又　高　大　又　大

ɑ^{31}jɑ^{55}ăi^{53}，tɯ̆i^{53}kɯ̆^{ʔ55}tɯ̆i^{53}tɕiŋ^{53}kɯ̆^{ʔ55}tɕiŋ^{53} ɑ^{31}jɑ^{55}kɯ̆^{ʔ55}ăi^{53}.

那　有　矮　又　矮　小　又　小　　那也　有

山坡上有许多又高又大的树，也有又矮又小的树。

je^{55}ɕɯ^{31}、ɕɯ^{31}“又”“也”，意思和 kɯ̆^{ʔ55}相近，用时可以互换，如：

ăŋ^{53}kuŋ^{55}ljɑŋ^{31}sɑ^{55} le^{31} di^{53}，ŋɑ^{53}ɕɯ^{31}kuŋ^{55}ljɑŋ^{31}sɑ^{55} le^{31}　diŋ^{55}.

他　公粮　　送（助）去　我　也　公粮　　送（助）去

他去送公粮，我也去送公粮。

碧约哈尼语（经典 2015：270）

a^{55}ne^{33}ɳi^{55}xa^{55}ja^{31}khe^{31}a^{31}ji^{33}xa^{55}kv^{31}khe^{31}.

奶奶　布　也　织　会　花　都　绣　会

奶奶会织布又会绣花。

勐朗坝拉祜语（常竑恩、和即仁、张蓉兰等 2009：655）

tsa^{31}mɔ^{21}li^{21}ma^{11}pa^{11}lɛ^{33}　ɔ^{31}mɯ^{53}li^{21}ma^{11}qu^{33}　ɔ^{31}mɯ^{53}zɔ^{53}mi^{53}qha^{53}xe^{53}dzɔ^{31}

扎莫　老师　　（助）一面　书教（助）一面　他 自己　学习

ve^{33} zu^{31}.　扎莫老师一面教书，一面自学。

（助）

大具纳西语

thɯ^{33}ka^{33}tshɔ^{33}ka^{33}dzʅ^{33}.

他　边 跳　边 唱

他一边跳舞，一边唱歌。

遮放载瓦语（朱艳华、勒排早扎 2009：341）

jaŋ^{55}mɔ^{ʔ31}mə̆^{31}khɔn^{51}thɔ^{51}i^{31}tʃaŋ^{31}，mə̆^{31}khɔn^{51}ʒʅ^{31}kɔ^{55}a^{31}kɔ^{51}.

他们　　歌　　　唱　一边　　歌　　　也 跳（实然）

他们一边唱歌一边跳舞。

勒期语（戴庆厦、李洁 2007：237）

ŋjaŋ^{33}lə̆^{31}tʃhi^{53}mjiŋ^{33}taːt^{31}taːi^{53}，ʃə̆^{55}tuŋ^{33}mjiŋ^{33}ɛ^{ʔ55}taːt^{31}taːi^{53}.

他　勒期　语　会　说　载瓦　语　也会　说

他勒期话也会说，载瓦话也会说。

ŋjaŋ^{33}sǎ^{33}ʒa^{33}a^{33}ŋɔ̱t^{55}，tʃuaŋ^{33}nu^{55}tə^{ʔ831}ŋu̱ːt^{55}.　他不是老师，而是学生。

他　老师　不是　学生　而　是

藏缅语有标并列复句以副词为主要的关联标记，大多具有非强制性。如大具纳西语

nə^{31}bɯ^{33}ŋə^{31}lɑ^{33}bɯ^{33}.　你去，我也去。

你　去　我　也　去

该句中的关联副词 lɑ^{33} “也” 可用可不用，不具有强制性。诸如此类的并列复句，后一分句的关联副词一般具有非强制性，但用了之后前后分句的关联性更强。

当表示几件事或一件事的几个方面并存时，有的语言会在每一个分句使用关联标记。如：遮放载瓦语（朱艳华、勒排早扎 2009：342）

ja̱ŋ^{55}mɔ^{ʔ31}i^{51}ʃu^{ʔ55}kun^{55}，ŋja̱^{55}pɔ̱k^{55}kun^{55}，pə^{55}məŋ^{31}məŋ^{31}kun^{55}a^{31}kɔ̱^{51}.

他们　酒喝　一边　烟　抽　一边　聊天　聊　一边（实然）

他们一边喝酒，一边抽烟，一边聊天。

几个动作同时进行，在每个分句中使用关联标记 ku̱n^{55} “一边”，加强几个分句联系，强调动作的并行性。

扎巴语（龚群虎 2007：149）

ŋa^{55}nə^{31}　ntʂyi^{55}pa^{55}na^{55} za^{35}，ta^{55}ŋo^{55}　ptʂhə^{55} kə^{55} thi^{35}，ta^{55}ŋo^{55}　tu^{55}wa^{31}

我　和　客人　二（量）一边　酒（前加）喝　一边　烟

kə^{31} thi^{35}，　ta^{55}ŋo^{55}　khe^{31}bde^{55}mui^{35}.

（前加）吸　一边　聊天　做

我跟两个客人一边饮酒，一边吸烟，一边聊天。

二　藏缅语并列复句关联标记位置模式

藏缅语并列复句中，副词、连词以及助词都可以充当关联标记，根据关联标记在并列复句中出现的位置以及关联标记的多少，我们把只有一种的关联标记记作 G，有两种以上的关联标记记作 G1、G2，停顿（我们记录使用逗号表示）分隔前后分句，停顿前为前一分句，停顿后为后一分句，前一分句记作 A，后一分句记作 B。根据并列复句中副词和连词标记的使用情况，又分两种情况来探讨，一种是副词在并列复句占主导的关联标记模式，另一种是连词在并列复句占主导的关联标记模式。

（一）副词占主导的并列复句关联标记模式

1. 前置于前后分句型，可记作 G+A，G+B

关联副词在这种类型的并列复句中占有重要位置。同一个关联标记分别出现在前一分句和后一分句中间位置，一般为分句主语后，VP 结构之前或 VP 结构的 V 之前。绝大多数藏缅语是 SOV 语序，所以 VP 结构中的名词在动词之前，关联标记主要连接动词短语，与动词结合紧密，在分句中关联标记 G 的位置表现为 NP+G+V，在此我们一并记作关联标记在 VP 之前。

东旺藏语：

khu^{33}sen^{44}la^{33}ma^{33}tɕha，ȵi^{35}　la^{33}ma^{24}ȵi^{33}.

他　饭　也不　吃　　睡觉　也不　睡

他不吃饭，也不睡觉。

桃坪羌语（孙宏开 2009：373）

tha^{55}lə^{55} zʅ^{31}mə^{33}nə^{33}mi^{55}dʑi^{31}χqɑ^{33}nə^{33}mi^{55}thie^{31}.

他　　　话　也　不　说　饭　也　不　吃

他话也不说，饭也不吃。

蒲溪羌语（黄成龙 2007：217）

tshu la　ʂtupɑ，χu　la betʂhi，tshe la　dʐe.

饭　也凉　　菜　也少　　肉　也　硬

饭又凉，菜又少，肉又硬。

蒲溪羌语这个复句中包含三个并列的分句，每个分句中都有关联标记 la“也”。

曲谷羌语（黄布凡、周发成 2006：243）

mi thoʐwu ʁa　tɕiləŋw la dʐuə，tsiləŋw la dʐuə.

人 那堆　范围男人　也有　　女人　也有

那批人里有男人，也有女人。

箐花普米语（陆绍尊 2009：558）

ti^{13}mi^{55}ɡɑ^{55}ɣu^{13}iu^{55}tĩ^{55}ʐə^{55} ʂə^{13}，tɕhe^{13} tĩ^{55}ʐə^{55} ʂə^{13}.

这 人 助　　优点　也　有　　缺点　　也　有

这个人优点也有，缺点也有。

大羊普米语（蒋颖 2015：475）

tə^{55}ɡɯ^{55}dzi^{55}ʐe^{55}dzʅ^{24}mɑŋ^{31}ʐəu^{55}，nə^{31}　ʒʅ$^{24/31}$ʐe55 mɑŋ^{31}ʐəu^{55}.

他　饭 也 吃 不 （缀）（趋）睡觉 也 不 （缀）

他不吃饭，也不睡觉。

独龙语（孙宏开 2009：704）

kăi^{55}sa^{55} a^{31} ja^{55}ɕɯ^{31}ăɪ^{53}，gwa^{55}sa^{55} a^{31}ja^{55}ɕɯ^{31}ăɪ^{53}.

吃（后加）那 也 有 穿（后加）那 也 有

吃的也有，穿的也有。

格曼语（李大勤 2002：209）

ɕau^{35}min^{53}lɯm^{55}dɯ^{31}luŋ^{35}lai^{55}wʌn^{35}ni^{31}kɯ^{31}taŋ^{35}ŋit^{55}mɯn^{35}，khi^{55}lai^{55}

小明龙　藏　话（连接）说　会（附）　汉　话

wʌn^{35}ni^{53}kɯ^{31}taŋ^{35}ŋit^{55}mɯn^{55}.

（连接）说　会（附）

小明龙又会说藏话，又会说汉话。

碧约哈尼语（经典 2015：270）

ji^{31}khɔ^{31}tshu^{55}xa^{55}tsɿ^{55}ka̱^{31} ɯ^{31}thɯ^{55}xa^{55}khia^{53}mɔ̱^{33}.

他　人 也 很 漂亮 嗓子 也 特别 好

她人长得漂亮，又有一副好嗓子。

邦朵拉祜语（李春风 2014：302）

jɔ^{53}ʥɿ^{31}ka^{31}ma^{53}dɔ^{31}，su^{35}ka^{31}ma^{53}qɔ̱^{31}dɔ^{31}.　他既不喝酒，又不吸烟。

他 酒 也 不 喝 烟 也 不 又 抽

大具纳西语

thɯ^{33}xa^{33}la^{33}me^{33}dzɿ^{33}ʐi^{55}la^{33}me^{33}ʐi^{55}.　他不吃饭，也不睡觉。

他 饭 也 不 吃 睡 也 不 睡

攸乐山基诺语

khɤ^{44}tɕi^{44}phu^{44}lɛ^{44}ma^{44}tɤ^{44}，jɔ^{44}khu^{31}lɛ^{44}ma^{44}mɯ^{44}a^{44}.

他　酒　也 不 喝　烟　也 不 抽 助

他既不喝酒，也不抽烟。

剑川白语（徐　琳、赵衍荪 2009：228）

nɯ^{55}ɕĩ^{55}li^{55}phɛ^{55}，nɯ^{55}tɕui^{33}li^{55}tshɛ^{44}，nɯ^{55}ɕɛ̃^{42}li^{55}tɕɯ̃^{31}.

你的心 也 软　你的嘴 也 红　你的性 也 紧

你的心也软，你的口也快，你的性子也急。

遮放载瓦语（朱艳华、勒排早扎 2009：341）

ja̱ŋ^{31}mjɛn^{51}mjiŋ^{55}ʒɿ^{31}tat^{31}mu^{51}ʒa^{55}，　tsai^{31}mjiŋ^{55}ʒɿ^{31}tat^{31}mu^{51}ʒa^{55}.

他　缅语　　也　会　说　（实然）载瓦语　也　会　说　（实然）

他既会说缅语，又会说载瓦语。

勒期语（戴庆厦、李洁 2007：156）

ŋjaŋ^{33}jɔ̠m^{33}sə̠ŋ^{33} （ke^{33}） tum^{53}a^{33}jɔ̠p^{55} pjɛn^{31}tʃhaŋ^{55}le^{55} tum^{53} lɔ̠^{ʔ55} pɔ̠n^{33}.

他　自己　（话助）不仅不睡觉　伙伴（宾助）而且　弄醒

他自己不仅不睡觉而且还把伙伴弄醒。

波拉语（戴庆厦、蒋颖、孔志恩 2007：231）

jɔ̃^{31}ta^{55}ʒɛ^{31}a^{31}ta^{31}， ja̠p^{55}ʒɛ^{31}a^{31}ja̠p^{55}. 他不吃饭也不睡觉。

他　饭　也　不吃　睡　也　不睡

上述藏缅语并列复句中，并列关联副词分别位于前后分句中，即前后分句中都有关联副词，这在形式上更加突出了并列的复句的前后分句的平等并列关系。

前置于前后分句型中还有一种特殊情况，即前后分句谓语重复型，可记作 V1/A1+G+V1/A1，V2/A2+G+V2/A2。有一些语言并列复句的分句重复主要谓语，既重复 V、A 或 VP，关联标记位于主要谓语结构之间，构成并列关系，前后分句的关联标记一致。如：

仓洛语（张济川 2009：929）

rok^{13} te^{55}pa$^{(13)}$jip^{13}pha pu$^{(13)}$pet^{13}pe^{55}jip^{13} la， wu^{13}la pu$^{(13)}$pet^{13}pe^{55}wu^{13}la.

他们　睡　也　早　睡（助动）起　也　早　起（助动）

他们睡也睡得早，起也起得早。

在此句中，分句分别重复动词的一个语素，如前一分句中关联标记 pu$^{(13)}$ “也” 连接jip^{13}pha “睡” 和 jip^{13}。

补远基诺语

xɤ^{44}tshɔ^{44}nɛ^{44}tsɤ^{54}nɛ^{44}tsɤ^{54}tʃau^{54}a^{44}， thiau^{54}nɛ^{44}thau^{54}tʃau^{54}le^{44}a^{44}.

他　助　唱　也　唱　会　助　跳　也　跳　会　很　助

他会唱歌，也会跳舞。

喜德彝语（陈士林、边仕明、李秀清 2009：66）

ʂʅ$^{33/44}$ȵi̠^{33}a^{33} a^{21} ʂʅ$^{33/44}$ȵi$^{33/45}$ȵi̠^{33}a^{33}a^{21}ȵi^{33}. 既不黄，又不多

黄　又　不　黄　多　又　不　多

前后分句分别重复谓语形容词a^{21}ʂʅ$^{33/44}$ “黄” 和 a^{21}ȵi$^{33/45}$ “多”，但也是不完全重复，重复了一个表词根的语素 ʂʅ$^{33/44}$和 ȵi$^{33/45}$。

绿春哈尼语（李永燧、王尔松 2009：460）

a^{31}jo^{31}dzo^{55}li^{31}dzo^{55}ȵa^{33}，bu̠^{31}li^{31}bu̠^{31}ȵa^{33}.　他也会读，也会写。

他　读　也读　会　　写　也写　会

此句中前后分句重复主要动词 dzo^{55} “读” 和 bu̠^{31} “写”。前一分句重复主要谓语动词 dzo^{55}，用关联副词 li^{31}连接，后一分句重复主要谓语动词 bu̠^{31}，同样也用关联副词 li^{31}连接，一般是同一主语。

剑川白语（徐琳、赵衍荪 2009：216）

ɕã^{55}li^{55}ɕã^{55}tsu^{55}li^{55}tsu^{55}.　也要休息，也要工作

闲　也闲　做　也做

2. 前置于后一分句型，可记作 A，G+B。

前一分句没有关联标记，关联副词位于后一分句居前位置，即分句主语后，VP 结构之前。

门巴语（陆绍尊 2009：796）

ʔi^{53}lop^{55}tʂu^{ʔ53}jin^{35}te^{31}，ŋe jɛ^{35}（lop^{55}tʂu^{ʔ53}） jin^{35}.

你　学生　　是　　　我　也　学生　　　是

你是学生，我也是学生。

白马语（孙宏开、齐卡佳、刘光坤 2007：134）

ŋo^{35} tɛ^{53}　ndʐɑ^{35} re^{13}，tɕhø^{53}tɛ^{53}　　sɿ^{53}ndʐɑ^{35}re^{13}，kho^{13}ȵe^{53}

我（属格）好是　　　你　　（属格）也　好　　是　　他

tɛ^{53}　　ɑ^{13}ie^{53}re^{13}.

（属格）坏　　是

我的好，你的也好，他的不好。

白马语（孙宏开、齐卡佳、刘光坤 2007：137）

ŋa^{35}kho^{13}ȵe^{53}ɕyɛ^{53}　mɐ^{13}tʃhɛ^{53}ʃɿ^{13}，ɦõ^{35}kho^{13}ȵe^{53} ɕyɛ^{53} mɐ^{13}tʃho^{53}ʃɿ^{13}.

我　　他（比助）不　大　　已行 又　　　他（比助）不小　（已行）

我不比他大，也不比他小。

扎巴语（龚群虎 2007：117）

tʊ^{31}ʐə^{55}lə^{55}ko^{55}wu^{31}　ɡa^{55}，tsɪ^{55}lə^{55}mui^{55}wu^{31}　ɡa^{55}.

他　　唱歌　（助）喜欢　还　跳舞　　（助）喜欢

他喜欢唱歌，还喜欢跳舞。

仓洛语（张济川 2009：886）

ko^{13}ma^{13}la^{13}ȵi^{13}ka　ai^{55}pa$^{(13)}$lam^{13}ma^{13}saŋ^{13}ɕi，tshiŋ^{55}ŋa la^{13}ȵi^{13}ka$^{(13)}$

前　　月　　结构 我们　　路　没　修　　　后　　　月　　结构

ai^{55}pa$^{(13)}$ pu$^{(13)}$ lam^{13}ma^{13}saŋ^{13}ma.
我们 也 路 不 修
上个月我们没有修路，下个月我们也不修路。

桃坪羌语（孙宏开 2009：394）
qɑ^{55}ʐo^{55}ko^{55}ko^{55}ti^{33}tɕai^{51}fɑŋ^{13}tɕyn^{55}ŋuə^{33}，ŋɑ^{55}nə^{33}（tɕai^{51}fɑŋ^{13}tɕyn^{55}）ŋuə^{33}.
我 助 各个 助解放军 是 我 也 解放军 是
我哥哥是解放军，我也是（解放军）。

曲谷羌语（黄布凡 周发成 2006：118）
qa tə−waɹ（ɔbaɹ），ʔũ la tə−waɹ−n，……
我 趋向大 你 也 趋向大
我长大了，你也长大了，……

箐花普米语（陆绍尊 2009：562）
ə^{55}tɕhɛ^{55}tə^{55}gɯ^{55}qo^{13}phʒi^{55}，tɛ^{13} ʐə^{55}qo^{13}phʒi^{55}ʐɯu^{55}.
以前 他 很 好 现在也 很 好 后加
以前他很好，现在也不错。

大羊普米语（蒋颖 2015：475）
ɑ^{55}mei^{55}ʃɛ$^{24/31}$ɬie^{55}dʐuŋ$^{24/31}$ʐəu^{55}，ɑ^{55}tʃhin^{55}ʐe$^{55/31}$ ʃɛ$^{24/31}$ɬie^{55}dʐuŋ$^{24/31}$ʐəu^{55}.
阿妹 汉语 会 （缀） 阿庆 也 汉语 会 （缀）
阿妹会说汉语，阿庆也会说汉语。

贵琼语（宋伶俐 2011：127）
ŋø^{33}gui^{33}tɕhɔ̃^{55}mɛ^{55} mũ^{53}，zø^{35}xɑi^{33}sɿ^{33}gui^{33}tɕhɔ̃^{55}mɛ^{55}mũ^{53}.
我 贵琼 （领助） 人 他 还是 贵琼 领助人
我是贵琼人，他也是贵琼人。

（宋伶俐 2011：146）
ŋø^{35}pi^{55}tɑ^{33}kø^{35} le^{33} dɔ^{35} kø^{35} le^{33} n̥i^{33}tɕyɔ̃^{53}.
我 面条 吃 （助） 米饭 吃 （助） 也 可以
我吃面条行，吃米饭也行。

景颇语（戴庆厦 2012：404）
ʃi^{33}tʃiŋ^{31}phoʔ^{31}ka^{31}tʃe^{33}tsun^{33}ai^{33}， pai^{55}mu^{31}wa^{31}ka^{31}muŋ^{31}tʃe^{33}tsun^{33}ai^{33}.
他 景颇话 会 说 （尾） 又 汉话 也 会 说 （尾）
他会说景颇话，也会说汉话。

上句中，后一分句有两个关联副词，分别位于后一分句句首和 VP 的动词之前。

ma^{31}ko^{ʔ55}tʃiŋ^{31}khu^{ʔ31}sa^{33}tʃă^{31}khʒum^{55}ai^{33}，pai^{55}kat^{553}te^{ʔ31}ʒai^{55} mă^{31}ʒi^{33}na^{33}n^{31}ŋai^{33}.

麻果 亲戚 去 相会 (尾)又 街 处 东西 买 要 (尾)

麻果去会亲戚，又去街上买东西。

独龙语（孙宏开 2009：683）

ăŋ^{53}kuŋ^{55}ljɑŋ^{31}sɑ^{55} le^{31} di^{53}，ŋɑ^{53}ɕɯ^{31}kuŋ^{55}ljɑŋ^{31}sɑ^{55}le^{31} diŋ^{55}.

他 公粮 送（助）去 我 也 公粮 送（助）去

他去送公粮，我也去送公粮。

博嘎尔语（欧阳觉亚 2009：985）

koːti，tɕaŋ moŋ，ȵerpə ɕin moŋ. 他不是队长，也不是保管员。

他 队长 不 保管员 也 不

他留彝语

ni^{55}ʑi^{55}ŋu^{55}dɔ^{31}ʑi^{55}. 你去，我也去。

你 去 我 也 去

白宏哈尼语

a^{31}ʑo^{31}a^{55}ho^{31}ma^{31}tsa^{31}，ʑv̱^{31}ʑi^{31}ma^{31}ʑv̱^{31}tɕa^{33}.

他 饭 不 吃 睡 也 不 睡觉

他不吃饭，也不睡觉。

该复句中，关联副词位于后一分句动词短语之前，且在重复的动词短语之间。

碧约哈尼语（经典 2015：270）

thv̱^{31}lv^{55}ke^{33}tsɿ̱^{31} mi^{55}mɔ^{33} tsu^{33}kɔ^{31} mɔ̱^{33}tshu^{55} xa^{55} ma^{31}tshv̱^{31} po^{33} la^{33} khe̱^{31}.

墨江 地方 舒服 人 也 朋友 多（貌）能

墨江风景又好，人们又热情。

此句前后主语不一致，但所述主题相关，句式一致。

补远基诺语

xɤ^{44}tshɔ^{44}xɤ^{44}ma^{44}tsɔ^{44}a^{44}，ji^{44}nɛ^{44}ma^{44}ji^{44}tjɛ^{54}a^{44}.

他 饭 不 吃 助 睡 也 不 睡觉 助

他不吃饭，也不睡觉。

邦朵拉祜语（李春风 2014：302）

su^{33} te^{33}pɯ^{35}，nɔ^{31}ka^{31}te^{33}pɯ^{35}. 人家会做，你也会做。

人家 做 会 你 也 做 会

青龙纳西语（和即仁、姜竹仪 2009：749）

thɯ^{33}nɑ^{31}ɕi^{33}uɑ^{31}，ŋə^{31}lɑ^{33}nɑ^{31}ɕi^{33}uɑ^{31}.

他　纳西　是　我 也 纳西　是

他是纳西族，我也是纳西族。

大具纳西语

nə^{31}bɯ^{33}ŋə^{31}lɑ^{33}bɯ^{33}.　你去，我也去。

你 去　我 也 去

剑川白语（徐　琳、赵衍荪 2009：228）

jĩ^{21}tɕhɛ̃^{55}，ɕui^{33}tɕhĩ^{33}，jo^{31}li^{55}sɛ̃^{55}.　人静，水清，夜已深。

人 清　　水　浅　　夜 已 深

遮放载瓦语（朱艳华、勒排早扎 2009：342）

jaŋ^{31} kə^{31}　ŋa^{55}　va^{31}　ŋut^{55}lɛ^{51}，　ŋa^{55}　să^{31}ʒa^{55}　ʒʅ^{31}ŋut^{55}lɛ^{51}.

他（话助）我的　父亲　是　（非实然）我的　老师　　也　是　（非实然）

他是我的父亲，也是我的老师。

勒期语（戴庆厦、李洁 2007：236）

ŋo^{53}jɛn^{55}a^{33}pa^{ʔ55}，jei^{33}phei^{55}ɣɛ^{ʔ55}a^{33}ʃuk^{55}. 我不抽烟也不喝酒。

我　烟　不抽　　酒　　　也　不喝

波拉语（戴庆厦、蒋颖、孔志恩 2007：231）

ŋa^{55}tʃhʅ^{35}a^{31}pau^{ʔ55}，i$^{55/31}$phai^{35}ʒɛ^{31}a^{31}ʃau^{ʔ55}. 我不抽烟，也不喝酒。

我　烟　　不抽　　　酒　　　　也 不喝

在这种类型中，主语可以一致，如勒期语；也可以不一致，如纳西语。主要运用的关联副词可译为“也”，如载瓦语的 ŋut^{55}；也可以为“还”，如扎巴语的 tsɪ^{55}；也可以为“又”，如景颇语的 pai^{55}，后一分句的关联副词连接的是与前一分句大致一样的结构。

关联副词在藏缅语并列复句中占有重要地位，为此我们进行了上述分类。各类型之间有何联系，关联副词是否具有同源关系，为弄清这些问题，我们列表如下（见表 4-1）。

表 4-1　　　　藏缅语副词占主导的并列复句关联标记模式

语言（类型）	前置于前后分句型 G+A，G+B		前置于后一分句型 A，G+B
		前后分句谓语重复型	
东旺藏语	la^{33}		

续表

类型 语言	前置于前后分句型 G+A，G+B		前置于后一分句型 A，G+B
		前后分句谓语重复型	
仓洛语		pu$^{(13)}$	pu$^{(13)}$
门巴语			jɛ^{35}
白马语			sɿ^{53}、ɦõ^{35}kho^{13}
扎巴语	ʐo^{31}		tsɿ^{55}
桃坪羌语	nə^{33}		nə^{33}
蒲溪羌语	la		
曲谷羌语	la		la
箐花普米语	ʐə^{55}		ʐə^{55}
大羊普米语	ʐe^{55}		ʐe$^{55/31}$
贵琼语			xɑi^{33}sɿ^{33}/ȵi^{33}
景颇语			pai^{55}/muŋ^{31}
独龙语	ɕɯ^{31}		ɕɯ^{31}
格曼语	wʌn^{35}ni^{31}		ni^{53}
博嘎尔语	ɕə		ɕin
喜德彝语		ȵi^{33}	ȵi^{33}
他留彝语			dɔ^{31}
绿春哈尼语		li^{31}	li^{31}
白宏哈尼语			ʑi^{31}
碧约哈尼语	xa^{55}		xa^{55}
攸乐山基诺语	lɛ^{44}		lɛ^{44}
补远基诺语		nɛ^{44}	nɛ^{44}
邦朵拉祜语	ka^{31}		ka^{31}
青龙纳西语	la^{33}		la^{33}
大具纳西语	lɑ^{33}		lɑ^{33}
剑川白语	li^{55}	li^{55}/lɛ^{31}/la^{35}	li^{55}
遮放载瓦语	ʒɿ^{31}		ʒɿ^{31}
勒期语			（m）ɛ^{ʔ55}；ɣɛ^{ʔ55}
波拉语	ʒɛ^{31}		ʒɛ^{31}

从表 4-1 可知，藏缅语有 22 种语言或方言使用前置于前后分句型关联标记模式，其中，白语、绿春哈尼语、喜德彝语、仓洛语等还有前后分

句重复谓语型关联标记模式。27种语言使用前置于后一分句型关联标记模式。波拉语、遮放载瓦语、剑川白语、青龙纳西语、邦朵拉祜语、攸乐山基诺语、碧约哈尼语、喜德彝语、绿春哈尼语、独龙语、大羊普米语、箐花普米语、曲谷羌语、桃坪羌语、扎巴语、仓洛语等20种语言/方言同时具有前置于前后分句型关联标记模式和前置于后一分句型关联标记模式，其中，喜德彝语、仓洛语的标记为谓语重复型模式。白语并列复句具有三种模式，既有谓语重复型、前置于前后分句型，还有前置于后一分句型模式。

从关联副词的语源上看，各语支内的语言的关联副词具有同源关系，如缅语支内的遮放载瓦语、勒期语和波拉语的ʒʅ^{31}、ɣɛ^{ʔ55}和ʒɛ^{31}有语音对应关系；彝语支内的喜德彝语、绿春哈尼语、补远基诺语也有语音对应关系。

除了藏语支的仓洛语，彝语支的剑川白语、绿春哈尼语、喜德彝语、补远基诺语四种语言都有谓语重复型关联标记模式，这可能是比较古老的并列关系表达的一种方式。我们以剑川白语为例进行说明：

剑川白语（徐琳、赵衍荪2009：216）

（1）çã^{55}li^{55}çã^{55}tsu^{55}li^{55}tsu^{55}.　　也要休息，也要工作

闲　也闲　做　也做

剑川白语（徐琳、赵衍荪2009：228）

（2）nɯ^{55}çĩ^{55}li^{55}phɛ^{55}，nɯ^{55}tɕui^{33}li^{55}tshɛ^{44}，nɯ^{55}çɛ̃^{42}li^{55}tɕɯ̃^{31}.

你的心　也软　　你的嘴　也红　　你的性　也紧

你的心也软，你的口也快，你的性子也急。

剑川白语（徐琳、赵衍荪2009：228）

（3）jĩ^{21}tɕhɛ̃^{55}，çui^{33}tɕhĩ^{33}，jo^{31}li^{55}sɛ̃^{55}.

人清　　水　浅　　夜　已深

人静，水清，夜已深。

白语例（1）使用谓语重复型关联标记模式；例（2）复句中的关联标记不再重复谓语，但每一分句都有关联标记位于并列项的前边，形成了前置于前后分句型关联标记模式；例（3）中有三个并列分句，只在最后一个并列分句谓语之前使用关联标记，形成前置于后一分句型关联标记模式，这种模式现在更为常见。

结合对29种藏缅语语言或方言的统计分析，我们认为藏缅语并列复

句关联标记三种模式具有前后相继的发展历程，谓语重复型关联标记模式是较为古老的表达并列关系的手段，之后发展出了前置于前后分句型关联标记模式，不强调重复谓语，但每一分句均有关联标记连接，强调分句之间的并列关系，最后发展出了前置于后一分句型关联标记模式。三种模式前后相继的发展历程可以表述为"谓语重复型关联标记模式>前置于前后分句型关联标记模式>前置于后一分句型关联标记模式"。统计的29种语言中，27种语言都有前置于后一分句型关联标记，占绝大多数，居于优势地位。只有5种语言使用谓语重复型关联标记模式，占13%，这种关联标记模式并不常见，关联标记连接重复的谓语动词、形容词，或连接谓语动词语素、形容词语素，这种重叠形式并不符合语言经济的原则，是较为古老的形式。

而前置于前后分句型关联标记模式在每个分句中使用关联标记，有可能是从谓语重复型关联标记演变而来，分句不再重复谓语，但都保留了关联标记。但我们在喜德彝语、绿春哈尼语和仓洛语中都没有发现前置于前后分句型关联标记模式，而只有前置于后一分句型关联标记模式，说明有的语言还没有发展出前置于前后分句型关联标记模式，直接采用了前置于后一分句型关联标记模式。

根据现有材料，除了东旺藏语和蒲溪羌语，其他有前置于前后分句型关联标记模式的语言都发展出了前置于后一分句型关联标记模式。

总之，藏缅语并列复句谓语重复型关联标记模式只有少数几种语言还在使用，多数使用前置于前后分句型关联标记模式和前置于后一分句型关联标记模式。当不再强调各分句间的并列关系，基于语言经济性的原则，有的语言已经不再使用前置于前后分句型关联标记模式，如景颇语、勒期语、白宏哈尼语等，只有前置于后一分句型关联标记。

（二）连词占主导的并列复句关联标记模式

并列复句还包括前后分句动作或情况同时并行的情况，很多语言都有表示前后分句动作或情况同时并行的关联标记，相当于汉语的"一边……一边……"强调动作的同时性和并行性。藏缅语各语言强调前后动作同时并行的并列复句主要使用一般的并列连词以及发展出的同时进行的关联标记进行连接。根据关联标记在复句中的位置，分为如下类型。

1. 并行关联标记+一般连词标记共现型，可记作A+G1+G2，B+G1。复句中有两种类型的关联标记，一种位于两个分句的中间位置，连接两个分句；另一种分列于两个分句末尾，强调动作的并行性。如：

东旺藏语：

khu^{33}tɕaŋ^{33}lao^{ʔ54}tɕi^{33}nə^{33}pha^{33}lao^{ʔ54}tɕi^{33}.

他　唱　一边　连　跳　一边

他一边跳舞，一边唱歌。

东旺藏语除两个分句末尾使用并行标记 lao^{ʔ54}tɕi^{33} “一边” 外，还在后一分句的末尾使用连词 nə^{33}连接前后分句。

再如邦朵拉祜语（李春风 2014：303）

jɔ^{53}xɯ^{33}qa^{33}te^{53}phɔ^{53}mɯ^{31} lɛ^{33} puai^{53}te^{53}phɔ^{53}te^{33}.

他们　歌　一边　唱　（关）舞　一 边　跳

他们一边唱歌一边跳舞。

并行关联标记 te^{53}phɔ^{53}分别位于前后分句，其位置位于 V 和 NP 之间，也就是 V 之前，略不同于东旺藏语，中间还有另一关联标记 lɛ^{33}连接前后两个分句。

2. 后置于前一分句型，可记作 A+G，B

史兴语（孙宏开、徐丹、刘光坤 2014：172）

thi^{55}tɔ̄^{55}tɔ̄^{55} ȵã^{35} ȵi^{31}，lɛ^{33} wu^{55}wu^{55} bɐ^{33}ji^{55}.

他　说　（结果）和　（前加）手势　做（后加）

他一边说一边打手势。

史兴语在前一分句末尾使用连词 ȵi^{31} “和”，连接前后分句，表示前后分句动作并行。

3. 只使用并行关联标记型，又可分为以下几种情况。

（1）并行关联标记前置于前后分句型，可记作 G+A，G+B。并行关联标记一般位于分句主语之后，谓语之前。如：

曲谷羌语（黄布凡、周发成 2006：243）

qupu ʔexɕi ɕi thə，ʔexɕi zəm tshua.

他　一边 酒 喝　一边 歌 唱

他一边喝酒，一边唱歌。

蒲溪羌语（黄成龙 2007：218）

ʂa-tɕi a-tui te-zɑ^{ɹ}-tshəŋa-tui te-dʐɑ-tshə?

谁：NTP-INDEF 一-会儿 DIR-哭-REP 一-会儿 DIR-笑-REP

谁一会儿在哭，一会儿又在笑？

扎巴语（龚群虎 2007：149）

ŋa^{55}nə^{31}ntʂyi^{55}pa^{55}na^{55} za^{35}，ta^{55}ŋo^{55}ptʂhə^{55}kə^{55} thi^{35}，ta^{55}ŋo^{55}tu^{55}wa^{31}

我 和 客人 二 （量）一边 酒 （前加）喝 一边 烟

kə^{31} thi^{35}，ta^{55}ŋo^{55}khe^{31}bde^{55}mui^{35}.

（前加）吸 一边 聊天 做

我跟两个客人一边饮酒，一边吸烟，一边聊天。

大羊普米语（蒋颖 2015：339）

mo^{55}mo^{24}tʃʅ^{55}pɑ^{31}xɯ^{55}，sɛ^{31}fpɑ^{55}tʃʅ^{55}pɑ^{31}dzie^{24}. 风一边吹，树叶一边落。

风 一边 刮 树叶 一边 落

大羊普米语还有一种类型的并列复句，关联标记分别位于前后分句重复的动词短语中间。如下：

大羊普米语（蒋颖 2015：475）

tə^{55}ɡɯ^{55}tʂən$^{24/31}$sto^{55}də^{31}bie^{31}tʂən$^{24/31}$sto^{55}，dzi^{55}dzu$^{24/55}$də^{31}bie^{31}dzi^{55}dzu$^{24/55}$.

她 孩子 看 一边 孩子 看 饭 做 一边 饭 做

她一边看孩子，一边做饭。

də^{31}bie^{31}连接两个重复的谓语动词短语，位于两个动词短语中间。

景颇语（戴庆厦 2012：404）

ma^{31}ʒoi^{33}mă^{31}ka^{55}mi^{33}mă^{31}khon^{55}khon^{55}，mă^{31}ka^{55}mi^{33}mă^{31}khon^{55}ka̱^{31}maʔ^{31}ai^{33}.

麻锐 一边 歌 唱 一边 舞 跳 （尾）

麻锐一边唱歌一边跳舞。

mă^{31}ka^{55}mi^{33}或 n^{31}ka^{55}mi^{33}，用在分句主语之后，谓语（一般为动词短语）之前。

白宏哈尼语

a^{31}ʑo^{31}tɕhi^{31}pa^{31}tɕhaŋ^{55}ʑi^{55}khɛ^{33}，tɕhi^{31}pa^{31}ha^{55}ba^{31}zʅ^{55}.

他 一边 舞蹈 跳 一边 歌 唱

他一边跳舞，一边唱歌。

攸乐山基诺语

khɤ^{44}a^{44}mɛ^{44}xø^{44} tsɔ^{44}，tiɛn^{54}ʂʅ^{54} xø^{44} tɛ^{33}.

他 饭 一边 吃 电视 一边 看

他边看电视边吃饭。

勐朗坝拉祜语（常竑恩、和即仁、张蓉兰等 2009：655）

tsa^{31}mɔ^{21}li^{21}ma^{11}pa^{11} lɛ^{33} ɔ^{31}mɯ^{53}li^{21} ma^{11} qu^{33} ɔ^{31}mɯ^{53} zɔ^{53} mi^{53}qha^{53}xe^{53}dzɔ^{31}

扎莫　老师　（助）一面　书　教　（助）一面　他　自己　学习

ve^{33} zu^{31}.　扎莫老师一面教书，一面自学。

（助）

邦朵拉祜语（李春风 2014：303）

$jɔ^{53}ja^{53}$ $\underline{te^{53}phɔ^{53}}ju^{31}$，$ɔ^{11}\underline{te^{53}phɔ^{53}}$　te^{33}. 他一边带孩子，一边煮饭。

他 孩子一边　带　饭 一 边　做

关联标记分别位于前后分句的 VP 中间，即谓语动词 V 之前，名词短语 NP 之后。

怒苏语（孙宏开、刘璐 2009：831）

$ʔn̥o^{55}\underline{me^{35}le^{31}}lɔ^{53}\underline{me^{35}le^{31}}ŋɯ^{35}ɑ^{31}$.

他　一边　做 一边　哭（助）

他一边干活一边哭。

$me^{35}le^{31}$本为副词，有“再”“继续”的意思。当它重复出现的时候起前后关联的作用，表示“一边…… 一边……”。

仙仁土家语（戴庆厦 田静 2005：106）

$\underline{ʑi^{33}miɛ^{35}}li^{54}ka^{33}$，$\underline{ʑi^{33}miɛ^{35}}mɯe^{33}tsɿ^{54}pha^{35}$（鼻化）

一边　土 挖　一边　麦子　种

一边开荒，一边种小麦。

（2）并行关联标记后置于前后分句型，可记作 A+G，B+G，并行关联标记分别后置于两个分句，位于各分句末尾，如：

补远基诺语

$xɤ^{44}tshɔ^{44}xɤ^{44}tsɔ^{44}\underline{loŋ^{44}}$，$tiɛn^{54}$ $ʂɿ^{53}tɛ^{33}\underline{loŋ^{44}}$.

他　吃饭　一面　电视　看 一面

他一边吃饭，一边看电视。

遮放载瓦语（朱艳华、勒排早扎 2009：342）

$ja̱ŋ^{55}mɔ^{ʔ31}i^{51}ʃu^{ʔ55}\underline{kun^{55}}$，$ŋja̱^{55}pɔ̱k^{55}\underline{kun^{55}}$，$pə^{55}məŋ^{31}məŋ^{31}\underline{kun^{55}}a^{31}kɔ̱^{51}$.

他们　酒喝　一边　烟　抽　一边　聊天　聊　一边（实然）

他们一边喝酒，一边抽烟，一边聊天。

载瓦语还有一种特殊的情况，前后分句都有关联标记，但前一分句使用的并行关联标记位于句尾，在 VP 之后，后一分句则使用副词关联标记，位于 VP 之前，具体如下：

（朱艳华、勒排早扎 2013：341）

jaŋ⁵⁵mɔʔ³¹mǝ̆³¹khɔn⁵¹thɔ⁵¹i³¹tʃaŋ³¹，mǝ̆³¹khɔn⁵¹ʒʅ³¹ kɔ⁵⁵a³¹kɔ⁵¹.

他们　歌　唱　一边　歌　也跳　（实然）

他们一边唱歌一边跳舞。

上述这些语言发展出的并行标记成对使用，分列于前后两个分句。根据并行关联标记出现在复句中的位置，以及一般连接标记的位置，我们把上述并列复句关联标记的位置模式列表如下（见表 4-2）。

表 4-2　藏缅语连词占主导的并列复句关联标记模式

类型 / 语言	并行关联标记+一般连词标记共现型 A+G1+G2，B+G1	后置于前一分句型 A+G，B	独用并行关联标记型：并行关联标记前置于前后分句型 G+A，G+B	独用并行关联标记型：并行关联标记后置于前后分句型 A+G，B+G
东旺藏语	G1 = laoʔ⁵⁴tɕi³³ G2 = nǝ³³			
史兴语		G = ȵi³¹		
羌语曲谷话			G = ʔexɕi	
扎巴语			G = ta⁵⁵ŋo⁵⁵	
大羊普米语			G = tʃʅ⁵⁵pɑ³¹	
景颇语			G = mǎ³¹ ka⁵⁵ mi³³/n³¹ka⁵⁵mi³³	
哈尼语白宏话			G = tɕhi³¹pa³¹	
碧约哈尼语			G = thɯ³¹pja³³	
基诺语攸乐山方言			G = xø⁴⁴	
基诺语补远方言			G = ji⁴⁴me⁴⁴/kɔ⁴⁴tʂɤ³¹	G = loŋ⁴⁴
拉祜语（勐朗坝）			G = ɔ³¹mɯ⁵³	
邦朵拉祜语	G1 = te⁵³phɔ⁵³ G2 = lɛ³³		G = te⁵³phɔ⁵³	
怒苏语			G = me³⁵le³¹	
仙仁土家语			G = ʐi³³miɛ³⁵	
载瓦语				G = kun⁵⁵

从表4-2可以看出，同时并行关联标记并列于各个分句，表示各分句的动作同时进行。大部分语言并列复句两个分句表示并行动作行为时，使用同时并行标记，只有史兴语使用并列连词，没有同时并行关联标记。邦朵拉祜语和东旺藏语在使用同时并行关联标记的同时，还需在分句中间使用连接词，邦朵拉祜语分句间也可以不使用连接词，就变成了单独使用并行关联标记的模式。根据邦朵拉祜语两种模式都存在的现象，我们认为分句间关联标记在发展的过程中会变得可有可无，不再强制，最终以单独使用并行关联标记模式为常见。

在我们统计的15种语言中，13种语言使用并行关联标记模式，占87%，这其中，12种语言使用前置于前后分句型关联标记模式，占80%。在单独用并行关联标记模式中，补远基诺语和遮放载瓦语并行关联标记后置于分句，这与藏缅语SOV型语序相符合，应该是古老的模式。补远基诺语发展出了前置于各分句的并行关联标记，如：

xɤ^{44}tshɔ^{44}ji^{44}me^{44}ji^{44} ʂʅ^{44}a^{44}　ji^{44}me^{44}sa^{44}.

他　　一边　笑　　助　一边　说

他一边笑一边说。

上例中关联标记ji^{44}me^{44}前置于各分句，也不是本族语关联标记，而是借用汉语的关联标记。前面提到的后置的关联标记loŋ^{44}则是本族语词，这说明补远基诺语前置并行关联标记是后起的。

就并行关联标记本身来说，藏缅语大部分语言都有同时并行标记，但这类标记表达较为灵活，并不定型，如载瓦语有i^{31}tʃa̱ŋ^{31}（一边/一面）、ku̱n^{55}（一边/一面）、lǎ^{31}khjɔ^{51}kə^{31}（一方面）、lǎ^{31}tsup^{31}（一会儿）等，补远基诺语有借词标记ji^{44}me^{44}（一面）、loŋ^{44}（一边/一面）。从上面15种语言或方言来看，并行关联标记都是各自产生，没有同源关系，还有的语言直接借用汉语或汉语的构词方式，直接借自汉语的如补远基诺语的ji^{44}me^{44}"一面"、仙仁土家语的ʑi^{33}miɛ^{35}"一面"。一半借用汉语一半是本族语词的如碧约哈尼语的thɯ^{31}pja^{33}，thɯ^{31}为哈尼语数字"一"，pja^{33}为"边"，意译为"一边"。

三　汉语并列复句关联标记及其演变

（一）汉语并列复句关联标记的位置模式

并列复句前后分句分别描述几个相关事物或同一事物的几个方面。从语义上来说，现代汉语并列复句可分为并列关系和对举关系，二者使用的关联词语不一。根据有无关联标记，现代汉语并列复句可分为无标并列复句和有标并列复句，无标复句如："感情的短处在于会使人迷失方向，科学的长处在于它是不动感情的。[①]" 前后分句以对照的方式呈现并列关系。有标并列复句中，根据关联标记（包括副词占主导和连词占主导）在前后分句的位置，又可分为三种类型。具体情况如下。

1. 前置于前后分句的框式关联标记模式。又可以分为两种，一种是两个关联标记不一致的类型，可记作 G1+A，G2+B，如：

（1）教育是文化传输的重要工具——既是文化传递的重要工具，又是文化传播的重要工具。(CCL)

例（1）中是连词关联标记和副词关联标记共现型。

（2）这不是一个小问题，而是一个大问题。(现代汉语八百词)

例（2）中"不是……而是……"连接并列复句，属于短语类型，吕叔湘（1956）在《现代汉语八百词》中指出："除连词外，有些副词和短语也有连接小句的作用；也可以互相配合或者跟连词配合。""连词和有连接作用的副词和短语可以统称为关联词语。"（2014：19）"不是"和"而是"都是词组，在并列复句中起连接分句的作用。

另一种是前置于前后分句的两个并行关联标记，可记作 G+A，G+B，如：

一边是阿拉伯古老的民居和文化，一边是美军轰鸣的战机、军舰和滚滚推进的大军，巨大的时空落差和强烈的环境对比，让人对战争与生命产生了无数的困惑、无奈与疑问。(CCL)

2. 前置于后一分句型，可记作 A，G+B

知识是积累起来的，经验也是积累起来的。(黄伯荣、廖序东《现代汉语》)

现代汉语中，不论是有标并列复句还是无标并列复句，都很常见。有标并列复句的关联标记模式已趋于定型，可成套使用，也可单用。

（二）汉语并列复句关联标记的历史演变

1. 古代汉语并列复句关联标记的类型及演变

有文字记录以来，无标并列复句已存在于各类文献当中。如：

① 黄伯荣、廖序东：《现代汉语》，高等教育出版社 2002 年版，第 161 页。

投我以木桃，报之以琼瑶。匪报也，永以为好也！（《诗经·国风·卫风·木瓜》）

陵有老母，八十有五，走待人扶，养须人喂，负天何辜，也被诛戮！（《敦煌变文集·苏武李陵执别词》）

如上述两句，并列复句不一定有标记，但结构上常一致，如“投我以木桃，报之以琼瑶”“走待人扶，养须人喂”。

有标的并列复句自先秦时期始，在上古汉语、中古汉语及近代汉语中广泛使用，主要有如下类型。

（1）前置于前后分句型。又包括两种，一种是前后分句关联标记不一致的，可记作 G1+A，G2+B，如：

诸侯有盟未退，而鲁背之，安用齐盟？纵不能讨，又免受盟者，晋何以为盟主矣？（《国语·晋语八》）

日归于西，起明於东；月归於东，起明于西。正不率天，又不由人，则凡事易坏而难成矣。（《史记·历书》）

既立之监，或佐之史。（《诗经·小雅·宾之初筵》）

既右烈考，亦右文母。（《诗经·周颂·雍》）

纷吾既有此内美兮，又重之以修能。（《楚辞·离骚》）

后一分句关联标记“又”置于谓语之前，也可称之为前置于后一分句。

臣伏读前后策命，既录臣庸才微功，乃复追述先臣，幽赞显扬。（曹操《上书让费亭侯》）

（2）另一种是前后分句关联标记一致的，强调前后句的并行性，可记作 G-A，G-B，如：

君家又无人，奴家又无亲。（宋·佚名《张协状元》第十八出）

婆婆也没金，也没典。（宋·佚名《张协状元》第二十出）

父母之年，不可不知也。一则以喜，一则以惧。（《论语·里仁》）

酒阑歌罢，一度归时，一度魂消。（宋·欧阳修《诉衷情》）

［胡云］既是这等，待我一头开门，一头念诗你听咱。（元·佚名《杀狗劝夫》）

宋江与刘唐别了，自慢慢行回下处来，一头走，一面肚里寻思道：“早是没做公的看见，争些儿惹出一场大事来。”（《水浒全传》第二十回）

敲门叫他，见大伯一行说话，一行咳嗽。（《古今小说·张古老种瓜娶文女》）

小生西洛至此，闻上刹优雅清爽，一来瞻仰佛像，二来拜谒长老。（元·王实甫《西厢记》第一本第一折）

待你孩儿再回军中，去拿的刘季真来，一者与父亲出力，二者也就做孩儿进身之礼。（元·佚名《小尉迟》第三折）

上述两例中的“一来、二来”“一者、二者”虽不是同一个关联标记，但具有同一性，故也归入这类。

却因人舟未便，一面收拾起身，一面寻觅便人，先寄封平安家书到京中去。（《醒世恒言·十五贯戏言成巧祸》）

宝玉一壁走，一壁看写着是“桃花行”。（《红楼梦》第七十回）

一壁厢说与厢长，一壁厢报与坊正，恨不的翻过那物穰人稠卧牛城。（元·佚名《神奴儿》第二折）

夫人一边啼哭，一边教人禀知三位同僚，要办理后事。（《醒世恒言·薛录事鱼服证仙》）

（3）前置于后一分句型，可记作 A，G+B

这种模式自先秦已经产生，关联副词位于后一分句句首，如：

子谓《韶》尽美也，又尽善也。（《论语·八佾》）

今将军傅太子，太子废而不能争，争不能得，又弗能死。（《史记·魏其武安侯列传》）

六朝以后，“也”作为副词作状语后才有此用法。如：

衣裳已施行看尽，针线犹存未忍开。尚想旧情怜婢仆，也曾因梦送钱财。（唐·元稹《遣悲怀》之三）

曾为看花偷出郭，也因逃学暂登楼。（北宋《太平广记》）

这种类型中，关联标记是关联副词，前后分句都有相类似的结构，表示它们处于并列地位。关联标记并未演变为专门的并列连词标记，只是副词中的一个兼有功能。

关于古代汉语后置并列关联标记的看法，史东青（2015）[①] 认为“也罢”“也好”属于后置型并列连词，可以连接名词、动词、形容词和句子，如：

① 史东青：《汉语并列关系连词通释》，齐鲁书社 2015 年版，第 37—40 页。

晁夫人道："真也罢，假也罢，外边请坐。"（《醒世姻缘传》第二十一回）

若理会得也罢，理会不得也罢，便悠悠了！（《朱子语类》）

古代汉语诸如此类的情况也很多，《古代汉语虚词词典》认为"也"也具有这种用法：用在并列的句子成分之后，表示并列关系在句读上的停顿和相互的关联，一般可不译出，如：

天地之道：博也，厚也，高也，明也，悠也，久也。（《礼记·中庸》）

天无私覆也，地无私载也，日月无私烛也，四时无私行也，行其德而万物得遂长焉。（《吕氏春秋·去私》）

屈平疾王听之不聪也，谗谄之蔽明也，邪曲之害公也，方正之不容也，故忧愁幽思而作《离骚》。（《史记·屈原列传》）

当日老人家大也罢小也罢，总算做过官……（《歧路灯》第五十回）

我们认为这种后置型的关联标记表面上看常用在词或词组后面，实际上主要是用于连接子句成分，这种类型的关联手段是语气词，语气词"也""也罢"凸显了分句间的并列关系，但分句间结构上的一致性才是并列关系的根本所在。

2. 现代汉语常用并列关联标记的演变

现代汉语常用并列复句关联标记有单用的和合用的。合用的有"既，又（也）""又（也），又（也）""有时，有时""一方面，一方面""一边，一边""一会儿，一会儿""不是，而是""是，不是"；单用的有"也""又""同时""而是"等。对比古代常用的并列复句关联标记，合用的如"载，载""终，且""既，既""既，又且""又，又""也，也""一则，二则""一头，一头"，"一来，二来""一面，一面""一度，一度""一行，一行"，"一边，一边"。单用的如"又""也"。可以看出，古今汉语并列复句关联标记一脉相承，现代汉语的标记在古代汉语时期几乎都已形成，只是较之古代汉语有所减少。下面列举几个现代汉语常用的关联标记的演变。

（1）既，又

套用的框式关联标记在上古汉语时期已广泛使用。

子在位，其利多矣，既有利权，又执民柄，将何惧焉？（《左传·襄公二十三年》）

仆既受足下诗，又谕足下此意。(唐·白居易《与元九书》)

与“既，又”同义的还有“既，既”“既，复”“既，且”“既，或”“既，亦”“既，又且”“既以，又”“既以，又且”“既，而”“既以，而又”“既，乃复”“既，终”“既，并”等。

(2) 又……又……

“又……又……”联合使用始于唐末宋初，如：

万般施设不如常，又不惊人又久长。(南唐·招庆寺静、筠二禅德《祖堂集卷八·龙牙和尚》)

上述句中“又……又……”连接短语。

君家又无人，奴家又无亲。(宋·佚名《张协状元》)

我有两个人，都是仓官，又有权势，又有钱钞。(元·佚名《陈州粜米》第三折)

这两个例句中“又……又……”连接小句。

(3) 也……也……

婆婆也没金，也没典。(宋·佚名《张协状元》第二十出)

现在汉语常用的套用关联标记大多从古代汉语相承而来，“又……又……”“也……也……”在古代汉语中出现较晚，但在现代汉语中却极为常用。

(4) 又

“又”作为副词的用法先秦时已有用例。很早就有表示几种动作同时施行或几种情况同时存在的意思。

可以连接短语，如：

国中有大鸟，止王之庭，三年不蜚又不鸣。(司马迁《滑稽列传》)

也可以连接分句，如：

子谓《韶》尽美也，又尽善也。(《论语·八佾》)

这种表并列的用法一直沿用至今。

(5) 也

语气词“也”在古代汉语也表示并列，但用于句尾，表停顿及分句的并列关系。如：

天地之道，博也，厚也，高也，明也，悠也，久也。(《礼记·中庸》)

今郑先次犯令，而罪一也；郑擅进退，而罪二也；女误梁由靡，使失

秦公，而罪三也；君亲止，女不面夷，而罪四也。（《国语·晋语三》）

但上述这种用法随着“也”在现代汉语中被新的语气词所取代，“也”后置表示并列的用法也不复存在。

关联词“也”用于后一分句句首表示并列的用法源于“也”的副词用法。起初表示类同或强调，用于谓语前，作状语。如：

西向轮台万里余，也知乡信日应疏。（《岑参集·赴北庭度陇思家》）

眼前无俗物，多病也身轻。（《杜工部集·漫成二首》）

以上两句“也”作为副词，还没有关联副词表并列的意味，随着“也”作为副词的用法固定，并常用于句首，在并列结构中时，“也”就作为并列关系的关联标记。如：

夫子却掉开答他，不教他如何地干，也不教他莫干，但言“禄在其中”。（北宋《朱子语类》）

（三）古今汉语并列复句关联标记模式及其演变

就并列复句模式类型来说，古今汉语关联标记模式类型基本一致，都有G1+A，G2+B、G+A，G+B、A，G+B三种关联标记模式。同时，无论在古代汉语还是现代汉语中，无标记的并列复句都非常常见，并列复句前后分句一般结构类似，语义相关或相对。古代汉语结构凝练，语气词“也”“也罢”“也好”等并列关联标记位于分句句尾，构成整齐句式，突出并列关系，也是一种关联手段，但要认识到语气词的“也”构成的并列关系的表达本质上是结构的一致性，语义的相关性。现代汉语也有类似的关联标记模式，常用的语气词为“呀”“啊”，如：“去上海呀，去北京呀，去哪里都行。”“然而宣布无效也罢，气愤也罢，抗议也罢，都无法改变铁定的历史事实。”（《晚年蒋经国》CCL语料库）

再就并列复句关联标记来说，古今汉语可以说是一脉相承。前文提到，古代汉语并列关联标记数量众多，有多种同义的表达方式。现代汉语并列复句关联标记较之古代汉语数量较少，这是由于历经上古汉语、中古汉语、近代汉语，不同时期常用的并列复句关联标记累积一起，显得数量众多。另外，由于语言规范化的因素，排除了重复的表达方式，形成了现在的关联标记现状。

古代汉语和现代汉语并列复句关联标记具有数量多、非连词形式多、非专用标记多等特点。像现代汉语并列标记“同时、同样、另外”等属于词汇形式，并没有完全虚化成连词；“而是”“也”“又”等是非专用标记，还能兼用其他功能，表并列关系只是它们的一个功能。

综上所述，汉语并列复句并列的关系的表达更加注重结构形式和语义关系的并列，并列复句关联标记较之其他逻辑关系来说，定型性并不强，这也是为什么古代汉语出现如此众多并列复句关联标记的一个原因。

四 藏缅语并列复句关联标记位置模式与汉语比较

（一）藏缅语并列复句关联标记位置模式比汉语多

藏缅语副词占主导的并列复句关联标记模式有前置于前后分句型 G+A，G+B（其中包括谓语重复型）、前置于后一分句型 A，G+B；藏缅语连词占主导的并列复句关联标记模式有并行关联标记+一般连词标记共现型 A+G1+G2，B+G1、后置于前一分句型 A+G，B、并行关联标记前置于前后分句型 G+A，G+B、并行关联标记后置于前后分句型 A+G，B+G，综合副词占主导的关联标记和连词占主导的关联标记，藏缅语并列复句关联标记的类型有前置于前后分句型 G+A，G+B、前置于后一分句型 A，G+B、并行关联标记+一般连词标记共现型 A+G1+G2，B+G1、后置于前一分句型 A+G，B、后置于前后分句型 A+G，B+G 五种类型。现代汉语的并列复句关联标记有三种类型，前置于前后分句型 G1+A，G2+B、G+A，G+B 和前置于后一分句型 A，G+B。现把藏缅语和汉语的并列复句关联标记模式列表如下（见表 4-3）。

表 4-3 藏缅语和汉语并列复句关联标记位置模式对比

关联标记位置模式类型 \ 语言		藏缅语	汉语
前置于前后分句型 G+A，G+B	A	+	+
前置于前后分句型 G1+A，G2+B	B	-	+
前置于后一分句型 A，G+B	C	+	+
并行关联标记+一般连词标记共现型 A+G1+G2，B+G1	D	+	-
后置于前一分句型 A+G，B	E	+	-
后置于前后分句型 A+G，B+G	F	+	-

表 4-3 中列出的藏缅语和汉语并列复句关联标记模式共有 6 种类型，藏缅语诸语言有 5 种类型，即 ACDEF 型，汉语有 3 种类型，即 ABC 型。汉语比藏缅语诸语言少 3 种类型，即 DEF，这三种类型都是关联标记后置

的类型，与藏缅语 SOV 型语序有关。汉语是 SVO 型语言，所以没有这三种类型的模式。藏缅语没有 G1+A，G2+B 类型的模式，关联标记共现都是同一标记共现型，前后分句关联标记一致，没有 G1+A，G2+B 的关联标记。两种语言都有 G+A，G+B 和 A，G+B 关联标记，这两种类型最为普遍。

（二）关联副词在藏缅语和汉语并列复句中占重要地位

关联副词在藏缅语和汉语并列复句中占重要地位主要表现在两方面，一是二者都有只用关联副词构成的并列复句。如：门巴语（陆绍尊 2009：796）

$ʔi^{53}lop^{55}tʂu^{ʔ53}jin^{35}te^{31}$，ŋe $\underline{jɛ^{35}}$（$lop^{55}tʂu^{ʔ53}$） jin^{35}.

你 学生　是　我 也 学生　是

你是学生，我也是学生。

藏缅语中的门巴语在后一分句中使用副词 $jɛ^{35}$ “也”。扎巴语使用 $tsɿ^{55}$ “还”，景颇语使用 pai^{55} “又”。藏缅语并列复句 G+A，G+B 和 A，G+B 关联标记模式中，关联标记都是副词。

再来看汉语的情况。

你不回家，我<u>也</u>不回家。

汉语主要使用“也”“又”等关联副词，汉语并列复句 A，G+B 关联标记模式中，关联标记都是副词。G+A，G+B 关联标记模式中，“又……又……”“也……也……”关联标记也是副词连用。

二是在藏缅语和汉语其他类型的关联标记模式中，副词也占有重要地位。

他<u>既</u>不想吃饭，<u>也</u>不想喝水。

在汉语并列复句 G1+A，G2+B 关联标记模式中，G2 通常是副词标记。

（三）无标并列复句是藏缅语诸语言和汉语常见的类型

无标并列复句依赖结构对称和语义相关连接前后分句，结构对称和语义相关并无明显标记，却是各语言普遍采用的常见手段。藏缅语和汉语都有无标复句，且无标复句很常见。藏缅语如：

拉萨藏语（金鹏 2009：59）

$khoŋ^{55}tsho^{52}$ $ȵi^{14}$ $kuŋ^{14}$ $pa^{ʔ52}sa^{132}ki^{52}re^{ʔ132}$，$koŋ^{14}ta^{ʔ132}$ $thuk^{52}$ pa^{52} $thuŋ^{55}$ ki^{52} $re^{ʔ132}$.

他们 中午　糍粑　吃（表将行时成分）晚上　他　农民 喝（表将行时成分）

他们中午吃糍粑，晚上喝汤面。

门巴语（陆绍尊 2009：798）

ʔi^{53}pøː^{35}ji^{53}pri^{35}cu^{ʔ53} jin^{35}te^{31}，ŋe^{35}ca^{35}ji^{53}pri^{35}cu^{ʔ53} jin^{35}.

你 藏文 写（后加）(助动) 我 汉文 写（后加）(助动)

你要写藏文，我就写汉文。

白马语（孙宏开、齐卡佳、刘光坤 2007：133）

ŋɑ^{13}tɔ^{53}ŋgɔ^{35}ɑ^{13}ie^{53}nɔ^{53} ndy^{53}ɡuɛ^{341}ʃʅ^{13}， ɕi^{13}ʈʂɔ^{53}ŋgɔ^{35}sha^{53}pɑ^{53} nɔ^{53}

从前 房子 坏 （位助）在 （已行） 现在 房子 新 （位助）

ndy^{53}ɡuɛ^{341}ʃʅ^{13}.

住（已行）

(我们) 从前住坏房子，现在住新房子了。

邦朵拉祜语（李春风 2014：304）

li̱u^{31}pei^{35} lɛ^{33} zʅ^{53}khɯ^{35}nu̱^{53}xɔ^{53}ve^{33}，kua^{33}ji̱^{31}lɛ^{33} nɔ̱^{53}qhɛ^{33} xɔ^{53}ve^{33}.

刘备 （话） 草鞋 卖 的 关羽 （话） 豆腐 卖的

刘备是卖草鞋的，关羽是卖豆腐的。

汉语如：

谦虚使人进步，骄傲使人落后。

风轻悄悄的，草软绵绵的。(张斌主编《新编现代汉语》2002：479)

他不能说，不能吃。(张斌主编《新编现代汉语》2002：479)

(四) 藏缅语和汉语并列复句关联标记构成丰富

汉语常见的并列复句关联标记分为单用和双用，即单用的关联标记和框式关联标记，具体如表 4-4 所示。

表 4-4　现代汉语并列复句关联标记①

平列	合用	既 A，又（也）B；又（也）A，又（也）B；有时 A，有时 B；一方面 A，(另、又) 一方面 B；一边 A，一边 B；一会儿 A，一会儿 B
	单用	也；又；同时；同样；另外
对举	合用	不是 A，而是 B；是 A，不是 B
	单用	而；而是

① 黄伯荣、廖序东：《现代汉语》，高等教育出版社 2002 年版，第 161 页。

汉语并列复句关联标记并不是一个封闭的类，上述关联标记除少部分是连词外，如“既”“而”“同时”等，还有副词形式“又”“也”，还有词组形式“不是”“而是”“一方面”，还有其他词汇形式“有时”“一边”“一会儿”“另外”。并列复句关联标记很多是词组形式和其他词汇形式，还可以增加可以对举的其他词汇形式，如“一来”“二来”等。在具体的表达中，并列复句关联标记还有很多。

藏缅语并列复句关联标记也不是一个封闭的类，也都是由副词、词组和其他词汇形式构成，构成形式丰富，并且根据表达需要，还有很多词语可以进入并列复句关联标记中。但藏缅语连词形式很少，很多语言没有发展出来专属的并列复句连词关联标记，只发展出来并行关联标记，但并行关联标记也可以使用副词形式。总之，由于藏缅语并列复句连词关联标记很少，较之汉语并列复句关联标记较少。

第二节　藏缅语连贯复句特征分析

胡裕树主编的《现代汉语》（修订本）认为连贯复句为：“几个分句一个接一个说出，表示连续的动作或事件。[①]”邢福义的《汉语复句研究》认为连贯句是“分句间有先后相继关系的复句。这类复句所说的事，在时间上形成纵线序列”[②]。综上所述，满足连贯复句的条件有二：一是形成至少两个分句，即有语音停顿；二是无论是动作还是事件，在时间上有相承关系。因此我们认为连贯复句中前后两个分句在逻辑上有相互承接的关系，前后分句的动作按时间前后顺序展开，即前一个动作先发生，后一个动作紧接着发生，顺序不能颠倒。

一　藏缅语连贯复句的类型

（一）有标连贯复句和无标连贯复句

根据连贯复句是否使用关联标记，藏缅语连贯复句可分为无标连贯复句和有标连贯复句。

1. 无标连贯复句

独龙语（孙宏开 2009：704）

---

① 胡裕树主编：《现代汉语》，上海教育出版社 2011 年版，第 359 页。

② 邢福义：《汉语复句研究》，商务印书馆 2001 年版，第 44 页。

ăŋ^{53}dǒp^{55}tăi^{53}tăi^{53}ăɪ^{53}，ti^{55}çɑ^{55}ɑ^{31}klɑi^{55}ci^{55}kɯ̆ɪ^{ʔ55}ɹi^{55}cɑ^{53}.

我 力气很 有 一百 余 斤 也 背 能

他很有力气，能背一百多斤。

前句是背景铺垫，后句在前句影响的情况下产生的动作，前后句逻辑上前后相承。

靛房土家语（田德生等 2009：341）

ko^{35}piã^{55}tã^{21}pho^{55}a^{55}le^{55}，wo^{55} se^{21}na^{35}tsi^{55}xa^{21}si^{21}liau^{21}，

他 扁担 放 着 毒蛇 一 条 打 死 （助）

ko^{35} to^{21} lo^{21}khuã^{21}khɨe^{55}a^{55}le^{55}tsau^{21}.

他（主语助）箩筐挑 着 走了

他放下扁担，打死毒蛇，挑着箩筐走了。

邦朵拉祜语（李春风 2014：310）

ŋa^{31}jɛ^{31}qhɔ^{33}qe^{33}，nɔ^{31}ve^{33}su^{35}tɕa^{33}ju^{31}vɯ^{33}la^{53}.

我 屋里 去 你 的 烟 找 拿 过来

我去屋子里，把你的烟拿来。

上述靛房土家语和邦朵拉祜语，是同一动作发出者的连续动作，动作行为是前后相承的。

大羊普米语（蒋颖 2015：477）

ɑ^{55} niɑŋ^{31}po^{55} tə^{55}ɡɯ^{55} tɛ^{55} sto^{31} pin^{55} tə^{55}ɡɯ^{55} ji^{55}tʃʅ^{24} thə^{31} tʂɑ^{31}ʃʅ$^{24/55}$ si^{31}.

我 偷偷 他 一 看 做 他 马上 （趋）明白 （缀）

我偷偷看了他一眼，他马上就明白了。

上句中，前后分句动作发出者不同，但后一动作发出者的动作是在前一分句主语发出动作后产生的，时间上有先后相承关系。

藏缅语每种语言都有无标记的、隐性的连贯复句，这种连贯复句不需要任何关联标记标明，但前后分句间都具有时间上前后相承的关系，有了前句动作行为的铺垫，才会有后续的动作行为的产生。

2. 有标连贯复句

绝大多数藏缅语连贯复句有关联标记标明关系。关联标记用来标明前后分句的相承关系，有的语言有不止一种关联标记，现把藏缅语有标连贯复句简列如下。

东旺藏语

ŋa^{35}s^{h}ə^{33}hoŋ^{33}tɛ^{33} toŋ^{35}mə^{33}p^{h}a^{ʔ54}p^{h}ə^{33} sɛn^{41}，tɛn^{35}ɕ^{h}on^{ʔ54}p^{h}ə^{33}

我　回来　　助词 首先　　猪　　介　　喂　　然后屋子　介

$s^{h}a^{24}$，$\underline{sɯ^{41}sɯ^{41}}sɛn^{35}zu^{33}$.

扫　　最后　　饭　做

我回来之后，先把猪喂了，然后扫了地，最后开始做饭。

白马语（孙宏开、齐卡佳 2007：134）

$dɐ^{35}$ $tʃha^{13}ʒʅ^{13}$ $ʐo^{53}$ $mbɔ^{13}$ $\underline{ȵi^{53}}$ $dʑɛ^{13}dʑɛ^{53}$ $tɛ^{53}$ $tɑ^{53}ro^{13}mbo^{341}mɑ^{13}$ $ɕho^{13}$.

石头　几 掷（完成）（连）野鸡　　（定助）还　飞　　没有 来

掷了几块石头以后，野鸡也还没有飞出来。

门巴语（陆绍尊 2009：800）

$ŋe^{35}$ $ji^{35}ci^{53}$ $pri^{35}tshar^{55}\underline{ki^{31}}$，　ko^{55} $ʂe^{55}$ ka^{31} $tshoŋ^{55}do^{53}cɛ^{ʔ35}cu^{ʔ53}$ jin^{35}.

我　信　写　　完　（连词）公社　　（助）开会　　去（后加）（助动）

我把信写完后，就去公社开会。

贵琼语（宋伶俐 2011：164）

$wũ^{33}$　$phø^{53}$　　　$ȵi^{33}sɔ̃^{55}phø^{33}ndɑ^{35}ku^{53}$　　　$\underline{kɔ̃^{33}}$，

石头（受事助词）两　三　个　　仍（使令后缀）(时间助词)

$ʐʅ^{35}$　$nɛ̃^{53}ȵi^{33}ji^{33}$　　$me^{33}tɕhye^{53}$.

山鸡　也（趋向前缀）没有出来

扔了几块石头，山鸡都没有出来。

桃坪羌语（孙宏开 2009：396）

$ŋɑ^{55}$ $zʅ^{31}mə^{55}$ $sʅ^{31}$ $dʑi^{241}\underline{na^{33}}$，$tha^{55}lə^{55}χtie^{55}qə^{33}mi^{55}nɑ^{3}$.

我　话　（前加)说　连　　他　　心　　　不　好

我说话以后，他心里不高兴。

蒲溪羌语（黄成龙 2006：221）

tsə-lei　$\underline{qe^{ɹ}}$　$χa\text{-}ze^{ɹ}$　　mi-ʁu　$\underline{ʂentɑ\ matsi}$，ȵipi-ȵin qeȵi

儿子 DEF　前面 DIR 说 NEG 肯　　后面　LNK　事实　　都

$χa\text{-}ze^{ɹ-}i$.

DIR 说 CSM：3

儿子先不愿意告诉（他父亲，他是怎么赚到那么多钱），后来他把事情的经过告诉了（他父亲）。

曲谷羌语（黄布凡、周发成 2006：246）

tsi　　te：　　　ha-qa　　$\underline{tu}$，ʔuwu $ʐʁatɕ^{h}i$ $dæqqe^{ɹ}$……

女儿（定指）一个 趋向出去　　后　妈妈 箱子　（趋向）打开

女儿出去后，妈妈打开了箱子……

箐花普米语（陆绍尊 2009：576）

kã^{13}pu^{13}ʐue^{55}iɛ^{13} tã^{55}ɡɑ^{55} ɡu^{55}tʃə^{55} bie^{55}xə^{13} syẽ^{55} ʐə^{13}khɛ^{13}，

干部们 (助)党 (助) 话 (助) (前加) 学习 连词

ɛ^{13}ʐə^{55}bie^{55} ʐə^{55}ʐe^{13}dzu^{13}nãu^{13} qo^{13} sɐ^{13}sə^{13}py^{55}ʐɯu^{55}.

我们 (助)劳动 做 时候 很 努力 (后加)

干部们学习党的政策以后，积极地带领我们生产劳动。

怒苏语（孙宏开、刘璐 2009：848）

ŋɑ^{35}dʐɔ̃^{35}do^{35} ɕɑ^{55}ue^{35}ie^{35} bɑ^{35}，ne^{53} mi^{31}ɑ^{31}nɑ^{35} vɹɔ̃^{35}hɑ^{31}nɤ̃^{31}.

我 街 (助) 肉 买 去 (连) 你 爱人 (助)见 (助)

我上街买肉，见到你爱人了。

他留彝语

phjɔ^{31}bv^{31}ɣu^{31}da^{31}tshɿ^{31}，tsɛ^{55}dzu^{55}dzu^{31}. 先洗脸，再吃饭。

脸 先 洗 再 饭 吃

绿春哈尼语（李永燧、王尔松 2009：460）

a^{31}jo^{31}ɕa^{55}de^{33}tɕhi^{31}xe^{31}tshe^{31} a^{55}ne^{33}，a^{31}ȵu^{31}lu̠^{31}ji^{55}a^{55}.

他 田 一 下 犁 (连) 牛 放 去 了

他犁了一下田，就放牛去了。

碧约哈尼语（经典 2015：276）

ŋa^{55} na̠^{33}na̠^{33} a^{33} ke^{33}tsɿ̠^{31} kaŋ^{31} li^{33} xɪ^{33} nɔ^{33}kɯ^{33}ja̠^{33}kho^{31}v^{55}ti^{55}la^{31}.

我 上午 (方) 街上 逛 去 (连) 你 的 烟 买回来

我上午去街上，把你要的烟叶买回来了。

勐朗坝拉祜语（常竑恩、和即仁等 2009：656）

m ɣ^{53}ze^{31}pɤ^{53}se^{31} lɛ^{33} qha^{33}pɤ^{31}e^{33}ka^{21} a^{35}khɔ^{33}xa^{54}qɔ^{21}e^{33}ve^{33}.

雨 停 (助) 大家 于是家 快 回 去

雨停了，于是大家赶快回家。

攸乐山基诺语

khɤ^{44}a^{33}mɔ^{44}ma^{44}jɔ^{44} mjʌ^{44}，me^{31}kɔ^{44}nɛ^{33}.

他 妈妈 不 找到 以后 哭 着 助

他找不到妈妈，就哭了。

大具纳西语

xɔ^{33}thɯ^{31}phi^{55}，xɔ^{33}phe^{55}dzɿ^{33}. 先喝汤，后吃菜。

汤 喝 之后 菜 吃

阿昌语（戴庆厦、崔志超 2009：479）

nauŋ^{55} lɔ^{35} xɔ^{ʔ31} n̥oŋ^{55} te^{55} ȵaŋ^{31} ʐə^{35} pɔ^{31}. 你回去后他就来了。

你 回 助 后 助 他 来 助

勒期语（戴庆厦、李洁 2007：236）

a^{33}pho^{53}wɔm^{33}khuː^{55}lɔ^{33} vu^{33}jɛː^{33} lɔ^{33} tsǒ^{33}po^{55}mo^{33} lɔː^{55} tɔː^{55}.

爸爸 饭 舀 后 端 去 后 桌子（方所助）去 摆放

爸爸舀了饭，端过去，放在饭桌上。

大部分藏缅语的连贯复句都有表达前后相继关系的关联标记，或表示事件的前后相承关系，或表示动作的先后次序关系。在前后相承的关系中，前后分句的动作承担者可以一致，也可以不一致，前后相承关系是连贯复句的充分必要条件。

（二）几乎同步型关联标记和前后相继型关联标记

根据连贯复句前后分句动作行为发生时间，连贯复句关联标记可分为几乎同步型和前后相继型。

1. 几乎同步型关联标记

几乎同步型关联标记表示连贯复句前后分句动作行为之间前后间隔时间很短，几乎同时发生，前一分句动作行为发生之后，马上发生后一分句动作行为，相当于汉语的“一……就……”表示两动作在短时间内前后相承。

东旺藏语

ŋa^{35} nan^{35} si^{41} roŋ^{35}nə^{33} tʂʅ^{33}. 天一亮，我就走。

我 天 亮 一……就 走

白马语（孙宏开、齐卡佳等 2007：135）

kho^{13}ȵe^{53} tɑ^{53} kɛ^{53} ʑø^{341} uɛ^{53}rɛ^{53}，tɑ^{53} tɛ^{53} sʅ^{53} mbɑ^{341}dɐ^{13}.

他 马（位助）骑 （连） 马（定助）就 跑 （后加）

他一骑上马，马就跑起来了。

表示两个分句中的行为动作几乎同时发生的连贯复句，用连词连接。

扎巴语（龚群虎 2007：107）

mdʐə^{31}ȵi^{55} vʑe^{55} mtsha^{55}，te^{55}ku^{55} vi^{31} a^{55} ɡui^{55} ɡɪ^{35}.

粮食 运来 就 大家（助）（前加）分（助）

粮食运来就分给大家了。

桃坪羌语（孙宏开 2009：396）

tha^{55}lə^{55} ʐu^{33} ti^{33} thi^{33}dɑ^{31}tsɑ^{33} ti^{55}ko^{33}，ʐu^{33} ti^{33} dɑ^{31}tʂhə^{51}i^{31}.

他 马（助）（前加）骑（连词）马（助）（前加）跑（后加）

他一骑上马，马就跑了。

蒲溪羌语（黄成龙 2007：221）

thala dʑo-tɑ ze-tshya-i go， paɲ̥i guatə-i.

3sg 门 LOC DIR 进 CSM LNK 东西扔 CSM：3

他/她一进门就把东西扔在地上。

曲谷羌语（黄布凡、周发成 2006：246）

qupu ɕi sə-t^{h}ə̥ ʔetɕtɕi，qua^{ɹ}hæ̃^{ɹ} ti-hĩ-jy.

他 酒（已行）喝 同时 脸 变红（情体）

他一喝酒，脸就红了。

贵琼语（宋伶俐 2011：164）

zø^{35} nbu^{35} ji^{33} tɕhɑ^{55} di^{33} kɔ̃^{33}， nbu^{35} lɑ^{35} le^{33}

他 马（趋向前缀）拍（语气）（时间助词）马 跑（已行体）

他一拍马，马就跑了。

史兴语（孙宏开 2014：172）

ŋɐ^{55}pɐ^{55} tɕe^{33} ɳ̥i^{31} thi^{55} quɛ̃^{35} ji^{33}. 我一说他就哭了。

我 说（曾经）和 他 哭（后加）

ɯi^{53} kɯ^{31}tɑŋ^{35}mɯn^{55} kɯ^{31}tɑŋ^{35} mɯn^{55} so^{55} ŋui^{55} luŋ^{55} thɑ^{55}.

他 说（附）说（附）（助）睡（附）（附）

他说着说着就睡着了。

格曼语（李大勤 2002：215）

ɑ^{31}wai^{55}lom^{55} tɑ^{31}giɑt^{55}lɑ^{35} so^{55} dʑɑl^{35} lɑ^{53} mɯm^{55}.

阿外龙 听（附）就 跑（附）（附）

阿外龙一听，撒腿就跑。

他留彝语

ĩ^{55}mjɔ^{55}，ŋu^{55}tɕu^{55}ɕɔ^{55}. 天一亮，我就走。

天亮 我 就 走

碧约哈尼语（经典 2015：277）

ja^{33}phi^{55}tɪ^{55} pa^{53} ŋa^{55}tɕu^{33}ja^{35}thv^{55}la^{55}pa^{53}. 公鸡一打鸣，我就起来了。

公鸡 叫 (连)我 就 床 起来 (体)

白宏哈尼语

ŋa^{55} lɔ^{31} m^{31}ba^{33} tɕo^{31} ba^{33}la^{55}o^{55}dɤ^{55}. 天一亮，我就走。

我 (话助) 天 亮 一旦 亮 来 就 走

攸乐山基诺语

ŋo^{31}tɛ^{44} pja^{44} li^{44} o^{31}, khɤ^{44} me^{31} lɯ^{44} a^{44}nɛ^{44}. 我一说，他就哭了。

我 一 说 走 (助) 他 哭 起 (助)

补远基诺语

ŋo^{31} e^{31} ji^{44}tɔ^{44} ŋ̍^{44} a^{44} a^{44}nɛ^{44}, xɤ^{44}tshɔ^{44}ŋjɔ^{44}a^{44} tɔ^{44}.

我 (助) 一 说 (助) (助) 他 哭 了

我一说，他就哭了。

邦朵拉祜语（李春风 2014：312）

mu^{53}je^{31}te^{53}qhe^{33}la^{31}qo^{33}ȵi^{33}xɯ^{33}ka^{35}ma^{53}te^{33}o^{33}. 一下雨，咱们就收工。

雨 一 下 下 就 咱们 也 不 做 了

大具纳西语

ŋə^{31}miə^{31}dɯ^{33}tɔ^{31}nɯ^{33}bɯ^{33}. 天一亮，我就走。

我 天 一 亮 就 走

上述语言的连贯复句区分几乎同步型关联标记和前后相继型关联标记，主要采用不同的构式或连词来区分二者之间的关系。以白马语为例，几乎同步型关联标记为 uɛ^{53}rɛ^{53}，前后相继型关联标记为 ȵi^{53}；史兴语几乎同步型关联标记为 ȵi^{31}，前后相继型关联标记为 lɛ^{55}。这两种语言用关联标记区分连贯复句前后时间的间隔，还有一些语言用构式来区分，如邦朵拉祜语的 te^{53}……qo^{33} “一……就……”、大具纳西语的 dɯ^{33}……nɯ^{33} “一……就……”、哈尼语白宏话的 tɕo^{31}……o^{55} “一……就……” 以及东旺藏语的 roŋ^{35}nə^{33} “一……就……” 等，都是用副词“就”和另一词语组成的构式。还有的语言直接在后一分句使用副词“就”表示前后分句时间间隔短的相承关系，如格曼语的 so^{55}。

2. 前后相继型关联标记

前后相继型关联标记标明前后分句之间是动作先后关系，并不强调前后动作间隔时间，只是说明前一动作发生了，后一动作接着发生，大多数连贯复句标记都是前后相继型的，只有强调同步关系时，才使用几乎同步关联标记。

景颇语（戴庆厦 2012：405）

ʃi^{33}a^{31}ʒai^{55}mǎ^{31}ʒi^{33}ŋut^{55}n^{31}thom^{55}n^{55}ta^{51}wa^{31}sai^{33}.

他 东西 买 完 之后 家 回（尾）

他东西买完之后回家了。

独龙语（孙宏开 2009：705）

ĭŋ^{55} ɑŋ^{31}dzɑ^{55} kɑi^{55} tɔn^{55} tɯm^{55}，ɑ^{31}mɹɑ^{55}wɑ^{53}le^{31} di^{53}sɑ^{55} e^{53}.

我们 饭 吃 完（连） 劳动 （助）去（后加）是

我们吃完饭以后，将去劳动。

格曼语（李大勤 2002：209）

ɯi^{53} ɕɑt^{55} ɕɑ^{53} lɯi^{53} kɑ^{35}，glʌu^{53}xi^{55} lɑ^{31}nɑ^{55} si^{53} lut^{53}tsɑ^{55} mu^{53} tɑŋ^{55} kɑ^{55}.

他 饭 吃（附）（附）之后 又 酒 杯 一 喝（附）

他吃过饭后又喝了一杯酒。

碧约哈尼语（经典 2015：277）

ji^{31}khɔ^{31}ɔ^{31}mɔ^{33}mɔ^{31}tɛ^{53}jɔ^{33} xɪ^{33}，n̥i^{55}kɔ^{31}ji^{33}pa^{53}.

他 妈妈 不 找 到（连） 哭（体）（体）

他找不到妈妈，于是哭起来。

大羊普米语（蒋颖 2015：477）

ɛ^{31}sɿ^{55} tɛ^{31}dʒɿ^{24} man^{24}nəuŋ^{24}ʐɿ^{55}dʒie^{24}tʃɿ$^{24/31}$khu^{55}.

先 一会儿 停 然后 说 吧

先停一会儿，然后再说。

门巴语（陆绍尊 2009：800）

lɛː^{35}ɕeʔ^{53}pa^{53}tɔ^{53}za^{35}tshar^{55}ti^{55}ki^{31}，lam^{31}saŋ^{53} ʂe^{55}jøn^{55}naŋ^{35}le^{31}

干部 饭 吃 完 （连） 马上 社员 们 （助）

tshoŋ^{55}do^{55}tshoʔ^{53} cuʔ^{53} jin^{35} ma^{31}?

开会 开 （后加）（助动）（语助）

干部吃完饭以后，马上召开社员大会吗?

勒期语（戴庆厦、李洁 2007：158）

ʃɿ^{55} nək^{55}jɔː^{33} lø^{33}，tum^{53} paːt^{31}．先是骂，后是打。

先 骂 后 又 打

（三）藏缅语连贯复句关联标记的性质

藏缅语连贯复句关联标记有连词、副词、名词等类型。

1. 连词关联标记

白马语（孙宏开、齐卡佳等 2007：134）

kho^{13} ȵe^{53} kha^{53} tɕɑ^{35} uɛ^{53}rɛ^{53}，ȵe^{53}rɛ^{53} sɿ^{53} ga^{341} dɐ^{13}.

他 口 开 （连） 大家 就 笑（进行）

他一开口，大家就笑起来了。

景颇语（戴庆厦 2012：405）

ʃi^{33} a^{31}khaŋ^{55}phji^{55}la^{55}n^{31}na^{55}，n^{55}ta̠^{51}te^{31} wa^{31}mat^{31}sai^{33}.

他 假 请（貌）之后 家 （处）回 （貌）（尾）

他请了假，回家去了。

独龙语（孙宏开 2009：704）

ăŋ^{55}nĭŋ^{55} kɑi^{55}xui^{55} tɔn^{55} mɯ^{31}năŋ^{55} ĭp^{55} le^{31} lɔ̆^{ʔ55}di^{31}.

他们 开会 完 （连） 睡（助）回去（后加）

他们开完会以后，就回去睡觉去了。

补远基诺语

ŋo^{31} ji^{44}tɔ^{44} a^{44}pjɔ^{44}pjɔ^{44} lɯ^{44} a^{44}nɛ^{44}，ji^{44} a^{44} tɔ^{44}. 天一亮，我就走。

我 一 亮 来 助 走 了

绿春哈尼语（李永燧、王尔松 2009：460）

da^{55}dʑa^{33} xo^{31} dza^{31} sa^{31}a^{55}ne^{33}，xɔ^{55}ɡɔ^{31} a^{33} mi^{31}kho^{31}xe̠^{31}li^{33}.

大家 饭 吃 完（连） 山 （助） 柴 砍 去

大家吃完饭，上山砍柴去。

怒苏语（孙宏开、刘璐 2009：848）

ʔȵo^{55}khɛ^{55}xue^{35}bɯe^{31}ɑ^{31} bɑ^{35}，phi^{55}xo^{31} bɑ^{31} ie^{35} ɑ^{31} io^{35}.

他 开会 完 （助）（连）匹河 （助）去（助）

他开完会以后，就到匹河去了。

2. 副词关联标记

碧约哈尼语（经典 2015：277）

kɔ^{31}xo^{31} ɯ^{55}tsha^{55}tu^{55} ka^{33}nv^{33}kv̠^{31}tsha̠^{31}tsɔ^{31}. 先喝汤，后吃菜。

先 汤 喝 后面 菜 吃

邦朵拉祜语（李春风 2014：312）

ŋa^{31} ɣɔ^{53}lɔ^{35}qe^{33}，nɔ^{31}qhɔ̠^{31}nɔ^{35}la^{31}. 我先走，你后来。

我 先 走 你 后 来

大羊普米语（蒋颖 2015：476）

sin^{24} sʅ^{31} xɑ^{31} jɛ^{24} nəuŋ^{24} mɛn^{31}tha^{55}khu^{31}. 先拿柴来，再生火。

柴 先（趋）拿 然后 火 生 （缀）

史兴语（孙宏开、徐丹等 2014：174）

n̥i^{55}ʁo^{31}ru^{55}bʉ^{31}ʁo^{55} ŋɐ^{35} dʑo^{31}lɑ^{35}lɛ^{31} gɔ̃^{55}.

你 先 走（客气）我 后 来（将行体）

你先走，我马上来。

怒苏语（孙宏开、刘璐 2009：848）

ʔn̥o^{55} li^{31}si^{35}dʑɑ^{53} zã^{35} bɯe^{31} ɑ^{31} bɑ^{35}, dɔ^{35}le^{31} nu^{35}su^{35}dʑɑ^{53}zã^{35}thɑ^{55}ɑ^{31} gɑ^{31}.

他 傈僳语 学 完（助）（连）又 怒语 学（助）（助）

他学会了傈僳语以后，又学会了怒语。

格曼语（李大勤 2002：215）

ɑ^{31}wɑi^{55}lom^{55} tɑ^{31}giɑt^{55}lɑ^{35} so^{55} dʑɑl^{35} lɑ^{53} mɯm^{55}.

阿外龙 听 （附）就 跑（附）（附）

阿外龙一听，撒腿就跑。

勒期语（戴庆厦、李洁 2007：238）

ŋjaŋ^{33}mjiːt^{31}ju^{55}lɔ̱^{33}tum^{53}le̱ːi^{55}. 他思考了一会儿，然后又接着写。

他 想 过 后 又 写

勒期语（戴庆厦、李洁 2007：236）

je̱i^{33}ʃək^{55}paːn^{53}ʃuːk^{55}lɔ̱^{33}wɔm^{33}tum^{53}tso^{33}ʃaŋ^{53}！先喝完酒然后又吃饭！

酒 先 全 喝 后 饭 又 吃（语助）

上述各语言都使用了关联副词“先”。

碧约哈尼语连贯复句后一分句里有连贯副词“就” ʂʅ^{31}tɕu^{33}，格曼语后一分句有连贯副词“就” so^{55}，连贯副词“就”更多用在连接前后分句动作间隔时间短的复句里，与“几乎同步型关联标记”配合使用。有的语言连贯复句除用其他关联标记连接外，后一分句还有副词“又”连接，如勒期语 tum^{53} “又”和怒苏语 dɔ^{35}le^{31} “又”。

3. 名词关联标记

景颇语（戴庆厦 2012：405）

naŋ^{33} ʃat^{31}ʃa^{55}ai^{33}phaŋ^{33}, ŋai^{33}ko̱$^{?55}$sa^{33}ʒit^{31}！你吃饭之后来我这里！

你 饭 吃 的 后 我 里 来（尾）

彝语（喜德）（陈士林、边仕明等 2009：102）

me^{21}le^{33} nɯ^{33} ʑa^{21}ʑo^{55} pi^{55}, ɣa^{44}nɯ^{33}ʑa^{21}ʑo^{55}tshʅ^{33}, tshʅ^{21}gu^{21}dʑu^{44}

先　（助）　洋芋　挖　后（助）洋芋　洗　然后

nɯ^{33}m̩（u）^{21}tu̱^{33}tɕe^{33}ta^{33}dza^{33}m̩（u）^{33}.

（助）火　烧　起 饭　做

先挖洋芋，后洗洋芋，然后才烧火做法。

史兴语（孙宏开、徐丹等 2014：174）

ȵi^{55}ʁo^{31}ru^{55} bʉ^{31}ʁo^{55}　ŋɐ^{35} dʑo^{31}lɑ^{35}lɛ^{31}ɡɔ̃^{55}.

你 先　走（客气）我　后　来（将行体）

你先走，我马上来。

碧约哈尼语（经典 2015：277）

kɔ^{31}xo^{31}ɯ^{55}tsha^{55}tu^{55} ka^{33}nv^{33}kv̱^{31}tshaa̱^{31}tsɔ^{31}.　先喝汤，后吃菜。

先　汤　喝 后面　菜　吃

邦朵拉祜语（李春风 2014：312）

ɔ^{11}ʨa^{53} pɤ^{31} qhɔ^{31}nɔ^{35}，qɔ^{31}qe^{33}.　吃完饭再走！

饭吃　完　之后　再　走

大羊普米语（蒋颖 2015：477）

ni^{24} ɛ^{31}sɿ^{55} ʃəuŋ^{55}，ɑ^{55}ji^{55}tʃɿ^{24}ʐɿ^{55}dʒie^{24} xɑ^{31} ʒɿ$^{24/55}$si^{31}！

你　先　走　我马上　后面　（趋）来（缀）

你先走，我随后就来！

勒期语（戴庆厦、李洁　2007：157）

ŋŏ^{53}nu̱ŋ^{55} wɔm^{33}tsøː^{33}kjiː^{33}thaŋ^{33}ʃɿ^{55}　tum^{53}tso^{33}ʃaŋ^{53}！我们吃饱饭后再吃水果！

我们　饭　吃　饱　后　水果 又　吃（语助）

上述语言连贯复句划线的关联标记表示“以后，之后”的意思，也是方位名词“后面”“后”的虚化用法，可以说是名词作为连贯复句的关联标记。

二　藏缅语连贯复句关联标记位置模式类型

根据藏缅语连贯复句关联标记在复句中的位置，可以对连贯复句进行分类。我们把关联标记记作“G”，第一分句记作“A”，第二分句记作“B”，如果还有后续句，记作“C”。具体类型如下。

（一）后置于前一分句型，即 A+G，B 型

复句中只有一个关联标记，连贯关联标记位于复句前一分句的末尾。例如：

东旺藏语

sɛn^{35} tɕha^{31} t^{h}ɯŋ^{35} rɛn^{33} ʐao^{35}pə^{33}zɛn^{35}ʈʂʅ^{33}.　吃完饭后去外面玩。

饭　吃　完　连　外　面　玩　去

独龙语（孙宏开　2009：705）

ĭŋ^{55} ɑŋ^{31}dzɑ^{55}kɑi^{55}tɔn^{55}tɯm^{55}，ɑ^{31}mɹɑ^{55}wɑ^{53}le^{31} di^{53}sɑ^{55} e^{53}.

我们饭　吃　完　（连）　劳动　（助）去（后加）是

我们吃完饭以后，将去劳动。

绿春哈尼语（李永燧、王尔松 2009：460）

da^{55}dʑa^{33}xo^{31}dza^{31}sa^{31} a^{55}ne^{33}，xɔ^{55}ɡɔ^{31} a^{33} mi^{31}kho^{31}xe̱^{31}li^{33}.

大家　饭　吃　完　（连）山　（助）柴　砍　去

大家吃完饭，上山砍柴去。

攸乐山基诺语

tsʅ^{44}tsɔ^{44} sɔ^{35} mjʌ^{44}，ŋo^{31} jʌ^{44} u^{31}khjɛ^{44} ma^{44} nɔ^{44} a^{44} nɛ^{44}.

吃药　完　以后　我　的　头　不　疼　助　助

吃药后，我头不疼了。

补远基诺语

ŋo^{44} tshʅ^{44}tsɔ^{44} pi^{44} （a^{44}） no^{44}，ɤ^{44}tɔ^{44}ma^{44}nɔ^{44}a^{44}.

我　药　助　以后　头　不　疼　助

吃药后，我头不疼了。

大具纳西语

dʑʅ^{31}tse^{31} phi^{55}，xɑ^{33} dzʅ^{33}.　先洗脸，再吃饭。

洗脸　之后　饭　吃

箐花普米语（陆绍尊　2009：576）

nɛ^{13}ʐə^{55} skhyɛ^{55} ti^{13} tsɑ^{13} tə^{55}skiɛ̃^{55} nɑ̃u^{13}po^{13}，dʐɛ^{13}dʐɛ^{13}mi^{55}ʐə^{55}

你们　心　一　只（前加）起来（连）　坏　人　们

bie^{55} qo^{13} sɐ^{13}sə^{13} tsiɯu^{55}ʐɯu^{55}.

（助）很　努力　打击（后加）

你们紧紧地团结起来，然后狠狠地打击坏人。

遮放载瓦语（朱艳华、勒排早扎 2013：344）

jaŋ^{31} mji^{31} xaŋ^{55} lui^{55}，mu^{55} xɔ$^{51/31}$tsui^{31}jɛ^{51}pə^{51}.

他　妻子　娶　之后　事情　找　做　去（变化）

他娶了媳妇，就去打工了。

勒期语（戴庆厦、李洁　2007：158）

ŋjaŋ^{33}wɔm^{33}paːn^{53}tsøː^{33} lø^{33} mo^{55}jɛ̱ː^{33}tsʅː^{33}pjɛ^{33}.

他　饭　全　吃　之后 事 去　做　了

他吃完饭后就去干活了。

（二）前置于后一分句型，即 A，G+B 型

连贯复句关联标记位于复句后一分句的开头。例如：

格曼语（李大勤 2002：209）

ɯi^{53} ɕɑt^{55} ɕɑ^{53} lɯi^{53} kɑ^{35}，glʌu^{53}xi^{55} lɑ^{31}nɑ^{55} si^{53} lut^{53}tsɑ^{55} mu^{53} tɑŋ^{55} kɑ^{55}.

他　饭　吃（附）（附）之后　又　酒　杯　一　喝（附）

他吃过饭后又喝了一杯酒。

仙仁土家语（戴庆厦、田静 2005：357）

n̡i^{33} i^{54} ɕi^{54}pa^{33} tse^{33} tsha$^{33/35}$ lu^{33}，ɛ^{54} lie^{33} ʐi^{54}kui^{33} khu^{33} na^{35} po^{33}！

你 这　衣服　折　好　了　然后　衣柜　里　放　着

你把衣服叠好，然后放到衣柜里！

（三）多关联标记型

关联标记不只一个，也不只位于前一分句，还可能位于后一分句及多个分句中。如果有多个关联标记，关联标记 1 记作 G1、关联标记 2 记作 G2、关联标记 3 记作 G3，依此类推。

1. 关联标记前置于各分句型，即 G1+A，G2+B（G3+C）型

连贯复句有多个关联标记，均分别位于每一分句的开头位置。

东旺藏语

toŋ^{35}mə^{33} doŋ^{24}kie^{ʔ54} tʂ^{h}ə，tɛn^{35}sən^{35}tɕ^{h}a^{33}.　先洗脸，再吃饭。

先　脸　洗　然后饭　吃

补远基诺语

a^{44}xo^{44}a^{44}ji^{44}tɤ^{44}，a^{44}no^{44} pu^{44}pha^{54}tsɔ^{44}a^{44}.　先喝汤，后吃菜。

先　汤　喝　后　菜　吃（助）

碧约哈尼语（经典 2015：276）

kɔ^{31}xo^{31}ɯ^{55}tsha^{55}tu^{55}，ka^{33}nv^{33}kv̱^{31}tsha̱^{31}tsɔ^{31}.　先喝汤，后吃菜。

先　汤　喝　后面　菜　吃

喜德彝语（陈士林、边仕明等 2009：102）

me^{21}le^{33}nɯ^{33} ʐa^{21}ʐo^{55} pi^{55}，ɣa^{44} nɯ^{33} ʐa^{21}ʐo^{55} tshʅ^{33}，

先　（助）洋芋　挖　后　（助）洋芋　洗

tshɿ^{21}gu^{21}dʐu^{44}nɯ^{33}m̩（u）^{21}tu^{33}tɕe^{33}ta^{33}dza^{33}m̩（u）^{33}.

然后　　　　（助）火　　　烧 起 饭 做

先挖洋芋，后洗洋芋，然后才烧火做法。

上述几种语言的连贯关联标记分别位于每一分句的开头位置。

这种类型里还有一种情况，即有的连贯关联标记位于分句的前部，但不是开头，一般位于分句的名词、代词之后，动词之前。如：

邦朵拉祜语（李春风 2014：312）

ɔ^{11}ɣɔ^{53} lɔ^{35}tɕa^{53}，tɔ^{53}qhɔ^{31}nɔ^{35}qɔ^{31}qo^{53}. 先吃饭，然后又说。

饭 先　　吃　　话 然后　　再 说

关联标记“ɣɔ^{53}”位于“饭”之后，“qhɔ^{31}nɔ^{35}”位于“话”之后，但还是居于分句前部，故我们也称是关联标记前置型。下例中普米语“ɛ^{31}sɿ^{31}”居于“你”之后，也还处于居前位置。

大羊普米语（蒋颖 2015：477）

ni^{24} ɛ^{31}sɿ^{55} ʃəuŋ^{55}，ɑ^{55}ji^{55}tʃɿ^{24}ʐɿ^{55}dʒie^{24} xɑ^{31} ʒɿ$^{24/55}$si^{31}!

你　先　　走　　我马上　后面　　（趋）来　（缀）

你先走，我随后就来！

连贯关联标记 ʐɿ^{55}dʒie^{24}“后面”，位于第二分句主语 ɑ^{55}“我”和状语 ji^{55}tʃɿ^{24}“马上”之后。

关联标记居前型的连贯复句关联标记，多用副词及名词性质的关联标记，如“先”“再”“后面”等。

2. 关联标记后置于前一分句，并前置于后一分句型，即 A+G1，G2+B，（G3+C）型

连贯复句有多个分句，故有两个或两个以上关联标记，其中一个关联标记位于前一分句的后面，另一个或几个位于后一分句或后几个分句的前面。

扎巴语（龚群虎 2007：108）

ntʂyi^{55}pa^{55}ʐɪ^{31} ɕa^{35} tshə^{31}pɪ^{55}，tʊ^{31}ʐə^{55} ta^{31}zɪ^{55}za^{31}ma^{55}mui^{55} kə^{55}ta^{55}.

客人（复数）离开　以后　　她　　才　　饭　　做 前加 开始

客人走了以后，她才开始煮饭。

白马语（孙宏开、齐卡佳等 2007：134）

kho^{13}ɳe^{53}kha^{53}tɕɑ^{35}uɛ^{53}rɛ^{53}，ɳe^{53}rɛ^{53}sɿ^{53} ga^{341} dɐ^{13}.

他　　口　开（连）　大家　就　笑（进行）

他一开口，大家就笑起来了。

白马语第一分句中有句尾关联标记 uɛ^{53}rɛ^{53}，第二分句中有关联副词 sʅ^{53}，居于主语之后，位于动词之前。

勐朗坝拉祜语（常竑恩、和即仁等 2009：656）

m ɣ^{53}ze^{31} pɤ^{53} se^{31}lɛ^{33} qha^{33}pɤ^{31}e^{33}ka^{21} a^{35}khɔ^{33}xa^{54}qɔ^{21}e^{33} ve^{33}.

雨　停（助）　大家　于是　大家　快　回　去

雨停了，于是大家赶快回家。

前一分句有句尾的关联标记 lɛ^{33}，连贯关联标记 ka^{21}位于第二分句主语 qha^{33}pɤ^{31}之后。

景颇语（戴庆厦　2012：405）

mjit^{31}su^{55}ni^{33}tsun^{33}ŋut^{55}n^{31}thom^{55}，tʃoŋ^{31}ma^{31}ni^{33}pai^{55}tsun^{33}tʃat^{31}maʔ^{31}ai^{33}.

先生　们 说　完　之后　同学　们 再　说　加　（尾）

先生们说完之后同学们再做了补充。

遮放载瓦语（朱艳华、勒排早扎 2013：213）

tʃɔŋ^{31}wup^{31}sǎ^{31}ʒa^{55} pan$^{51/31}$ tai$^{31/51}$ mai^{31}，sǎ^{31}ʒa^{55} tum^{31} sai^{51}tai$^{31/51}$ ʒa^{55}.

校长　完　说　之后　老师　又　再　说（实然）

校长说完后，老师又做了补充。

前一分句有句尾的关联标记 mai^{31}，后一分句的关联标记 tum^{31} sai^{51}居于整句前部，主语之后。

勒期语（戴庆厦、李洁 2007：157）

naŋ^{53}jɔm^{33}ta^{53}tsɔp^{31}lɔː^{55} thaŋ^{33}，tum^{53} li^{55} aʔ^{31}！

你　家　一下　回去后　又　过来（语助）

你回家休息一下然后再来！

如果该句中有停顿的话，则为连贯复句，第一分句中有居尾的关联标记 thaŋ^{33}，第二分句有居首的关联标记 tum^{53}"又"。

以上复句与关联标记后置于前一分句型的区别在于，后一分句往往还有关联副词。

大具纳西语

ŋə^{31} le^{31}tshɯ^{31}phi^{55}，bu^{31}xɑ^{33}se^{33}ʐə^{55}，ʈʂhʅ^{33}ŋgu^{31} ta^{33}ma^{55}pa^{31}，

我　回来　之后　猪食　先 喂　之后　垃圾　扫

ma^{55}ŋgu^{31}xɑ^{33}thə^{55}.

最后　饭 做

纳西语第一分句是居尾的关联标记 phi^{55}，第二分句的关联标记居于主语之后，谓语动词之前，也可以称为居首的关联标记，第三、第四分句的关联标记为 tʂhʅ^{33}ŋgu^{31} “之后”、ma^{55}ŋgu^{31} “最后”，都为居首的关联标记。

补远基诺语

ŋo^{54} lɯ^{44} a^{44}noŋ^{44}，a^{44}xo^{44} va^{54}tsɔ^{31}pi^{44} tsɔ^{44} a^{44}，tʃhi^{44}ja^{44} nɛ^{44}jʌ^{44}pjʌ^{44}

我 回来 以后 先 猪食 处置吃 助 然后 助 地

jʌ^{44}，a^{44}nu^{44} xɤ^{44} ŋ^{31}tsɔ^{44} a^{44}.

扫 最后 饭 蒸 助

我回来之后，先把猪喂了，然后扫了地，最后开始做饭。

补远基诺语中，除第一分句关联标记位于句尾，后续分句的关联标记都居于句首。

此类型的连贯复句中，居尾的关联标记一般为定型的连词，居首的关联标记则多为副词、名词。如载瓦语的居尾连贯关联标记 mai^{31} 为连词，而居首的关联标记 tum^{53} “又” 则为副词。在此种类型中，后一分句居首的关联标记不是强制出现的。

3. 关联标记居于前一分句首尾，并前置于后一分句型，即 G1+A+G2，G3+B 型

如白宏哈尼语

ma^{55}tv^{31} fv^{31} tsɯ^{31} the^{31}，a^{55}ho^{31} ɛ^{55}khɛ^{55} tsa^{31}.

脸 先 洗 然后 饭 再 吃

先洗脸，再吃饭。

前一分有居首的关联标记 fv^{31}，也有居尾的关联标记 the^{31}，后一分句还有居首的关联标记 ɛ^{55}khɛ^{55}。

值得一提的是碧约哈尼语，第一分句有居尾的关联标记 pa^{53}，第二分句和第三分句分别有居首关联标记和居尾关联标记，第四分句为居首的关联标记，可以记作：A+G1，G2+B+G3，G4+C+G3，G5+D。具体如下句：

碧约哈尼语（经典 2015：277）

ŋa^{55}ti^{55}la^{33}pa^{53}，kɔ^{33}xo^{31}va̠^{31}pi^{33} tsɔ^{31}xɪ^{33}，ka^{33}nv^{33} ja̠^{33}pha^{55}kha̠^{33}xɪ^{33}，

我 回来（连） 先 猪（使）吃（连）后面 地 扫 （连）

tsɛ^{53}xo^{31}mi^{55}tsɔ^{31}.

再 饭 做 吃

我回来之后，先把猪喂了，然后扫了地，最后开始做饭。

总之，藏缅语连贯复句多关联标记类型中，除去关联标记前置于各分句型，即 G1+A，G2+B，（G3+C）型，这种类型关联标记都位于分句前部。另外两种类型分别为关联标记后置于前一分句，并前置于后一分句型 A+G1，G2+B，（G3+C）；关联标记居于前一分句首尾，并前置于后一分句型 G1+A+G2，G3+B；在后两种类型中，都有居尾的关联标记。总体来说，从类型数量上看，五种藏缅语连贯复句关联标记模式类型中有三种有居尾的关联标记，居尾的关联标记占据类型的多数，具有一定的优势。下一步我们再从数量上进行验证。

三　藏缅语连贯复句关联标记位置模式特征及语源分析

藏缅语连贯关联标记位置类型在数量上哪种占优势，藏缅语连贯复句关联标记之间有无同源关系，它们是如何产生的和发展的，要弄清这些问题，我们需要对藏缅语各语言的连贯复句关联标记位置类型及数量仔细分析。我们统计了 35 种语言的关联标记，具体如表 4-5 所示。

表 4-5　藏缅语连贯复句关联标记位置模式

类型 / 语言	前后相继型关联标记类型					几乎同步型关联标记
	单关联标记型		多关联标记型			
	后置于前一分句型 A+G，B	前置于后一分句型 A，G+B	关联标记前置于各分句型 G1+A，G2+B，（G3+C）	关联标记后置于前一分句，并前置于后一分句型 A+G1，G2+B，（G3+C）	关联标记居于前一分句首尾，并前置于后一分句型 G1+A+G2，G3+B	
东旺藏语	rɛn^{33}		toŋ^{35} mə^{33}+A，tɛn^{35}+B/toŋ^{35}mə^{33}+A，tɛn^{35}+B，sɯ^{41} sɯ^{41}+C	A+tɛ^{33}，toŋ^{35} mə^{33}+B，tɛn^{35}+C		roŋ^{35}nə^{33}
门巴语	ti^{55}ki^{31}/ki^{31}/ta^{31}ni^{55}					thi^{55}tsa^{31}
仓洛语	ȵi					çin
白马语	ȵi^{53}					uɛ^{53}rɛ^{53}
扎巴语				tshə^{31}pɪ^{55}		

续表

类型 语言	前后相继型关联标记类型					几乎同步型关联标记
	单关联标记型		多关联标记型			
	后置于前一分句型 A+G，B	前置于后一分句型 A，G+B	关联标记前置于各分句型 G1+A，G2+B，(G3+C)	关联标记后置于前一分句，并前置于后一分句型 A+G1，G2+B，(G3+C)	关联标记居于前一分句首尾，并前置于后一分句型 G1+A+G2，G3+B	
桃坪羌语	na^{33}					ti^{55}ko^{33}
蒲溪羌语	matsi；go					go
曲谷羌语	tu；ȵi	ɦatu；tu				ʔetɕtɕi
扎巴语	tshə^{31}pɪ^{55}					mtsha^{31}
箐花普米语	ʐə^{13}khɛ^{13}；nɑ̃u^{13}po^{13}					nɑ̃u^{13}，tɛ^{13}tʂhɑ̃u^{55}
大羊普米语	nəuŋ$^{55\ 24}$	ʐʅ^{55}dʒie^{24}；	sʅ^{31}…nəuŋ^{24}…			i^{55}tʃʅ^{24}
贵琼语	kɔ̃^{33}	ɔ̃^{35}				kɔ̃^{33}
史兴语	lɛ^{33}		ʁo^{31}ru^{55}+A，dʐo^{31}lɑ^{35}+B			ȵi^{31}
景颇语	n^{31}na^{55}/phaŋ^{33}/n^{31}thom^{55}					
独龙语	lɯm^{55}/mɯ^{31}năŋ^{55}					ɑ^{31}lɑŋ^{53}
格曼语			glʌu^{53}xi^{55}			so^{55}
博嘎尔语	ge					doŋ
喜德彝语	dʐu^{44} i^{44}…ni^{2}		thi^{55}ta^{33}			
他留彝语			ɣu̠^{31} da^{31}，tsɛ^{55}			tɕu^{55}
绿春哈尼语	a^{55}ne^{33}					
碧约哈尼语	xɪ^{33}					
白宏哈尼语	o^{55}，the^{31}				fv^{31}+A+the^{31}，ɛ^{55}khɛ^{55}	
攸乐山基诺语	mjʌ^{44}					tɛ^{44}
补远基诺语	a^{44}no^{44}		a^{44}xo^{44}，a^{44}no^{44}	a^{44}no^{44}，a^{44}xo^{44}		ji^{44}tɔ^{44}

续表

类型 / 语言	前后相继型关联标记类型					几乎同步型关联标记
	单关联标记型		多关联标记型			
	后置于前一分句型 A+G，B	前置于后一分句型 A，G+B	关联标记前置于各分句型 G1+A，G2+B，(G3+C)	关联标记后置于前一分句，并前置于后一分句型 A+G1，G2+B，(G3+C)	关联标记居于前一分句首尾，并前置于后一分句型 G1+A+G2，G3+B	
勐朗坝拉祜语	lɛ^{33}			lɛ^{33}，ka^{21}		
邦朵拉祜语	qhɔ̱^{31} nɔ^{35}；lɛ^{33}		ɣɔ^{53} lɔ^{35} ɛqhɔ̱^{31}nɔ^{35}			qo^{33}
怒苏语	ɡɑ^{31}；bɑ^{35}			bɑ^{35}，dɔ^{35}le^{31}		bɑ^{35}
青龙纳西语						
大具纳西语	phi^{55}			phi^{5}，tʂhʅ^{33}ŋgu^{31}		dɯ^{33}…nɯ^{33}
傈僳语	sʅ^{55}/sʅ^{55} ne^{33}（sʅ^{55} ȵi^{33}）					niɑ^{44}
剑川白语	lɑ^{42}ɣɯ^{33}					
遮放载瓦语	lui^{55}/mu^{51}/mu^{51}lui^{55}/mai^{31}					ə^{ʔ55}
阿昌语	xɔ^{ʔ31}/xɔ^{ʔ31} n̥oŋ^{55}					xɔ^{ʔ31}
勒期语	thaŋ^{33}/lɔ̱^{33}				ʃʅ^{55}+A+lɔ̱^{33}，tum^{53}	
波拉语	muŋ^{35}/muŋ^{35} tam^{31}/muŋ$^{35/55}$ jaŋ^{31}				ʃʅ^{55}+A+muŋ^{31}	ɛ^{55}

从表 4-5 中可以得出以下几个结论。

1. 藏缅语连贯复句以关联标记后置于前一分句占绝对优势，一些语言已经生发出居首的关联标记

藏缅语是后置词语言，一般来说复句的关联标记位于分句末尾。藏缅语连贯复句的关联标记也不例外，绝大多数语言都有位于句尾的关联标记，这与藏缅语的后置词语言语序类型是相和谐的。从表中我们看到，一些语言也已生发出居首的关联标记，如东旺藏语的 toŋ^{35}mə^{33} “首先”，

tɛn^{35} “然后”，sɯ^{41}sɯ^{41} “最后”，都是居于分句前的关联标记。还有的语言的连贯复句中既有居尾的关联标记，也有居首的关联标记，如纳西语大具话关联标记 phi^{5} “之后” 居于句尾，ʈʂhʅ^{33} ŋgu^{31} “之后”、ma^{55} ŋgu^{31} “最后” 居于句首。还有的语言在单一分句上形成框式关联标记，即分句的首尾都有关联标记，如波拉语的 ʃʅ^{55}先位于分句主语之后，句子前部，muŋ^{3} “之后” 居于分句末尾，构成框式关联标记。

总体来看，前置于分句前部的关联标记语法化程度较低，大多都还能看出其意义，如补远基诺语的 a^{44}xu^{44} “先”，a^{44}nu^{44} “后”，同时也为“前面”“后面”之义；邦朵拉祜语的 ɤɔ^{53}lɔ^{35} “先”、qhɔ̠^{31}nɔ^{35} “后”，同时也有“前面”“后面”之义。

居于前部或句首的关联标记有的来源于副词，如勒期语的 tum^{53} “又”、哈尼语白宏话 ɛ^{55}khɛ^{55} “再”、怒苏语 dɔ^{35}le^{31} “又”、彝语他留话的 tsɛ^{55} “再” 等。这部分居首关联标记可以位于主语名词之前，可以位于主语名词之后，居于动词之前。所以我们也可以把它们称为居前的关联标记。

2. 大多数藏缅语区分前后相继关联标记和几乎同步关联标记

绝大多数藏缅语区分动作或事件发生的前后时间，如果不强调前后时间间隔时间短，则使用前后相继关联标记，如果强调前后事件间隔短，则使用几乎同步关联标记。除极少数一些语言使用相同的关联标记，如阿昌语，几乎同步关联标记也使用 xɔ^{ʔ31}，再如怒苏语，几乎同步关联标记也使用 bɑ^{35}。除此之外，几乎每种语言都用不同的关联标记把二者区分开来。如波拉语：

(戴庆厦、蒋颖、孔志恩 2007：233)

(1) i̠^{55} ʃau^{ʔ55} pjɛ̠$^{ʔ55/31}$ muŋ$^{35/55}$jaŋ^{31}，ta^{55}tam^{31} ta^{31} kə^{55}laŋ^{31}！

酒　喝　掉　　之后　　饭 再　吃　助

我们先喝完酒，然后再吃饭！

(戴庆厦、蒋颖、孔志恩 2007：241)

(2) ŋai^{35} va^{55} i̠^{55} ʃau^{ʔ55}ɛ$^{31/35}$ i̠^{55} jɔt^{31} vɛ^{55}.

我的 爸爸 酒 喝　一就 酒 醉　助

我爸一喝酒就醉。

句 (1) 使用的是前后相继关联标记，句 (2) 使用的关联标记是 ɛ$^{31/35}$，表示前后动作相隔时间极短。

再如攸乐山基诺语

（3） khɤ^{44} khjœ^{54} khjɔ^{35} mjʌ^{44}，nu^{44}phu^{44} ja^{54}　a^{44} nɛ^{44}.

他　做　完　以后　回家　完成 助

他干完活，就回家去了。

（4） khɤ^{44} tɛ^{44} zu^{44}o^{31}，ŋo^{31}khɤ^{44}lɔ^{44}a^{44}nɛ^{44}.

他　一　走 助　我 到　来 助

他一走，我就来。

句（3）是前后相继连贯复句，关联标记 mjʌ^{44}后置于前一分句，句（4）是几乎同步连贯复句，关联标记 tɛ^{44}前置于前一分句，在该分句中主要动词之前。这两种类型的连贯复句使用不同的标记。

有一部分语言的几乎同步关联标记与副词“就”同形。邦朵拉祜语的几乎同步关联标记是副词 qo^{33}“就”，如：

（李春风 2014：222）

ʨhi^{33}qhe^{33} qo^{33} ta^{53} qo^{53} lo^{31}.　这样的话就不说了。

这样　就　别　说 了

他留彝语几乎同步关联标记也使用了副词 tɕu^{55}“就”；博嘎尔语几乎同步关联标记也使用了时间副词 doŋ“马上、就”。

此外，遮放载瓦语的几乎同步关联标记 ə^{ʔ55}与并列标记“和”同形；史兴语的几乎同步关联标记 ȵi^{31}也与“和”同形。傈僳语的 nia^{44}有连接词组和分句的功能。更多的语言用专门的连词表示前后间隔时间短，如仓洛语的 ɕin。

3. 藏缅语连贯复句关联标记没有同源关系

根据表 4-5 可知，藏缅语各语言连贯复句关联标记没有同源关系，关联标记应是各语言独自生发的。以缅语支为例，载瓦语后置关联标记为 lui^{55}、mu^{51}、mu^{51}lui^{55}、mai^{31}，阿昌语后置关联标记为 xɔ^{ʔ31}、xɔ^{ʔ31} n̥oŋ^{55}，勒期语的后置关联标记为 thaŋ^{33}、lø^{33}，波拉语后置关联标记为 muŋ^{31}、muŋ^{35}tam^{31}、muŋ$^{35/55}$jaŋ^{31}，它们之间没有对应关系，连贯复句关联标记的发展是各语言独自发展的。但部分语支内一些语言间的关联标记有对应关系，如仓洛语的后置关联标记为 ȵi，白马语的后置关联标记为 ȵi^{53}，二者对应关系明显。

各语言一般只生发出一个几乎同步关联标记，但不同语言生发出的前后相继关联标记有多少的区别。有的语言只产生了一个关联标记，如博嘎尔语、史兴语、东旺藏语等，大部分语言都产生了不止一个关联标记，如傈僳语有三个关联标记 $sɿ^{55}$、$sɿ^{55}ne^{33}$（$sɿ^{55}$ $ȵi^{33}$），景颇语有三个关联标记 $n^{31}na^{55}$、$phaŋ^{33}$、$n^{31}thom^{55}$，载瓦语有四个关联标记 lui^{55}、mu^{51}、$mu^{51}lui^{55}$、mai^{31}。

四 藏缅语连贯复句关联标记的多功能性分析

在分析藏缅语连贯复句关联标记的过程中发现，藏缅语诸语言连贯复句关联标记与这些语言中其他语言形式相同。连贯复句关联标记到底与哪些功能的语法标记之间具有相同的形式，它们之间的关系是什么，弄清这些问题，有助于我们理解藏缅语连贯关联标记与其他功能的语法标记之间的联系，可以使我们更好地认识连贯复句。

（一）藏缅语连贯复句关联标记的多功能性

下面我们主要考察藏缅语诸语言连贯复句关联标记的多功能性，分析各个语言中与连贯复句关联标记相同的语法形式兼表哪些功能。具体情况如下。

1. 东旺藏语

东旺藏语有后置的连贯复句关联标记 $tɛ^{33}$，$tɛ^{33}$具有多功能性，可兼表方式、连动关系、补充关系。

$ŋa^{35}$ $s^{h}ə^{33}$ $oŋ^{33}$ $\underline{tɛ^{33}}$，$toŋ^{35}mə^{33}$ $p^{h}a^{ʔ54}$ $p^{h}ə^{33}$ $sɛn^{41}$.

我 回来 （助） 首先 猪 （助）喂

我回来之后，先把猪喂了。

（1）兼表方式，连接两个动作，前一个动作是后一个动作的方式。如：

nao^{24} $\underline{tɛ^{33}}$ $zə^{33}gi^{33}$ ta^{41} 坐着看书

坐 着 书 看

（2）兼表时间先后的连动关系，连接词组，如：

$sə^{33}$ $tɛ^{33}\underline{ȵi^{54}}kha$ 说了很生气

说 连 生气

$zə^{33}$ $jon^{35}\underline{tɛ^{31}}tʂə^{33}$ 站起来问。

上（趋向）站 连 问

（3）表补充关系，如：

$mə^{33}mə^{33}$ $sə^{33}$ $\underline{ɕɯ^{31}tɛ^{31}}$ kha^{31} gan^{31} 说得口干（先后）

话　　说　　连　口　干

表补充时加了表示时态的词缀 ɕɯ^{31}，构成 ɕɯ^{31}tɛ^{31}。

（4）表因果关系，如：

a^{24}rin^{33} tɕhə^{24}wa^{33} pao^{35}ɕɯ^{31}tɛ^{31} khu^{33} oŋ^{33} mɛ^{35} u^{33} non^{33}.

今天　雨　　下　连　　他　来　没　句尾助词

因为今天下雨，所以他没有来。

2. 门巴语

门巴语的句尾关联标记 ti^{55}ki^{31}；ki^{31} “以后”；ta^{31}ni^{55}，其中 ki^{31} 还是结构助词，表示从由或来源。可以表示时间从由，也可以表示方位从由。

（1）表时间从由，如：（陆绍尊 2009：785）

tɕiŋ^{55}tʂø^{53} thɔ^{ʔ53}tshar^{55}ki^{31}　ŋu^{35}ru^{ʔ53}ko^{31}　tsho^{55}wa^{53}li^{35}khu^{31}

解放　得到　完　（助动）我们　（助动）生活　好

ra^{35}wo^{53}　jin^{35}.

来（后加）（助动）

自从解放后我们的生活就好起来了。

（2）表方位从由，如：（陆绍尊 2009：785）

ŋa^{35}ra^{ʔ53} pe^{55}tɕiŋ^{55} ki^{31} ra^{35}wo^{53}　jin^{35}.　我们从北京来。

我们　北京（助动）来（后加）（助动）

3. 仓洛语

仓洛语连贯复句句尾标记 ȵi 除了作为连贯标记外，还兼表方式、补充关系、语气助词等。关联标记 ɕin 还可以表连动。

（1）表方式，用在两个动词性词语之间，前一个动作行为修饰后一个动作行为，如：（张济川 2009：901）

tɕaŋ^{13} laŋ^{13} ȵi tep^{13} kot^{13} tɕa^{55}.　我经常坐着看书。

我　坐　书　看（助动）

（2）补语标记，连接程度和结果，如：（张济川 2009：891）

tʂen^{13}mo^{13} ka^{13} pi^{13} ŋam^{13} ȵi kham^{55} tho^{55}re^{13} taŋ$^{(13)}$tho^{55}re^{13} ka$^{(13)}$miŋ^{13}

野人　的　脚　疼（连）针　每　和　每　结构　眼

tsum^{55} tsum^{55} a^{55}wa la. 野人脚疼得每一针都直闭眼。

闭　闭　做（助动）

（3）表语气助词，语气助词的作用是使语气缓和、委婉，不那么生硬，使用这个语气词后，它前边的词要重读。

（张济川 2009：909）

nan^{13} ki$^{(13)}$ jin^{55}tɕa^{55} pu$^{(13)}$ ŋon^{13} ȵi，om^{55}tɕaŋ^{55} rai^{13} pu^{13} ŋon^{13} ȵi.

你 结构 盐 也 买 又 布 也 买

你是又买盐又买布。

ɕin 除作几乎同时标记外，还可以表时间先后的连动关系，连接词组。（张济川 2009：891）

tʂ en^{13}mo^{13} ki^{13} ŋaŋ^{13} kuk^{55}tur^{55} kuk^{55}tur^{55} an^{55} ȵi om^{55}tɕaŋ^{55} thiŋ^{55} ɕin

野人 结构 颈 点 点 做 连 又 站 连

ɕa^{55}ɕe^{55}le^{13}ti^{13}wa la mi. 野人点点头，站起来又打猎去了。

打猎 去（助动）（助动）（语气）

上句中，“站起来又打猎去了”站起来和打猎是两个时间上有先后关系的两个动作，用 ɕin 连接。

4. 白马语

白马语连贯复句关联标记 ȵi^{53}除用来连接连贯小句外，还是补语标记、方式状语标记。

（1）补语标记，如：（孙宏开、齐卡佳等 2007：98）

dɑ^{13} ȵi^{53} tʃɑ^{53} 砸烂 ndʐø^{53} ȵi^{13} mbɑ^{13} 打跑

砸（连）烂打 打 （连）跑

（2）表方式，如（孙宏开、齐卡佳等 2007：108）

kho^{13}ȵe^{53} ndʐɑ^{13}tɕi^{53} ȵi^{53}ʑi^{341} tɑ^{53} tʃu^{53}. 让他好好地念书。

他 好好 地 书 念 祈使

5. 桃坪羌语

桃坪羌语连贯复句关联标记 na^{31}，可以做连动、补语标记，还表示条件。

（1）表时间先后连动关系，连接词组，如：（孙宏开 2009：388）

χɑ^{31}dʑi^{241} na^{31} tə^{31}ko^{55}pho^{33} 说了生气

（前加）说（连）（前加）生气

tə^{55}ʐu^{33} na^{31} χtie^{55}nɑ^{33} 分配了喜欢

（前加）分配（连） 喜欢

上两句中，na^{31}连接两个动作行为。

（2）表补充，如：（孙宏开 2009：392）

tha^{55}lə^{55} a^{31} tue^{33} əɹ^{31}ne^{55} na^{31}，əɹ^{31}dzɑ^{241}χne^{31} 他睡了一阵，醒了。

他　　一阵（前加）睡 连词（前加）　醒

na^{31}在这里做补语标记，补充说明前面睡的结果。相当于“睡醒了”。

（3）表条件，如：（孙宏开 2009：395）

ue^{13} $sən^{55}$ $əɹ^{55}dʑi^{241}$　<u>na^{31}</u>，$ʑe^{241}$ $tsɑ^{33}$ mi^{55} $gue^{33}i^{31}$　讲卫生才能不生病。

卫生（前加）说　（连）病　挨　不　会（后加）

有了前一句的条件，才能有后一句的结论，na^{31}连接条件和结论。

（4）并列标记，如：（孙宏开 2009：387）

$tshuə^{55}$　<u>na^{33}</u>　$tsuə^{33}$　山和水

山　　（连）水

桃坪羌语几乎同步关联标记 ti^{33} ko^{33}，还兼表从由，如：（孙宏开 2009：388）

$ʁuɑ^{33}di^{33}$<u>$ti^{33}ko^{33}$</u>$kuə^{31}$　ti^{33}　从通化来

通化　（助）（前加）来

6. 曲谷羌语

曲谷羌语有连贯关联标记：ȵi“并 又”、“之后，后”；ȵiki“以来，以后”；tu“之后、之时、然后”，位置可前可后；ɦatu“然后”，只置于后一分句句首；ʔetɕtɕi“一……就……”；才“tsaːntsi”。

曲谷羌语连贯复句关联标记 ȵi，可兼表并行动作、转折关联标记、连动、状语标记等。如：

（1）表并列，连接两个并行的动作，如：（黄布凡、周发成 2006：211）

qupu　ʈʂu　tse　<u>ȵi</u>　ʈʂu　bəl.　他边看边做。

他　　一边看　并　一边做

（2）表转折，位于后一分句句首，如：（黄布凡、周发成 2006：247）

qa　guəs　ʔal　pə staq ɭu-aŋ　　<u>ȵi</u>　dzik u̥ma-ɤdʐə̥

我　衣服　一件买 想　人称1单　但是钱　　不　　够

我想买一件衣服，可是钱不够。

（3）表时间先后连动关系，连接词组，如：（黄布凡、周发成 2006：69）

ha-tshu̥<u>ȵi</u> kedʐe　站起来问

站　（连）问

（4）可以作状语，用在动词前，修饰动词，如：（黄布凡、周发成

2006：209）

ʔũ məxtɕa n̥i dzu-s ɦũ！ 你悄悄地坐！

你 悄悄 坐 应然

（5）作补语标记，如：（黄布凡、周发成 2006：69）

sə-thə̥n̥i təχə̥吃饱

吃（连）饱

前后两部分表示先后或同时进行的动作行为，后一行为是前一行为的结果状态。

7. 蒲溪羌语

蒲溪羌语几乎同步关联标记，go 还主要用于时间状语从句，作为句尾从属连接标记，连接从句和主句。

（1）时间状语从句标记，如：（黄成龙 2007：220）

thala kue-lu-i go， thɑ tubʐ̩i tɕiu kue-ke qe-i.

3sg DIR 来 CSM LNK 3sg：GEN 哥哥 家 DIR 去 完 CSM：3

当他/她来时，他/她哥哥已经到家了。

（2）表条件关系，如：（黄成龙 2007：222）

thala pesi kue-mi-lu-i go peʂ， mi-to-pi.

3sg 今天 DIR-NEG 来-CSM：3 LNK LNK NEG-来得及-做：3

如果他今天不来，就来不及了。

8. 扎巴语

扎巴语几乎同步关联标记 $mtsha^{31}$ 还兼做并列关联标记，还可做助词表示“跟、同”义。

（1）表伴随，有“跟、同”义，如：（龚群虎 2007：122）

$n̥i^{55}ma^{31}tsu^{55}ku^{55}tɕa^{31}ɕi^{55}mtsha^{31}$ $bdui^{55}bdui^{55}tʂə^{31}ʐe^{35}$.

尼玛 现在 扎西 （助） 吵架 （助）

尼玛正在跟扎西吵架。

（2）表并列，有“和”义，如：（龚群虎 2007：123）

$ŋa^{55}$ $tʊ^{31}ʐə^{55}$ $mtsha^{31}$ ku^{35} $ɬa^{55}sha^{55}$ $ɪ^{55}$ $ʐu^{31}$.

我 他 （助） 一起 拉萨（前加）去

我和他一起去拉萨。

9. 箐花普米语

箐花普米语连贯复句关联标记 $nãu^{13}$ 还可以兼表从由，如：

（陆绍尊　2009：564）

pɛ^{13}tɕĩ^{55} nãu^{13}kue^{55}si^{55}tɕhy^{55}　　从北京到河西区

北京　（助）河西区

10. 大羊普米语

大羊普米语连贯复句关联标记 nəuŋ$^{24/55}$还兼时间副词、跟随助词、并列连词、因果复句标记；亦可表从由，做状语标记、补语标记，表连动；同时还是一个语气助词和反问句的标记。

（1）做副词，有“就、才、也”之义，如：（蒋颖 2015：34）

nə^{31} dʒʅ^{55} wu^{55} nəuŋ^{55} xɑ^{31} pei^{55}.　两小时以内到达。

两　小时　内　就　（趋）到达

（2）表跟随，如：

ni^{24} ɑ^{55}nəuŋ^{55} tɛ^{55}ʐuɛ$^{24/31}$pʉ^{31} nəuŋ^{55}ni^{55}sto^{55}ʃʅ$^{55/31}$ʃei^{31}.

我 你　和　一路　（助）（连）病　看　去　（缀）

你和我一起去看病。

（3）表并列，如：（蒋颖 2015：362）

ɑ^{55} nəuŋ^{55} tə^{55}gɯ^{55}　我和他

我　和　他

（4）表因果，是因果复句关联标记，如：（蒋颖 2015：490）

thə^{31} ʃue^{55} si^{55}（nəuŋ^{24}）tə^{55}qɑ^{24}mə^{55} ʂʅ^{55} kəuŋ^{24} khə^{31} dzu$^{24/31}$ si^{55}.

（趋）夜（缀）（所以）　家家　　门　（趋）关　（缀）

夜深了，（所以）家家都关门了。

（5）表从由，如：（蒋颖 2015：293）

ʒɛ^{31}gəu^{55} nəuŋ^{55} min^{55}min^{55}xɑ^{31}　pei^{55}ʐəu^{31}gɑ^{31}ʃən^{55}ʒdʒyn^{55}xɑ^{31}　tʂhuŋ^{55}.

丽江　从　宁蒗　（趋）到（缀）的 汽车　（趋）来

从丽江到宁蒗的汽车开过来了。

（6）表方式，如：（蒋颖 2015：337）

ʃtʃiu^{55} nəuŋ^{31} dzʅ^{55}　偷着吃

偷　着　吃

nəuŋ$^{24/55}$用于两个动词、动词性短语或分句之间，表示两个动作同时发生，前一个动作可以作为后一动作进行的方式。也可以用在从句和动词中间表修饰，如：（蒋颖 2015：425）

tʂən^{24} suan^{55}mɑŋ^{24} ʐʅ^{55}dʒie^{24} ʃtʃie^{55}ʃtʃie^{31}（nəuŋ^{55}）ʃʅ^{55} ʐəu^{55}.

孩子 父母 后面 跟 （连） 走（缀）

孩子跟在父母后面走。

（7）做补语标记，如：（蒋颖 2015：381）

thə^{31} diu^{55} nəuŋ^{55} qhu^{55} ʃtʃyu^{55} miɑŋ^{55} ji^{55} 累得头晕眼花

（趋）累 得 头 晕 眼 花

（8）做语气词，表反问，如：（蒋颖 2015：440）

ni^{24}nəuŋ^{24}ʃʅ^{55}mɑŋ^{31}ʃo^{55} ɛ^{31}？ 你难道不去吗？

你 难道 去 不 （缀）吗

普米语另一连贯关联标记 ʐʅ^{55}dʒie^{24}，来源于方位名词“后面”，后表时间名词“以后”，亦可以表示跟随、伴随，做同格助词。如：（蒋颖 2015：306）

ɑ^{55}nɑŋ^{55}ʐʅ$^{55/31}$dʒie$^{24/31}$ʃʅ^{55}ʃei^{55}. 我跟你去。

我 你的 后面 去（缀）

11. 贵琼语

贵琼语前后相继关联标记和几乎同步关联标记同形，都是 kɔ̃^{33}，其来源于时间助词，如：（宋伶俐 2011：137）

zɔ̃^{33}pu^{55} tɕhy^{55} kɔ̃^{33}，nũ^{33} ndʑø^{35} mo^{35}. 过桥的时候，要当心啊。

桥 过 （助） 你 看（语气词）

kɔ̃^{33}相当于汉语的“时候”，加在形容词或动词及其短语后面。

12. 史兴语

史兴语几乎同步关联标记 ȵi$^{31/55}$，还可兼表并列、选择、从由等。

（1）表并列，如：（孙宏开、徐丹、刘光坤 2014：172）

thi^{55}tɔ̃^{55}tɔ̃^{55} ʑɑ̃^{35} ȵi^{31}，lɛ^{33} wu^{55} wu^{55}bɐ^{33} ji^{55}.

他 说 （结果） 和（前加）手势 做（后加）

他一边说一边打手势。

（2）表从由，如：（孙宏开、徐丹、刘光坤 2014：145）

ɑ^{33}lɑ^{55} ȵi^{55} tɕhi^{33} tʂhe^{55} tʂɛ̃^{35}i^{33} kũ^{55} li^{55}ɹɑ^{55} ɦũ^{33}wɛ̃^{33} ji^{55}.

这儿（助）汽 车 站 一 公里 路 程 是（后加）

从这儿到汽车站是一公里路程。

（3）表选择，如：（孙宏开、徐丹、刘光坤 2014：172）

ȵi^{55}bʉ^{31} ȵi^{31} ŋɐ^{55} bʉ^{31}dʑĩ^{31}tse^{55}wɛ̃^{31}ji^{31} 你去或我去都一样。

你 去 或 我 去一 仅 是（后加）

13. 景颇语

景颇语连贯关联标记 n³¹na⁵⁵还可以兼表因果、从由、并列，亦可表方式。

（1）表因果，如：（戴庆厦　2012：99）

mǎ³¹ʃa³¹ nau³¹ loˀ⁵⁵ n³¹na⁵⁵ mǎ³¹tsu̲t⁵⁵mǎ³¹tsa̲t⁵⁵ ŋa³³ ai³³.

人　太　多　因为　拥挤不堪状　（泛）（尾）

因为人太多，感到拥挤不堪。

（2）表从由，如：（戴庆厦　2012：193）

tʃoŋ³¹ n³¹na⁵⁵ jaˀ⁵⁵ʃa³¹ du³¹wa³¹ n³¹ŋai³³.　我刚刚从学校回来。

学校　从　刚刚　到（貌）（尾）

（3）表并列关系，如：（戴庆厦　2012：286）

kǎ³¹lu³¹ n³¹na⁵⁵ kǎ³¹pa³¹　又长又大

长　（连）　大

（4）可表方式，用在两个动词之间，前一个动词是后一个动作行为的方式，如：（戴庆厦　2012：350）

naŋ³³ʒot³¹tsa̲p⁵⁵n³¹na⁵⁵tsu̲n³³uˀ³¹！　你起来站着说吧！

你　起　站　（连）说　（尾）

景颇语关联标记 n³¹thom⁵⁵还可以兼表连动和并列。

（1）表时间先后连动关系，连接词组，如：（戴庆厦　2012：186）

ʃat³¹ʃa⁵⁵ n³¹thom⁵⁵ kat⁵⁵sa³³　吃完饭后上街去

饭　吃　然后　街　去

（2）表并列，连接形容词，如：（戴庆厦　2012：186）

lǎ³¹wan³³ n³¹thom⁵⁵ kǎ³¹tʃa³³　快而好

快　而　好

14. 格曼语

格曼语连贯复句几乎同步关联标记 so⁵⁵可看作是方式状语的标记，如：（李大勤 2002：151）

so⁵⁵主要功能是放在一个词组或小句之前，标记该词组或小句所表示的动作、行为、事件是在顺承某种状态、条件下产生的。

ɯi⁵³ kɯ³¹tɑŋ³⁵mɯn⁵⁵ kɯ³¹tɑŋ³⁵ mɯn⁵⁵ so⁵⁵ ŋui⁵⁵ luŋ⁵⁵ thɑ⁵⁵.

他　说　（附）　说　（附）（助）睡（附）（附）

他说着说着就睡着了。

15. 博嘎尔语

博嘎尔语连贯标记 ɡe 还可以兼表连动、方式状语标记、补语标记。

（1）表时间先后连动关系，连接两个强调时间先后的动作行为词组，如：（欧阳觉亚 2009：991）

içi gəː ge dʑaː kəŋ to. 背水烧茶吧

水 背 （助） 茶 煮（语助）

（2）表方式，连接的两个动作同时发生，前一个动作是后一个动作的方式。如：（欧阳觉亚 2009：991）

koː agaː gəː ge leːkə i da. 她背着小孩干活。

她 小孩 背 （助）劳动 做 （尾助）

（3）做补语标记，如：（欧阳觉亚 2009：991）

mojum agu ge joː ɦam jup ɲ̥oː moŋ. 昨夜热得整夜睡不着。

昨夜 热（助）夜 （助）睡 能 不

16. 绿春哈尼语

哈尼语绿春大寨话连贯关联标记 a^{55}ne^{33}还兼表因果关系、连动关系，ne^{33}兼表从由、补语标记。

（1）表因果，如：（李永燧、王尔松 2009：446）

ga^{55}u^{33}dze^{31}khɯ^{31} ma^{31} ɤ^{31}a^{55}ne^{33}，kha^{55}je^{33}dɔ^{33}ma^{31}mɯ^{31}.

从前 肥料 不 背 由于 庄稼 很 不 好

从前由于不施肥，庄稼很不好。

（2）表动作先后关系，连接词组，如：（李永燧、王尔松 2009：457）

da^{55}dʑa^{33} la^{31}xø^{55}thɔ^{33}li^{33}a^{55}ne^{33}khe^{55}xø^{24}khe^{55}kha^{55}.

大家 房子 进去 （连） 开 会 开 （助）

大家进屋开会吧。

（3）表从由、依据，如：（李永燧、王尔松 2009：447）

ŋa^{55} pe^{31}tsi^{55} ne^{33} i^{33}. 我从北京来。

我 北京（助）来

（4）补语标记，如：（李永燧、王尔松 2009：428）

lo^{31}le^{55} ne^{33} e^{55} lo^{31} 说明白

明白 （后附助） 说 明白

（5）表方式，如：（李永燧、王尔松 2009：470）

ɕi^{55}tha^{31} de̱^{33} ne^{33} dza^{31}dʑo^{31} nɔ^{31}.　这会儿饱饱地吃吧。

这会儿　饱（助）吃　　（助）

17. 白宏哈尼语

白宏哈尼语常用连贯标记 the^{31}，还兼表因果关系。如：

ʑɛ^{31}nɔŋ^{33} a^{31}zɛ^{55}ʑɛ^{55}the^{31}，a^{31}ʑo^{31} ma^{31} la^{55} a^{33}.

今天　雨　下　因为　他　不 来（助）

因为今天下雨，所以他没有来。

白宏哈尼语的另一个连贯关联标记 o^{55}（在具体的语境中常变调为 31 调），还兼表连动、并列、副词“就”和假设关系。

（1）表动作先后关系，连接词组，如：

khi̱^{33}ho^{31} tsa^{31} o^{55}tɛ^{33}kha^{31} a^{33} lɛ^{33}.　吃晚饭后上街去。

晚饭　吃　后街上（方助）去

（2）表并列，如：

o^{31} ny^{55} o^{31} zv̱^{33}　又哭又闹　　o^{31} kɤ^{31}o^{31} dɤ^{55}　边走边说

又 哭　又　闹　　　　　　　边 说 边　走

（3）副词“就”

tɕo^{31}　me̱^{31}la^{55}o^{55}　ny^{55}　一饿就哭

一旦　饿　来 就　哭

（4）表假设，如：

no^{55} tsɛ^{55}o^{55}，ŋa^{55}ʑi^{31}tsɛ^{55}.　你去，我也去。

你　去　如果 我　也　去

18. 碧约哈尼语

碧约哈尼语表连贯关系的连词 xɪ^{33}，还可以兼表并列、因果等关系。

（1）表并列，如：（经典 2015：144）

ŋɔ^{33}to^{55}sa^{55}tv^{33}xɪ^{33}ŋa̱^{33}sɿ^{31}khɔ^{33} thɔ^{31} o^{33}.　我家种了玉米和芭蕉。

我　家 玉米　和 芭蕉　种　（貌）（语）

（2）用在词组中，表动作先后关系。（经典 2015：214）

ŋɔ^{31}v^{33} xo^{31}tho^{31}thɪ^{55}xɪ^{33}　tsa^{33}li^{33}tsɔ^{31}.　我们舂粑粑过年。

我们　粑　粑 舂（连）过年

此句中，连动短语作谓语。

（3）表方式，连接两个动词短语，前一个动词充当后一个动词的方

式。（经典 2015：244）

la̠^{31}tv̠^{31} ʂʅ^{33}lɤ^{33} xɪ^{33} ne̠^{31}！挽起袖子捞！

袖子 卷来 （状）捞

（4）表补充关系，如：（经典 2015：251）

ji^{31}khɔ^{31} na^{55} kɯ^{33}（xɪ^{33}） ȵi^{55}kɔ^{31} ji^{33}pa^{53}. 他疼得哭起来。

他 疼（补）（连） 哭 （体）（体）

在补语标记后加上连词，连接前一动作行为产生的结果，此处的连词 xɪ^{33}可加可不加。

（5）表因果关系，如：（经典 2015：279）

pha̠^{31}na̠^{33} a^{31} ʂʅ̠^{31}ti^{31}thɔ^{31}xɪ^{33} ji^{31}khɔ^{31}khia^{53}ɕi^{31}xuaŋ^{33}.

鞋子 新 穿（貌）（连）他 特别 高兴

因为穿了新的鞋子，他很高兴。

（6）表跟随，如：（经典 2015：344）

ji^{31}khɔ^{31}ŋa^{55}xɪ^{33}thɯ^{31}jaŋ^{33}ta^{55}mo^{55}mɔ^{31}mo^{55}. 她跟我不一样高。

她 我 跟 一样 高 不 （叠）

19. 攸乐山基诺语

攸乐山基诺语的连贯复句关联标记是 mjʌ^{44}，还兼表并列和方式。

（1）表动词性词组之间的并列。

a^{44}zɔ^{44} phɛ^{31} mjʌ^{44} a^{33}mɛ^{44} tshɤ^{31} 割草和蒸饭

草 割 和 饭 蒸

（2）表方式，用在两个动词或动词词组中间，表示前一个动作行为是后一个动作行为的方式。

tɤ^{44}ŋji^{44} mjʌ^{44} a^{44}pjo^{44} tɛ^{44}. 坐着看书。

坐 以后 书 看

20. 勐朗坝拉祜语

拉祜语连贯标记 lɛ^{33}还可兼表并列、主格助词、方式关系。

（1）表并列（常竑恩、和即仁等 2009：639）

la^{53}xu^{11} tsɤ^{31}lɛ^{33}pi^{53}tshɔ^{53}tsɤ^{31} 拉祜族和傣族

拉祜 族 和 傣 族

（2）主格助词标记（常竑恩、和即仁等 2009：643）

zɔ^{53} lɛ^{33} ŋa^{31}xɯ^{33}ve^{33} sɛ^{35}tsa^{53} zu^{31}. 他是我们的县长。

他（助）我们 （助） 县长 是

（3）表方式，连接两个动作行为，前一个动作是后一个动作的方式。（常竑恩、和即仁等　2009：644）

ɣɯ^{31} ta^{31} lɛ^{33} qu^{54} ve^{33}　笑着说

笑　着（助）说（助）

（4）连接两个具有先后关系的动作词组。（常竑恩、和即仁等 2009：638）

ŋa^{31} xɯ^{33} tshu^{31} ka^{31} la^{31} lɛ^{33} li^{21}xe^{53} la^{33} ve^{33}.　我们来这里读书。

我　们　这　里　来（助）书 读　（助）

21. 邦朵拉祜语

邦朵拉祜语连贯标记 lɛ^{33}兼表并列连词、话语助词，还可以表连动关系、因果关系、选择关系、跟随关系、疑问助词、方式状语标记、主语标记等。

（1）表并列，如：（李春风 2014：158）

tɕhi^{33} te^{53}mu^{53}mi^{31}ȵɛ^{53}lɛ^{33}xɔ^{33}.　这个地方潮湿而闷热。

这　一　地方　湿　而 热

（2）作话语助词，如：（李春风 2014：57）

u^{35}ve^{33}lɛ^{33}　dɛ^{33}tu^{31}ve^{33}. 那是穿的。

那　（话）穿　的（助）

（3）表动作先后关系，连接词组，如：（李春风 2014：213）

tɕhi^{33}ma^{33}ve^{33}tshɔ^{33}na^{33}ɕe^{31}lɛ^{33}　xa^{53}xa^{53}ta^{31}　ɤɯ^{31} ve^{33}.

这　多　的　人　听 了（关）哈哈　（体）笑（语）

大家听了哈哈地笑起来。

lɛ^{33}联系“大家听了”和“哈哈笑”两个动作行为，具有前后相承关系。

还可用在兼语短语里，其本质上联系的还是两个动作行为，如：（李春风 2014：256）

nu^{53} tha^{31} ɣa^{31} lɛ^{33}　ti^{33}mi^{33}mɛ^{53}　赶牛耕田

牛（宾）赶（关）田　　耕

（4）表跟随，如：（李春风 2014：174）

ŋa^{31}xɯ^{33}lɛ^{33} jɔ^{53} ɔ^{11}　te^{53}　gɛ^{33}　tɕa^{53}.　我们跟他一起吃饭。

我们　跟　他　饭 一　起　　吃

（5）作句尾疑问助词，如：（李春风 2014：98）

jɔ^{53}qe^{33}ve^{33}qha^{31}mɔ^{33}jo^{31} lɛ^{33}?　他走了多久呢?
他 走 的 多 久 是（语）

（6）表方式，如：（李春风 2014：159）

gɛ^{31}lɛ^{31}ɣɯ^{53}ta^{11} lɛ^{33} qe^{33}　快跑着去
快　跑　着（关）去

（7）表选择关系，如：（李春风 2014：306）

nɔ^{31}qa^{33}ma^{53}xe^{53}lɛ^{33} jɔ^{53} qa^{33}la^{53}？你唱还是他唱？
你 唱 不是 （关）他 唱 吗

（8）作补语标记，如：（李春风 2014：473）

ȵi^{33}lɛ^{33}mɔ^{31}看得见　　ju^{31} lɛ^{33} ɤa^{33} 抓得住
看 得 见　　抓 得 住

（9）表因果关系，如：（李春风 2014：104）

jɔ^{53}ma^{53} la^{31} ga^{53} lɛ^{33}，ŋa^{31}jɔ^{53}tha^{31} khɛ^{35}jɔ^{33}ve^{33}ɔ^{31}ja^{53}mo^{33}o^{31}.
他 不 来 愿意（语）我 他（宾）劝 说 的 时间 久 了
因为他不愿来，我劝了他好长时间。

22. 怒苏语

怒苏语连贯关联标记兼表时间关系，如：（孙宏开、刘璐 2009：821）

tʂhɑ̃ɹ^{53} ɬu^{53}bɑ^{35} thɑ^{55} iɔ^{35}m̥ɯi^{31} kɑɹ^{31} bo$^{55/15}$！放羊的时候，别睡觉哦！
羊 放（连）别 睡觉 （助）（助）

23. 傈僳语

傈僳语连贯关联标记 sɿ^{55}、sɿ^{55}ne^{33}（sɿ^{55} ȵi^{33}）还可以表动作先后关系，连接词组，如：（徐琳、木玉璋、盖兴之 2009：561）

ko^{44} kuɑ^{44} gi^{33} sɿ^{55} nɛ^{44}tshɿ^{31} du^{31}.　上山去挖药。
山里 去（连）药 挖

24. 大具纳西语

纳西语大具话连贯标记也可以表动作先后关系，连接词组，如：

xa^{33} dzɿ^{33} thə^{33} phi^{55} fa^{33}　吃完饭后再走
饭 吃 完 之后 走

25. 遮放载瓦语

遮放载瓦语连贯关联标记 lui^{55}还可以兼表因果、连动关系。

（1）表因果关系，如：（朱艳华、勒排早扎　2013：209）

jaŋ^{31} a^{31}ŋut^{55}a^{31}tʃɔ$^{?31}$ tai$^{31/51}$ lui^{55}，ŋɔ^{51} ə$^{?31}$ ma$^{?55}$tsa^{31}ŋu^{51} pə^{51}.

他 乱七八糟 说 因为 我（施助）狠狠地 说（变化）

因为他乱说，我狠狠地说了他。

（2）用在连动句中，连接词组，如：（朱艳华、勒排早扎 2013：326）

ŋa^{55}mɔ^{ʔ31} nɔ^{31} lă^{31}tu^{31} wui^{51} mu^{51}/lui^{55}jɔ$^{51/31}$ phu^{ʔ55}.

我们 牛 一头买 （连） 田 犁

我们买了一头牛耕地。

遮放载瓦语连贯关联标记 mu^{51}还有以下功能。

（1）用在表示情况或状态的词、短语或小句之后，强调某种情况或状态的形成。例如：

ŋɔ^{51}ja̱ŋ^{31} ʒʅ^{55} tɔn^{31} tɔn^{31} mu$^{51/31}$ ʒa^{55}. 我对他有点生气。

我 他（宾助）生气（叠）（泛）（实然）

（2）表方式，如：（朱艳华、勒排早扎 2013：258）

jap^{31} tɔ̱^{31} mu^{51} tsaŋ^{31}tsɔ^{31} 站着吃饭

站（持续）（连）饭 吃

tin^{51}（mu^{51}） jɛ^{51} 跑着去

跑（连） 去

（3）表达时间先后的连动关系，连接词组，如：（朱艳华、勒排早扎 2013：258）

tsaŋ^{31} pan^{51} tsɔ^{31} mu^{51} thɔ^{ʔ55} lɔ^{55} 吃了饭出去

饭 完 吃（连）出 去

（4）表因果关系，如：（朱艳华、勒排早扎 2013：219）

ja̱ŋ^{31} a^{31} wɔ^{55}va^{ʔ31}mu^{51}，tʃɔŋ^{31}tsɔ$^{31/51}$pə̱^{55}ʒʅ^{55} va^{ʔ31}na̱ŋ$^{51/31}$ ʒa^{55}.

他 不能 抬 因为 学生们 （宾助）抬 让 （实然）

因为他抬不动，让学生们抬了。

遮放载瓦语连贯关联标记 mai^{31}兼表从由、状语助词。

（1）表从由、凭借，如：（朱艳华、勒排早扎 2013：49）

pui^{51}pui^{51}thɔ^{ʔ55}phjaŋ$^{31/51}$mai^{31} thɔ^{ʔ55}lɔ$^{51/31}$ʒa^{55}. 太阳从东边升起。

太阳东边 （从助）出 来 （实然）

（朱艳华、勒排早扎 2013：355）

ŋɔ^{51} ja̱ŋ^{51} tɔŋ^{31} mai$^{31/51}$tai^{31} lɛ^{51}. 我以他的身份说。

我 他的 身份 以 说（非实然）

（2）表方式，如：（朱艳华、勒排早扎　2013：149）

naŋ^{51} jɔ̱^{55} mai^{31} sɔ^{31} a^{ʔ55}！你慢走啊！

你　慢（状助）走（式）

载瓦语连贯关联标记 mu^{51}lui^{55}兼表因果，如：（朱艳华、勒排早扎 2013：222）

ja̱ŋ^{31}ŋun^{51}a^{31} wɔ^{55} mu^{51}lui^{55}，a^{55}su^{31}mu^{51}mə^{31}pu^{31}xji$^{51/55}$tuŋ^{31}a^{31}wɔ^{55}wui^{51}.

他　钱　没　有　因为　所以　衣服　这　件　不能　买

他因为没钱，所以买不起这件衣服。

载瓦语几乎同时关联标记 ə^{ʔ55}还兼表跟随、并列和补充。

（1）表示随同助词（朱艳华、勒排早扎　2013：183）

ŋɔ^{51} naŋ^{51} ə^{ʔ55} pǎ^{31}jɛ^{51} ʒa^{51}.　我跟你去。

我　你　跟　跟去（将行）

（2）表并列，如：（朱艳华、勒排早扎　2013：91）

ŋɔ^{31} ə^{ʔ55} a^{55}maŋ^{31} pat^{31}lu̱m$^{31/51}$ ŋji$^{51/31}$ lɛ^{51}. 我和哥哥在打架。

我　和　哥哥　打　互相（进行）（非实然）

26. 阿昌语

阿昌语连贯关联标记 xɔ^{ʔ31}还可兼作假设关联标记、因果关联标记，兼表连动关系、补充关系。

（1）表假设关系，如：（戴庆厦、崔志超　2009：466）

nuaŋ^{55}ma^{31}tɕɔ^{31}xɔ^{ʔ31} ŋɔ^{55}ʑe^{31}ma^{31}tɕɔ^{31}.　你不吃的话我也不吃。

你　不　吃　的话　我　也　不　吃

（2）表因果关系，如：

mau^{31} ni^{55} pɔ^{31} xɔ^{ʔ31} ŋɔ^{55} ma^{31} ʐə.　因为下雨，所以我不来。

你　在（助）因为　我　不　来

（3）表动作先后关系，连接词组，如：

（戴庆厦、崔志超　2009：475）

tɕɔ^{31}pʐa^{31}xɔ^{ʔ31} lɔ^{35}　吃完后去

吃　完　之后　去

（4）作补语标记，如：（戴庆厦、崔志超　2009：474）

kam^{35}xɔ^{ʔ31} ʂʅ^{55}　冻死　　kuak^{35} xɔ^{ʔ31} khʐəp^{55}　打烂

冻　（助）死　　打（助）　烂

27. 勒期语

勒期语连贯关联标记 lɔ̠^{33}可兼表方式状语标记和连动关系。

（1）兼表方式，如：（戴庆厦、李洁　2007：221）

pɔ̠ŋ^{33}ti̠n^{33}juː^{53}lɔ̠^{33} le̠ːi^{55}拿着笔写　　　jiː^{53} lɔ̠^{33}ta̠ːi^{53}笑着说

笔　　拿　后　写　　　　　　　笑　后　说

（2）连接具有时间先后的连动关系的词组，如：（戴庆厦、李洁　2007：221）

naŋ^{53}tʃhɛn^{33}tʃheːi^{33} lɔ̠^{33} wɔm^{33}tʃa̠ːu^{53}a^{ʔ31}！　你淘米煮饭吧！

你　米　洗　之后　饭　煮　（语助）

28. 波拉语

波拉语连贯关联标记 muŋ^{31}兼作方式状语标记，兼表连动。如：

（1）表方式，连接两个动词性结构，前一个动作修饰后一个动作行为。如：（戴庆厦、蒋颖、孔志恩 2007：149）

ɣəi^{55}muŋ$^{35/31}$ti̠^{35}　笑着说　　jɛ$^{ʔ55/31}$muŋ^{35} ta$^{31/51}$站着吃

笑　同时　说　　　　　　站　同时　吃

（2）表时间先后连动关系，连接词组，如：（戴庆厦、蒋颖、孔志恩 2007：232）

ta^{55} ta^{31} muŋ^{35} tam^{31} sɔ^{35} ɛ^{55}.　吃完饭再走。

饭　吃　后　再　走　吧

波拉语关联标记 thɔ̃^{55}（khja^{55}）用在连动短语里，如：（戴庆厦、蒋颖、孔志恩 2007：199）

ta^{31}thɔ̃^{55}mɛ̃^{31}i̠$^{35/31}$ja̠p^{55}.　　吃后去睡了。

吃 之后(助)去　睡

我们把统计的 28 种语言或方言连贯标记的功能列表如下（见表 4-6）。

表 4-6　　　　藏缅语连贯关联标记功能表

功能 / 语言方言	从由	方式	补充	连动	因果	假设条件	伴随跟随	转折	并列选择	时间助词	语气助词
东旺藏语 tɛ^{33}		+	+	+	+						
门巴语 ki^{31}	+										

续表

语言方言 \ 功能		从由	方式	补充	连动	因果	假设条件	伴随跟随	转折	并列选择	时间助词	语气助词
仓洛语	ȵ̥i		+	+								+
	çin				+							
白马语 ȵ̥i^{53}			+	+								
桃坪羌语	na^{31}			+	+		+					
	ti^{33}ko^{33}	+										
曲谷羌语 ȵ̥i			+	+	+				+	+		
蒲溪羌语 go							+				+	
扎巴语 mtsha^{31}								+		+		
箐花普米语 nɑ̃u^{13}		+										
大羊普米语	nəuŋ^{2455}	+	+	+		+		+		+		+
	ʐʅ^{55}dʒie^{24}							+				
贵琼语 kɔ̃^{33}											+	
史兴语 ȵ̥i^{3155}		+								+		
景颇语	n^{31}na^{55}	+	+		+	+				+		
	n^{31}thom^{55}				+					+		
格曼语 so^{55}			+									
博嘎尔语 ge			+	+	+							
绿春哈尼语 a^{55}ne^{33}/ne^{33}		+		+	+	+						
白宏哈尼语	the^{31}					+						
	o^{55}				+		+			+		
碧约哈尼语			+	+	+	+		+		+		
悠乐山基诺语 mjʌ^{44}			+							+		
勐朗坝拉祜语 lɛ^{33}		+	+							+		
邦朵拉祜语 lɛ^{33}			+	+	+	+		+		+		+
怒苏语 bɑ^{35}											+	
傈僳语 sʅ^{55}					+							
大具纳西语					+							

续表

语言方言	功能	从由	方式	补充	连动	因果	假设条件	伴随跟随	转折	并列选择	时间助词	语气助词
遮放载瓦语	lui^{55}				+	+						
	mu^{51}		+		+	+						
	mai^{31}	+	+									
	mu^{51}lui^{55}					+						
	ə^{ʔ55}							+		+		
阿昌语 xɔ^{ʔ31}				+	+	+	+					
勒期语 lɔ̱^{33}			+		+							
波拉语	muŋ^{31}		+		+							
	thɔ̃^{55}				+							

藏缅语很多语言连贯关联标记具有多功能性。有的语言连贯标记功能强大，兼表 7 种以上其他功能，如大羊普米语和邦朵拉祜语。有的语言连贯关联标记只兼表 1—2 种其他功能，如箐花普米语和门巴语。总体来讲，我们还是可以从上表的统计中看出藏缅语连贯关联标记的连贯功能和其他功能之间的联系，找出其共性，解释其演变的原因。

藏缅语中有 16 种语言的 19 个连贯关联标记能够兼表连动关系；有 15 种语言的 16 个关联标记能够兼表方式，作状语修饰后一动作行为；有 11 种语言的 11 个连贯关联标记能够兼表补充标记；11 种语言的 12 个连贯关联标记能够兼表并列关系。9 种语言的 11 个连贯关联标记能够兼表因果关系，连接因果复句。9 种语言的 9 个关联标记表从由关系。此外，还有 4 种语言的连贯关联标记能够兼表假设关系，5 种语言的 6 个关联标记能够兼表伴随、跟随功能，3 种语言的 3 个连贯关联标记兼表时间助词，3 种语言的 3 个连贯关联标记兼表语气助词，还有 1 种语言的 1 个连贯标记兼表转折关系。由上可知，藏缅语连贯关联标记具有较大的倾向性兼表方式、补充关系、连动关系、因果关系、并列关系。也就是说，连贯关联标记和方式状语标记、补充标记、连动标记、因果标记、并列标记同形具有很大的倾向性，下一步我们试分析这种倾向性的原因。

（二）藏缅语连贯复句关联标记兼表其他功能的倾向性分析

1. 连贯关联标记兼表连动关系的倾向性分析

表 4-7　　连贯关联标记兼表连动关系的倾向性表达表

	示例
东旺藏语	sə^{33} tɛ^{33} ɳ̥i^{54}kha　说了很生气 说（连）生气
仓洛语	om^{55}tɕaŋ^{55} thiŋ^{55} ɕin ɕa^{55}ɕe^{55}le^{13}ti^{13}wa　la　mi. 又　站　连　打猎　去（助动）助动　语气 站起来又打猎去了。
桃坪羌语	χɑ^{31}dʑi^{241} na^{31} tə^{31}ko^{55}pho^{33}　说了生气 前加说（连）（前加）生气
曲谷羌语	ha-tshu̥ ɳi kedʐe　站起来问 站（连）问
景颇语	ʃat^{31}ʃa^{55}n^{31}thom^{55} kat^{55}sa^{33}吃完饭后上街去 饭　吃　然后　街　去
博嘎尔语	iɕi ɡəː ɡe dʑaː kəŋ to　背水烧茶吧。 水　背（助）茶　煮（语助）
绿春哈尼语	da^{55}dʑa^{33} la^{31}xø^{55}thɔ^{33}li^{33}a^{55}ne^{33}khe^{55}xø^{24}khe^{55}kha^{55}. 大家　房子　进去（连）开　会　开（助） 大家进屋开会吧。
白宏哈尼语	khi^{33}ho^{31} tsa^{31}o^{55} tɛ^{33}kha^{31} a^{33} lɛ^{33}　吃晚饭后上街去。 晚饭　吃　后　街上（方助）去
碧约哈尼语	ŋɔ^{31}v^{33}xo^{31}tho^{31}thɪ^{55} xɪ^{33} tsa^{33}li^{33}tsɔ^{31}.　我们舂粑粑过年。 我们　粑　粑　舂（连）过年
邦朵拉祜语	nu^{53}vɤ^{31} lɛ^{33} xɛ^{33}mɛ^{53}　买牛耕地 牛　买（关）地　耕
傈僳语	ko^{44} kuɑ^{44} ɡi^{33} sɿ^{55} nɛ^{44}tshɿ^{31}du^{31}　上山去挖药。 山里　去（连）药　挖
大具纳西语	xa^{33} dzɿ^{33} thə^{33} phi^{55}fa^{33}　吃完饭后再走 饭　吃　完　之后　走
遮放载瓦语	naŋ^{51} tʃhɿ^{31} tsɔ^{31} lui^{55} lɔ^{55} ju̱p^{55} a^{ʔ31}.　你吃了药去睡吧。 你　药　吃（连）去　睡（式）
	tʃhɿ^{31} tsɔ^{31} mu^{51} lɔ^{55} ju̱p^{55}吃了药去睡 药　吃（连）去　睡
阿昌语	tɕɔ^{31} pʐa^{31}xɔ^{ʔ31} lɔ^{35}　吃完后去 吃　完　之后　去
勒期语	naŋ^{53}tʃhɛn^{33}tʃheːi^{33} lɔ̱^{33} wɔm^{33}tʃa̱ːu^{53}a^{ʔ31}！　你淘米煮饭吧！ 你　米　洗　之后　饭　煮（语助）

续表

	示例
波拉语	a^{31}nuŋ^{55} jɛ$^{ʔ55/31}$ muŋ^{35}kham^{35}pnuŋ$^{35/31}$a^{55}. 妈妈站起来开门。 妈妈 站 之后门 开 （助）
	ta^{31} thɔ̃^{55} mɛ̃^{31} i$^{35/31}$ jap^{55}. 吃后去睡了。 吃 之后（助）去 睡

表 4-7 中列出的 16 种语言 18 个连贯复句关联标记，都可以用在各自语言的连动句和连动词组中，连接有先后关系的两个动作。连动句、连动词组和连贯复句只是不同的句法层次，一个是句子层面，一个是词组层面，一个是复句层面，但三者都表示两个动作之间有前后相承的关系，连动词组并没有语气语调，连动句由连动词词组做句子成分构成带句调的句子，连贯复句由两个分句组成。三者之间的主要区别在连接的两个动作行为之间是否有语气的停顿。三者之间的关系具有一致性，共用同一个标记也就成为很多语言共同的选择。

2. 连贯关联标记兼表方式的倾向性分析

表 4-8　　连贯关联标记兼表方式的倾向性表达表

语言	示例
东旺藏语	nao^{24} tɛ^{33} zə^{33}gi^{33} ta^{41} 坐着看书 坐 着 书 看
仓洛语	tɕaŋ^{13} laŋ^{13} ȵi tep^{13}kot^{13} tɕa^{55}. 我经常坐着看书。 我 坐 书 看（助动）
白马语	kho^{13}ȵe^{53} ndʐɑ^{13}tɕi^{53}ȵi^{53}ʑi^{341}tɑ^{53}tʃu^{53} 让他好好地念书。 他 好好 地 书 念 祈使
曲谷羌语	ɦe-tse ȵi zdə 看着读 看 连 读
大羊普米语	ʒdʒyɛ^{55}ʒdʒyu^{55}nəuŋ^{31}tsɛ^{24} 换着用 交换 着 用
景颇语	naŋ^{33}ʒot^{31}tsap^{55}n^{31}na^{55}tsun^{33}u^{ʔ31}！ 你起来站着说吧！ 你 起 站 （连） 说 （尾）
格曼语	ɯi^{53} kɯ^{31}tɑŋ^{35} mɯn^{55}kɯ^{31}tɑŋ^{35} mɯn^{55}so^{55} ŋui^{55}luŋ^{55}thɑ^{55} 他 说 （附）说 （附） （助） 睡 （附）（附） 他说着说着就睡着了。
博嘎尔语	koː agaː gəː ge leːkə i da 她背着小孩干活。 她 小孩 背（助）劳动 做 （尾助）
碧约哈尼语	la^{31}tv^{31} ʂʅ^{33}lɤ^{33} xɪ^{33} ne^{31}！ 挽起袖子捞！ 袖子 卷来 （状）捞

续表

语言	示例
悠乐山基诺语	tɤ^{44}ŋji^{44} mjʌ^{44}a^{44}pjo^{44}tɛ^{44}. 坐着看书 坐 以后 书 看
勐朗坝拉祜语	xu^{35} ta^{31} lɛ^{33} tsa^{53}ve^{33} 站着吃 站 着 (助) 吃 (助)
邦朵拉祜语	gɛ^{31}lɛ^{31}ɣɯ^{53}ta^{11}lɛ^{33} qe^{33} 快跑着去 快 跑 着 (关) 去
遮放载瓦语	tin^{51}(mu^{51}) jɛ^{51} 跑着去 跑 (连) 去
	naŋ^{51}jɔ̱^{55}mai^{31} sɔ^{31}a^{ʔ55}! 你慢走啊! 你 慢 (状助) 走 (式)
勒期语	tsɔ̱ ːŋ^{33}tɔ^{33}lɔ̱^{33} tsɔː^{33} 坐着吃 坐 着 后 吃
波拉语	tsauŋ^{55} muŋ$^{35/31}$ mjɔt^{31} 坐着想 坐 同时 想

载瓦语的 mai^{31}用在形容词 jɔ̱^{55} “慢” 后，jɔ̱^{55} “慢” 修饰后一动作 sɔ^{31} “走”，mai^{31}是方式状语标记，白马语 ȵi^{53}用在形容词 ndʐɑ^{13} “好” 后，做方式状语修饰 ʑi^{341}tɑ^{53} “念书”。其余的 13 种语言中，连贯关联标记都用在两个动词或动词词组之间，表示前一动作行为是后一动作行为的方式。连贯关联标记连接动作方式和动作，动作方式和动作在此都是动词性的词语。长期连接两个动作行为，前一动作行为又是后一动作行为的方式，这个连接成分极易虚化为方式状语标记。连贯关联标记连接两个动词性成分，在此兼表方式。

3. 连贯关联标记兼表补充关系的倾向性分析

表 4-9　　连贯关联标记兼表补充关系的倾向性表达表

语言	示例
东旺藏语	mə^{33}mə^{33} sə^{33}ɕɯ^{31}tɛ^{31}kha^{31}gan^{31} 说得口干（先后） 话 说 （连） 口 干
仓洛语	tʂen^{13}mo^{13} ka^{13} pi^{13} ŋam^{13} ȵi kham^{55} tho^{55}re^{13} taŋ$^{(13)}$ tho^{55}re^{13} ka$^{(13)}$ 野人 的 脚 疼 （连）针 每 和 每（结构） miŋ^{13} tsum^{55} tsum^{55} a^{55}wa la. 眼 闭 闭 做（助动） 野人脚疼得每一针都直闭眼。

续表

语言	示例
白马语	dɑ^{13} ȵi^{51} tʃɑ^{53}　砸烂 砸（连）烂打
桃坪羌语	tha^{55}lə^{55} a^{31} tue^{33}　əɹ^{31}　ne^{55} na^{31}，əɹ^{31}　dzɑ^{241}　χne^{31} 他　一阵　（前加）睡（连词）　（前加）醒 他睡了一阵，醒了。
曲谷羌语	sə-th ə̥ ȵi　təχə̥　吃饱 吃　（连）饱
大羊普米语	khə^{31} tʃʅ$^{24/31}$ nəuŋ^{55}qua^{55}ʐa^{24}tə^{55}　ɣgu^{55}　说得口干 （趋）说　得　口　（趋）干
博嘎尔语	mojum agu　ge　joː　ɦam　jup ȵoː moŋ 昨夜　热（助）　夜　（助）睡　能　不 昨夜热得整夜睡不着。
绿春哈尼语	lo^{31}le^{55}　ne^{33}　e^{55} lo^{31}　说明白 明白（后附助）说 明白
碧约哈尼语	ji^{31}khɔ^{31}na^{55}kɯ^{33}（xɹ^{33}） ȵi^{55}kɔ^{31}　ji^{33}pa^{53}. 他　疼（补）（连）　哭（体）（体） 他疼得哭起来。
邦朵拉祜语	ju^{31}lɛ^{33} ɣa^{33}抓得住 抓 得　住
阿昌语	kam^{35} xɔ^{ʔ31} ʂʅ^{55}　冻死 冻　（助）死

在上述语言中，连贯标记连接的双方性质不一。连贯标记连接动词和形容词，形容词补充说明动词作用的结果，如白马语、曲谷羌语、阿昌语等。连贯关联标记连接动词和动词结构，后一动词结构补充说明前一动作行为的结果，如邦朵拉祜语、桃坪羌语；连贯关联标记连接形容词或动词与词组，词组补充说明形容词的状态或动词作用的结果，如博嘎尔语、大羊普米语、仓洛语和东旺藏语。总的来说，连贯关联标记连接的前一成分是动词、形容词，后一成分是形容词、动词、词组，表达的语义关系是后一成分补充说明前一成分的结果、状态等。连贯关联标记兼表补充功能，从本质上来说后一状态是前一动作状态的自然结果，有前一动作状态才会产生下一状态，在此强调的是连贯性和传承性。因此，在补充标记不发达

的藏缅语中，连贯关联标记兼表补充标记具有一定的倾向性。

4. 连贯关联标记兼表并列关系的倾向性分析

表 4-10　　连贯关联标记兼表并列关系的倾向性表达表

	示例
曲谷羌语	qupu ʈʂu tse ɲ̥i ʈʂu bəl. 他边看边做。 他 一边看 并 一边做
扎巴语	ŋa^{55} tʊ^{31}ʐə^{55} mtsha^{31} ku^{35} ɬa^{55}sha^{55} ɪ^{55}ʑu^{31}. 我 他 （助）一起 拉萨（前加）去 我和他一起去拉萨。
大羊普米语	ɑ^{55} nəuŋ^{55}tə^{55}gɯ^{55} 我和他 我 和 他
史兴语	thi^{55}tɔ̃^{55} tɔ̃^{55} ʑɑ̃^{35} ɲ̥i^{31}，lɛ^{33} wu^{55} wu^{55} bɐ^{33} ji^{55}. 他 说 （结果）和（前加）手势 做（后加） 他一边说一边打手势。
景颇语	ʃi^{33} ko^{31} po^{33}nu^{ʔ55} tʃai^{33} n^{31}na^{55} ʃă^{31}ʒe^{33} ai^{33}. 他（话）脑 灵 而 勇敢 （尾） 他机灵而勇敢。
	lă^{31}wan^{33}n^{31}thom^{55}kă^{31}tʃa^{33} 快而好 快 而 好
白宏哈尼语	o^{31} ny^{55} o^{31} zv^{33} 又哭又闹 又 哭 又 闹
碧约哈尼语	ŋɔ^{33}to^{55}sa^{55}tv^{33}xɪ^{33}，a^{33}sɿ^{31}khɔ^{33}thɔ^{31} o^{33}. 我 家 玉米 和 芭蕉 种 （貌）（语） 我家种了玉米和芭蕉。
悠乐山基诺语	a^{44}zɔ^{44} phɛ^{31} mjʌ^{44} a^{33}mɛ^{44} tshɤ^{31} 割草和蒸饭 草 割 和 饭 蒸
勐朗坝拉祜语	la^{53}xu^{11} tsɤ^{31} lɛ^{33} pi^{53}tshɔ^{53}tsɤ^{31} 拉祜族和傣族 拉祜 族 和 傣 族
邦朵拉祜语	la^{31}ve^{33}lɛ^{33}qe^{33}ve^{33} 来的和去的 来 的 和 去 的
遮放载瓦语	ŋa^{55}ni̠k^{55} ə^{ʔ55} nuŋ^{55}ni̠k^{55} ŋa^{55}ni̠k^{55} ŋə^{ʔ55}nuŋ^{55}ni̠k^{55} 我俩和你俩 我俩 和 你俩 我俩 和 你俩

上述 11 种语言的 12 个连贯关联标记既可连接连贯关系，也可连接并列结构。这些标记是先表示并列关系还是先表示连贯关系，我们需要进一步分析。羌语曲谷话中，ɲ̥i 作为并列标记，连接两个正在进行的动作，它还有一个并列连词 ɲ̥a，连接名词，ɲ̥i 只连接并列关系的动词性词语，表示两个动作同时进行。景颇语中，并列连词也各有分工，n^{31}na^{55}、n^{31}

thom^{55}主要用于连接两个形容词性的成分，the^{ʔ31}主要连接名词。史兴语的ȵi^{31}主要连接动词性词语。其他的几种语言的关联标记既可以连接动词性、形容词性词语也可以连接名词性词语。总的来说，应该是先表并列，然后才兼表连贯，一部分语言生发出了独立的连贯标记，一部分语言用并列标记兼表连贯。

5. 连贯关联标记兼表因果关系的倾向性分析

表 4-11　　连贯关联标记兼表因果关系的倾向性表达表

	示例
东旺藏语	a^{24}rin^{33} tɕhə^{24}wa^{33} pao^{35} ɕɯ^{31}tɛ^{31} khu^{33}oŋ^{33}mɛ^{35} u^{33} non^{33}. 今天　雨　　下　（连）　他　来　没　（句尾助词） 因为今天下雨，所以他没有来。
大羊普米语	thə^{31} ʃue^{55} si^{55} （nəuŋ^{24}） tə^{55}qɑ^{24}mə^{55} ʂɿ^{55} kəuŋ^{24} khə^{31}dzu$^{24/31}$ si^{55}. （趋）夜（缀）（所以）　家家　　　门　（趋）关　（缀） 夜深了，（所以）家家都关门了。
景颇语	mă^{31}ʃa^{31} nau^{31} lo^{ʔ55} n^{31}na^{55} mă^{31}tsu̱t^{55}mă^{31}tsa̱t^{55}ŋa^{33} ai^{33}. 人　太　多　因为　拥挤不堪状　　（泛）（尾） 因为人太多，感到拥挤不堪。
绿春哈尼语	ɡa^{55}u^{33}dze^{31}khɯ^{31}ma^{31}ɤ^{31}a^{55}ne^{33}， kha^{55}je^{33}dɔ̱^{33}ma^{31}mɯ^{31}. 从前　肥料　　不　背　由于　庄稼　很　不　好 从前由于不施肥，庄稼很不好。
白宏哈尼语	ʑɛ^{31}nɔŋ^{33}a^{31}zɛ^{55}ʑɛ^{55}the^{31}， a^{31}ʑo^{31}ma^{31}la^{55}a^{33}. 今天　　雨　　下　因为　他　　不　来（助） 因为今天下雨，所以他没有来。
碧约哈尼语	pha̱^{31}na̱^{33} a^{31} ʂɿ̱^{31} ti^{31}thɔ^{31}xɹ^{33} ji^{31}khɔ^{31}khia^{53}ɕi^{31}xuaŋ^{33}. 鞋子　新　穿（貌）（连）他　　特别　高兴 因为穿了新的鞋子，他很高兴。
邦朵拉祜语	jɔ^{53}ma^{53}la^{31}ɡa^{53} lɛ^{33}， ŋa^{31}jɔ^{53}tha^{31} khɛ^{35}jɔ^{33}ve^{33} ɔ^{31}ja^{53}mo^{33}o^{31}. 他 不　来 愿意（语）我　他（宾）劝　说　的　时间 久　了 因为他不愿来，我劝了他好长时间。
遮放载瓦语	ja̱ŋ^{31} a^{31}ŋu̱t^{55}a^{31}tʃɔ^{ʔ31}tai$^{31/51}$ lui^{55}， ŋɔ^{51} ə^{ʔ31} ma^{ʔ55} tsa^{31} ŋu̱^{51} pə^{51}. 他　乱七八糟　　说　因为　我（施助）狠狠 地 说（变化） 因为他乱说，我狠狠地说了他。
	ja̱ŋ^{31} a^{31}wɔ^{55}va^{ʔ31}mu^{51}， tʃɔŋ^{31}tsɔ$^{31/51}$pə̱^{55} ʒʅ^{55} va^{ʔ31}na̱ŋ$^{51/31}$ʒa^{55}. 他　不 能　抬　因为　学 生们　　（宾助）抬　让　（实然） 因为他抬不动，让学生们抬了。
	ja̱ŋ^{31}ŋun^{51}a^{31}wɔ^{55}mu^{51}lui^{55}a^{55}su^{31}mu^{51}mə^{31}pu^{31}xji$^{51/55}$tuŋ^{31}a^{31}wɔ^{55}wui^{51}. 他　钱　没有　因为　所以　衣服　这　件　不能　买 他因为没钱，所以买不起这件衣服。

续表

	示例
阿昌语	mau^{31} ni^{55} pɔ^{31} xɔ^{ʔ31} ŋɔ^{55} ma^{31} ʐə. 你 在 助 因为 我 不 来 因为下雨，所以我不来。

上述9种语言的11个连贯关联标记兼表因果关系。连贯关联标记和因果复句关联标记同形，因果关系本质上也是一种前后相承的关系，有前一句的原因，才能有后一句的结果，两句动作行为遵循前后顺序，前后顺序的内在联系使得连贯关系复句和因果关系复句共用相同的关联标记。在这些语言中，极有可能是从连贯关联标记延伸出了因果关系，先表示先后相承关系，然后再强调原因和结果。

6. 连贯关系兼表从由关系的倾向性分析

表4-12　　连贯关系兼表从由关系的倾向性表达表

语言	示例
门巴语	ŋa^{35}ra^{ʔ53} pe^{55}tɕiŋ^{55} ki^{31} ra^{35}wo^{53} jin^{35}. 我们 北京 （助动）来（后加）（助动） 我们从北京来。
桃坪羌语	ʁuɑ^{33}di^{33} ti^{33}ko^{33} kuə^{31}ti^{33} 从通化来 通化 （助词）（前加）来
箐花普米语	pɛ^{13}tɕĩ^{55} nɑ̃u^{13} kue^{55}si^{55}tɕhy^{55} 从北京到河西区 北京 （助词）河西区
大羊普米语	ʒɛ^{31}ɡəu^{55}nəuŋ^{55}min^{55}min^{55}xɑ^{31} pei^{55}ʐəu^{31}ɡɑ^{31}ʃən^{55}ʒdʒyn^{55}xɑ^{31} tʂhuŋ^{55}. 丽江 从 宁蒗 （趋）到 （缀）的 汽车 （趋）来 从丽江到宁蒗的汽车开过来了。
史兴语	ɑ^{33}lɑ^{55} ȵi^{55} tɕhi^{33} tʂhe^{55}tʂɛ̃^{35}i^{33} kũ^{55} li^{55}ɹɑ^{55} ɦũ^{33}wɛ̃^{33} ji^{55}. 这儿（助）汽 车 站 一公里 路 程 是（后加） 从这儿到汽车站是一公里路程。
景颇语	tʃoŋ^{31} n^{31}na^{55}ja^{ʔ55}ʃa^{31}du^{31}wa^{31} n^{31}ŋai^{33}. 我刚刚从学校回来。 学校 从 刚刚 到（貌）（尾）
绿春哈尼语	ŋa^{55} pe^{31}tsi^{55} ne^{33} i^{33}. 我从北京来。 我 北京 （助）来
遮放载瓦语	pui^{51} pui^{51}thɔ^{ʔ55}phjaŋ$^{31/51}$ mai^{31} thɔ^{ʔ55}lɔ$^{51/31}$ʒa^{55}. 太阳从东边升起。 太阳 东边 （从助）出 来 （实然）

上述8种语言的8个连贯关联标记兼表从由关系。桃坪羌语的从由标

记与几乎同步关联标记同形。哈尼语绿春大寨话的从由助词 ne^{33} 与 $a^{55}ne^{33}$ 同根，ne^{33} 是表示动作行为的由来和依据，其他的都是连贯关联标记和从由标记同形。从由关系和连贯关系看起来没有内在的联系，它们之间的同形又说明了什么，是偶然的？还是有内在联系，需要我们进一步探讨。

五　汉语连贯复句关联标记及其演变

（一）汉语连贯复句关联标记的位置模式

汉语连贯复句表达在空间、时间或逻辑事理上前后分句的动作行为有先后相承的关系。常用的合用关联标记有“首先……然后……”“先……又/后来……”“刚……就……”“一……就……”等，单用的关联标记有“就”“又”“于是”“然后”“后来”“接着”“终于”等。

根据关联标记在分句中的位置，汉语连贯复句可分为以下几个类型。

1. 前置于前后分句的关联标记，可记作 G1+A，G2+B

先讨论一下，然后再做决定。（《现代汉语八百词》1999：461）

2. 前置于后一分句的关联标记，可记作 A，G+B

代表团定于今日离京前往上海，然后赴广州参观访问。（《现代汉语八百词》1999：461）

此外，意合的、不用任何关联标记的连贯复句很常见，如：

愿为事业献青春，献了青春献终身，献了终身献儿孙。（黄伯荣、廖序东《现代汉语》）

（二）汉语连贯复句关联标记的历史演变

1. 古代汉语连贯复句关联标记的位置模式及其演变

连贯复句讲述一连贯的动作行为，顺应时间线条，常不用关联标记。如：

颍考叔为颍谷封人，闻之，有献于公，公赐之食，食舍肉。（《左传·隐公元年》）

但在先秦时期，也出现了表连贯的标记，如：

盘庚作，惟涉河以民迁，乃话民之弗率，诞告用亶。（《尚书·盘庚中》）

祭公来，遂逆王后于纪。（《春秋·桓公八年》）

连贯复句关联标记出现较早，自先秦开始，广泛使用于各类文章中。

根据关联标记在分句中的位置，可以把古代汉语连贯复句分为以下几种类型。

（1）前置于后一分句型，可记作 A，G+B

连贯复句中有一个关联标记，一般位于后一分句句首，也可位于后一分句主语后、谓语前。如：

尔还而入，我心易也；还而不入，否难知也。（《诗经·小雅·何人斯》）

林尽水源，便得一山。山有小口，仿佛若有光。（晋·陶渊明《桃花源记》）

新妇欲拜谢阿婆，便乃入房中，取镜台妆束容仪，与夫相见。（《敦煌变文集·秋胡变文》）

吴王既见战卒列在城南，便即慰劳战士。（《敦煌变文集·伍子胥变文》）

从后与汉军相及，颇寇盗后重。（《汉书·陈汤传》）

越明年，政通人和，百废具兴，乃重修岳阳楼。（宋·范仲淹《岳阳楼记》）

既已，无可奈何，乃遂收樊於期之首，函封之。（《战国策·燕策三》）

比徂西土，爰居其野。（《穆天子传》卷三）

桓桓武王，保有厥土，于以四方。（《周颂·桓》）

太祖改容谢之，于时宾客皆伏失色。（《三国志·魏书·崔琰传》）

文公见民之可战也，於是遂兴兵伐原，克之。（《外储说右上》）

孟孙为司空，以书勋。（《左传·昭公四年》）

丰年多黍多稌，亦有高廪，万亿及秭。（《周颂·丰年》）

三国之兵果至。至则乘晋阳之城，遂战。（《韩非子·十过》）

此印者才毕，则第二板已具。（《梦溪笔谈·技艺》）

古代汉语连贯复句的 A，G+B 类型中，关联标记众多，很多关联标记不只用在连贯复句中表连贯，还可以用作他用。如“却”“则”“亦”等。

（2）前置于前后分句型，可记作 G1+A，G2+B

连贯复句中有两个关联标记，分别前置于不同的分句，如：

今天下以君侯为文章之司命，人物之权衡，一经品题，便作佳士。

（唐·李白《与韩荆州书》）

初汤臣挚，后兹承辅。（《楚辞·天问》）

蜀人织锦，初成必濯于江，然后文采焕发。（《唐语林·卷八·补遗》）

远公既蒙再三邀请，遂乃进步而行。（《敦煌变文集·庐山远公话》）

先发制人，后发制于人。（《汉书·项籍传》）

（3）前置于前一分句型，可记作 G+A，B

初发京师，西行四十日至赤岭。（《洛阳伽蓝记》）

2. 现代汉语常用连贯复句关联标记的演变

古代汉语可连接连贯分句的关联标记有丕乃、否、便、便乃、便即、颇、乃、乃遂、而、焉、爰、于、于时、於是、於是遂、以、亦、遂、则、却、就、初等，框式关联标记有"初……后……""既……遂……""先……后……"等。现代汉语连贯复句常用的关联标记分单用和合用两种，单用的主要有"就、又、再、于是、然后、后来、接着、继而、终于"等；合用的关联标记主要有"首先（先）……然后（后来、再）""刚……就……""一……就……"等。从古代汉语连贯复句关联标记看现代汉语，可以看出它们一脉相承的关系，现代汉语继承了一些表达方式，淘汰了一些标记，同时也创新发展了一些标记。下面主要看一下现代汉语常用关联标记的渊源。

（1）然后

现代汉语"然后"是古代汉语的代词"然"和"后"组成的复合虚词，意为"如此""这样"的意思。"然后"实际上是"如此而后"的意思[①]，后来逐渐凝固为一个词。"然后"合用的用法自先秦文献中已经出现，一直沿用至今。

子贡反，筑室于场，独居三年，然后归。（《孟子·滕文公上》）

夫大寒至，霜雪降，然后知松柏之茂也。（《淮南子·俶真训》）

（范）式遂留止冢次，为修坟树，然后乃去。（《搜神记·范臣卿张元伯》）

古代汉语"然后"还表示条件的承接关系，后一件事情或动作行为

---

① 中国社会科学院语言研究所古代汉语研究室：《古代汉语虚词词典》，商务印书馆 1999 年版，第 445 页。

的发生以前一分句的条件为前提。如：

夫王者得贤才以自辅，然后治也。(《说苑·君道》)

(2) 再

副词“再”在先秦时期表示同一动作进行了两次，可译为“两次”，这种用法先秦时多见，后不多见。如：

再合诸侯，三合大夫。(《左传·昭公元年》)

“再”表重复的用例先秦较少，后世增多。如：

文王有疾，武王不说，冠带而养。王一饭，亦一饭；文王再饭，亦再饭。(《礼记·文王世子》)

“再”仅作为副词，并没有表承接的关系。

现代汉语中“再”常与“先”“后”等连用，表示承接关系。如：

如果答案错了，机器呈现正确的答案后，再进行下一步。(CCL 语料库)

(3) 于是

由介词“于”和代词“是”组成的复合虚词，先秦已有用例，沿用至今。常用来连接句子，表承接关系，如：

古者人之始生，未有宫室之时，因陵丘堀穴而处焉。圣王虑之，以为堀穴，曰：“东可以辟风寒，逮夏，下润湿，上熏烝，恐伤民之气。”于是作为宫室之利。(《墨子·节用中》)

可以用在分句之间。如：

币数易而民益疑，于是废天下诸钱，而专命水衡三官作。(《盐铁论·错币》)

(4) 后来

“后来”常指“后面来的人”。如：

洞玄食毕，老人曰：“吾今先行，汝后来也。”言讫不见。(北宋《太平广记》)

后凝合成一个词，表承接关系，如：

何婆乃调弦柱，和声气曰：“个丈夫富贵，今年得一品，时年得二品，后来得三品，更后年得四品。”(北宋《太平广记》)

初间极软，后来方凝得硬。(北宋《朱子语类》)

“后来”表承接关系出现较晚，唐宋时才有此种用法，及至现代汉语，口语中极为常用。

（5）先……然后……

两汉的时候连贯关系的表达已经使用框式关联标记，如：

（甄）邵当迁为郡守，会母亡，邵且埋尸于马屋，先受封，然后发丧。（《后汉书·李燮传》）

（6）一……就……

“一……就……”来源于古汉语的“一……便……”“一……则……”的句式，如：

今天下以君侯文章之司命，人物之权衡，一经品题，便作佳士。上文有“一登龙门，则声誉十倍”。

“一”表示动作行为刚一发生，就随即产生了某种结果，后面的后附成分不加限制，如：

毛先生一至楚，而使赵重于九鼎大吕。（《史记·平原君列传》）

一见太守王朗徒从整饰，心嫌之，遂称病自绝。（《后汉书·张俊传》）

唐代前后出现了“一……便……”的用法，如：

一朝断之，便为弃物，是有钱无粮之人，皆坐而饥困，此断之又立弊也。（唐《通典》）

郑呼之却回曰，如公所试，场中无五六人。一唱便受之，此而不奖，何以铨衡？（北宋《太平广记》）

一见了如来，便就说道：“既是东土厄难，我当下世为大千徒众解释。”（明《三宝太监西洋记》）

明代前后，“一……就……”被广泛使用，常用在紧缩的结构中和复句中，如：

一考就进了学，做了秀才。（明《今古奇观下》）

遂说道：“这病不打紧。一服药下去，就要见效。”（明《醒世姻缘传（上）》）

（三）古今汉语连贯复句关联标记模式及其演变

就古今汉语连贯复句关联标记模式类型来说，二者都有前置于前后分句型关联标记模式和前置于后一分句句首的关联标记模式，二者一脉相承，并且以前置于后一分句句首的模式最为常见。古代汉语还有前置于前一分句句首的模式，但并不常见，如果有前置于前一分句首的标记，通常在后一分句也有标记与之相呼应，形成框式关联标记。总而言之，连贯复句关联标记模式古今变化不大。

就古今汉语连贯复句关联标记来说，虽有相承关系，但变化较大。如古代汉语关联标记“丕乃、否、便、便乃、便即、颇、乃、乃遂、焉、爰、于、于时、於是、於是遂、以、亦、遂、则、却、初”等在现代汉语口语中已不再使用，“便、遂、则”等出现在书面语体中。现代汉语常用的关联标记有“就、又、再、于是、然后、后来、接着、继而、终于”等，很多都兼有多种功能，如“就、又、再、终于”等，表承接关系只是其承担的多种功能中的一种，“后来”“接着”等也出现较晚。一脉相承的词语很少，如“然后”。这可能与连贯复句的口语化形式更强有关，连贯关系表示一种前后相承的关系，其前后相承关系的凸显更加注重语境作用，因而很少在书面语中留下痕迹，在历史的长河中，各个朝代只有特别凸显的连贯标记才会记入史册，所以古代汉语关联标记众多，出现得快消失得也快。加之各个时代口语和书面语发展速度不一，现代汉语并没有继承多少，而是发展出了很多当今口语化的连贯标记。

六　从藏缅语连贯复句反观汉语

藏缅语和汉语是亲属语言，二者在连贯关系的表达方面有哪些共性和个性？分析藏缅语连贯复句的特征，可以更好地让我们认识汉语连贯复句的特点。根据对上述材料的分析，我们认为藏缅语和汉语的连贯复句有以下共同特征和个性特点。

（一）藏缅语和汉语连贯复句的共性特征

1. 藏缅语和汉语意合的连贯复句较为普遍

连贯复句常表示连贯发生的一系列事件，有着时间上的先后顺序。戴浩一、黄河（1988）提出时间顺序原则（The principle of temporal sequenece 简称 PTS）：两个句法单位的相对次序决定于它们所表示的概念领域里的状态的时间顺序①。汉语的连贯句、连谓结构、述补结构都遵循时间顺序原则，此外时间顺序原则还适用在状语、表情状和工具的副词等表达当中。汉语语法一般遵循时间顺序，是时间顺序型语言，连贯复句如果不用关联标记，按表达的先后顺序也能推知时间的先后顺序，因此汉语意合的连贯复句较为普遍。

---

① 戴浩一、黄河：《时间顺序和汉语的语序》，《国外语言学》1988 年第 1 期。

戴浩一、黄河（1988）还指出，“汉语语法参照相当于概念领域的原则，多于参照在句法和形态范畴上起作用的语法规则。相形之下，英语作为某种程度的屈折语，参照的语法规则立足于可识别的语法范畴”。“从语义结构到表层结构的投射理论的观点来看，我们可以非正式地说，像汉语这样的非屈折语具有比较多的直接投射，而像英语这样的屈折语则又比较多的间接投射，即投射必须透过对形式句法范畴所规定的那层限制。”藏缅语和汉语一样，分析性较强，可以说也遵循时间顺序原则。

藏缅语连贯复句分句间的表达也遵循时间顺序，先发生的先说，后发生的后说，再加上藏缅语本身的复句标记不发达，所以意合的连贯复句居多。

2. 藏缅语和汉语连贯复句关联标记有典型和非典型之分

张斌（2002）在《新编现代汉语》指出，语法上说的关联词语是专指标明复句关系的词语，不用来标明复句关系的词语尽管跟关联词语的形式、意义相近或一样，也不能成为关联词语。他还指出副词“也”“就”“都”“又”“才”“还”只有在复句中的分句间起关联作用，才可能成为关联词语，如果不在复句的分句间起关联作用，就不是关联词语①。张斌的这段论述认识到了关联标记的不同，这类不同其实是典型关联标记和非典型关联标记的区分造成的。典型的关联标记是指连贯复句中经常使用该关联标记表连贯关系，该关联标记也经常出现在连贯句中。藏缅语东旺藏语的 tɛn^{35}、景颇语的 n^{31}na^{55}、独龙语的 tɯm^{55}、绿春哈尼语的 a^{55}ne^{33}、白宏哈尼语的 a^{55}ne^{33}、大羊普米语的 sɿ^{31}……ʐɿ^{55}dʒ ie^{24}（先……之后）、勒期语的 lɔ̱^{33}“后”等，表达连贯关系也经常用这些关联标记，这些关联标记经常用在连贯句中，虽然有的关联标记还兼做其他标记，如景颇语的 n^{31}na^{55}还兼表因果等关系，但是连贯复句最常用的标记也是 n^{31}na^{55}，说明这个关联标记是连贯复句独有的、典型的标记。汉语连贯复句典型的关联标记有“然后、便，接着、首先……后来……”等，这些关联标记主要用来表达连贯关系，连贯复句中也常用这些关联标记。

而非典型关联标记是指在连贯复句中表示顺承连接关系，不过在非连贯复句中也经常出现该标记，且该标记的主要功能不是用来连接连贯复句的，只有在连贯复句中才具有关联词语的功能。格曼语的 lɑ^{31}nɑ^{55}“又”、

① 张斌：《新编现代汉语》，复旦大学出版社 2002 年版，第 473 页。

邦朵拉祜语的 nɔ^{35} “再”、白宏哈尼语的 ɛ^{55}khɛ^{55} “再”、碧约哈尼语的 tɕu^{33} “就”、勒期语的 tum^{53} “又”、载瓦语的 tum^{31} “又” 等，用在后续句中，往往和典型关联标记配合使用，是非典型关联标记。汉语的副词“也”“就”“都”“又”“才”“还”也属于此类。

二者的关联标记还具有开放性，如有时间先后顺序的两个句子，还可以加上“马上、立即”等副词，表示前后句时间上紧邻，也可以表达连贯关系。此类情况很多，在此我们不把它们作为连贯标记来讨论。

3. 藏缅语和汉语都有几乎同步关联标记

藏缅语几乎同步型关联标记由词汇和构式两种方式组成，例如白马语的几乎同步关联标记为 uɛ^{53}rɛ^{53}，史兴语为 ȵi^{31}。还有一些语言用构式来表达，如邦朵拉祜语的 te^{53}……qo^{33} “一……就……”、大具纳西语的 dɯ^{33}……nɯ^{33} “一……就……”、白宏哈尼语的 tɕo^{31}……o^{55} “一……就……” 以及东旺藏语的 roŋ^{35}nə^{33} “一……就……” 等，都是用副词“就”和另一词语组成的构式。

汉语连贯复句中用构式“一 A，就 B”表达几乎同步关系，表示 AB 两个动作几乎同时发生，一旦发生 A，立马发生 B。“一 A 就 B”还是紧缩复句的关联标记，如“一看就懂”，根据具体语境，表示连贯或条件关系。

可以看出，藏缅语和汉语在几乎同步关系的表达上都有各自的表达方式，共同点是都采用了构式的方式，构式中都包含非典型关联标记“就”。这种构式的方式是各自生发的？还是相互影响产生的？有待我们进一步探讨。

4. 藏缅语和汉语都用“先”“后”观念来表达连贯关系

连贯关系本质上是一种时间先后关系，在表达这种时间先后关系时，藏缅语大多数语言和汉语都使用了“先”“后”观念作为关联标记。例如：白马语（孙宏开、齐卡佳等 2007：106）

tɕhø^{53} ŋø^{341}ndʑi^{53}，ŋɑ^{35}ɕɛ^{53}uo^{53}dɐ^{13}.

你　先　走　　我　后　来　进行

你先走，我后来。

白马语的 ɕɛ^{53} 还有“后面”的意思，表方位，后引申为时间副词，表示时间上的“后发生”，ŋø^{341} 表方位，有“前面”之义，引申为时间副词“先”。这种方位名词引申为时间副词的情况在藏缅语中很常见，具有一定普遍共性。独龙语 tɯm^{55} “后面” → “以后”，格曼语 ɡlʌu^{53}lɑm^{55} “后面” 与 ɡlʌu^{53}xi^{55} “以后，然后” 有共同词根，喜德彝语表方位的 ɣa^{33} “后” 与表时间先后的 ɣa^{44}有共同的词根；补远基诺语的方位名词 a^{44}noŋ^{44} “后”，a^{44}xo^{44} “前” 分别有时间上的 “以后” “先” 的意义；傈僳语方位名词 kɑ^{55}nɛ^{55}sɿ^{33} “后边” 与连贯标记 sɿ^{55}有共同词根；邦朵拉祜语 qhɔ̠^{31} nɔ^{35} “后面” → “以后”；大羊普米语的方位词 ʐɿ^{55}dʒie^{24} “后面” → “以后、随后”；桃坪羌语 mɑ^{31}tʃhɿ^{33} “后面” → “以后、然后”；蒲溪羌语 ʂəntɑ “后面” → “以后、然后”；史兴语方位名词 dʑo^{31}lɑ^{35} “后面”，引申为表时间的 “以后”；勒期语方位词 lɔ̠^{33} “后” → “之后，然后”。

值得一提的是阿昌语的连贯关联标记为 xɔ^{ʔ31}，但还可在 xɔ^{ʔ31}后再加n̥oŋ^{55} “后”，如：（戴庆厦、崔志超 2009：479）

nauŋ^{55}lɔ^{35}xɔ^{ʔ31}　n̥oŋ^{55}te^{55}　ȵaŋ^{31}ʐə^{35}pɔ^{31}.　你回去后他就来了。

你　回（助）后　（助）他　来（助）

阿昌语方位名词 “后面” n̥oŋ^{55}pa^{31}和表时间的n̥oŋ^{55} “后” 有共同的词根。说明连贯复句中逐渐在使用表时间的 “后” 来作为关联标记。

可以看出，藏缅语由方位词 “后面” 引申出时间顺序 “以后” 的情况在很多语言中具有共性，是一种很常见的引申途径，也是连贯关联标记的重要来源之一。

虽然上述情况很常见，但并不是所有的语言都有这种引申的途径，如景颇语的 pha,^{33} “后面” 虽引伸出了 “以后” 和 “将来” 的时间观念，但并没有用在连贯句中。白马语的后面 dʑy^{13}ɕyɛ^{53}，连贯标记为 ȵi^{53}；博嘎尔语方位名词 “后面” lamko，连贯标记为 ɡe；波拉语连贯关联标记为 muŋ$^{35/55}$，方位名词 “后面” 为 thɔ̃^{55}（khja^{55}）。藏缅语连贯关联标记的来源不只一种途径，连贯关系的表达应该是多途径共同起作用的结果。

汉语的方位名词 “前” “后” 亦可以表时间，还可以组成合成词，表达时间观念。如 “从前、目前、眼前、以后、后来、今后” 等。戴浩一（1990）指出感知和语言都决定于生理构造。人类因自身的生理构造而用特殊的、一贯的方法来感知客体，人、空间、时间和它们的相互关系。① 人类在认识世界之初，已经感知到了空间概念，由此根据自身经验与世界的相互作用，感受自我、客体、时空的相互关系。周榕（2001）分析了汉、

① 戴浩一、叶蜚声：《以认知为基础的汉语功能语法刍议（上）》，《国外语言学》1990年第4期。

英、日、法、拉丁、越南等各语言中的词源，指出在表达时间概念之前一般必须有一贯相应的空间概念，时间概念是基于空间概念发展起来的[①]，“用空间概念隐喻时间概念是世界语言中的一种普遍现象”[②]。我们对藏缅语方位词“前”“后”表时间“前”“后”的概念也可以支持这一论点。

可见，藏缅语和汉语同世界其他语言一样，在使用空间方位概念表达时间观念上具有一致性，符合人类语言的普遍共性。连贯句本质上的表达是时间先后顺序，因此汉语和大部分藏缅语把“先”“后”概念运用到连贯复句的表达中。

（二）藏缅语和汉语连贯复句的不同点

1. 藏缅语连贯复句关联标记数量少于汉语

藏缅语大多数语言中都有连贯关联标记，但是数量均不多。大多数语言前后相继型关联标记和几乎同步关联标记加起来也只有 2—3 个，如门巴语、仓洛语、桃坪羌语、蒲溪羌语、扎巴语、箐花普米语、贵琼语、独龙语、格曼语、博嘎尔语、剑川白语、阿昌语等。多的有 5 个左右，如遮放载瓦语有 5 个。总之，藏缅语各语言连贯关联标记在 2—5 个之间，并不十分发达。

此外，从连贯关联标记的产生来源来看，多数连贯关联标记是由其他功能衍生而来，表达连贯关系只是其中后来的一个功能。总体来看，连贯功能关系的关联标记产生较晚，历史较短，并不十分发达。

汉语的连贯关联标记由来已久，周秦时期，已经出现了表连贯关系的“遂”，

公既视朔，<u>遂</u>登观台以望。（《左传·僖公五年》[③]）

在汉语的发展历程中，便、便乃、便就、乃、乃遂、而、然、然而、焉、于、于是、兹、故、实、遂、则、且、却等都曾作为表顺承关系的连词。之后连词系统几经更替，马建忠（1898）的《马氏文通》把在句读中连接上下文的连字统称为承接连字，主要有“而”“则”两字，包括“而、则、斯、即、故、以、是故”等，范围较宽，之后吕叔湘（1956）的《中国文法要略》列出了“就、便、即、则、才……就、每……就/即/辄/必/则、于是、其后、遂、已而、一会儿、顷之、未几、

① 周榕：《隐喻认知基础的心理现实性》，《外语教学与研究》2001 年第 2 期。

② 董婧：《汉语“前—后”的方位隐喻和时间参照》，《语言文学研究》2018 年第 4 期。

③ 周刚：《连词与相关问题》，安徽教育出版社 2002 年版，第 158 页。

久之、既而、才、方才、这才、乃、而后、然后”等，前人对连贯复句关联词语的所称范围较宽，数量众多。

现代汉语中表连贯关系的关联标记亦为数不少。王维贤等（1994）在《现代汉语复句新解》中，列出了“A，就（便）”“A，又B”“（先）A，接着B”“（先）A，然后B”“A，于是B”等几个典型的连贯标记。邢福义的《汉语复句研究》中，认为连贯句在时间上形成纵线序列，“……接着……”是点标志，“……然后……、……又……”等是标志群①，但他并未列出很多连贯标记，只把典型的列了出来。就现代汉语教材而言，张斌（2002）在《现代汉语》关于顺承复句的论述中，指出常用的关联词语单用的有“就”“便”“又”“于是”“接着”“然后”，用于后续分句；成套的有“首先……然后/接着”“起先……后来”②。邵敬敏的《现代汉语通论》中列出的连贯复句关联标记有：双用的“一……，就（便）……”“刚……，就（便）……”“首先……，然后……”“开始……接着……”；单用的有“就”“于是”“接着”“跟着”等词语。③ 北京大学中文系（2012）《现代汉语重排本》认为连贯关系常用副词“又”“就”或连词“后来”“然后”之类。④ 上述几本论著或教材并没有详尽指出都有哪些连贯标记，只是列举一二说明连贯关系。黄伯荣、廖序东的《现代汉语》列出合用的关联标记有“首先（起先、先）A，然后（后来、随后、再、又）B”“刚A，就B”“一A，就B”单用的有“就、又、再、于是、然后、后来、接着、跟着、继而、终于”⑤，这本教材较为详尽地列举了现代汉语连贯标记。数量也是相当可观。

汉语较之藏缅语，其连贯关联标记更多。为什么汉语连贯关联标记这么多？分析列举较为详尽的黄伯荣、廖序东的《现代汉语》，不难发现汉语关联标记多的原因有三，一是关联词的同义词较多，如“首先”“起先”“先”都包含语素“先”，“然后”“后来”“随后”都包含语素“后”，这些同义的词语用在连贯句中，作为连贯标记，增加了关联标记

① 邢福义：《汉语复句研究》，商务印书馆2001年版。

② 张斌：《新编现代汉语》，复旦大学出版社2009年版，第479页。

③ 邵敬敏：《现代汉语通论》（第二版），上海教育出版社2010年版，第241页。

④ 北京大学中文系现代汉语教研室：《现代汉语》（增订本）商务印书馆2012年版，第366页。

⑤ 黄伯荣、廖序东：《现代汉语》（增订三版），高等教育出版社2002年版，第162页。

的数量。二是非典型关联标记多，如“就”“又”“再”“终于”等，都是非典型连贯复句关联标记，这些词可用在连贯句中，大多时候用在单句中做副词。这样也就导致汉语关联标记较多。三是汉语有着丰富的书面语系统，现代汉语连词系统和古代汉语连词系统一脉相承，古代汉语顺承连词的多样性确保了现代汉语连贯复句连词的丰富性。我们还应看到，词语的同义关系和非典型关联标记都是一个开放的类，如果需要，会有新的关联标记加入其中，藏缅语也是如此，新的连贯关联标记也主要经由这两条途径产生。

2. 汉语和藏缅语几乎同步关联标记的形成与流变不同

汉语对连贯复句关联标记的划分没有区分前后相继和几乎同步的关系，但一般默认“一……就……”表连贯时语义上具有紧密的前后相承关系。吕叔湘（1956）曾提出“一 X 就 Y”句式表示两项紧密联系的关系：“表示两件事情先后紧接，上半句不用‘才’‘刚’等字，用‘一’则有前后两事之紧接，更有间不容发之概。”① 之后吕叔湘（1999）对此又作了解释，“‘一（刚、才）……就……’在表达中，前后两件事情有时同属一个主语，有时不属于一个主语，但皆可表示两件事紧接着发生”②。之后，学者对此句式的语法、语义乃至语用进行了分析研究，在汉语中，这是一个多义的句式，还表示条件关系。邢福义（1985）将这一句式分为连贯句和条件句，他认为这一句式最基本的语义还是分句与分句之间的先后关系，如果前后分句所表示的行为活动都是非确指的和非一次性的，那么分句与分句之间还有一层假设关系，即条件句。③

“一”在古代汉语中就有副词的用法，表“一律”“一概”“出人意料”“假设”“动作只实行一次”之义。④《古代汉语虚词词典》⑤ 中记到“表示动作行为刚一发生，就随即产生了某种结果”。可译为“刚一”或仍译为“一”。如“壹引其纲，万目皆张”（《吕氏春秋·用民》）、“毛先生一至楚，而使赵重于九鼎大吕”（《史记·平原君列传》）。此时，“一”还没有与“就”配合使用的用法。《现代汉语虚词词典》认为

① 吕叔湘：《中国文法要略》，商务印书馆 2012 年版，第 382 页。

② 吕叔湘：《中国文法要略》，商务印书馆 2012 年版，第 599 页。

③ 邢福义：《复句与关系词语》，黑龙江人民出版社 1985 年版。

④ 王海等：《古代汉语虚词词典》，北京大学出版社 1996 年版。

⑤ 中国社会科学院语言研究所古代汉语研究室：《古代汉语虚词词典》，商务印书馆 1999 年版。

“一”为副词，它的一个义项为“同副词‘就’配合着用，表示后一个动作紧接着前一个动作而发生”①。

《现代汉语八百词》说到“一”的用法时，指出其用在动词和形容词前。“一……就……”有两层含义，其一为“前后两个动词不同，表示一种动作或情况出现后紧接着发生另一种动作或情况。可以共一主语，也可以分属两个主语”如：门一推就开。其二为“前后两个动词相同，共一主语。表示动作一经发生就达到某种程度，或有某种结果”。如只要一讲就能讲上两个小时。② 我们认为，表示两个动作紧接着发生的意义的主要承担者在前面的“一”这个词上，“一”在上古汉语中是作为数字用在动词前表动量，表动作只实行一次，这一用法一直沿用至今。这个句式中“一”后可加动词和形容词，可表动量义，如一折就断、一推就倒。还可表时间意义，如天一黑就走、一吃饭就吐，表示动作开始。“一”的这两个意义和“就”构成的句式表示紧接的两个动作前后发生。

（1）许宣上楼来，和白娘子说：“今日二月半，男子、妇人都去看卧佛，我也看一看就来。”（《元代话本选集》）

（2）却说鸨儿一见许多东西，就叫丫头转过一张桌。（《元代话本选集》）

（3）我先杀他，件件事事皆如此，是以一交手就胜。（《练兵实纪·戚继光》）

（4）因星冈公对于地生、郎中、和尚、巫师等五种人，一进门就恼火，就是亲友，远客住久了，也恼火，这个八好六恼，我有世代遵守，永为有训，子孙虽然愚笨，也一定能使他们就范。（《曾国藩家书》）

“一……就……”表几乎同步关系的句式从元代话本中渐渐多了起来，到清代以后已是很常见，上述句子中“一……就……”的用法与现代汉语的用法无二。句（1）中的“看一看就来”中的“一”还是动量词，但如果去掉前一动作看，“一看就来”也说得通。“一+动词”表动量的用法早已出现，之后发展出“一+动词性词组”，表示瞬时发生此动作，再加上“就”的连续性，共同构成了“一……就……”的语义关系。因此“一”表时间先后的语义应该在表达动量意义之后才出现。汉语的“一……就……”还是多义句式，运用广泛，语义丰富。

① 王自强：《现代汉语虚词词典》，上海辞书出版社 1998 年版。

② 吕叔湘：《现代汉语八百词（增订本）》，商务印书馆 1999 年版，第 599 页。

藏缅语几乎同步关联标记一是由“就”来表达；二是由专门的后置词表达，如：门巴语的 thi⁵⁵ tsa³¹，仓洛语的 ɕin 等；三是由其他词语和“就”组成的构式来表示，如邦朵拉祜语的 te⁵³…qo³³“一……就……”、大具纳西语的 dɯ³³…nɯ³³“一……就……”、白宏哈尼语的 tɕo³¹…o⁵⁵“一……就……”以及东旺藏语的 roŋ³⁵nə³³“一……就……”等。藏缅语表示几乎同步的关联标记与前后相继关联标记区分明显，很少混用。藏缅语表示前后句紧密联系有三条途径，但很难分清孰先孰后，哪种是原始的形式。我们可以这样设想：专门词汇形式表达可能是固有的形式，有的语言没有产生出专门表达的词汇形式，就借用副词“就”结合前后动作的语境表达紧密关系，在此基础上，为了增加区别度，在前一分句分别加上一个词，与后一分句的“就”联合表达几乎同步关系。

我们发现，藏缅语和汉语在表达连贯句的几乎同步意义时，使用的手段不同，二者表达句式形成的源流和发展也不相同。

3. 较之藏缅语，汉语连贯关联标记区分书面表达和口语表达

口语是语言只凭口耳进行交际的口头形式，书面语是有了文字以后，使用文字书写的文本语句。口语与书面语不同但有密切联系。语体是为了适应不同的交际需要而形成的语文体式，可从不同的角度对其进行分类。首先可分为书面语体和口语体。口语语体是语言的自然表现形态，生动、灵活，富于变化。书面语体是在口语语体的基础上发展形成的，是口语语体的加工形式。二者在遣词、造句、修辞等方面都有明显的差别。就口头或书面的表达而言，可分为书面表达和口语表达，口语里可以有书面表达，书面语里也可以有口语的表达。

相对于其他逻辑关系的关联标记，藏缅语和汉语连贯关联标记的表达口语化程度较高。藏缅语诸语言除少数语言有书面语外，大部分没有书面语，很多语言采用空间“先”“后”来表达时间先后的概念，口语化色彩较浓。汉语常用的连贯复句关联标记十分丰富，以单用的来说，有“便”“就”“又”“再”“于是”“然后”“后来”“接着”“跟着”“继而”“终于”“后来”等，其中，“便”“于是”“然后”“继而”书面语色彩较浓，“接着”“后来”“跟着”口语色彩较浓。再如前置于前后分句的关联标记中，“首先”书面语色彩较浓，而“先”“起先”口语色彩较浓。汉语书面语从古至今一脉相承，正式语体使用书面语色彩浓的连贯标记，口语中使用口语色彩浓的标记表达，分野明显。

一般来讲，任何逻辑关系的复句几乎都有无标记的表达方式，确认到底是何种逻辑关系需高度依赖语境。因此无论何种逻辑关系，复句使用关联标记已经是一种书面的表达，较为正式。而连贯复句中的关联标记还会区分书面语表达和口语表达，与该逻辑关系的复句也常用在口语表达中相关。

4. 藏缅语和汉语关联标记的位置模式不同

藏缅语连贯复句以关联标记后置于前一分句占优势，绝大多数藏缅语都有居尾的关联标记。藏缅语是后置词语言，居尾关联标记既与该语序类型相符合，又符合 Dik 的联系项居中原则。Dik 认为联系项的优先位置为：（i）在两个被联系成分之间；（ii）如果联系项位于某个被联系成分上，则它会在该被联系成分的边缘位置上①。藏缅语连贯复句居尾关联标记完全符合该原则，居尾的标记位于两个被联系的分句之间，且居尾的关联标记在前一分句的末尾。

藏缅语也有居首的关联标记，单标记类型里居首的关联标记不多，多标记类型里居首的关联标记较多，通常也会和居尾的关联标记配合使用，构成具有更强连接性的框式关联标记。居首的关联标记其实与藏缅后置词的语序类型不符，但其存在又是合理的，因为它们当中的很多标记都与其他标记构成了框式标记。一是由于语言相互影响的作用，可能出现前置的关联标记。二是由于非典型标记的存在，像“又”“在”之类的会出现在分句居前的位置。

汉语关联复句关联标记分为两种类型，一是“A，G+B”型，如“他吃了饭，便出去了”。二是“G1+A，G2+B”型，如“你先进去，然后让他再进去”。总体来讲，汉语连贯复句居首的关联标记占优势。第一种是单用的类型，关联标记位于后一分句句首，但也处于被连接的两个分句的中间位置。第二种类型两个标记都位于句首，位于分句的边缘位置，第一个标记可以位于主语前，也可以位于主语后，两个标记形成了前后呼应的框式关联标记。框式关联标记当中的一个关联标记居中，另一个则并不居中，但前后分句均包含关联标记时具有更强的连接功能，把两个分句联系在一起，也更有识别度。汉语属于前置词语言，其连贯复句关联标记的位置也与其语序类型相和谐。大体上也与联系项居中原则相契合。联系项居

① 刘丹青：《语序类型学与介词理论》，商务印书馆 2003 年版，第 69 页。

中原则也是一个倾向性共性，而非绝对共性。不太相符的是框式关联标记，框式关联标记的前一个标记不居中，但框式关联标记具有更强的连接功能，足以弥补不居中的连接性。

藏缅语连贯复句关联标记可分为 A+G，B 型、A，G+B 型、G1+A，G2+B，（G3+C）型、A+G1，G2+B，（G3+C）型、G1+A+G2，G3+B 型五种类型，而汉语只有“A，G+B”型 G1+A，G2+B 型两种类型。藏缅语连贯复句关联标记模式多于汉语，主要原因在于藏缅语居尾的关联标记占优势，同时也有居首的关联标记，它们相互配合，还会形成多种框式关联标记。而汉语只有居首的关联标记，没有居尾的关联标记，因此相互组合形成的模式也少。

5. 藏缅语连贯复句关联标记具有多功能性

汉语的连贯关联标记除却非典型关联标记具有多功能性，如“就”“又”等的多功能性，典型的关联标记如“然后”“便”等，并不具有多功能性。但古代汉语的一些连贯关联标记也具有多功能性，如“故”“于是”“然”等既可表顺承关系，还可兼表“因果”“转折”等关系，用在因果复句和转折复句中。在汉语的发展过程中，各种关系的表达逐渐精确和固化，一个标记身兼多职的情况也就越来越少了。

藏缅语连贯关联标记具有多功能性，主要兼表连动、并列、方式、补充、因果等关系。如景颇语连贯关联标记 $n^{31}na^{55}$ 还可以兼表因果、从由、并列，亦可做状语标记。前文已经详细论述，这里不再赘述。

藏缅语连贯复句关联标记的多功能性比较特别，可以说是被动的多功能性，主要由其他标记兼表连贯关系。

藏缅语连贯标记主要由其他功能标记兼表。为什么没有产生出专门的、唯一的表连贯的标记？我们分析认为原因有三：一是连贯关系与其他功能表达有内部的一致性，基于语言表达经济的原则，选择了兼用的手段。二是连贯关系是一种内在的联系，遵循时间顺序原则，意合的表达很常见，口语化程度高，难以产生专门的标记，极易借用其他标记。三是藏缅语很多语言没有书面语，亦无法从历史途径延续专门的表达。

第三节　藏缅语递进复句特征分析

递进复句一般由两个或两个以上分句组成，第一分句陈述一个事实，第二个分句陈述的意义在第一个分句的基础上更进一层。

一　藏缅语递进复句分类

根据是否使用显性标记，藏缅语递进复句可分为无标递进复句和有标递进复句。

（一）无标递进复句

递进复句的前后两个分句都没有显性标记，但会重复某些词语，表示后一分句所表示的意义比前一分句更进一层。如：

贵琼语（宋伶俐 2001：163）

zø^{35} ɡui^{33}tɕhiɔ̃^{55}kɛ^{33}ɕe^{33}ȵyɔ̃^{35}，bi^{33}kɛ^{53}ɕe^{33}ȵyɔ̃^{35}.

她　　贵琼　语　说　会　　藏　语　说　会

她不仅会贵琼语，也会说藏语。

他留彝语

tɕhi^{5} ʈʂhan^{55} ko^{31}，ʑo̰^{33} ko^{31}.

他　唱　　会，跳　　会

他不仅会唱歌，而且会跳舞。

鱼通贵琼语的前一分句陈述一个事实，后一分句重复前一分句的助动词 ȵyɔ̃^{35} “会”；彝语他留话也是如此，后一分句重复前一分句的助动词 ko^{31} “会”，但从句法结构上看，上述两例也可以理解为并列复句，但就语义关系上看，语义有递进的意味，所以要确定其是并列关系还是递进关系，还应该根据前后语境做出判断。

（二）有标递进复句

递进复句表示意义在数量上、范围上、程度上“更进一层”之意，绝大多数藏缅语都有相应的关联标记标明，有标复句较之于无标复句更为常见。

东旺藏语

k^{h}u^{33}nə^{41} ʂen^{41}ma^{24}tui^{33}，pei^{35}la^{33} pei^{35} ʂen^{41} rɛ^{24}.

他　读　会　不仅　　背　也　背　会　是

他不仅会读，而且会背。

上例中，前一分句显性关联标记 ma^{24}tui^{33} “不仅”位于分句末尾，后一分句的主要动词重复，关联副词 la^{33} “也”位于重复的两个动词中间。

仓洛语（张济川 2009：930）

ro^{ʔ13}mon^{13}pa^{55}kau^{55}ko^{55}pu$^{(13)}$jek^{13}pe^{55}sen^{55} la ak^{55}pa^{55}ta，om^{55}tɕaŋ^{55}

他 门巴 话 也 说 会 （助动） 还

pø^{13}ke^{55}pu$^{(13)}$jek^{13}pe^{55}sen^{55} la. 他不但会说门巴语，还会说藏语。

藏话 也 说 会 （助动）

白宏哈尼语

a^{31}ʐo^{31} kɤ^{33} khi̠^{31} le^{33} ma^{31}tshɿ^{55}，khɛ^{33} ʐi^{31} khɛ^{33} khi̠^{31}.

他 说 会（助）不只 做 也 做 会

他不仅会说，而且也会做。

波拉语（戴庆厦、蒋颖、孔志恩 2007：150）

jɔ̃^{31}pɛ^{31}ti̠^{35}a^{55} ta^{31}a^{31}ŋɔt^{55}，tui^{31} ʒɛ̆^{31}pɛ^{31}tui^{31}a^{55}.

他 会 说（助）只 不 是 做 也 会 做 （助）

他不仅会说，做也会做。

大具纳西语

thɯ^{33} ʂə^{55} tɑ^{55}mə^{33}zɑ^{31}pe^{33}lɑ^{33}kv^{55}. 他不但会说，还会做。

他 说 只不仅 做 也 会

阿昌语（戴庆厦、崔志超 2009：479）

ŋ̊aŋ^{31}kʐai^{55}tat^{55}sɿ^{31} tsɔ^{31}ma^{31}kɔ^{ʔ31}tiam^{31}tat^{55}ne^{ʔ55} ʂə^{35}.

他 说 会 （助）只 不仅 写 会 （助）还

他不仅会说，而且还会写。

二 藏缅语递进复句关联标记位置模式类型

递进复句中关联副词地位比较突出，我们把关联副词也归入关联标记范围内。根据关联标记在复句中的位置，我们把藏缅语递进复句分为以下几种类型。

1. 后置于前一分句，前置于后一分句型，可记作 A+G1，G2+B

在这种模式中，前一分句的关联标记位于主要谓语动词之后，不一定是整个分句之后，后一分句关联标记位于后一分句前部位置，一般位于主要谓语动词之前。前一分句的关联标记 G1 是主要的递进复句关联标记，凸显递进意义，具有唯一性。后一分句关联标记 G2 一般由关联副词“也、还”等组成，这类关联标记可用于任何关系的关联，不具有唯一性，属于非典型关联标记。

东旺藏语

k^{h}u^{33}sə^{33} ʂen^{41} ma^{24}tui^{33} ŋɯ^{41} 　la^{33}ŋɯ^{41} ʂen^{41}rɛ.

他　唱歌　　不仅　　会，　也 会 跳舞

他不仅会唱歌，还会跳舞。

前一分句的关联标记 ma^{24}tui^{33} “不仅” 位于主要谓语动词 sə^{33} ʂen^{41} “唱歌” 之后，助动词 ŋɯ^{41} “会” 之前，总体上还是位于句子末尾位置。

门巴语（陆绍尊 2009：798）

pe^{53}te^{31} 　ŋe^{35}le^{31} 　tøː^{55}ra^{53}ja^{35}ma^{31}tshat^{55}pa^{31}，ta^{31}noŋ^{53}lop^{55}tɕoŋ^{53} ro^{35}ram^{53}

他（助）我（助）鼓励　做 连　　　　　　还　　学习　　帮助

ja^{35}wo^{53} 　　ne^{ʔ35}. 　他不但鼓励我，而且帮助我学习。

做（后加）（助动）

前一分句显性关联标记 ma^{31}tshat^{55}pa^{31} “不但” 位于句尾，后一分句关联副词 “ta^{31}noŋ^{53}” “还” 位于句首。

仓洛语（张济川 2009：930）

nan^{13}ri^{13} pha^{55}wa ma^{13}tshat^{55}pa，om^{55}tɕaŋ^{55}ɕiŋ^{55} la^{13}le^{13}ti^{13}le^{13} khe^{55}le^{13} la.

你　水 取来　　　　　　　还　　柴　　取　去　　得要（助动）

你不但要打水，还要去打柴。

仓洛语前一分句末尾的显性关联标记为 ak^{55}pa^{55}ta 或 ma^{13}tshat^{55}pa，后一分句句首用关联副词 om^{55}tɕaŋ^{55} “还” 或 pu$^{(13)}$ “也” 连接。

扎巴语（龚群虎 2007：149）

tʊ^{31}ʐə^{55} pui^{55} ʂke^{55} ndu^{35} te^{31}ze^{55}ma^{55}nə^{35}，tsɿ^{55} pui^{55}ji^{31} ʐo^{31} 　ʐə^{35} 　ndu^{31}.

他　　　藏语　　会　　不仅　　　　还　藏文字 也（助）会

他不仅会说藏语，还会写藏文。

扎巴语前一分句关联标记 te^{31}ze^{55}ma^{55}nə^{35} “不仅” 位于句尾，后一分句中的关联副词 tsɿ^{55} “还” 位于句首。

景颇语（戴庆厦 2012：405）

ʃi^{33}tʃe̱^{33}thi^{55}ai^{33}ʃa^{31}n^{55}ka^{55}，tʃe̱t^{55}pji̱^{33}no^{ʔ55}tʃe̱^{33}tʃe̱t^{55}ai^{33}.

他 会 读（尾）仅 不仅　背诵 连　还　会　背诵（尾）

他不仅会读，甚至会背。

景颇语前一分句显性关联标记 ʃa^{31}n^{55}ka^{55} “不仅” 位于句尾，后一分句关联副词 pji̱^{33} “连” 和 no^{ʔ55} “还” 位于句子开头部分，同时重复主要谓语动词。

独龙语（孙宏开 2009：705）

另一种是用连词 tɕe^{53}ɕɯ^{31}me^{55}，bɑ^{53}li^{55} “不但……而且……”

ăŋ^{53} mɹăŋ^{53} tɕe^{53}ɕɯ^{31}me^{55}，bɑ^{53}li^{55}bɯ̆ɹ^{55}.　　他不但高，而且胖。

他 高　（连）　　　　（连） 胖

独龙语前一分句显性关联标记 tɕe^{53}ɕɯ^{31}me^{55} “不但”位于句尾，后一分句关联标记 bɑ^{53}li^{55} “而且”位于句首。

格曼语（李大勤 2002：210）

ɯi^{53} tɑ^{31}dzɑi^{55} xɑ^{31}mɯn^{53}mɯn^{53}mɯ^{31}khɹɑ^{55}kɑ^{55}mɑi^{55} ni^{55}　ɑn^{55}ɖu^{53}xɑ^{31}mɯn^{53}

她　唱　喜欢　（附）不仅　　跳舞（助）还　喜欢

mɯn^{55}. 她不仅喜欢唱歌还喜欢跳舞。

（附）

格曼语前一分句中显性关联标记 mɯ^{31}khɹɑ^{55}kɑ^{55} “不仅”居于句尾，后一分句关联副词 ɑn^{55}ɖu^{53} “还”居于分句前部。

碧约哈尼语（经典 2015：278）

jɔ^{31}mi^{31}jɔ^{31}ȵi^{55}tso^{31}ji^{33}ji^{33}kɯ^{33}mɔ^{31}tʂhɿ^{55}xa$^{55/33}$　khia^{53}ka̠^{31}.

姑娘　孩子　聪明　（引）不　但　还　　很　漂亮

小姑娘不仅聪明而且漂亮。

碧约哈尼语例子中，前一分句显性关联标记 mɔ^{31}tʂhɿ^{55} “不但”位于句尾，后一分句的关联副词 xa^{55} “还”居于句首，

白宏哈尼语

a^{31}ʐo^{31} ha^{55}ba^{31} zɿ^{55}khi^{31}le^{33}　ma^{31}tshɿ^{55}，tɕhaŋ^{55}ʐi^{55}ʐi̠^{31}khɛ^{33}khi̠^{31}.

他　歌　唱 会 （助）　不只　舞蹈　也 跳　会

他不仅会唱歌，而且会跳舞。

上述两例中前一分句显性关联标记 ma^{31}tshɿ^{55} “不仅”位于句尾，后一分句关联副词 ʐi^{31}位于分句前部。

勐朗坝拉祜语（常竑恩、和即仁、张蓉兰等 2009：656）

tsa^{31}lɔ^{31} lɛ^{33} xɛ^{33}ŋɯ^{53} mɯ^{31} ve^{33} tsɛ^{33}ti^{35}ma^{53}xe^{54} pɤ^{31}lɛ^{33} pɛ^{53} ka^{31} xu^{33}

扎洛（助）农业　从事（助）　不仅　　而且　蜜蜂 也　养

ve^{33} zu^{31}.　扎洛不但务农，而且还养蜂。

（助）（助）

拉祜语前一分句显性关联标记 tsɛ^{33}ti^{35}ma^{53}xe^{54} “不仅”位于句尾，后一分句关联标记 pɤ^{31}lɛ^{33} “而且”位于句首，同时还有关联副词 ka^{31}

"也"。

邦朵拉祜语（李春风 2014：314）

jɔ^{53}ɕɛ^{33}ɣu^{53} ve^{33} ɕa^{11}la^{31} tɕɛ^{33}ti^{35}ma^{53}xe̱^{53}，ɕɛ^{33}ɣu^{53}ɔ̱^{31}e^{33}ka^{31}jo^{31}.

她 小五 的 老师 不仅 小五 母亲 也 是

她不仅是小五的老师，而且还是小五的母亲。

前一分句显性关联标记 tɕɛ^{33}ti^{35}ma^{53}xe̱^{53} "不仅"位于句尾，后一分句关联副词 ka^{31} "也"位于主语之后，谓语动词之前。

遮放载瓦语（朱艳华、勒排早扎 2013：346）

ja̱ŋ^{31} jɔ^{51}mu^{55} tsui$^{31/51}$ ə^{55} tsă^{31}a^{31}ŋu̱t^{55}，wui^{51}lɔʔ^{55} ʒʅ^{31} ku̱t^{55} ʒa^{55}.

他 农活 做 的 不仅 生意 还 做（实然）

他不仅做农活，还做生意。

前一分句显性关联标记 tsă^{31}a^{31}ŋu̱t^{55} "不仅"位于句尾，后一分句关联副词 ʒʅ^{31} "还"位于分句靠前位置。

勒期语（戴庆厦、李洁 2007：156）

ŋə^{53}a^{33}jo^{55}tsa^{33}a^{33}ŋɔt^{55}，wɔm^{33} ɣɛʔ^{55}a^{33}jo^{55}lo^{53}.

钱 没有 仅 不是 饭 也 没有 了

不仅没钱，连吃的都没有了。

波拉语（戴庆厦、蒋颖、孔志恩 2007：150）

jɔ̃^{31}jauŋ^{35}a^{55} ta̱^{31}a^{31}ŋɔt^{55}，iʔ^{55}miʔ^{55} ʒɛ^{31} kai$^{55/31}$a^{55}.

她 漂亮（助）只 不 是 心肠 也 好 （助）

她不但漂亮，人也好。

勒期语前一分句显性关联标记 ta̱^{31}a^{31}ŋɔt^{55} "不只是"位于句尾，后一分句关联副词 ʒɛ^{31} "也"位于分句靠前位置。

2. 后置于前后分句型，可记作 A+G1，B+G2

在这种模式中，前一分句中的显性关联标记 G1 位于句尾，后一分句中的关联副词等非典型关联标记 G2 位于句子主要谓语动词之后的靠后位置。

曲谷羌语（黄布凡、周发成 2006：215）

tɕyːmi taw ləɣʐ̩su he-the metɕhi n̥i，zəm na ka

小孩（定指）一个 书学 （趋向）能行不仅 歌 好（状饰）

tshua tɕa-ɣʐ̩ə. 那孩子不但学习棒，歌还唱得好。

唱 还会

曲谷羌语前一分句 metɕhi ȵi “不仅”位于句尾，后一分句中的 tɕa “还”位于句子末尾位置，在助动词之前。

绿春哈尼语（李永燧、王尔松 2009：460）

a^{55}je^{33}ɕi^{55}tɕha^{33}dɔ^{33}xu^{33}dza^{31}ɤ^{33} ma^{31} tshe^{55}，so^{55}li^{31}so^{55}ŋa^{31} si^{31}.

花 这种 很看好（助）不 仅 香也香（助）还

这种花不仅好看，还很香。

哈尼语前一分句显性关联标记 ma^{31} tshe^{55} “不仅”位于句尾，后一分句的关联副词 si^{31}位于句尾。

碧约哈尼语（经典 2015：278）

ji^{31}khɔ^{31}pe^{33}khe^{31}mɔ^{31}tʂhʅ^{55}mi^{55}xa^{55}khe^{31}. 他不但会说，还会做。

他 说会 不但 做也会

上例中，前一分句显性关联标记 mɔ^{31}tʂhʅ^{55} “不但”位于句尾，后一分句的 xa^{55} “也”位于主要谓语动词之后，助动词之前，居于尾部位置。

大具纳西语

thɯ^{33} dzʅ^{33} ta^{55}mə^{33}zɑ^{31}tshɔ^{33} lɑ^{33} kv^{55}. 他不仅会唱歌，而且会跳舞。

他 唱 只不仅 跳 也 会

上例中，前一分句显性关联标记 tɑ^{55}mə^{33} “不仅”位于句尾，后一分句关联副词 lɑ^{33} “也”位于主要动词之后，助动词之前。

阿昌语（戴庆厦、崔志超 2009：479）

kui$^{?31}$xai^{55}kɔ$^{?31}$ sʅ^{31}tsɔ^{31}ma^{31}kɔ$^{?31}$ uai^{31}ne$^{?55}$ ʂə^{35}.

芭蕉这 大（助）只 不 仅甜 （助）还

这芭蕉不仅大，而且还甜。

上述两例中，前一分句显性关联标记 ma^{31}kɔ$^{?31}$位于句尾，后一分句关联副词 ʂə^{35} “还”位于句尾。

喜德彝语（陈士林、边仕明、李秀清 2009：102）

nɯ^{33}m̩（u）^{33}di^{44}a^{21}bo^{33}，ŋa^{33}m̩（u）^{33}mi^{44} a^{21}ɭ（u）^{55}.

你 做 何况 我 做 （连）不 够

连我做都不够，何况你呢。

前一分句关联标记 di^{44}a^{21}bo^{33} “何况”位于句尾，后一分句关联标记 mi^{44} “连”位于分句靠后位置。

勐朗坝拉祜语（常竑恩、和即仁、张蓉兰等 2009：656）

m ɣ^{53}ka^{35}li^{21}xe^{53}lɛ^{33} la^{53}xu^{11}li^{21}tsɛ^{33}ti^{35}ma^{11}ve^{33} ma^{53} xe^{54}pɤ^{31}lɛ^{33}

木嘎　学校（助）拉祜文　仅　只教（助）不　是而且

xɛ^{54}li^{21} ka^{31} ma^{11}ve^{33} zu^{31}. 木嘎小学不仅教拉祜文，而且还教汉文。

汉文　也　教（教）助

3. 后置于前一分句型，可记作 A+G，B

这种模式中，只有一个关联标记，关联标记位于第一分句末尾。

桃坪羌语（孙宏开 2009：396）

ʐən^{31}min^{31}kuŋ^{55} ʂai^{13} zuə^{33}ə^{ɹ31}　phia^{33}na^{33}，kuŋ^{55}tʂhɑŋ^{51} tə^{31}　pan^{13}tho^{51}i^{31}.

人民公社　地（前加)种（连）工厂　(前加)办（后加）

人民公社除种地外，还办了工厂。

蒲溪羌语（黄成龙 2007：218）

pi-qe ʂku　tse-uɹ　sə，　pi-bʐi-tshə.

CONT-贵　PROH-说 LNK CONT-大-REP

不但很贵，而且还有一件。

景颇语（戴庆厦 2012：405）

mau^{31}mji^{31}mă^{31}tat^{31}n^{31}na^{55}kʒo^{33}e^{31}kʒai^{31}khʒa^{55}ai^{33}tha^{31}n^{55}ka^{55}，puŋ^{31}li^{31}kă^{31}lo^{33}

故事　听　之后　心　处很着　的不仅　事　做

ʃă^{31}kut^{31} ʒa^{ʔ31}ŋa^{31}n^{31}ŋai^{33}ŋu^{55} mjit^{31} n^{31}ŋai^{33}.

努力　要　在(尾)（泛)想　(尾)

听了故事后不但深受感动，而且想努力做事。

景颇语前一分句显性关联标记 tha^{31}n^{55}ka^{55}“不仅”位于句尾，后一分句无关联标记。

碧约哈尼语（经典 2015：278）

ji^{31}khɔ^{31}pha^{55}o^{31}tsɔ^{31}mɔ^{31}tʂhɿ^{55}，tʂhɿ^{31}xɪ^{33}v^{55}nv^{31}ma^{33}o^{31}tsɔ^{31}.

他　布　卖吃　不光　羊　和　牛　买吃

他不光做布匹生意，还做牛羊生意。

哈尼语前一分句关联标记 mɔ^{31}tʂhɿ^{55}“不光”位于句尾，后一分句无关联标记与之呼应。

4. 前置于后一分句型，可记作 A，G+B

在这种模式中，只有一个关联标记，且关联标记位于后一分句句首位置。

门巴语（陆绍尊 2009：798）

cer^{35}kan^{55} pøː^{35}ji^{53} khan^{55}ni^{53}ne^{ʔ35}，　ta^{35} ca^{35}ji^{53} khan^{55}ni^{53}jin^{35}te^{31}.

老师　藏文　懂　（助动）　还 汉文　懂　（助动）

老师不仅懂藏文，还懂汉文。

上例中，后一分句的关联标记 ta^{35} “还” 位于句首，表示递进语义。

大羊普米语（蒋颖 2015：479）

tʃʅ$^{24/31}$ ʐe^{55} tʃʅ^{24} dʐuŋ$^{24/31}$ ʐəu^{55} di^{24}　dzu$^{24/31}$ ʐe^{55} dzu^{24} dʐuŋ$^{24/31}$ ʐəu^{55}.

说　也 说　会　（缀）而且 做　也 做　会　（缀）

不仅会说，而且也会做。

大羊普米语后一分句显性关联标记 di^{24} “而且” 位于句首，同时在前后分句重复主要谓语动词。

另外还有一类并列复句，前后分句间既有层进关系，又有对比关系，独龙语一般用副词 sɔ̆t^{55}sɔ̆t^{55} “更” 表达递进。

独龙语（孙宏开 2009：705）

ăŋ^{53}tăi^{53}tăi^{53}　dɔ̆p^{55}dzăŋ^{53}，ɑŋ^{31}năm^{55}păi^{53} sɔ̆t^{55}sɔ̆t^{55}dɔ̆p^{55}dzăŋ^{53}.

他 很　力气装　哥哥　更　力气装

他很有力气，他哥哥更有力气。

格曼语（李大勤 2002：210）

ɕɑu^{35} tʂɑŋ^{55} kɑ^{31}tsɯi^{35}，ɕɑu^{35} li^{35} kie^{53} kɑ^{31}tsɯi^{35}.

小张　认真　小李　更　认真

小张认真，小李更认真。

格曼语后一分句关联副词 kie^{53} “更” 位于分句主语之后，谓语之前，居于分句靠前位置。

补远基诺语

saŋ^{54}la,^{44} xɤ^{44}tshɔ^{44} pɯ^{44} tʃhɔ^{54} a^{44}，lɯ^{44}maŋ^{33}a^{44}ŋo^{54}nɛ^{44} pɯ^{44} tʃhɔ^{54} a^{44}.

枪　他　打　会 助　不仅　我 也 打　会　助

不仅他会打枪，我也会。

基诺语第二分句关联标记 lɯ^{44}maŋ^{33}a^{44} “不仅” 位于句首，同时该分句包含关联副词 nɛ^{44} “也”。

5. 前置于前后分句型，可记作 G1+A，G2+B

递进复句包含两个关联标记，都位于两个分句的靠前位置。

仙仁土家语（戴庆厦、田静 2005：108）

ŋa^{33} pu^{33}tã^{35} kã^{33}tõ^{33} ɕi^{33} sẽ^{54}，ɣa^{33}tsɛ^{35} ʑɔ^{35} ko^{33} ta^{33} ɕo^{33}ɕi^{33}.

我　不但　感动　深　还　要 他　学习

我不但深受感动，而且要向他学习。

pu^{33}tɕĩ^{54} ŋa^{33}xa$^{33\,35}$thɛ$^{33\,54}$，ɕɛ̃^{54}sẽ^{33}tsə^{33} ʑe^{54}xa$^{33\,35}$thɛ$^{33\,54}$.

不仅　我　懂　不　　老师们　　也　懂　不

不仅我不懂，连老师也不懂。

在土家语的上述两例中，第一例前一分句的关联标记 pu^{33}tã^{35} “不但”位于主语之后，后一分句关联副词 ɣa^{33}tsɛ^{35} “还”位于句首。第二例前一分句的关联标记 pu^{33}tɕĩ^{54} “不仅”位于主语之前，后一分句关联副词 ʑe^{54} “也”位于主语之后。关联标记位于主语前后语义上有所差别。

6. 特殊类型。

箐花普米语（陆绍尊 2009：577）

ʒɯ^{13}ne^{13} ti^{13}tʃu^{55} ɡue^{55}iɛ^{13} ɛ^{55}ʒɑ^{55} mɑ^{13} ʂə^{13}mi^{55} bie^{55} pu^{13}tã^{55} po^{13}ɕo^{13} nə^{55}.

从前　地主　（助）　我们　穷人　（助）不但　剥削　（连）

nə^{13}si^{13}　ɛ^{13}tʃhɛ^{55}ɛ^{55}ʐə^{55} bie^{55} tsiɯu^{55}ʐɯu^{55}

（前加）压迫　而且　我们（助）　打（后加）

从前地主不但在经济上剥削我们，而且在政治上压迫我们。

普米语递进关联标记 pu^{13}tã^{55} “不但”位于前一分句谓语动词之前，后一分句中，ɛ^{13}tʃhɛ^{55} “而且”位于主要谓语动词之后。除了两个递进关联标记，前后两个分句之间还用连词 nə^{55}连接，连词位于第一分句末尾。该句中的递进关联标记是汉语借词，其位置不同于其他藏缅语，故单列出来。

三　藏缅语递进复句关联标记位置模式分析

前文我们把藏缅语递进复句关联标记在分句中的位置归结为 5 种常规模式，为了弄清哪种模式是优势模式，递进复句关联标记的语源、各语言关联标记的关系等问题，我们列表如下（见表 4-13）。

表 4-13　　藏缅语递进复句关联标记位置模式

	A+G1，G2+B	A+G1，B+G2	A+G，B	A，G+B	G1+A，G2+B
东旺藏语	-ma^{24}tui^{33}，la^{33}-				
门巴语	-ma^{31}tshat^{55}pa^{31}，ta^{31}noŋ^{53}-			-，ta^{35}-	

续表

	A+G1，G2+B	A+G1，B+G2	A+G，B	A，G+B	G1+A，G2+B
仓洛语	- ak^{55} pa^{55} ta/ma^{13} tshat^{55}pa，om^{55} tɕa,^{55}/pu（^{13}）-				
桃坪羌语			-na^{33}，-		
蒲溪羌语			-sə，-		
曲谷羌语		- metɕhi ȵi，- tɕa-			
扎巴语	-te^{31}ze^{55}ma^{55}nə^{35}，tsɿ^{55}-				
大羊普米语				-，di^{24}-	
景颇语	- ʃa^{31} n^{55} ka^{55}，pji̠^{33} noʔ^{55}-		- tha^{31} n^{55} ka^{55}，-		
独龙语	-tɕe^{53}ɕɯ^{31}me^{55}，bɑ^{53}li^{55}-			-，sɔ̆t^{55} sɔ̆t^{55}-	
格曼语	- mɯ^{31} khɹɑ^{55} kɑ^{55}，ɑn^{55}ȡu^{53}-			-，kie^{53}-	
喜德彝语		- di^{44} a^{21} bo^{33} mi^{44}-			
绿春哈尼语		-ma^{31} tshe^{55}，-si^{31}	-mɔ^{31} tʂhɿ^{55}，-		
碧约哈尼语	-mɔ^{31}tʂhɿ^{55}，xa^{55}-	-mɔ^{31}tʂhɿ^{55}，-xa^{55}			
白宏哈尼语	-ma^{31}tshɿ^{55}，ʑi^{31}-				
勐朗坝拉祜语	-tsɛ^{33}ti^{35}ma^{53}xe^{54}，pɤ^{31}lɛ^{33}-ka^{31}-				
邦朵拉祜语	- tɕɛ^{33} ti^{35} ma^{53} xe̠^{53}，ka^{31}-			-，khɔ^{53}-	
补远基诺语				-，lɯ^{44}maŋ^{33} a^{44}-	
大具纳西语		-tɑ^{55}mə^{33}，-lɑ^{33}			
仙仁土家语					pu^{33}tã^{35}-，ɣa^{33}tsɛ^{35}/ʑe^{54}-
遮放载瓦语	-tsă^{31}a^{31}ŋu̠t^{55}，ʒɿ^{31}-				

续表

	A+G1，G2+B	A+G1，B+G2	A+G，B	A，G+B	G1+A，G2+B
阿昌语		-ma^{31}kɔ^{ʔ31}， -ʂə^{35}			
勒期语	- tsa^{33} a^{33} ŋɔ̱t^{55}， ɣɛ^{ʔ55}-				
波拉语	-ta̱^{31}a^{31}ŋɔt^{55}， ʒɛ^{31}-				

从表 4-13 我们可以得出几下以点认识。

1. 递进复句关联标记模式以 A+G1，G2+B 模式占优势

在统计的 24 种语言中，14 种语言属于这种模式。该模式中，主要递进意义的承担者为 G1，是典型的递进复句关联标记，G2 一般是该语言的副词，通常译为“也”或“还”。关联标记位于两个分句的中间位置，且处于分句的边缘位置，G1 位于前一分句句尾，G2 位于后一分句句首位置，符合 Dik 所说的联系项居中原则。且典型关联标记 G1 位于句尾，与藏缅语 SOV 型语序相和谐。A+G1，B+G2 模式与 A+G1，G2+B 模式的区别在于非典型关联标记 G2 的位置，该模式中，G2 位于分句尾部位置，有 6 种语言属于这类模式。

有 6 种语言有 A，G+B 模式，该模式的关联标记 G 多数由该语言的副词充当，与并列复句的标记具有一致性，到底是并列关系还是递进关系，则需要根据前后语境进行判定。关联标记位于第二分句句首，与藏缅语 SOV 型语序并不相符，但其居于中间位置，且在分句的边缘位置，与联系项居中原则相符。大羊普米语有该模式的递进复句，如下：

大羊普米语（蒋颖 2015：479）

pa^{24}pa^{24}ɖɛ$^{24/31}$ʐe^{55}ɖɛ^{24} di^{24} ʈhəuŋ^{55}ʒdʒəuŋ^{55}ʐe^{31}ʈhəuŋ^{55}ʒdʒəuŋ^{55}.

姐姐　聪明　也　聪明　而且　勤快　　　　　也　勤快

姐姐不但聪明，而且很勤快。

关联标记 di^{24}“而且”位于后一分句句首。A+G，B 模式与 A+G1，G2+B 模式的区别在于，后一分句中没有关联副词与典型关联标记相呼应，有 4 种语言属于此种模式。

仙仁土家语由于与 SVO 型语言长期接触，发展出了 G1+A，G2+B 模式，使用的关联标记也是汉语借词。综观藏缅语大部分语言，递进复句关

联标记模式整体与藏缅语语言类型相符，同时，藏缅语语言结构特点促成了藏缅语递进复句关联标记模式。

2. 关联副词在递进复句的表达中居于重要地位

藏缅语递进复句的五种模式中，除了模式 A+G，B 模式中没有关联副词，其他四种模式中都包含有关联副词，可见关联副词在递进关系的表达中起到了重要作用。关联副词主要是“还”和“也”，这两类副词表示程度，可用于任意单句中，也可用于有某种逻辑关系的复句中，如连贯复句、并列复句、递进复句中等。但在并列复句和递进复句中，其作用更为重要。这里就遇到另一个问题，在没有其他显性关联标记的情况下，如何区分并列关系还是递进关系？并列关系表示平列，前后无主次之分；递进关系后一分句表达的语义要比前一分句程度更进一层，从句法结构上无法区分，只能根据上下文语境加以辨别。

3. 递进复句关联标记之间没有语源关系

关于藏缅语递进复句的显性标记，大部分语言都采用了复合构词的方式构词，语音上没有对应关系，不具有同源关系，但在语支内部，存在相互借鉴的关系，如在缅语支内部，遮放载瓦语的标记为 tsă^{31} a^{31} ŋu̠t^{55}、勒期语为 tsa^{33}a^{33}ŋɔ̠t^{55}、波拉语为 ta̠^{31}a^{31}ŋɔt^{55}，语音相互对应。

在复合词构成的关联标记中，很多语言都使用了否定词缀+虚词的方式，如东旺藏语的 ma^{24} tui^{33}、门巴语的 ma^{31} tshat^{55} pa^{31}、仓洛语的 ma^{13} tshat^{55}pa、格曼语 mɯ^{31}khɹɑ^{55}kɑ^{55}、绿春哈尼语的 ma^{31} tshe^{55}、碧约哈尼语的 mɔ^{31}tʂhʅ^{55}，白宏哈尼语的 ma^{31}tshʅ^{55}、勐朗坝拉祜语和邦朵拉祜语 tsɛ^{33} ti^{35}ma^{53}xe^{54}中的 ma^{53}xe^{54}。绿春哈尼语、碧约哈尼语以及白宏哈尼语的递进关联标记由本族语的否定前缀和汉语借词“只”组成。

总体来讲，根据藏缅语递进复句关联标记多用复杂形式、本族词语和借词共同构成的现状来看，我们可以推断藏缅语递进复句关联标记产生较晚，然后各自发展。

4. 递进关系的表达趋于复杂化，缺乏定型性

藏缅语递进复句中，递进关系的表达从句法结构的差异性上看，受制于很多因素。首先，递进复句根据强调对象不同，关联标记的位置有所不同。如下面几例：

邦朵拉祜语（李春风 2014：314）

ŋa^{31} tɕɛ^{33}ti^{35}te^{33}ve^{33}ma^{53}xe^{53}，jɔ^{53} ka^{31} te^{33} ve^{33}.

我　仅　　做 的 不是　　他　也　做 了

不仅是我做，他也做了。

邦朵拉祜语递进复句关联标记 tsɛ^{33}ti^{35}ma^{53}xe^{54} “不仅” 在前后分句主语不同的情况下，需要拆开使用，tɕɛ^{33}ti^{35} “仅” 用在主语后，强调不只主语有这种动作行为。

喜德彝语（陈士林、边仕明、李秀清 2009：102）

ŋa^{33} a^{44}ti^{33}he^{33}vu̠^{33}　su^{33}　a^{21}ŋɯ^{33}，su^{33}^{44}ȵi^{33}he^{33}vu̠^{33}su^{33}　ŋɯ^{33}.

我　只　同意　（助）不 是　　别人也 同意　（助）是

不但是我同意，别人也同意。

彝语在强调前后分句主语不同时，也采用副词 a^{44}ti^{33} “只” 位于主语之后，在分句末尾再使用 a^{21} ŋɯ^{33} “不是”，表示除了在主语外，第二分句的意义更进一层。

勒期语（戴庆厦、李洁 2007：156）

ŋjaŋ^{33}mǎ^{33}khɔn^{55}tsa^{33}taːt^{31}khuːn^{55}a^{33}ŋɔt^{55}，mǎ^{33}khɔn^{55}ɣɛ^{ʔ55}tum^{53}taːt^{31}kɔː^{55}.

他　歌　　仅 会　唱　不是　舞　　也　又　会　跳

他不仅会唱歌，也会跳舞。

勒期语 tsa^{33} “仅” 位于第二个名词 mǎ^{33}khɔn^{55} “歌” 后，句尾为 a^{33} ŋɔ̠t^{55} “不是”，共同组成 “不只是” 之义，强调不只是会唱歌，还会跳舞。

其次，在表达更进一层的意义时，很多语言的第二分句使用重复的语法手段。例如：

东旺藏语

k^{h}u^{33}nə^{41}　ʂ̰en^{41}ma^{24}tui^{33}，pei^{35} la^{33} pei^{35}　ʂ̰en^{41} rɛ^{24}

他　读　会　不仅　　背　也　背　会　是

他不仅会读，而且会背。

上例中，前一分句显性关联标记 ma^{24}tui^{33} “不仅” 位于分句末尾，后一分句的主要动词重复，关联副词 la^{33} “也” 位于重复的两个动词中间。

最后，藏缅语诸语言第二分句中关联副词的位置灵活，可位于句尾、谓语动词前、谓语动词后。这可能与语言的分析性强弱及强调的对象有关。

四 汉语递进复句关联标记的模式及其演变

（一）汉语递进复句关联标记的位置模式类型

汉语递进复句后一分句的意思比前一分句的意思在数量、范围、程度等上更进一层，一般分为递进关系和衬托关系，本书只讨论递进关系情况。递进复句一般必须使用关联词语，以便与并列等关系区别开来。

根据关联标记在复句中的位置，我们把现代汉语递进复句分为以下几种类型。

1. 前置于前后分句的框式关联标记，可记作 G1+A，G2+B

两个相互配合的关联标记位于两个分句前部位置，如：

不但物质文明要建设好，而且精神文明也要建设好。（张斌《现代汉语虚词词典》）

我们中国不但要有高度的物质文明，而且要有高度的精神文明。（张斌《现代汉语虚词词典》）

如果主语相同，“不但”位于主语之后；如果主语不同，“不但”位于主语之前。无论在主语之前还是之后，都居于主要动词之前，关联标记位于分句前部位置。

2. 前置于后一分句关联标记，可记作 A，G+B

复句中只有一个关联标记，且关联标记位于后一分句句首位置，如：

这次展出的年画，数量多，而且题材新颖、形式风格多样。（黄伯荣、廖序东《现代汉语》）

（二）汉语递进复句关联标记的历史演变

1. 古代汉语递进复句关联标记的类型及演变

先秦时期，表示递进关系的连词已广泛使用，如：

寡人之使吾子处此，不唯许国之为，亦聊以固吾圉也。（《左传·隐公十一年》）

民无内忧，而又无外惧，国焉用城。（《左传·昭公二十三年》）

之后递进连词有所发展，从周秦到近代，曾经在历史上出现过的选择复句关联标记主要有：不惟、不啻、不单、不仅、匪、匪独、非但、非仅、而、而且、乃、乃且、那更、且、且夫、且况、又、又且、亦、亦且、亦是、亦并、抑亦、并且、兼、兼且、更、更且、更兼、犹、犹且、尚、尚且、且犹、而尚、况、况且、况是、而况、又况等。

根据关联标记在递进复句中的位置，我们把古代汉语递进复句分为以下类型。

（1）前置于前一分句型，可记作 G+A，B

关联标记位于前一分句句首，如：

无波菱自动，不夜月恒明。非唯照佳丽，复得厌山精。（隋·李巨仁《赋得镜诗》）

非独贤者有是心也，人皆有之。（《孟子·告子上》）

（2）前置于后一分句型，可记作 A，G+B

其师老矣，而不设备，子击之，郑师为承，楚师必败。（《左传·宣公十二年》）

故知节用裕民，则必有仁义圣良之名，而且有富厚丘山之积矣。（《荀子·富国》）

是立法以警其余，且惩后也。（清·方苞《狱中杂记》）

子谓《韶》，“尽美矣，又尽善也。”（《论语·八佾》）

必不得宋，又且为不义，曷为攻之？（《淮南子·修务》）

布屯沛城外，遣人招备，并请灵等与共飨饮。（《后汉书·吕布传》）

自小生得清秀，更且资性聪明。（《醒世恒言·卖油郎独占花魁》）

（3）前置于前后分句型。可记作 G1+A，G2+B

两个关联标记分别位于前后分句的开端位置，构成框式关联标记。如：

不惟不敢，亦不暇。（《尚书·酒诰》）

非直能俳，又善饮酒。（《汉书·翼奉传》）

当今之世，非独君择臣也，臣亦择君矣。（《后汉书·马援传》）

不独年貌相当，而且门第相对。（《镜花缘》第十五回）

不惟晋国享之，乃唐叔是赖之。（《说苑·至公》）

不惟眼辨与身轻，那更马疾手妙。（《董解元西厢记》卷二）

不但贞洁，又且贤惠。（明·周履清《锦笺记》）

不惟天子蒙尘，抑且生民涂炭。（元·施惠《幽闺记》第四出）

庾非唯风流，兼有治实。（《世说新语·俭啬》）

不惟道鬼病相持，更有邪神缴缠。（《董解元西厢记》卷六）

不但姿容娇媚，更兼性格温柔。（明·梁辰鱼《浣纱记》）

古代汉语递进复句关联标记位置模式以第三种模式居多，这种模式自先秦时就已存在，一直延续至今。第一种模式数量较少。总体而言，单用的关联标记模式较少，前后配套使用的框式关联标记模式较多，中古以后更多。

（二）现代汉语常用递进复句关联标记的演变

现代汉语常用的递进复句关联标记主要有“不但（不仅、不只、不光）……而且（还、也、又、更）……”“不但……反而……”“而且、并且、甚至、更”等。现代汉语递进复句关联标记和古代汉语的标记既有传承关系，也发生了重要变化。现代汉语常用关联标记“不但”，源于古代汉语关联标记“不但”等；“更”源于古代汉语的“更”；“而且”源于古代汉语的“而、而又、而且”等；“况且”源于古代汉语的“且况”等。从古代汉语到现代汉语演变的过程中，淘汰了大部分意义重复的关联标记，形成了现代汉语现有的标记。现在我们来看现代汉语典型的递进复句关联标记的渊源关系。

1. 不但

“不”和“但”在古代汉语都没有“层进”之义，二者结合构成复合词“不但”才有“层进”之义。

“不但”在先秦战国已经出现，如：

恒秉季德，焉得夫朴牛。何往营班禄，不但还来。昏微遵迹，有狄不宁。（《楚辞》）

良得黄石公不死之法，不但《兵法》而已。（《抱朴子·内篇·至理》）

烈士暮年，壮心不已。盈缩之期，不但在天；养怡之福，可得永年。（六朝·曹操《观沧海》）

以上3句“不但”还没有凝合成为一个词，“不”表否定，“但”为“仅、只”之义，用于句前或句中，并没有后续句，所以也没有与前一分句呼应呈“层进”义的意思。

不但自失其利，复使馀人失其道业，身坏命终，堕三恶道。（六朝《百喻经》）

直到“不但”所在的小句之后有了后续句，由于“不但”合起来有“不仅、不只”的意思，后续句自然就具有了“层进”的意义。“不但”也就重新分析成为一个词。“不但”常位于第一个小句的前部，后续句常有关联副词与之呼应。如：

多蒙仙长佳果之味，不但解了饥渴，亦且顿悟前生。（明《二刻拍案惊奇》卷二十四）

不但贞洁，又且贤惠。（明·周履清《锦笺记》）

2. 不仅

同样，“不”和“仅”各自单独出现很早，先秦时已常用。但“不仅”作为一个词使用则出现较晚，明清时期才出现，有两种用法，第一种是无递进之义，仅为副词做状语，表示“不只如此”之义。如：

孙思邈在《方伎》，改入《隐逸》，以其人品高，不仅以医见也。（清·赵翼《廿二史劄记》）

《春秋》自孔子加笔削褒贬，为后王立法，而后《春秋》不仅为记事之书。（清·皮锡瑞《经学通论》）

上述句子中，“不仅”用在一句话的最后分句中，作状语使用。

“不仅”的第二种用法是用于前一分句，常有后续句与之呼应，后续句中常有“亦”“且”“而且”等，后续句有更进一层之意，如：

是孟京之说，不仅汉儒宗之，宋儒亦宗之矣。（清·皮锡瑞《经学通论》）

余大忠道：“不仅供玩，且有大益，真系奇珍。”（清《海国春秋（上）》）

3. 而且

由连词“而”和“且”复合而成，同义连用，表示层进关系。“而且”连接小句，后置于后一分句的用法从先秦开始，一直沿用至今。如：

故知节用裕民，则必有仁义圣良之名，而且有富厚丘山之积矣。（《荀子·富国》）

齐、楚信之，必轻王，故王不如无罪景鲤，以视齐于有秦、魏，齐必重楚，而且疑秦、魏于齐。（《战国策·韩一》卷二十六）

“而且”主要用作连接词语，明清以后，连接小句更为常见。

徐达说：“吾知此城极其坚固，而且兵多粮广，以力攻之，必不易克，徒伤士卒之命。”（明《英烈传》）

4. 甚至

大约东汉时期，“甚”“至”放在一起使用，但却是两个不同的词。如：

今中国一统，而北边未安，朕甚至之。(东汉《全汉文》)

孔子葬母於防，既而雨甚至，防墓崩。孔子闻之，泫然流涕曰："古者不修墓。"(东汉·王充《论衡》)

妻之姑寡居不能自免，尚住城中，辛苦甚至。(北宋《太平广记》)

北宋以后，"甚至"开始作为一个词使用，表示"更进一层"的意思。

若或父母坚不从所谏，甚至怒而挞之流血，可谓劳苦，亦不敢疾怨，愈当起敬起孝。(南宋《朱子语类》)

其蝻之盛也，流引无数，甚至浮河越岭，逾池渡堑，如履平地。(北宋《太平广记》)

"甚至"连词的用法，承接于"至"的连词的用法，"至"用在后段句首，表示另提一件相关的事。如：

今有一人入园圃窃其桃李，众闻则非上，上为政者得则罚之，此何也？以亏人自利也。至攘人犬豕鸡豚者，其不义又甚入人园窃桃李。(《墨子·非攻上》)

预此案流者，便称才子；至斯三品升降，差非定制，方申变裁，请寄知者尔。(《诗品·总论》)

此外，作为副词的"至"有程度上比前面所举更进一层的意思，用在后一段谓语前，可译为"甚至"，如：

汉使乏绝，责怨，至相攻击。(《汉书·张骞传》)

"甚"也有程度更进一层的意思，与"至"连用，语义更为明晰，表示所述事物程度比之前更深一层。如：

至于对仗，岂可以不工！甚至杜少陵的"香稻啄余鹦鹉粒，碧梧栖老凤凰枝"，我也嫌他那"香"字对不得"碧"字，代他改了个"白"字。(吴趼人《二十年目睹之怪现状（上）》)

(三) 古今汉语递进复句关联标记模式及其演变

古代汉语递进复句有三种模式，现代汉语递进复句有两种模式，古代汉语比现代汉语多出 G+A，B 模式，即关联标记在前一分句，后一分句没有与之呼应的标记的模式。现代汉语则以相互呼应的框式关联标记模式或前置于后一分句的关联标记模式为主。

古代汉语递进复句关联标记数量上远比现代汉语标记多，但有一些现在已经不用，如"不啻、不惟、不徒、不则、匪、匪直、兼、兼且、抑且”等，还有一些主要用作他用，如“不论”，现代汉语中主要用作条件复句标记。还有一些沿用至今，如“不单、不仅、不但、而且”等。古代汉语递进关联标记多，原因在于同义的复合词多，如“兼”类，就有“兼期、兼亦、兼交、兼之、兼且”等复合词。在历史长河中，词语几经更迭，积累下来的词语多。现代汉语和古代汉语一脉相承，继承中有创新，如“甚至、更”等的递进义用法就比较新。

五　汉语递进复句与藏缅语递进复句的异同

藏缅语和其亲属语言汉语在递进复句结构、关联标记、关联标记位置模式方面有哪些异同，造成这些异同的原因是什么，我们试图就这些问题进行探讨，以便我们更为深刻地认识汉藏语系的递进复句的特征。

（一）关联标记和关联副词在汉语和藏缅语递进复句中起重要作用

1. 关联标记有辨别复句关系的作用

汉语递进复句必需使用表递进义关系的关联词语，其强调的重心在后一句。汉语递进复句和并列复句的主要区别是关联词语，一旦去掉关联词语，其递进义关系无法体现，强调后一分句的意义也无法表达，递进复句就变成了并列复句。如：

学英语，学法语。

→甲：既学英语，又学法语。

→乙：不但学英语，而且学法语。（《汉语复句研究》邢福义 2001：34）

邢福义（2001）认为“学英语，学法语”的逻辑关系可能会产生两种理解，递进和并列，具体是哪种关系，需要关联标记标明。

藏缅语虽有无标递进复句，但不在具体的语言环境中，也容易引起人们对并列关系和递进关系的混淆。从汉语递进复句关联标记强制出现，绝大多数藏缅语递进复句需关联标记标明关系来看，递进复句关联标记主要起辨别递进复句和并列复句的作用。

2. 关联副词的作用在递进复句中尤为突出

关联副词频繁广泛地出现在汉语和藏缅语递进复句中，具体体现在：

（1）汉语和藏缅语递进复句后一分句常使用关联副词“还”“也”“更”等连接，与“不但”等形成框式关联标记。如：

到八九岁时，他不但能挑能背，还会种地。（《现代汉语虚词词典》

张斌 2001：225）

仓洛语（张济川 2009：930）

nan^{13}ri^{13}pha^{55}wa ma^{13}tshat^{55}pa，om^{55}tɕaŋ^{55}ɕiŋ^{55}la^{13}le^{13}ti^{13}le^{13}khe^{55}le^{13} la.

你　水取来　　　　　　还　　　柴　取　　去　　得要（助动）

你不但要打水，还要去打柴。

（2）汉语和藏缅语后一分句关联标记可以和关联副词共现。如：

从事科学研究，不仅要有丰富的材料，而且还要有正确的观点。（《现代汉语虚词词典》张斌 2001：225）

大羊普米语（蒋颖 2015：479）

tə^{55}gɯ^{55} tɛ^{55} tshəuŋ^{24} mə^{55} ʂʅ$^{24/55}$ dzu$^{24/31}$n̥in^{55} ʂʅ^{55} ʐəu^{31}，di^{24} dzu^{24}ʐe^{31}tɛ^{55} tshəuŋ^{24}

他　　一　件　　每　　做　　想　（缀）而且做　也　一　件

mə^{55} ʂʅ$^{24/55}$dzu^{24}dʐuŋ$^{24/31}$ʐəu^{55}. 他不仅什么都想做，而且什么都会做。

每　　做　会　　（缀）

（3）汉语和藏缅语中都有"还""更"等关联副词单用表递进的复句，如：汉语

他插过队，进过场，还当过兵。（《现代汉语虚词词典》张斌 2001：225）

大羊普米语（蒋颖 2015：479）

ɑ^{55}tʃhin^{55} ʃɛ$^{24/31}$ɬie^{55}tʃʅ^{24}phji^{55}ʐəu^{55}，ɑ^{55}mei^{55}lɑ^{31}xɑ^{24}tʃʅ$^{24/55}$ phji$^{55/31}$ ʐəu^{55}.

阿庆　　汉语　　说　好　（缀）阿妹　更加　说　　好　（缀）

阿庆汉语说得好，阿妹说得更好。

（二）汉语和藏缅语都有采用"否定+虚词"形式的关联标记，后一分句是递进义的承担者

汉语的关联标记不但、不仅、不只、不光、非但等，其构词也是"否定+虚词"的形式，与藏缅语递进复句关联标记构词理据一致。"仅、只、光、但"是表范围的副词，和否定形式复合构词是否表达递进义，如果不表递进义，那么递进义的主要承担者是什么？为厘清这个问题，我们进一步分析发现，"不"和"但"在古代汉语都没有"层进"之义，且"不但"在最初并不用在递进复句中。"不但"在上古汉语已经出现，仅有"不仅仅"之义，即否定限制该句所陈述对象的范围，常常单用。如：

烈士暮年，壮心不已。盈缩之期，不但在天；养怡之福，可得永年。

(曹操《观沧海》)

此时，“不但”还没有凝合成为一个词，“不”表否定，“但”为“仅、只”之义，用于句前或句中，并没有后续句，所以也没有与前一分句呼应呈“层进”义的意思。直到“不但”所在的小句之后有了后续句，由于“不但”合起来有“不仅、不只”的意思，后续句自然就具有了“层进”的意义。“不但”也凝合成为一个词。“不但”常位于第一个小句的前部，后续句常有关联副词与之呼应。如：

不但贞洁，又且贤惠。(明·周履清《锦笺记》)

可见，只有在有后续句的情况下，“不但”才和后续句中的其他关联词一同表示递进关系。吕叔湘（1999）认为“‘不但’和‘而且、并且’配合起来连接两个并列小句，表示除所说的意思之外，还有更进一层的意思”①。并指出“不但”的用法，“‘不但’可以不用，光用承上的‘而且、又、也’等词，但是不能光用‘不但’，不用‘而且、又、也’等”②。由此看来，递进复句递进义的承担者主要在后一分句，前一分句的关联标记起到了提示和强调的作用。

藏缅语递进复句除个别语言外，后续句中也常有关联副词，这一点与汉语也是一致的，递进义的表达是前后分句共同作用的结果，前一分句关联标记起到衬托、对比、强调的作用，后一分句是递进意义的主要承担者。

(三) 汉语递进复句关联标记比藏缅语丰富

汉语递进复句一般递进关系的表达主要使用下表中的关联标记，如表4-14所示。

表4-14　　汉语递进复句一般递进关系关联标记③：

合用	不但（不仅、不只、不光、非但）A，而且（还、也、又、更）B；不但A，反而B
单用	而且、并且、况且、甚至、以致、更、还、甚至于

汉语关联标记前置于前一分句的关联标记有不但、不仅、不只、不光、非但等，前置于后一分句的关联标记是“而且”，关联副词有“还”

① 吕叔湘：《现代汉语八百词》（增订本），商务印书馆1999年版，第94页。

② 吕叔湘：《现代汉语八百词》（增订本），商务印书馆1999年版，第95页。

③ 该表格引自黄伯荣、廖序东《现代汉语》（增订五版），高等教育出版社2014年版。

“也”“又”“更”等，从数量上来看，递进复句关联标记比较丰富。而藏缅语绝大多数语言只有1种递进复句关联标记，少数语言有2种，如绿春哈尼语的 $ma^{31}tshe^{55}$ 和 $mɔ^{31}ʈʂhʅ^{55}$（“不仅”“不只“），景颇语的 $ʃa^{31}n^{55}ka^{55}$ 和 $tha^{31}n^{55}ka^{55}$（“不仅”“不只”），就关联副词而言，也使用“也”“还”“更”等。

汉语递进复句关联标记数量上要比藏缅语丰富，主要原因是现代汉语的关联标记与古代汉语关联标记一脉相承，从周秦到近代，曾经有多个递进复句关联标记出现在各个历史时期，如：不惟、不啻、不单、不仅、匪、匪独、非但、非仅、而、而且、乃、乃且、那更、且、且夫、且况、又、又且、亦、亦且、亦是、亦并、抑亦、并且、兼、兼且、更、更且、更兼、犹、犹且、尚、尚且、且犹、而尚、况、况且、况是、而况、又况等，历经词汇双音节化以及语法化等演变路程，现代汉语常用的表一般递进关系关联标记如表4-14所示。现代汉语递进复句关联标记丰富，可使其意义表示有更多的选择，表情达意更为细致入微。

（四）藏缅语递进复句关联标记模式类型比汉语多

汉语递进复句关联标记位置模式有两种类型，一是关联标记前置于两分句形成的框式关联标记，如：

不但物质文明要建设好，而且精神文明也要建设好。（张斌《现代汉语虚词词典》）

我们中国不但要有高度的物质文明，而且要有高度的精神文明。（张斌《现代汉语虚词词典》）

如果主语相同，“不但”位于主语之后，如果主语不同，“不但”位于主语之前，无论主语之前还是之后，都居于主要动词之前，关联标记位于分句前部位置。

二是前置于后一分句关联标记，如：

这次展出的年画，数量多，而且题材新颖、形式风格多样。（黄伯荣、廖序东《现代汉语》）

如前所述，藏缅语的递进复句关联标记位置模式有“A+G，B”“A，G+B”“G+A，B”“A+G1，G2+B”“G1+A+G2，B”等5种类型，较之于汉语的两种模式类型，更为多样。究其原因，主要与二者的语序类型有关，汉语为SVO型语言，前置词占优势，其递进复句关联标记都是前置词，其A，G+B模式既符合联系项居中原则，也与汉语的语序类型相符；

G1+A，G2+B 前一分句关联标记虽不居中，但构成了框式关联标记，其连接力增强。藏缅语诸语言为 SVO 型语言，后置词占优势，“A+G，B”“A+G1，G2+B”“G1+A+G2，B”等 3 种模式与其语序类型相关。此外，由于语言接触的原因，产生了 G+A，B 模式。前置于后一分句的 A，G+B 模式占少数，虽使用本族语关联标记，但不排除借用汉语前置关联标记位置的可能。

第四节　藏缅语选择复句特征分析

选择复句一般由两个或两个以上分句组成，表示几种情况选择其一，藏缅语选择复句一般由关联标记标明选择关系。

一　藏缅语选择复句的分类

根据不同的标准，藏缅语选择复句分为不同的类别。根据语气，藏缅语选择复句可分为陈述选择复句和疑问选择复句。根据分句间的语义关系，可分为任选选择复句和限选选择复句。

（一）陈述选择复句和疑问选择复句

根据语气，藏缅语选择复句可以分为陈述选择复句和疑问选择复句，陈述选择复句使用陈述语气，疑问选择复句使用疑问语气，都是从几项中任意选择其中一项。

1. 陈述选择复句

东旺藏语

k^{h}u^{33} mɛn^{24}nə^{33}zɛn^{35}tʂʅ^{33}，mɛn^{24}nə^{33}phɛ^{33}ɕhoŋ^{35}noŋ^{35}tʂʅ^{33}.

他　或者　玩　去　或者　介　家　里　去

他不是去玩，就是回家。

白宏哈尼语

tɕo^{31}khɔ^{55} no^{55} tsɛ^{55}，tɕo^{31}khɔ^{55} a^{31}ʑo^{31} tsɛ^{55}，a^{31}sv^{55} ʑi^{31} ɣa^{31}.

或者　你　去　或者　他　去　睡　都　可以

或者你去，或者他去，都可以。

仙仁土家语（戴庆厦 田静 2005：108）

ʑɔ^{35}mo^{33}ŋa^{33}ɣə^{33}，ʑɔ^{35}mo^{33}ko^{33} ɣə^{33}.

要么　我　去　要么　他　去

要么我去，要么他来。

2. 疑问选择复句

勒期语（戴庆厦、李洁 2007：236）

naŋ^{53} ke^{33} sə̆^{33}ʒa^{33} la^{53} mə^{55}ʃʅ^{33}tʃuaŋ^{33}nu^{55} la^{53}？

你（话助）老师（语助）么是 学生 （语助）

你是老师还是学生？

剑川白语（徐琳、赵衍荪 2009：235）

mo^{31} mi^{33} lɑ^{42} nɛ^{55} tso^{42}tse^{44}ɑ^{35}mi^{33}？ 他想了呢，还是没有想？

他 想了 呢 是 还 不想

景颇语（戴庆厦 2012：405）

ʃat^{31}ʃoŋ^{33}ʃa^{55}na^{33}ku̠n^{55}？ ʃiŋ^{31}n^{55}ʒai^{55}a^{31}mu^{55}ʃoŋ^{33}poŋ^{33}na^{33}ku̠n^{55}？

饭 先 吃要（语） 或者 事情 先 商量要（语）

先吃饭呢还是先商量事情？

（二）未定选择与已定选择

从选择复句分句间语义关系来看，藏缅语选择复句可分为未定选择和已定选择两种类型，未定选择分别列出两种或两种以上情况，从中做出选择，后文提到的陈述选择复句和疑问选择复句都属于未定选择。已定选择又称“优选”选择复句，从两个分句中选择一个，但需舍弃一个。很多语言用不同的标记区分已定选择中先舍后取的关系，如：

如波拉语（戴庆厦、蒋颖、孔志恩 2007：235）

ŋa^{55} mø^{ʔ55} ʃʅ^{55}ŋɔt^{55}jaŋ^{31}，jɔ̃^{31}ʒɛ^{31}ta̠^{31}a^{55}ji^{31}pɛ̠ ^{35}.

我 饿 死 宁可 他 也 只 不去 跪求

我宁可饿死，也不去求他。

波拉语前后分句中的关联标记 ŋɔt^{55}jaŋ^{31}……ʒɛ^{31}……显示了该句为先取后舍的已定选择。

pɛ^{31}kjin^{35}la^{35}na^{31}，khun^{35}mjin^{31}nɛ̃$^{55/31}$kai^{55} vɛ^{55}.

北京 去 不如 昆明 要 好 （助）

与其去北京，不如在昆明。

前一分句中的关联标记 na^{31}“不如”否定前一分句，表示了先舍后取。

遮放载瓦语（朱艳华 勒排早扎 2013：343）

ŋɔ^{51} mut^{31} ʃʅ^{51} kɔ̆^{55}laŋ^{31}，nuŋ^{55}mɔ^{ʔ31} ju̠m^{51} mă^{55} tsaŋ^{31} a^{31} jɛ^{51} tuŋ^{31} tsɔ^{31}.

我　饿　死　宁可　你们　家（方助）饭　不去　讨　吃

我宁可饿死，也不去你家讨饭。

kɔ̱̆^{55}la̱ŋ^{31}……a^{31}…… “宁可……也不……” 显示该句为先取后舍的选择关系。

大羊普米语（蒋颖 2015：481）

ɑ^{55} nə^{31} dʐu^{24} thə^{31} sɿ$^{24/31}$ si^{55} ʐe^{55} tə^{55}ɡɑ^{24} ziu^{55}sto$^{55/31}$ʃɿ$^{55/31}$mɑŋ^{31}ʃei^{55}.

我（趋）饿（趋）死（缀）也　他的　脸　看　去　不　（缀）

我宁可饿死，也不去看他的脸色。

大羊普米语在后一个分句中用 ʐe^{55} “也” 和否定标记 mɑŋ^{31} “不” 表示舍弃后一分句，选取前一分句，即先取后舍。

勒期语（戴庆厦 李洁 2007：240）

ŋo^{53}jɔ̱m^{33}sə̱ŋ^{33}wɔm^{33}a^{33}mjaŋ^{53}tso^{33} ŋɔ̱t^{55}lou^{53}a^{33}nɔ^{ʔ31}le^{55} a^{33}mɔt^{55}na̱ːŋ^{55}.

我　自己　饭　不　见　吃　即使　妹妹　宾助不饿　让

我宁可自己没饭吃，也不让妹妹饿着。

勒期语两个分句中间用 ŋɔ̱t^{55}lou^{53} “即使” 表示先取后舍的选择关系。

曲谷羌语（黄布凡、周发成 2006：212）

qa jaŋjũ p^{h}ie　qəsta χuts^{h} p^{h}ie tɕi　na. 我与其种洋芋还不如种青椒好。

我 洋芋 种　与其 青椒　种 不如好

曲谷羌语 qəsta 与 tɕi 配合连接选择关系的词语，其语义相当于汉语的“与其……不如……”。

东旺藏语

ma^{35}　roŋ^{24}roŋ^{24} ma^{24} tɕ^{h}a^{33} nə^{33}la^{33} a^{24}ka^{ʔ54} tu^{ʔ54} tɕao^{33} zɿ^{33}zɤ^{35} ma^{24}rɛ.

妈妈　自己　不　吃　宁愿　孩子　饿　让　不会

妈妈宁愿自己不吃，也不能让孩子饿着。

nə^{33}la^{33} “宁愿” 用在两个分句中间表示分句间的先取后舍的选择关系。

有的语言用和未定选择一样的关联标记表示已定选择。如：

大具纳西语

ɑ^{33}me^{33}u^{33}tu^{33}u^{33}me^{33}dzɿ^{33}bɯ^{33} lɑ^{33}zy^{55}kuə^{55}ʐu^{31}dʐɚ^{31}me^{33}tsɔ^{33}.

妈妈　自己　不　吃 哪怕 孩子　对　饿　使　不会

妈妈宁愿自己不吃，也不能让孩子饿着。

bɯ^{33}在此表示两个分句间的先取后舍关系，同样也可以用于未定选择关系句中。

也有的语言没有专门的表达关联标记，用词汇的形式表达。

他留彝语

ɔ^{55}mu^{33}ŋ^{31}dzu^{31}dɔ^{31}dɔ^{33}，ɔ^{55}di^{33}zu^{31}mə^{31}tsɿ^{55}ŋ^{31}nu^{55}.

妈妈　不吃　都　可以，孩子　　饿　让　不能

妈妈宁愿自己不吃，也不能让孩子饿着。

二　藏缅语陈述选择复句关联标记位置模式类型

根据关联标记在陈述选择复句中的位置，我们把藏缅语陈述选择复句分为以下几种类型。

1. 前置于前后分句型，可记作 G+A，G+B

在这种模式中，只有一种关联标记，分别位于两个或几个分句句首。

东旺藏语

k^{h}u^{33} mɛn^{24}nə^{33} zɛn^{35} tʂɿ^{33}，mɛn^{24}nə^{33} phɛ^{33} ɕhoŋ^{35} noŋ^{35} tʂɿ^{33}.

他　或者　　玩　去　　或者　　介　　家　里　去

他不是去玩，就是回家。

mɛn^{24}nə^{33}ɕ^{h}ɤ^{35}tʂɿ^{33}，mɛn^{24}nə^{33}k^{h}u^{33} tʂɿ^{33}，ka^{24}zao^{ʔ54} jɛ^{24}　nə^{33}tɕ^{h}u^{ʔ54}.

或者　　你　去　　或者　　他　　　去　　　怎样　做　可以

或者你去，或者他去，都可以。

mɛn^{24}nə^{33} “或者” 可以用在主语前，也可以用在主语后，语义有所不同。无论主语在前还是在后，都表示 mɛn^{24}nə^{33} “或者” 后面的成分才是选择项。东旺藏语中，无论是多选一还是二选一，都使用同样的关联标记。

仓洛语（张济川 2009：930）

ro^{ʔ13} thor^{55}an^{55}ȵi^{55}la mon^{13}pa^{55} ki^{13}wau^{55}phe^{55}，thor^{55}an^{55}ȵi^{55}la tɕa^{13}mi^{13}

他　　　　　　门巴　　是　　来　　　　　　　　汉人

ki^{13}wa u^{55}phe^{55}.　他也许是门巴族，也许是汉族。

是　来

仓洛语关联标记 thor^{55}（一）an^{55}（做）ȵi^{55}la（如果）“也许”是一个固定短语。

曲谷羌语（黄布凡、周发成 2006：244）

ɦũa：ʔũ　ha-ʁə-n　ɦũa：qa　ha-ʁa.

或者 你 趋向上去人称 2 单 或者　我 趋向上去人称 1 单

或者你上去，或者我上去。

thama-kə̥ la ʔũ pieda　ʔæ-qə̥te-n，　thama-kə̥ la pieda ʔũ

要不　　　你 老虎 命令打死人称 2 单要不　　　老虎 你

dzaː-sa-n.

吃将行 警示 人称 2 单

要不你把老虎打死，要不老虎把你吃掉。

曲谷羌语区分多选一和二选一的语义关系，多选一使用居首的关联标记 ɦũaː，二选一使用居首的关联标记 thama-kə̥ la。

扎巴语（龚群虎 2007：149）

jʊ³¹mɪ⁵⁵na³¹ ʂta⁵⁵tə⁵⁵ ndze⁵⁵ tʂhu³⁵，jʊ³¹mɪ⁵⁵na³¹ ʂta⁵⁵wu⁵⁵ tə³⁵　she³¹.

或者　　老虎(前加) 吃使　　或者　　老虎(助)(前加) 杀死

或者被老虎吃掉，或者把老虎打死。

大羊普米语（蒋颖 2015：481）

mɛ³¹dɛ²⁴ ni²⁴ ʃəuŋ⁵⁵，mɛ³¹dɛ²⁴ ɑ⁵⁵ ʃʅ⁵⁵ ʃei⁵⁵. 要么你去，要么我去。

要么　你　去　要么　我 去（缀）

大羊普米语的二选一选择关联标记位于两个分句之前。

贵琼语（宋伶俐 2011：163）

lø³⁵ nũ³³ ʐʅ³⁵ mɛ⁵⁵　　fu³³tɕɑ⁵⁵tɕhy³⁵，lø³⁵ nũ³⁵ mɑ⁵³lu³³ tɕhy³⁵，

(连)你 山　(领属助词)路　　走　(连) 你　马路　走

mɑ⁵³lu³³tɕhy³⁵to⁵⁵ji³³ʃɔ̃⁵³，ʐʅ³³mɛ⁵⁵　　fu³³tɕɑ⁵⁵tɕhy³³

马路　走　有点 快　山（领属助词）路　　走

ji³³ xɔ̃³³.

(趋向前缀) 厉害

要么走山路，要么走公路，公路快，山路难走。

格曼语（李大勤 2002：211）

boi³⁵xɑ³¹ɹɑ⁵⁵ tɯ³¹bo³¹ kɑ³⁵ khɑm⁵³ gɑ³⁵ juŋ⁵⁵，boi³⁵xɑ³¹ɹɑ⁵⁵ tɯ³¹bo⁵³ xi³⁵ dʌm⁵³

或者　　老虎　（助）吃（附）（附）　或者　　老虎（助）打

sɑt⁵⁵ gɑ³⁵ juŋ⁵⁵.　或者被老虎吃掉，或者把老虎打死。

杀（附）（附）

博嘎尔语（欧阳觉亚 2009：988）

koː lako　me　tɕen　da，　lako　me　tɕen　moŋ.

他 也许 （结助）知道 （尾助）也许 （结助）知道 不

他也许知道，也许不知道。

博嘎尔语在前后分句中使用副词 lako“有时、也许”表示选择关系。

他留彝语

ʐau^{55}mɔ^{33}ɕo^{31}ɕau^{55}ʐi^{55}，ʐau^{55}mɔ^{33}ȵi^{55}lie^{31}

要么 学校 去 要么 家 回

要么去学校，要么回家。

碧约哈尼语（经典 2015：273）

ja^{33}pa^{53} ji^{31}khɔ^{31}ŋɔ^{35}tɛ^{53}la^{33} ja^{33}pa^{53} ŋa^{55}ji^{31}khɔ^{35}tɛ^{53}ji^{33}.

要么 他 我 找 来 要么 我 他 找 去

要么叫他来找我，要么我去找他。

邦朵拉祜语（李春风 2014：307）

ŋa^{31}ma^{53}xe^{53}lɛ^{33} ti^{35}ji^{53} ȵi^{33}qe^{33}，ma^{53}xe^{53}lɛ^{33} a^{33}khɔ^{33} ti^{35}sɿ^{35} ȵi^{33} tɕhɛ^{53}.

我 或者 电影 看 去 或者 家 电视 看 在

我或者去看电影，或者在家看电视。

攸乐山基诺语

khɛ^{44}o^{31} ɕo^{31}ɕau^{54} le^{44}，（ku^{54}） khɛ^{44}o^{31}tsɔ^{44}nɔ^{35}je^{54}.

或者 学校 去 或者 家 回 回

要不去学校，要不回家。

仙仁土家语（戴庆厦、田静 2005：108）

xuɛ^{33}tsɛ^{54} tɕhɔ^{33} sã^{35} ɣə$^{33/35}$，xuɛ^{33}tsɛ^{54}pu^{54}tõ$^{33/35}$.

或者 桥 上 走 或者 船 坐

或者从桥上走，或者坐船。

勒期语（戴庆厦、李洁 2007：241）

a^{33}ŋɔ̠t^{55}tʃaŋ^{55} naŋ^{53}ji^{33}te̠i^{53}，a^{33}ŋɔ̠t^{55}tʃaŋ^{55}ŋo^{53}ji^{33}te̠i^{53}.

不是 的话 你 去 说 不是 的话 我 去 说

要么你去说，要么我去说。

波拉语（戴庆厦、蒋颖、孔志恩 2007：236）

a^{31}ŋɔt^{55}tʃɔ̃^{55} nɔ̃^{55}ji^{31}ti̠^{35}，a^{31}ŋɔt^{55}tʃ ɔ̃^{55} ŋa^{55}ji^{31}ti̠^{35}.

不 是 的话 你 去 说 不 是 的话 我 去 说

要么你去说，要么我去说。

2. 关联标记居中型，可记作 A+G+B

该模式中，只有一个关联标记，且位于前后分句中间位置。例如：

桃坪羌语（孙宏开 2009：396）

tshie^{33}χdɑ^{241} dɑ^{31}kəu^{51}nə^{31} ma^{31}，χuə^{33}tʂe^{51} liəu^{55}so^{33} ti^{33} dɑ^{31}kəu^{51}.

桥 （前加）去（后加）语气 或者 溜索 （助）（前加）去

或者从桥上过，或者从溜索上过。

这里的关联标记 χuə^{33}tʂe^{51}“或者”和后一分句结合稍紧。

蒲溪羌语（黄成龙 2007：219）

tha-la su-m te-ŋɑtsho-u me，lan te-pu-tshə-u.

那-CL 学习-NOM DIR-懒-HEARS QUES 淘气 DIR-做-REP-HEARS

那个学生不是懒，就是淘气。

关联标记 me 和前一分句结合较紧。

青龙纳西语（和即仁、姜竹仪 2009：749）

ŋv^{55} tʂhɯ^{33}ȵi^{33} bɯ^{33} nɯ^{55}，so^{31}ȵi^{33} bɯ^{33}.

您 今天 去 或者 明天 去

您今天去还是明天去。

这里的关联标记 nɯ^{55}和前一分句结合稍紧。

补远基诺语

tʃu^{44} ji^{44}a^{44} la^{44}，maŋ^{54}ŋa^{44}ɕɔ^{54}ɕau^{54}li^{44} a^{44} la^{44}.

家 回 助 助 或者 学校 去 助 助

或者回家，或者去学校。

关联标记 maŋ^{54}ŋa^{44}和后一分句结合紧密。

波拉语（戴庆厦、蒋颖、孔志恩 2007：236）

nɔ̃^{55} mau^{31}sau^{31}ŋɛ̱^{ʔ55} a^{31}ŋɔt^{55}tʃɔ̃^{55}，ja̱m^{55} mɛ̃^{31} mu$^{35/31}$ tui$^{31/51}$.

你 书 念 不 是 的话 家 里 活儿 干

你要么念书，要么在家干活。

遮放载瓦语（朱艳华、勒排早扎 2013：343）

ŋɔ^{51} kuŋ^{55}tsɔ^{31} ʒa^{51}，a^{31}ŋu̱t^{55}tʃaŋ^{55} kə^{31} tʃɔŋ^{31}tɔ^{ʔ31}ʒa^{51}.

我 工作 （将行）或者 （话助）上学 （将行）

我或者工作，或者读书。

ja̱ŋ^{51} na̱^{55} ju̱m^{51} ma^{55} a^{31}ŋji^{51}tʃaŋ^{55}，ja̱ŋ^{51}maŋ^{31}ju̱m^{51}ma^{55} ŋji$^{51/31}$

他的 姐姐 家 （方助）不在 的话 他的哥哥 家 （方助）在

tɔ̱$^{31/51}$ lɛ^{51}. 他不是在他姐姐家，就是在他哥哥家。

（持续）（非实然）

载瓦语上述两个例句说明选择关联标记 a³¹ŋji⁵¹tʃaŋ⁵⁵位于前一分句和后一分句均可。

下面例句的关联标记居于中间位置，可以和前一个分句一起说，稍作停顿，但也可以单说，也可以和后一分句一起说稍作停顿，我们把这种情况称为居中的关联标记。

景颇语（戴庆厦 2013：187）

ja^{ʔ55} ko^{31} lai^{31}ka̱^{33}ka̱^{33} ʃiŋ^{31}n^{55}ʒai^{55}lai^{31}ka̱^{33}ʒu^{33}mă^{31}ju^{33}n^{31}ŋai^{33}.

现在（话）字 写 或者 书 看 想 （尾）

我现在是想写字或者想看书。

他留彝语

ȵi^{55}ʑi^{55}xo^{31}tʂə^{33}tɕhi^{55}ʑi^{55}，dɔ^{31}dɔ^{33}.

你 去 或者 他 去， 都 可以

或者你去，或者他去，都可以。

勐朗坝拉祜语（常竑恩、和即仁等 2009：656）

nɔ^{31} xɯ^{33} pɤ^{31}tsi^{33} tsa^{33} phɔ^{31}ni^{33} ma^{53}xe^{54}lɛ^{33} sa^{35}xai^{53} tsa^{33} phɔ^{31}ni^{33} ka^{21}phɛ^{21} a^{31}.

你 们 北京（助）参观 或者 上海 （助）参观 可以（助）

你们去北京参观或者上海参观都可以。

邦朵拉祜语（李春风 2014：307）

nɔ^{31}qe^{33} ma^{53}xe^{53}qo^{33}jɔ^{53}qe^{33}ka^{31}phɛ̱^{31}a^{31}. 你去或者他去都可以。

你 去 或者 他 去 都 可以 （语）

白宏哈尼语

a^{31}ʑo^{31} kɛ^{33}tsʅ^{31} a^{33} lɛ^{33} ɤ^{33} ma^{31}ŋɤ^{55}o^{55}，la^{31}xø^{55} a^{33} ho̱^{31}tsɛ^{55}ɤ^{33}.

他 街上 （助）去（助）不是 的话 家 （助）回 去 （助）

他不是上街，就是回家。

勒期语（戴庆厦、李洁 2007：241）

ŋjaŋ^{33}sə̆^{33}ʒa^{33}a^{33}ŋɔ̱t^{55}tʃaŋ^{55} tʃhei^{55}sə̆^{33}ʒa^{33}. 他不是老师就是医生。

他 老师 不是 的话 医生

3. 后置于前后分句型。可记作 A+G，B+G

该模式中，只有一种关联标记，分别位于前后分句的句尾表示选择关系。

喜德彝语（陈士林、边仕明等 2009：102）

m̥（u）^{33}ka^{55}bo^{33}a^{44}xo^{21}，m̥（u）^{33}tɕʅ^{33}bo^{33}a^{44}xo^{21}. nɯ^{44}ndzʅ^{33}.

木呷　　去 或者　木基　　去 或者　你　做主

或者木呷去，或者木基去，请你做主。

关联标记居于两个分句的末尾。

碧约哈尼语（经典 2015：272）

nv^{55}ji^{33} xa^{55}kɔ^{31}ji^{31}khɔ^{31}ji^{33} xa^{55}kɔ^{31}.　你去或者他去都可以。

你 去 或者　他　　去　或者

4. 词汇型

在该模式中，表示选择的关联标记还没有完全虚化定型，使用多种词汇形式表达选择关系。

怒苏语（孙宏开、刘璐 2009：848）

ʔn̥o^{55} xɹi^{35}ɑ^{31}sɤ^{31}nɤ^{31}tɕhɤ^{53}ɑ^{31}，bɑ^{31}ɑ^{31}u^{35}ku^{31}mai^{55}tɕhɤ^{53}.

他　红　（助）需要　　白　那个 不　需要

他要红的，不要白的。

怒苏语在前后分句中分别使用动词的肯定和否定形式表示选择关系，如上例中前一分句的肯定形式 tɕhɤ^{53} “需要”，后一分句的 mai^{55} tɕhɤ^{53} “不需要”。

独龙语（孙宏开 2009：704）

jɑŋ^{31}su^{55}tɕi^{31} tăn^{55}ni^{53} ɑ^{31}gɯ̆i^{55}tɯ̆^{ʔ55}e^{53}，mɑ^{55}　gɯ̆i^{55}tɯ̆^{ʔ55}e^{53}.

杨书记　今天　　走　（助词）（前加）走　（助词）

杨书记今天也许走，也许不走。

用肯定和否定的形式表示选择。

邦朵拉祜语（李春风 2014：309）

jɔ^{53} ɔ^{31}vi^{35}ma^{33}jɛ^{31}qhɔ^{33}tɕhɛ^{53} ve^{33} ma^{53}xe̱^{53}，ɔ^{31}vi^{35}pa^{11}jɛ^{31}qhɔ^{33}tɕhɛ^{53}ve^{33}.

他 姐姐　家　里　在　的　不是　哥哥 家　里　在　（语）

他不是在他姐姐家，就是在他哥哥家。

邦朵拉祜语也是在前后分句中采用肯定和否定形式表示选择关系。

大具纳西语

nə^{33}bɯ^{33}lɑ^{33}thɑ^{55} thɯ^{33}bɯ^{33} lɑ^{33}thɑ^{55}.

你　去 也　行　他　去　也 行

或者你去，或者他去，都可以。

大具纳西语在前后分句使用相同结构，表示相同结构的前项是选择项。如前后分句中都有相同结构 lɑ^{33}thɑ^{55} “也行”。

他留彝语

tɕhi^{55}dʐʅ^{33}ŋ^{31}ga^{31}ʑi^{55}tɕu^{55}n̥ʑi^{55}lie^{31}.

他　街　不赶　去　就　家　回

他不是上街，就是回家。

他留彝语也用词汇的形式表示二选一的选择关系。

三　藏缅语疑问选择复句关联标记位置模式类型

根据关联标记在疑问选择复句中的位置，我们把藏缅语疑问选择复句分为以下几种类型。

1. 关联标记居中型，可记作 A+G+B

该模式中，关联标记位于两个分句中间，前一分句有疑问助词或后一分句有疑问助词，或前后分句句尾有不同的疑问助词。此模式还有几种情况，一种情况是关联标记倾向于和后一分句结合得更紧，可以在第一分句后稍作停顿，然后再说出关联标记和后一分，如：

东旺藏语

ɕ^{h}ə^{24}ȵa^{ʔ54}ke^{33}p^{h}a^{ʔ54} ʂa^{41}tɛ^{33}tɕ^{h}a^{33}，zɛn^{33}nə^{33} sa^{35} ʂa^{41}tɛ^{33}tɕ^{h}a^{33}zɛn^{33}.

你们　猪　杀　助　吃　还是　鸡　杀　助　吃　（疑问）

你们杀猪吃还是杀鸡吃？

东旺藏语后一分句句尾还有疑问助词 zɛn^{33}。

仓洛语（张济川 2009：931）

nan^{13}ju^{13}tɕam^{13}me^{13}mo^{13}，ma^{13}ȵi^{55}la pha^{55}pen^{13}tɕam^{13} me^{13}？

你　酒　喝　吗　醪　糟　喝

你是喝酒还是喝醪糟？

桃坪羌语（孙宏开 2009：376）

no^{55}sʅ^{33}a^{31}phie^{55}phie^{55} tha^{33} ti^{33} thieu^{51}nə^{31}ma^{31}，χuan^{31} ʂʅ^{13} y^{55}ɕy^{55} tsuə^{33}

你　药　一片片　那（助）吃（后加）语气　还是　另外　水

sʅ^{33}ti^{33} thieu^{51} nə^{31}？　你要吃药片呢，还是吃药水呢？

药（助）吃（后加）

格曼语（李大勤 2002：197）

ȵo^{53}wʌn^{35}tɯ^{31}ŋin^{55} tɑ^{53}thit^{55} lɑi^{35}　tɑ^{31}ɹuɑŋ^{55}ɹɑ^{53} nɑ^{55} tɑ^{31}thit^{55}？

你（助）今天　去（语气）明天　还是　去

你是今天去，还是明天去？

格曼语的关联标记 nɑ^{55} “还是” 位于主语之后，谓语动词之前。

他留彝语

ȵi^{31} ʑuɛ^{31} sɛ^{31}tshɔ^{33} xɛ^{31} ʂʅ^{55}ʑa^{33}sɛ^{31}tshɔ^{33}?

你　猪　杀　吃　还是　鸡　杀　吃

你们杀猪吃还是杀鸡吃?

有的语言关联标记倾向于与前一分句结合，如：

蒲溪羌语（黄成龙 2007：219）

no　tshu　dze-u-ɑn　me，　tsuaʐiʐi　dze-u-ɑn?

2sg：TP 饭　吃-PROS-2sg QUES 粥　吃-PROS-2sg

你吃米饭，还是吃粥?

蒲溪羌语的关联词 me 是一个疑问标记，在这里也有表示选择的意思。

还有很多语言关联标记居于两个分句中间，可以单说，可以和前一分句结合，也可以和后一分句结合，如：

门巴语（陆绍尊 2009：794）

ʔe^{53}ra^{ʔ53} tɕa^{35}toŋ^{55} ta^{31}ni^{55}tɔ^{53}za^{35}cu^{ʔ53}　jin^{35}te^{31} ka^{31}?

你们　茶　喝　（连）饭　吃（后加）（助动）（语助）

你们喝茶呢还是吃饭呢?

扎巴语（龚群虎 2007：149）

nʊ^{55}ʐə^{55} ʂtɕyi^{55}ntɕha^{55}ʐe^{55}　mɪ^{55}，a^{55}ʐə^{31} ʂtɕyi^{55}ntɕha^{55}ʐa^{35}?

你（助）错误　（助词）还是　我（助）　错误　（助词）

是你的错，还是我的错?

箐花普米语（陆绍尊 2009：576）

nɛ^{13} khɛ^{55}xue^{55}py^{55}ʃə^{55}ʃo^{55}　diɑ^{13} tə^{55}gɯ^{55}khɛ^{55}xue^{55}py^{55}ʃə^{55}qa^{55}?

你　开会　去（后加）（连）他　开会　去（后加）

你去开会呢? 还是他去开会?

史兴语（孙宏开、徐丹 2014：172）

thɛ^{55}wu^{55} dʑɑ^{31}huŋ^{55} tshʅ^{55}βɛ̃^{55} ji$^{55/}$jĩ^{55} ȵi^{31} ʔɛ̃^{55} βɛ̃^{55} jĩ^{55}?

他　家　家　山羊　多（后加）还是绵羊 多（后加）

他们家里山羊多还是绵羊多?

喜德彝语（陈士林、边仕明等 2009：101）

tshʅ^{33}m̩（u）^{44} mo^{33} bo^{33} da^{21}ʈʂhɯ^{33}tsʅ^{33}bo^{33}.

他 地 耕 去 呢 秧 栽 去

他去耕地还是去栽秧？

怒苏语（孙宏开、刘璐 2009：846）

ȵo31dɯ31 ie31ȵi35 kiɹ55ɑ31 tɕhuɑ̃ɹ53 ie35ɑ55 lɛ31 mɹɑ53tsɑɹ53lɑ55 ɑ31ɕi55？

你们 昨天 漆 割 去 （助）黄连 拔 去 （助）

你们昨天割昨天割漆去了呢，还是拔黄连去了呢？

怒苏语中，使用相同的结构再加语气助词表示疑问选择关系。

绿春哈尼语（李永燧、王尔松 2009：461）

ɕa55de33no55tshe31li33u55a31，ma31na33 a31 a31jo31bi33tshe31li33la31？

田 你 犁 去（助） 还是 （助）他 使 犁 去（助）

你去犁田，还是让他去犁？

碧约哈尼语（经典 2015：273）

nv55 tʂʅ33pɔ31tʂhʅ55tu55 ma55 ʂʅ55 phi31ɕu31 tu55？你喝甜酒还是喝啤酒？

你 酒 甜 喝 还是 啤酒 喝

邦朵拉祜语（李春风 2014：306）

nɔ31 lɛ33 tshɔ33，ma53xe53lɛ33tɔ31la53？你是人，还是鬼？

你（话）人 还是 鬼 （语）

青龙纳西语（和即仁、姜竹仪 2009：738）

bɯ33 nɯ55 mə33 bɯ33？ 去还是不去？

去 还是 不 去

大具纳西语

nɑ13ŋgɯ33bu31khɔ55dzʅ33bɯ33 nɯ55a31khɔ55dzʅ33bɯ33？

你们 猪 杀 吃 要 还是 鸡 杀 吃 要

你们杀猪吃还是杀鸡吃？

剑川白语（徐琳、赵衍荪 2009：235）

mo31 mi33 lɑ42 nɛ55 tso42 tse44ɑ35mi33？

他 想 了 呢 是 还 不想

他想了呢，还是没有想？

仙仁土家语（戴庆厦、田静 2007：108）

a33ȵi33zʅ54/33 a33，xa33sʅ33 xɯ54 po33.

我们 干 啊 还是 休息 着

我们干呢，还是休息呢？

还有一种情况，前后分句句尾都有相同的疑问语气词，此外还有关联标记居中，连接前后分句。如：

大羊普米语（蒋颖 2015：482）

ʈhɿ^{55}ɖuɛ^{31} pʉ^{31} ʃo^{31}　diɑ^{31} ʃən^{55}ʒdʒyn^{55} dzin$^{55/31}$ ʃo^{31}？是走路呢，还是搭车？

走路　（助）（缀）还是汽车　　坐　（缀）

大羊普米语前后分句句尾都有疑问词缀 ʃo^{31}.

景颇语（戴庆厦 2012：405）

ma^{31}laʔ^{31}ka̠^{33}ai^{33}tʃo^{31}ai^{33}kun^{55}，ʃiŋ^{31}n^{55}ʒai^{55}ma^{31}no^{33}ka̠^{33}ai^{33}tʃo^{31}ai^{33}kun^{55}？

麻拉　写　的 对 （尾）（语）还是　麻诺　写 的 对 （尾）（语）

麻拉写的对，还是马诺写的对？

格曼语（李大勤 2002：197）

ɳo^{53} nɑ^{55} mɯ^{31} sɑm^{55} ni^{55} lai^{35}　ki^{53}nɑ^{55}　mɯ^{31}sɑm^{55}ni^{55}　lai^{35}.

你　还是 不　对（助）（语气）我 还是 不　对　（助）（语气）

是你的错，还是我的错？

前后分句都有语气词 lai^{35}，后一分句主语后也有关联标记 nɑ^{55}连接。

碧约哈尼语（经典 2015：272）

nv^{55} mo^{55}tɪ^{55} phi^{35}　kɯ^{33}　ma^{55} ʂɿ^{55} tɯ^{31}jɪ^{55} ma^{55}　ma^{31}la^{55} kɯ^{33}？

你　忘记　（貌）（引）还是　故意　（状）不 来（引）

你是忘了，还是故意不来？

补远基诺语

va^{54} ʃe^{44}tsɔ^{54}la^{44}　maŋ^{44}ŋa^{44}jʌ^{54}ʃe^{44}tsɔ^{54} la^{44}？

猪　杀 吃　助　还是　　鸡 杀 吃　助

你们杀猪吃还是杀鸡吃？

勐朗坝拉祜语（常竑恩、和即仁等 2009：656）

nɔ^{31}li^{21}xe^{53}ga^{53}　la^{53}　ma^{53}xe^{54}lɛ^{33}ta^{53}ka^{31}te^{33}ga^{53}la^{53}？

你 书 读 想　（助）或者　　生意　生 想（助）

你是想读书，或者是想做生意？

邦朵拉祜语（李春风 2014：307）

nɔ^{31}tɕi^{35}vɔ^{33}dʑa^{53}ve^{33}xɯ^{53}la^{53}，ma^{53}xe^{33}lɛ^{33}tɕi^{35}tsɔ^{35}dʑa^{53}ve^{33}la^{53}？

你　最圆　　　的 要 （语）还是　　最扁　　　的（语）

你要最圆的，还是最扁的？

遮放载瓦语（朱艳华、勒排早扎 2013：344）

常用关联词语是 a^{31}ŋu̠t^{55}ʒʅ^{31}、a^{31}ŋu̠t^{55}tʃaŋ^{55}、mə^{55}kə^{31} “还是”

khŭ^{55}ŋji^{55} kə^{31} lɔ̆^{31}sək^{55}lă^{31}ŋji^{55}lu^{ʔ31}，a^{31}ŋu̠t^{55}ʒʅ^{31}kə^{31} lɔ̠̆^{31}sək^{55}i^{55}ŋji^{55}lu^{ʔ31}？

今天（话助）初一 呢 还是 （话助）初二 呢

今天是初一，还是初二？

阿昌语（戴庆厦、崔志超 2009：479）

nuaŋ^{55}tɕɔ^{55}tɕɔ^{31} sʅ^{31} la^{31}，ma^{55} ʂə^{35}men^{35}tɕɔ^{31}sʅ^{31} la^{31}？

你 饭 吃 （助）（助）还是 面 吃 （助）（助）

你吃饭，还是吃面呢？

波拉语（戴庆厦、蒋颖、孔志恩 2007：236）

ŋa^{55}ʒɛ^{31} jɔ̃$^{55/31}$a^{55}la^{51}，a^{31}ŋɔt^{55}ʒɛ^{31}nɔ̃^{55}ʒɛ^{31} jɔ$^{55/31}$a^{55}la^{51}？

我 （助）叫 （助） 或者是 你 （助） 叫 （助）

是叫我，还是叫你？

2. 分句尾疑问语气词表达型

在这种模式中，无选择关联标记，在分句末尾用疑问语气词或疑问语气表示选择关系。

白马语（孙宏开、齐卡佳等 2007：134）

tɕhø^{53}tɕhø^{13}nɔ^{53} ndo^{35} ndʑi^{53} ʃɑ^{53} ɦɑ^{13}？ ŋo^{35}tɕhø^{13}nɔ^{53} ndo^{35}

你 家 （位助） 喝 去 （祈使） （语气） 我 家 （位助） 喝

ndʑi^{53}ʃɑ^{53}？

去 （祈使）

到你家里去喝呢？还是到我家里去喝呢？

曲谷羌语（黄布凡、周发成 2006：244）

tɕijli kaː ɦũ-aː？ zdaː ɦũ-aː？

我们 走 （将行） 是 （疑问） 休息 （将行） 是 （疑问）

我们走？还是休息？

博嘎尔语（欧阳觉亚 2009：993）

noː akeː doː dəbo je，iɕi tɯŋ dəbo je？

你 饭 吃 尾助 （语助）水 喝 尾助 （语助）

你要吃饭呢，还是喝水？

独龙语（孙宏开 2009：702）

ĭŋ^{55} mɑ^{55} gɯ̆i^{55}nɯ^{31} mɑ^{55} ɹɯ^{31}nɑ^{53}nɯ^{31}？ 我们走呢还是休息呢？

我们 前加 走 后加 前加 休息 后加

白宏哈尼语

no^{35} tɕhi̠^{31} pha^{55} a^{31} ɣa^{31} se̠^{31} tsa^{31} lɛ^{55} ma^{31} a^{31} ha^{55} se̠^{31} tsa^{31} lɛ^{55} ma^{31}?

你们　猪　杀　吃　呢　鸡　杀　吃　呢

你们杀猪吃还是杀鸡吃?

仙仁土家语（戴庆厦、田静 2005：94）

ȵi^{33} na^{33} pie^{54} ɣə$^{33/35}$，ŋa^{33} na^{33} pie^{54} ɣə^{33}?　你先去，还是我先去?

你　先　去　我　先　去

仙仁土家语疑问选择复句可以没有语气词，只有疑问语气，表达选择关系。

勒期语（戴庆厦、李洁 2007：183）

naŋ^{53} ke^{33} lə̆^{31} tʃhi^{53} nu^{55} la^{53} pə^{55} lo^{53} nu^{55} la^{53}?

你（话助）勒期　小（谦称）（语助）波拉　小（谦称）（语助）

你是勒期人呢还是波拉人?

波拉语（戴庆厦、蒋颖 2007：236）

nɔ̃^{55} ai^{55} i̠^{55}，jɔ̃^{31} ai^{55} i 55?　你去，还是他去?

你　去（助）他　去（助）

3. 关联标记后置于后一分句型，可记作 A，B+G

关联标记位于后一分句尾部位置，主要谓语动词之后，如：

格曼语（李大勤 2002：197）

ȵo^{53} wʌn^{35} tɕɑp^{55} mi^{53} ɑ^{31} khuɑt^{55} ju^{35}，tɕɑp^{55} mi^{53} kɯ^{31} ɕik^{55} ju^{35} nɑ^{55} lɑi^{35}?

你（助）兄弟　年长　（附）兄弟　年幼　（附）还是（语气）

你是哥哥呢？还是弟弟呢?

四　藏缅语陈述选择复句关联标记位置模式特征分析

藏缅语诸语言陈述选择复句关联标记位置模式呈现什么特点，这些模式之间是否相互联系，陈述选择复句关联标记是否同源，其来源是哪里，有什么样的发展趋势。为了回答这些问题，我们把调查的 25 种语言的关联标记位置模式（未包括词汇型）如表 4-15 所示。

表 4-15　陈述选择复句关联标记位置模式

模式 / 语言	G+A，G+B	A+G+B	A+G，B+G
东旺藏语	mɛn^{24} nə^{33}		

续表

模式 / 语言	G+A，G+B	A+G+B	A+G，B+G
门巴语	the^{ʔ53}ja^{35}na^{53}		
仓洛语	thor^{55}an^{55} ȵi^{55}la		
桃坪羌语		χuə^{33}tʂe^{51}/ma^{31}	
蒲溪羌语		me	
曲谷羌语	ɦũa：/thama-k ə̥ la		
扎巴语	jʊ^{31}mɪ^{55}na^{31}		
大羊普米语	mε^{31}dε^{24}/mε^{31}dε^{24}ε^{31}/ mə^{31}ʐε^{24}mɑŋ^{55}dε^{24}ε^{31}		
贵琼语	lø^{35}/xue^{33}tse^{53}		
景颇语		ʃiŋ^{31}n^{55}ʒai^{55}	
格曼语	boi^{35}xɑ^{31}ɹɑ^{55}		
博嘎尔语	lako		
喜德彝语			a^{44}xo^{21}/da^{33}mo^{33}
他留彝语	ʑau^{55}mɔ^{33}	xo^{31}tʂə^{33}	
青龙纳西语	nɯ^{55}		
白宏哈尼语	tɕo^{31}khɔ^{55}	ma^{31}ŋɤ^{55}o^{55}	
碧约哈尼语	ja^{33}pa^{53}		xa^{55}kɔ^{31}
攸乐山基诺语	（ku^{54}） khε^{44}o^{31}		
补远基诺语		maŋ^{54}ŋa^{44}	
勐朗坝拉祜语		ma^{53}xe^{54}lε^{33}	
邦朵拉祜语	ma^{53}xe̠^{53}lε^{33}/ma^{53}xe̠^{53}qo^{33}	ma^{53}xe̠^{53}	
仙仁土家语	ʑɔ^{35}mo^{33}/xuε^{33}tsε^{54}		
遮放载瓦语		a^{31}ŋu̠t^{55}tʃaŋ^{55}/a^{31} ŋji^{51}tʃaŋ^{55}	
勒期语	a^{33}ŋɔ̠t^{55}tʃaŋ^{55}	a^{33}ŋɔ̠t^{55}tʃaŋ^{55}	
波拉语	a^{31} ŋɔt^{55}tʃɔ̃^{55}	a^{31}ŋɔt^{55}tʃɔ̃^{55}	

从表 4-15 中，我们可以得出以下几点认识。

1. 藏缅语陈述复句选择关联标记位置以 G+A，G+B 为优势模式

25 种语言中，有 18 种语言属于 G+A，G+B 模式，约占 72%。11 种

语言属于 A+G+A 模式，关联标记位于两个分句中间位置。2 种语言属于 A+G，B+G 模式，两个关联标记分别位于分句句尾位置。根据 Dik 的联系项居中原则，上述几种模式中都有关联标记位于中间位置，但其动因又完全不一。G+A，G+B 模式为优势模式，但关联标记都是前置于分句句首，与藏缅语语序类型不和谐。从他留彝语看，这种模式的关联标记为 ʐau^{55} mɔ^{33}，属于汉语借词。A+G+B 模式只使用一种关联标记，关联标记或居于后一分句句首位置，或居于前一分句句尾位置，或者两可。如与后一分句结合紧密，则与语序类型不和谐。在这种模式中，关联标记有的是汉语借词，如桃坪羌语 χuə^{33}ʈʂe^{51}和他留彝语的 xo^{31}ʈʂə^{33}；有的关联标记是本族语词，如勐朗坝拉祜语、邦朵拉祜语和遮放载瓦语等。如前一分句结合紧密，则与语序类型相符合，如蒲溪羌语、青龙纳西语等。A+G，B+G 模式中，喜德彝语和绿春哈尼语居尾的标记都是本族语词，位于两个分句的末尾，与语序类型相吻合，前一分句居尾的标记居于中间位置，也与联系项居中原则相契合。

我们可以推测，居于优势的模式并不一定是陈述选择复句最初的模式，A+G，B+G 模式和 A+G+B 中关联标记与前一分句结合较紧的关联标记既符合联系项居中原则，也和语序类型相和谐，其数量上虽不占优势，但应属于是较古老的模式。A+G+B 模式中与后一分句结合较紧的关联标记数量上占优势，根据语言结构类型的推测，应属于后起的模式。

2. 关联标记来源于“否定+假设”具有一定的倾向性

从语源关系上看，藏缅语陈述选择复句关联标记没有同源关系，应该是各自产生并发展的。缅语支的勒期语、波拉语和载瓦语选择关联标记一致性较高，不排除在语支内部相互影响发展。

除少数语言外，绝大多数语言藏缅语选择关联标记是多音节词。这些多音节标记多由几个有意义的语素复合而成，意义可以推究。藏缅语各语言的陈述复句选择关联标记意义来源不一，但多数与“否定”或“假设”有关。如东旺藏语关联标记 mɛn^{24}nə^{33}两个语素分别表示“否定+假设”；仓洛语的固定短语关联标记 thor^{55} an^{55} ɲi^{55} la 各语素义分别为 thor^{55}（一）an^{55}（做）ɲi^{55}la（如果）“也许”；格曼语选择关联标记和假设关联标记同形，都是 boi^{35}xɑ^{31}ɹɑ^{55}；博嘎尔语关联标记 lako 有“也许”义，表假设；景颇语关联标记 ʃiŋ^{31}n^{55}ʒai^{55}由 ʃiŋ^{31}“那样”、n^{55}“不”和 ʒai^{55}“是”三个词词汇化、语法化而成。补远基诺语 maŋ^{33}ŋa^{33}nɛ^{44}为“不是+

假设”。大羊普米语的选择关联标记 mɑŋ^{55}dɛ^{24}ɛ^{31}义为“不是的话”；邦朵拉祜语的 ma^{53}xe̱^{53}lɛ^{33}/ma^{53}xe̱^{53}qo^{33}也是“不是+连词”的模式；勒期语的选择关联标记为 a^{33}ŋɔ̱t^{55}tʃaŋ^{55}，a^{33}ŋɔ̱t^{55}义为“不是”，tʃaŋ^{55}义为“的话”，表假设，也是假设复句关联标记，整个关联标记的意义为“不是的话”；波拉语的 a^{31}ŋɔt^{55}tʃɔ̃^{55}义为“不是的话”；载瓦语的“或者”a^{31}ŋu̱t^{55}tʃaŋ^{55}义为“不是的话”。总体可以看出，多数语言采用了“否定+假设”的方式构成陈述复句选择关联标记，具有一定的共性。

藏缅语绝大多数语言的选择复句关联标记语义与“否定”“假设”有关，其动因是什么？

很多语言选择关联标记表面上是否定，如景颇语关联标记 ʃiŋ^{31}n^{55}ʒai^{55}由 ʃiŋ^{31}“那样”、n^{55}“不”和 ʒai^{55}“是”组成，但其本质还是一种假定，否定一种情况，可能会肯定另一种情况，也可能会否定另一种情况，无论是哪种，都是一种选择。选择是对未知的情况进行挑选，未知就意味着“假设”。汉语的选择复句关联标记“或者”，由表推测的副词演变为表选择的连词，其诱因为“或者”的推测意表示一种可能的存在，内在意义上有选择意义的倾向，尤其是在两个词语连用时，选择的意味就更为明显。汉语中还有“不是，而是”的选择关联标记，其本质都是假设。藏缅语和汉语选择关联标记源于假设意义这一点上表现一致，但不同的是，藏缅语并不严格区分二选一还是多选一的语义关系，倾向于都使用一种关联标记。

五　藏缅语疑问选择复句关联标记位置模式特征分析

我们结合藏缅语疑问选择复句关联标记模式的分类，绘制了藏缅语疑问选择复句关联标记模式表，以试图清晰地展示哪种模式是优势模式，探讨关联标记的语源关系，具体如表 4-16 所示。

表 4-16　　疑问选择复句关联标记位置模式

	A+G+B	分句尾疑问语气词表达型	A，B+G
东旺藏语	zɛn^{33}nə^{33}		
门巴语	ta^{31}ni^{55}		
仓洛语	ma^{13}ȵi^{55}la		

续表

	A+G+B	分句尾疑问语气词表达型	A，B+G
白马语		+①	
扎巴语	mɪ^{55}		
桃坪羌语	χuan^{31} ʂɿ^{13}		
蒲溪羌语	me		
曲谷羌语		+	
箐花普米语	diɑ^{13}		
大羊普米语	diɑ^{31}	+	
贵琼语	lɑ^{55}		
史兴语	ȵi^{55}		
独龙语		+	
景颇语	ʃiŋ^{31} n^{55} ʒai^{55}	+	
格曼语	nɑ^{55}	+	nɑ^{55}
博嘎尔语		+	
喜德彝语	da^{21}		
他留彝语	xɛ^{31} ʂʅ^{55}		
绿春哈尼语	ma^{31} na^{33}		
碧约哈尼语	ma^{55} ʂɿ^{55}	+	
怒苏语	lɛ^{31}		
白宏哈尼语		+	
青龙纳西语	nɯ^{55}		
大具纳西语	nɯ^{55}		
攸乐山基诺语		+	
补远基诺语	maŋ^{54} a^{44}	+	
怒苏语	lɛ^{31}		
勐朗坝拉祜语	ma^{53} xe^{54} lɛ^{33}	+	
邦朵拉祜语	ma^{53} xe̠^{53}/ma^{53} xe^{33} lɛ^{33}	+	
青龙纳西语	nɯ^{55}		
大具纳西语	nɯ^{55}		

① +表示该语言具有这种模式，即无关联标记，用疑问语气或疑问词表达疑问选择关系。

续表

	A+G+B	分句尾疑问语气词表达型	A，B+G
剑川白语	nɛ⁵⁵ tso⁴²		
龍房土家语	xo²¹		
仙仁土家语	xa³³ sɿ³³	+	
阿昌语	ma⁵⁵ ʂə³⁵	+	
遮放载瓦语	a³¹ ŋu̠t⁵⁵ ʒɿ³¹/a³¹ ŋu̠t⁵⁵ tʃaŋ⁵⁵/mə⁵⁵ kə³¹	+	
勒期语	mə⁵⁵ ʃɿ³³/mə⁵⁵ ke³³	+	
波拉语	a³¹ ŋɔt⁵⁵ ʒɛ³¹	+	

从表 4–16 可以看出：

1. 藏缅语疑问语气和语气词在表达选择关系上占有重要地位

疑问选择复句关联标记模式类型丰富，主要表现为连接手段可以用显性的、专门的关联词担任，也可以用隐性的疑问语气或疑问语气词表示，还可以显性的连接词并隐性的疑问语气和疑问语气词一起表示。这说明疑问的语气词在表达选择关系上占有很重要的地位。

2. 在疑问选择关系的表达中，关联标记居中的模式占绝对优势

在疑问选择复句关联标记模式中，38 种语言或方言中，有 32 种语言属于 A+G+B 模式。在这种模式中，关联标记居于后一分句句首位置或前一分句句首位置，符合 Dik 的联系项居中原则，但与后一分句句首结合紧密的关联标记与藏缅语 SOV 型语序类型不和谐。其中有 6 种语言可以不用任何显性关联标记，而只是在前后分句句尾使用疑问语气词或只用疑问语气，构成对称结构，表达选择关系。有 12 种语言既使用隐性的疑问语气词，同时还使用显性的关联标记表示选择关系。我们发现，A+G+B 模式中，关联标记的位置可与前一分句结合紧密，和后一分句一起称说也是可行的，具有一定的灵活性，为什么会如此，可能是由于疑问选择复句的重点在疑问，选择的关系表达也可以通过聚焦疑问来呈现，所以关联标记以及关联标记的位置就显得不再那么重要。

只有格曼语有 A，B+G 模式，这是关联标记居尾的模式，与藏缅语的语序类型相和谐，A，B+G 中关联标记不居中。按一般规则来推，A，B+G 模式与语序类型相和谐，而与联系项居中原则相违背，目前只发现 1

种语言有此类型。

3. 多数藏缅语疑问选择复句关联标记来源于副词“还是”

除少数语言内部的方言之间具有语音对应关系外，各语言间疑问选择复句关联标记不具有对应关系。多数语言疑问选择复句关联标记来源于副词“还是”，如东旺藏语、仓洛语、扎巴语、箐花普米语、大羊普米语、史兴语、格曼语、绿春哈尼语、碧约哈尼语、勐朗坝拉祜语等。白语 tso^{42} 义为“是”；景颇语 ʃiŋ^{31} n^{55} ʒai^{55} “或、不然、否则”，由 ʃiŋ^{31} “那样”、n^{55} “不” 和 ʒai^{55} “是” 三个词语法化而成，与陈述选择复句关联标记一致。阿昌语 ma^{55}ʂə^{35} 义为“不但”；载瓦语、勒期语和波拉语的关联标记的意义是“不是的话”。

六　藏缅语陈述选择复句关联标记与疑问选择复句关联标记

藏缅语陈述选择复句关联标记和疑问选择复句关联标记是否一致？二者之间呈现一种什么关系，为了弄清楚上述问题，我们把两类关联标记如表 4-17 所示。

表 4-17　藏缅语部分语言陈述选择复句与疑问选择复句关联标记对照表

	陈述选择复句关联标记	疑问选择复句关联标记
东旺藏语	mɛn^{24}nə^{33}	zɛn^{33}nə^{33}
门巴语	the^{ʔ53}ja^{35}na^{53}	ta^{31}ni^{55}
仓洛语	thor^{55}an^{55} ȵi^{55}la	ma^{13}ȵi^{55}la
扎巴语	jʊ^{31}mɪ^{55}na^{31}	mɪ^{55}
桃坪羌语	χuə^{33}ʈʂe^{51}/ma^{31}	χuan^{31} ʂʅ^{13}
曲谷羌语	ɦũa：/thama-kə̥ la	疑问语气
蒲溪羌语	me	me
大羊普米语	mɛ^{31}dɛ^{24}/mɛ^{31}dɛ^{24}ɛ^{31}/mə^{31} ʐɛ^{24}/mɑŋ^{55}dɛ^{24}ɛ^{31}	diɑ^{31}
贵琼语	lø^{35}/xue^{33}tse^{53}/lɑ^{55}	lɑ^{55}
景颇语	ʃiŋ^{31}n^{55}ʒai^{55}	ʃiŋ^{31}n^{55}ʒai^{55}
格曼语	boi^{35}xɑ^{31}ɹɑ^{55}	nɑ^{55}
博嘎尔语	lako	疑问语气
喜德彝语	a^{44}xo^{21}/da^{33}mo^{33}	da^{21}
他留彝语	ʐau^{55}mɔ^{33}/xo^{31}ʈʂə^{33}	xɛ^{31} ʂʅ^{55}
碧约哈尼语	xa^{55}kɔ^{31}	ma^{55} ʂʅ^{55}

续表

	陈述选择复句关联标记	疑问选择复句关联标记
白宏哈尼语	tɕo^{31}khɔ^{55}	疑问语气
补远基诺语	maŋ^{54}a^{44}	maŋ^{54}a^{44}
勐朗坝拉祜语	ma^{53}xe^{54}lɛ^{33}	ma^{53}xe^{54}lɛ^{33}
邦朵拉祜语	ma^{53}xe̱^{53}lɛ^{33}/ma^{53}xe̱^{53}qo^{33}/ma^{53}xe̱^{53}	ma^{53}xe^{33}lɛ^{33}/ma^{53}xe̱^{53}
青龙纳西语	nɯ^{55}	nɯ^{55}
仙仁土家语	xa^{33}sɿ^{33}	ʑɔ^{35}mo^{33}/xuɛ^{33}tsɛ^{54}
阿昌语		ma^{55} ʂə^{35}
遮放载瓦语	a^{31}ŋu̱t^{55}tʃaŋ^{55}	a^{31}ŋu̱t^{55}ʒɿ^{31}/a^{31}ŋu̱t^{55}tʃaŋ^{55}/mə^{55}kə^{31}
勒期语	a^{33}ŋɔ̱t^{55}tʃaŋ^{55}	mə^{55}ʃɿ^{33}/mə^{55}ke^{33}
波拉语	a^{31} ŋɔt^{55}tʃɔ̃^{55}	a^{31}ŋɔt^{55}ʒɛ^{31}

从表 4-17 可知，大部分藏缅语在表达陈述选择和疑问选择复句时采用不同的关联标记，使用不同的表达手段。少部分语言在表达这两者关系时，使用一致的关联标记，如青龙纳西语、勐朗坝拉祜语、邦朵拉祜语、遮放载瓦语等。部分语言陈述选择复句关联标记和疑问选择复句关联标记联系紧密，只是个别语素稍显区别，东旺藏语陈述选择复句关联标记 mɛn^{24}nə^{33}和疑问选择复句关联标记 zɛn^{33}nə^{33}都含有共同的语素 nə^{33}；门巴语陈述选择复句关联标记 thor^{55}an^{55} ȵi^{55}la 和疑问选择复句关联标记 ma^{13} ȵi^{55}la 都含有共同的语素"ȵi^{55}la"；勒期语陈述选择复句关联标记 a^{33}ŋɔ̱t^{55} tʃaŋ^{55}和疑问选择复句关联标记 a^{31}ŋɔt^{55}ʒɛ^{31}都含有共同语素 a^{33}ŋɔ̱t^{55}；勒期语陈述选择复句关联标记 a^{31} ŋɔt^{55}tʃɔ̃^{55}和疑问选择复句关联标记 a^{31}ŋɔt^{55} ʒɛ^{31}都含有共同语素 a^{33}ŋɔ̱t^{55}。

七 汉语选择复句关联标记及其演变

很多学者从不同的角度对汉语选择复句进行分类。黎锦熙、刘世儒（1962）从语义上把选择复句分为商选式、限选式、特选式、决选式。商选式根据语气又分为叙说的，如："或者我去，或者他来，总得接个头；疑问的如"还是他来，还是我去?"限选式又可分为并举促决的，如："要么……要么……"；交替相消的，如"不是……就是……"；虚拟反推的，如"否则"类；特选式是从原有的集体范围中，特别选提一个应当并列的成员来，单独作决定。现在一般不把这类认为是选择复句。最后一个是决选式，如“与其……不如……”。王维贤（1991）把选择复句分为任选句（或者）、限选句（要么……要么……、不是……就是……）和优选句（与其……不如……）。黄伯荣、廖序东（2011）根据分句间的关系先分为未定选择和已定选择。未定选择又分为任选（数者选一）和限选（二者选一）；已定选择（决选）又可分为先舍后取和先取后舍两种。我们这里主要探讨未定选择中的陈述选择复句和疑问选择复句。

（一）汉语选择复句关联标记的位置模式

根据语义汉语选择复句可分为未定选择和已定选择两种情况。未定选择中，还可以分为陈述选择复句和疑问选择复句。汉语选择复句典型的关联标记为“或者……或者……”“是……还是……”“不是……就是……”“要么……要么……”等。已定选择分为先舍后取和先取后舍两种关系，常见的关联标记有“与其 A，不如 B”“宁可 A，也不 B”。

1. 陈述选择复句关联标记位置模式

根据关联标记在分句中的位置，汉语陈述选择复句可分为以下两种类型。

（1）G+A，G+A 型，即相同的关联标记前置于前后分句型

关联标记居于两个或多个分句的开头，成套配合使用。如：

或者你同意，或者你反对，总得表示个态度。（吕叔湘《现代汉语八百词》1999：283）

要么去杭州，要么去杭州，要么去桂林，除了这两个地方我哪儿也不去。（吕叔湘《现代汉语八百词》1999：594）

（2）G1+A，G2+B 型，即不同的关联标记前置于前后分句型

不是鱼死，就是网破。（黄伯荣、廖序东《现代汉语》2011：163）

G+A，G+B 型中，关联标记一般为连词，如“要么”“或者”。但 G1+A，G2+B 型“不是”和“就是”并不是典型的连词，二者都是大于词的“超词形式”①，我们认为是词组形式。

（3）A，G+B 型，即前置于后一分句型

关联标记位于后一分句开头的位置，如：

最好咱们两个一起去，要么你一个人去也行。（吕叔湘《现代汉语八

① 邢福义提出复句关联标记有“超词形式”类型，这类标记本身已不是一个词，是跨语法单位的超词形式。

百词》1999：594）

2. 疑问选择复句关联标记的位置模式

（1）G1+A，G2+B 型，即不同标记前置于前后分句型

包含两个不同的关联标记，关联标记位于分别前后分句的开头位置，如：

他是忘了，还是故意不来？（黄伯荣、廖序东《现代汉语》2011：163）

上例前一分句的“是”位于主语之后，也属于分句前部位置。

（2）A，G+B 型，前置于后一分句型

关联标记位于后一分句的开头，如：

[还是] 老张去，还是老刘去？（吕叔湘《现代汉语八百词》1999：2^{55}）

中括号里的“还是”可以省略。

（3）G+A，G+B 型，即相同标记前置于前后分句型

[还是] 先修这个，还是先修那个，咱们商量一下。（吕叔湘《现代汉语八百词》1999：255）

一般来说，汉语疑问选择复句总是包含选择关联标记，除非在语境条件充分的口语中，可以连用两个疑问句表示选择。

（二）汉语选择复句关联标记的历史演变

1. 古代汉语选择复句关联标记的类型及演变

周秦以后，表示复句选择关系的连词开始出现，如：

夫子至于是邦也，必闻其政。求之与？抑与之与？（《论语·学而》）

之后选择连词有所发展，从周秦到近代，主要使用过的选择复句关联标记有“或、或与、或是、或则、或者、要就、要么、要就是、抑、抑亦、抑或、抑且、意、意者、其、将、为、为复、还、还复、还是”等。

（1）古代汉语陈述选择复句关联标记位置模式

①前置于前后分句型，可记作 G+A，G+B

此类型中，只有一种关联标记，且前置于各分句，如：

这河若是老猪过去不难，或是驾了云头，或是下河负水，不消顿饭时，我就过去了。（《西游记》）

②前置于后一分句型，可记作 A，G+B

结交贵肝胆，或则尚道义。（《清诗铎》）

（2）古代汉语疑问选择复句关联标记位置模式

①前置于后一分句型，可记作 A，G+B

此种类型中，仅有的关联标记位于后一分句句首。

子之义将匿邪？意将以告人乎？（《墨子·耕柱》）

不知魏公是有此梦，还复一时用兵，托为此说？（《朱子语类·卷一》）

有时两个分句后都有相同的疑问语气词相呼应，如：

子将大灭卫乎？抑纳君而已乎？（《左传·哀公二十六年》）

天与？其人与？（《庄子·养生主》）

先生老悖乎？将以为楚国袄祥乎？（《战国策·楚策四》）

②不同标记前置于前后分句型，可记作 G1+A，G2+B 型

此类模式中有两个不同的关联标记，分别前置于各分句前，一般也有疑问语气词位于各分句之后，如：

若有殃焉在？抑刑戮也？其夭扎也？（《国语·鲁语上》）

吾不识孝子之为亲度者，亦欲人爱利其亲与？意欲人之恶贼其亲与？（《墨子·兼爱下》）

③相同标记前置于前后分句型，可记作 G+A，G+B

两个相同的关联标记分别前置于各分句，分句或句末一般也有疑问语气词与之呼应，如：

天之苍苍，其正色邪？其远而无所至极邪？（《庄子·逍遥游》）

今日还是路过？还是特来的？（《红楼梦·第六回》）

足下却要沽酒？却要买肉？（《水浒全传·第四十九回》）

这种类型两个关联标记一致，分句居于分句句首，不强制要求句尾都有相呼应的语气词出现。

④疑问语气词连接型

古代汉语有只使用疑问语气词表选择关系的，分句间不用选择连词连接。如：

子为长者虑，而不及子思。子绝长者乎？长者绝子乎？（《孟子·公孙丑下》）

古代汉语选择复句关联标记模式丰富，相对于藏缅语，虽疑问语气在疑问选择复句中也占有重要地位，但一般也有丰富的关联标记连接。

2. 现代汉语常用选择复句关联标记的演变

现代汉语常用的选择复句关联标记主要有“或者……或者……”“是……还是……”“不是……就是……”“要么……要么……”，对比古代汉语选择复句常用关联标记，我们可以看出其一脉相承的关系，但语言总是发展变化的，在继承的同时有创新，有变化。现代汉语常用关联标记“或者”，源于古代汉语关联标记“或、或与、或是、或则、或者”等，从古代汉语到现代汉语演变的过程中，淘汰了部分意义重复的关联标记，形成了现代汉语现有的标记。我们再从现代汉语关联标记追根溯源，探索现代汉语选择复句现有的标记的渊源关系。

（1）或者、或者……或者……

现代汉语复句关联标记“或者”在古代汉语中是个复合虚词，“或”为无定代词，亦是副词。与“者”字连用后组成的“或者”可作副词、代词。

作为副词的“或者”表示对事物或事情的推测、估量，可译作“或许、也许、恐怕”，一般做状语，用于谓语前，先秦时已有此用法。

天或者憎秦灭其文章，欲汉兴之，故先受命以文为瑞也。（《论衡·佚文》）

作为代词的“或者”指代人，可译为“有人”“有些人”“某人”。

居室豪富，伎妾盈房。或者讥其衰暮蓄妓。（《南史·张环传》）

作为副词的“或者”主要用在谓语动词之前，一般单独使用。作为代词的“或者”作主语，常用于句首。

“或者”是从何时作为连词表示选择关系呢？自东汉以来已出现零星用法。如：

假令单于初立，欲委身中国，未知利害，私使伊邪莫演诈降以卜吉凶，受之亏德沮善，令单于自疏，不亲边吏；或者设为反间，欲因而生隙，受之适合其策，使得归曲而直责。（《汉书·匈奴传下》）

明清时逐渐增多。如：

行者道：不瞒贤弟说，若是山里妖精，全不用你们费力，水中之事，我去不得。就是下海行江，我须要捻着避水诀，或者变化甚么鱼蟹之形才去得。（《西游记》第四十九回）

或者……或者……套用的用法，兴起较晚，但至今已成为主要形式。如：

长江一带，不免总要去看看。几时到了汉口，或者走一趟宜昌，或者沙市也可以去得。(《二十年目睹之怪现状》第八十回)

"或者"由表推测的副词如何演变为表选择的连词，本书认为有两种可能，一种是"或者"的推测意，表示一种可能的存在，内在意义上有选择意义的倾向，尤其是在两个词语连用时，选择的意味就更为明显。另一种可能，即在古代汉语中"或"本身有连词的用法，虽然这种连词的用法也来自于副词，"或……或……"连用本身表示并列关系，可以连接词或分句。如：

吴时，将军朱桓得一婢，每夜卧后，头辄飞去。或从狗窦，或从天窗中出入，以耳为翼。(《搜神记·落头民》)

汉语词语有从单音节语素词演变为双音节语素词的趋势，"或"和"者"构成了复合虚词"或者"。一是"或者"有副词转变为连词时内在意义上不能摆脱选择的倾向性，二是由于固定格式"或……或……"本身表选择关系，恰逢现代汉语词语双音节化倾向，组成了选择复句关联标记"或者"以及固定格式"或者……或者……"。

(2) 还是、"是……还是……"

"还"口语读 hái，是六朝以后"还"产生的新义。如：

秀才唯独一身？还别有眷属不？(《祖堂集卷十五·西堂和尚》)

宋代以后，"还"和"是"组合成双音节词，表示选择关系，可单用，亦可复用。单用的如：

不知是心要得如此？还是自然发见气象？(《朱子语类》)

复用的如：

还是虚空之气自应吾之诚，还是气只是吾身之气？(《朱子语类》)

(3) 要么……要么……

"要么"作为选择关联标记出现较晚，出现于近现代汉语中。如：

却不道这等地方，要么不用世家旗人去，用世家旗人，不用你这等年轻新进，用什么人去？(清《侠女奇缘下》)

"要么"表示一种选择。"要么"出现之初多单用，到现代汉语中，单用复用均可。

(三) 古今汉语选择复句关联标记模式及其演变

古代汉语疑问选择复句关联模式有 4 种类型，分别为"A，G+B""G1+A，G2+B""G+A，G+B"和疑问语气词连接型四种类型，现代汉语有 3 种模式，分别为 G1+A，G2+B 型、A，G+B 型和 G+A，G+B 型，可以看出，现代汉语选择疑问复句基本沿用古代汉语，但古代汉语更加注重疑问语气词和选择关系的配合使用。如：

子将大灭卫乎？抑纳君而已乎？（《左传·哀公二十六年》）

该例中除了关联标记“抑”，前后分句还配合疑问语气词“乎”。在现代汉语中，这种关联标记配合语气词的用法很少。除这点外，古代汉语和现代汉语陈述选择复句模式一脉相承，都有 3 种一致的类型，并无太大变化。

变化比较大的是关联标记的演变。古代汉语选择复句关联标记多而繁复，主要表现在同义词较多，如“或与、或则、或是”，再如“抑、抑亦、抑或、抑且”等，表达选择关系的语素要多于现代汉语，如“抑、意、其、将、为”等，虽然退出了历史舞台，但在古代汉语中却是极其常见的，再加上由这些语素组成的复合词，导致了古代汉语选择关联标记数量上远超现代汉语。现代汉语也继承了古代汉语的关联标记，如“或”“还”以及由它们组成的复合词，同时也有创新，如“要么”只在近代汉语中出现并表示选择关系。

八 从藏缅语选择复句反观汉语选择复句

我们从关联标记位置模式和关联标记这两个方面，比较藏缅语和汉语的陈述选择复句和疑问选择复句，试图找出二者的共性和差异，并分析成因。

（一）藏缅语和汉语陈述选择复句关联标记位置模式差异源于语序类型

为了找出藏缅语和汉语陈述选择复句关联标记位置模式的差异，我们把藏缅语和汉语陈述选择复句关联标记模式列表对照如下（见表 4-18）。

表 4-18 藏缅语和汉语陈述选择复句关联标记位置模式对照表

		藏缅语	汉语
G+A，G+B		+	+
G1+A，G2+B		−	+
A+G+A	A+G，B	+	−
	A，G+B	+	+
A+G，B+G		+	−

续表

	藏缅语	汉语
词汇形式	+	+

从表 4-18 可以看出，藏缅语诸语言除了没有 G1+A，G2+B 模式，其他模式一应俱全，汉语则没有 A+G，B 和 A+G，B+G 两种模式，这两种模式都是关联标记后置的模式，这说明汉语关联标记位置与汉语的 SVO 语序是完全相符的，也符合 Dik 的联系项居中原则。藏缅语诸语言则既有关联标记前置的模式，也有关联标记后置的模式。后置的关联标记模式与藏缅语 SOV 型语序相符合，前置的模式与藏缅语诸语言 SOV 型语序不相符合。虽然关联标记前置与语序类型不符，但是前置的关联标记有的居于复句中间位置，如 A，G+B 模式，有的是成套使用的标记，如 G+A，G+B 模式，总有关联标记位于分句中间位置，也符合 Dik 的联系项居中原则。关联标记模式一般符合联系项居中原则，与语序类型大致相符。汉语和藏缅语关联标记模式呈现的差异主要源于语序类型。

二者都有词汇形式的关联标记，即超词形式的关联标记，说明选择关联标记还在不断地发展变化中。

（二）藏缅语和汉语疑问选择复句关联模式差异体现在语气词使用和语序类型方面

藏缅语和汉语选择复句关联模式差别较大，主要体现在语气词的使用和关联标记的位置上，为了清晰地比较二者的异同，我们绘制了表 4-19。

表 4-19　　藏缅语和汉语疑问选择复句关联标记模式对照表

		藏缅语	汉语
A+G+B	A+G，B	+	-
	A，G+B	+	+
分句尾疑问语气词表达型		+	-
A，B+G		+	-
A+G+B+分句尾疑问语气词	A+G，B+语气词	+	-
	A，G+B+语气词	+	+
G1+A，G2+B		-	+
G+A，G+B		-	+

1. 由于汉语的语序类型，没有后置的疑问复句选择关联标记，而藏缅语是 SOV 语序，有“A+G，B”“A，B+G”“A+G，B+语气词”三种类型的关联标记后置模式，同样没有 G1+A，G2+B 型、G+A，G+B 型这两种前置的类型，但有“A，G+B”“A，G+B+语气词”这两种关联标记居中的，前置于后一分句的类型，这印证了语序类型与关联标记的相关性并不是强制性的。

2. 相对于藏缅语，汉语选择复句对疑问语气词的依赖较少

藏缅语更依赖疑问语气词表达选择关系。藏缅语选择复句选择关系的表达可只使用分句句尾疑问词进行表达，如：攸乐山基诺语

nɤ^{44} va^{54}ŋji^{44} sɛ^{44} ŋjʌ^{44}？ja^{54} sɛ^{44} ŋjʌ^{44}？你们杀猪，还是杀鸡？

你们　猪　杀　疑问　鸡 杀　疑问

在攸乐山基诺语中，主要是用疑问词来表达两个分句间的选择关系，有关联副词的句子几乎没有。很多藏缅语也只有疑问语气词表达选择关系的形式，如曲谷羌语、白马语、独龙语等，这应该是藏缅语表达疑问选择较早的方式。之后，有的语言发展出了疑问语气词再加上关联标记的形式，如波拉语（戴庆厦、蒋颖、孔志恩 2007：236）

nɔ̃^{55} nɛ$^{55/35}$ ɛ^{31} ŋa̠^{55} nɛ̃^{55} la^{51} a^{31}ŋɔt^{55}ʐɛ^{31}　ŋjuŋ$^{55/35}$ ɛ^{31}ja̠^{55}nɛ̃^{55}la^{51}？

你　红　的　要　要　吗　不　是的话绿　的　要要　吗

你是要红的呢，还是绿的？

上例波拉语除了句末疑问词表示选择和疑问，还有关联标记 a^{31}ŋɔt^{55}ʐɛ^{31}。

有的藏缅语直接用连词表达疑问选择，如：

箐花普米语（陆绍尊 2009：576）

nɛ^{13}khɛ^{55}xue^{55}py^{55}ʃə^{55}ʃo^{55}　diɑ^{13}　tə^{55}gɯ^{55}khɛ^{55}xue^{55}py^{55}ʃə^{55}qa^{55}？

你　开　会　去（后加）（连）他　开会　去（后加）

你去开会呢？还是他去开会？

箐花普米语用连接词 diɑ^{13}连接选择分句。

汉语除非在口语化的表达中，会有“你去？我去？”类似于这句中的疑问语气表达选择关系，如果加上语气词“ * 你去吗？我去吗？”则不成立，不能用分句末设置疑问词的方式表达选择关系。

总体来讲，汉语疑问选择复句对疑问语气词的依赖程度大大减少，如在 G1+A，G2+B 型、A，G+B 型、G+A，G+B 型这三种类型中，都可以

不使用语气词，只有疑问语气。如：老张去，还是老刘去？（《现代汉语八百词》1999：255）后一句可以加上疑问语气词“呢”，也可以不加。但在古代汉语中，加疑问语气词的情况是很常见的，如：

子将大灭卫乎？抑纳君而已乎？（《左传·哀公二十六年》）

该句中，除了关联词“抑”，还有疑问语气词“乎”。且古代汉语只用疑问语气词连接的情况很多，如：

孟子曰：“敬叔父乎？敬弟乎？”彼将曰：“敬叔父。”（《孟子·告子上》）

可见，古代汉语中，只用疑问语气词连接选择分句的情况很普遍，但到现代汉语中则很少了。古代汉语更多地依赖疑问语气词，在语言发展的过程中，疑问语气词单用的情况越来越少，对疑问语气词的依赖也越来越少。这也和藏缅语疑问选择复句模式发展是一致的。

3. 较之藏缅语诸语言，汉语陈述选择复句和疑问选择复句关联标记分野明显

藏缅语诸语言虽然并不完全一致，但可以看出，大多数语言陈述选择复句和疑问选择复句关联标记还是存在联系的，如：

东旺藏语陈述选择复句

k^{h}u^{33} mɛn^{24}nə^{33} zɛn^{35} ʈʂʅ^{33}，mɛn^{24}nə^{33}phɛ^{33}ɕhoŋ^{35}noŋ^{35}ʈʂʅ^{33}.

他　或者　玩　去　或者　介　家　里　去

他不是去玩，就是回家。

东旺藏语疑问选择复句

ɕ^{h}ə^{24}ȵa^{ʔ54}ke^{33} p^{h}a^{ʔ54} ʂa^{41}tɛ^{33}tɕ^{h}a^{33}，zɛn^{33}nə^{33}sa^{35} ʂa^{41}tɛ^{33}　tɕ^{h}a^{33} zɛn^{33}？

你们　猪　杀　助　吃　还是　鸡　杀　助词　吃（疑问）

你们杀猪吃还是杀鸡吃？

东旺藏语陈述选择复句关联标记为 mɛn^{24}nə^{33}，疑问选择复句关联标记为 zɛn^{33}nə^{33}，二者都包含共同的语素 nə^{33}。勐朗坝拉祜语中，（常竑恩、和即仁等 2009：656）

nɔ^{31} li^{21}xe^{53}ga^{53}la^{53} ma^{53}xe^{54}lɛ^{33}ta^{53}ka^{31}te^{33}ga^{53}la^{53}？

你 书　读　想（助）或者　生意　生　想（助）

你是想读书，或者是想做生意？

nɔ^{31}xɯ^{33}pɤ^{31}tsi^{33}tsa^{33}phɔ^{31}ni^{33}ma^{53}xe^{54}lɛ^{33}sa^{35}xai^{53}tsa^{33}phɔ^{31}ni^{33}

你 们　北京（助）餐馆　或者　上海（助）参观

ka^{21}phɛ^{21} a^{31}.　你们去北京参观或者上海参观都可以。

可以 （助）

无论是在疑问选择复句还是在陈述选择复句中，都用关联标记 ma^{53} $xe^{54}l\varepsilon^{33}$。

但是汉语的疑问选择复句，主要使用关联标记“还是”或“是 A，还是 B”表达疑问选择。用“或者”“不是 A，就是 B”表示陈述选择，具体使用情况如表 4-20 所示。

表 4-20　　汉语选择复句关联标记表

	单用	合用
汉语陈述选择复句常用标记	或者、或是	或者（或、或是）A，或者（或、或是）B；要么 A，要么 B；不是 A，就是 B
汉语疑问选择复句常用标记	还是	是 A，还是 B

本章小结

本章讨论了藏缅语并列类复句，总结藏缅语并列类复句的特点，并与汉语进行了比较。

就藏缅语并列复句而言，本书对藏缅语副词占主导地位的并列复句关联标记和连词占主导的并列复句关联标记模式进行探讨。只有少数几种语言还在使用藏缅语并列复句谓语重复型关联标记模式，多数使用分句共现型关联标记模式和后一分句前置型关联标记模式。当不再强调各分句间的并列关系，基于语言经济性的原则，有的语言已经不再使用分句共现型关联标记模式，如勒期语、白宏哈尼语、景颇语等，只有前置于后一分句型关联标记。藏缅语诸语言普遍存在表动作行为并行的并列标记。

藏缅语和汉语藏缅语并列复句关联标记位置模式比汉语多，与语序类型有关。关联副词在藏缅语和汉语并列复句中占重要地位，无标并列复句是藏缅语诸语言和汉语常见的类型，藏缅语和汉语并列复句关联标记构成丰富，它们不是一个封闭的类，也都是由副词、词组和其他词汇形式构成，构成形式丰富，并且根据表达需要，还有很多词语可以进入并列复句关联标记中。

就藏缅语连贯复句而言，藏缅语很多语言连贯关联标记具有多功能性，具有较大的倾向性兼表方式、补充关系、连动关系、因果关系、并列关系，并对其成因进行了分析。从藏缅语连贯复句反观汉语，它们的共同特点为：藏缅语和汉语意合的连贯复句较为普遍，藏缅语和汉语连贯复句关联标记有典型和非典型之分，藏缅语和汉语都有几乎同步关联标记，藏缅语和汉语都用“先”“后”观念来表达连贯关系。它们的不同点为：藏缅语连贯复句关联标记少于汉语，汉语和藏缅语几乎同步关联标记的形成与流变不同，较之藏缅语，汉语连贯关联标记区分书面和口语表达，藏缅语和汉语关联标记的位置模式大体不同，藏缅语连贯复句关联标记具有多功能性。

藏缅语递进复句关联标记位置模式和关联标记具有如下特点：藏缅语递进复句关联标记模式以 A+G1，G2+B 模式占优势，关联副词在递进复句的表达中居于重要地位，递进复句关联标记之间没有语源关系递进关系的表达趋于复杂化，缺乏定型性。拿藏缅语诸语言与汉语相比，我们发现，连词和关联副词在汉语和藏缅语递进复句中起重要作用。汉语和藏缅语都有采用“否定+虚词”形式的关联标记，后一分句是递进义的承担者。汉语递进复句关联标记数量上要比藏缅语丰富，主要原因是现代汉语的关联标记与古代汉语关联标记一脉相承。由于语序类型和语言接触的原因，藏缅语递进复句关联标记位置模式类型比汉语多。

根据句子语气，我们把藏缅语选择复句可分为陈述选择复句和疑问选择复句。根据分句间的语义关系，可分为任选选择复句和限选选择复句。藏缅语陈述复句选择关联标记位置以 G+A，G+B 为优势模式，关联标记来源于“否定+假设”具有一定的倾向性。关于藏缅语疑问选择复句，我们发现藏缅语疑问语气和语气词在表达选择关系上占有重要地位，在疑问选择关系的表达中，关联标记居中的模式占绝对优势，多数藏缅语疑问选择复句关联标记来源于副词“还是”。相对于藏缅语，汉语选择复句对疑问语气词的依赖较少，汉语陈述选择复句和疑问选择复句关联标记分野明显。

第五章

藏缅语并列结构考察

藏缅语并列复合词、并列词组以及并列复句统称为藏缅语并列结构，它们分属词汇、词组和复句层面。藏缅语诸语言不同语言层面的并列关系如何表达，有何一致性和差异性，我们在这章里将进行探讨。

第一节　并列结构中的并列标记

并列标记作为并列结构的显性标记，其在不同语言层面的表达是否一致，可以帮助我们认识并列结构的特点。可以分为两种情况，一是零标记并列结构，二是有标记并列结构。在有标记并列结构中，因为并列复合词中不含有并列标记，我们只考察词组、句子和复句层面的并列关联标记情况。

一　零标记并列结构

（一）零标记的并列复合词

藏缅语各语言所有的并列复合词是零标记的，由两个或多个并列词素结合而成，词素之间关系紧密。如：

桃坪羌语：pi^{55}ma^{55} 父母

父 母

独龙语：tɑ^{55}nɑ^{55}tɯ^{31}mɑ^{55} 弓箭

弓　箭

（二）零标记的并列词组

藏缅语并列关系的词组成更大一级单位词组时，很多语言都使用零标记的形式连接两个并列项——词，在口语当中，各并列项之间有语音停顿，如：

东旺藏语

rʅ24 ŋu33 rʅ24 ʐao?54　山上山下

山　头　山　底

傈僳语

tsho44mo31phɑ31 tsho44mo31mɑ44　老头老太太

老　头　老太太

这些并列词组不作为整体意义理解时，都可以不使用连词。但这些词组运用到句子中，直接做句子成分时，一般需要加关联标记，如：

景颇语（戴庆厦 2012：185）

tai31ni55the?31phot55ni55ŋai33n55ta51n55ŋa31n31ŋai33.　今天和明天我不在家。

今天　和　明天　我　家　不在（尾）

独龙语（孙宏开 2009：694）

gɔŋ55 dɔ31 bu53dzɯ̆ŋ55 niŋ55 sɯ̆m53dzɯ̆ŋ55 bɯ̆m53bɯ̆m53 ăi53.

山坡（助）核桃树（连词）桃子树　多多　有

山坡上有很多核桃树和桃子树。

勐朗坝拉祜语（常竑恩、和即仁等 2009：649）

li21ma11pa11lɛ21 li21xe53za53xɯ33ka31la31tse21u31.　老师和学生们都到齐了。

老师　和　学生　们　都　来　齐　了

傈僳语（徐琳、木玉璋、盖兴之 2009：569）

sʅ35li31 be33 mɑ44dɑ33 niɑ44 hi33 ʃɑ35 kuɑ44ze31zɛ42du33ŋɑ33.

木材　和　竹子　（连）房　造（助）有用　的　是

木材和竹子是造房的有用材料。

剑川白语（徐琳、赵衍荪 2009：210）

ŋo31 tsɑ42 ja35 tɕhi44 pĩ55 tshɔ̃31 jĩ55 pĩ55 piɛ42

我　尝　不　出　盐　咸　和　盐　淡

我试不出盐咸和盐淡。

上述语言并列词组可以以零标记形式存在，但进入句子层面则需添加并列标记，但也有例外，如独龙语在两个以上并列的词或词组相连时，一般不用连词连接，并列词组之间为零标记。

独龙语（孙宏开 2009：694）

tɯ31wɑ55 tɯ31mɑ53ɹm31lɑŋ53 sɯ31nă?55 tɯ31ɹuŋ53 lɯ31kɑ55 dɔ31 ăi53.

龙竹　　箭竹　　紫竹　　都　　独龙　　山上　（助）有

龙竹、箭竹和紫竹在独龙族山上都有。

（三）零标记的并列复句

在这里，我们主要探讨并列关系的复句，不包含选择、递进和连贯复句。藏缅语中，零标记的并列复句很常见，分句间不用任何关联标记，但分句间常采用相同的结构。如：

拉萨藏语（金鹏 2009：59）

khoŋ^{55}tsho^{52} ȵĩ^{14} kuŋ^{14}pa^{ʔ52} sa^{132}ki^{52}re^{ʔ132}，koŋ^{14}ta^{ʔ132} thuk^{52}　pa^{52} thuŋ^{55}

他们 中午 糍粑　　吃　　　表将行时成分　晚上 他农民喝

ki^{52} re^{ʔ132}.

表将行时成分

他们中午吃糍粑，晚上喝汤面。

使用时间词“中午”“晚上”和相同句式显示并列关系。

大羊普米语（蒋颖 2015：474）

ni^{24}sin^{31}vbəuŋ^{55}phʐɛ$^{24/55}$，ɑ^{55}sin$^{24/31}$phjɛ$^{24/55}$.　你砍树，我劈柴。

你 树　　　放倒　　　我 柴　　劈

上述几例中主语不同，但语义相对或相关，句式相同形成并列关系。

阿昌语（戴庆厦、崔志超 2009：479）

ŋɔ^{55}a^{31}na^{55}ȵu^{55}，ȵ̥aŋ^{31}a^{31}ȵau^{55}ȵu^{55}.　　我要红的，他要绿的。

我 红的 要　　他　绿的　要

遮放载瓦语（朱艳华、勒排早扎 2013：342）

xji^{51} kə^{31}　　ŋa^{55} ə^{55}，naŋ^{55}ə^{55}a^{31}ŋu̱t^{55}.　　这是我的，不是你的。

这（话助）我的的　你的的不是

藏缅语并列复合词、并列词组和并列复句都有零标记形式，但并列词组进入句子中时，常常做主语或宾语以及谓语等句子成分，是以一个整体存在的，此时一般会加上联接标记，以便更容易作为一个整体来辨识。

二　有标记并列结构

（一）并列词组中的标记类型

藏缅语并列词组和并列复句中包含连接标记，我们在这里重点考察标记是否一致，有何个性和特点。

并列词组中并列标记的情况比较复杂，名词性并列词组、形容词性并列词组和动词性并列词组情况不一，下面一一述说。

1. 名词性词语和名词性词语结合的并列词组，无论是名词+名词、代词+代词、指/数量词+指/数量词还是名词结构或名物化结构构成的并列词组，除极个别的代词和名词并列的情况外，都倾向于使用相同的关联标记。如：东旺藏语

名词+名词

nə^{33}ʑi^{ʔ54} nə^{33} a^{35}ʐa^{ʔ54} 今年和明年

今年　和　明年

代词+代词

ŋa^{35} nə^{24} ç^{h}ə^{35} 我和你

我　和　你

指/数量词+指/数量词

nə^{33} nə^{33} tə^{3} 这个和那个

这个　和　那个

名物化结构+名物化结构

mə^{33}mɯ^{41} nə^{33} kɯ^{33}kə^{41} 红的和白的

红色　和　白色

2. 形容词性词语和形容词性词语结合的并列词组，根据连接标记在并列项中的位置，分为三种情况。

（1）形容词重复且关联标记居中型

东旺藏语

ȵu^{24} la^{33} ȵu^{24} ja^{24} la^{33} ja^{24} 快而好

快　也　快　好　也　好

（2）关联标记居中型

安多藏语

mdʑoknu tokʁa ʂaɣə 快而好

快　而　好

（3）关联标记居首且重复型

他留彝语

ʐou^{55} my^{55} ʐou^{55} ɣuɔ^{31} 又高又大

又　高　又　大

形容词组成的并列词组分为三种类型，有的重复形容词，有的重复关

联标记，关联标记的位置分为居中和居首两种类型。形容词并列词组相当于形容词，在句子中常作定语、谓语、补语等句子成分。如：

大羊普米语（蒋颖 2015：336）

ɖɛ$^{24/31}$ nəuŋ^{55} ʃu^{55} min^{55} gɯ^{31} mə^{31}sie^{55}ʐe^{55}ʒdʒiɑ^{55} ʐəu^{55}.

聪明 和 漂亮 人 （话） 大家（施）喜欢（缀）

聪明和漂亮的人大家都喜欢。

上例为并列词组做定语的情况。

剑川白语（徐琳、赵衍荪 2009：221）

pɛ^{42}tso^{42} lɯ^{31} tsɯ^{31} ko^{55}no^{33}lɛ^{31}kã^{55}lɛ^{31}tuĩ^{55}.

白杨 这 棵 长 得 又 高 又 直

这棵白杨长得又高又直。

上例为并列词组做补语的情况。

勒期语（戴庆厦、李洁 2007：218）

ŋa^{55}nɔ^{ʔ31}nə̱k^{55}tum^{53}kjŋ^{33}tum^{53}juŋ^{55}. 我妹妹又聪明又漂亮。

我 妹妹 心 又 聪明 又 漂亮

上例为并列词组做谓语的情况。

大多数藏缅语形容词并列词组与名词并列词组使用的关联标记不一致，如：白宏哈尼语：名词并列词组

hi^{55}ma^{55}sɤ^{53} ø^{55}ma^{55} 这个和那个 ŋ̥i^{55}ɤ^{33} sɤ^{53} pa^{33}ɤ^{33} 红的和白的

这个 和 那个 红的 和 白的

白宏哈尼语的形容词并列词组采用关联标记连接重复形容词的形式表达，如：

tshaŋ^{55}ʑi^{31} tshaŋ^{55}mɯ^{31}ʑi^{31} mɯ^{31} 快而好

快 也 快 好 也 好

白宏哈尼语名词并列词组的关联标记都是居中的 sɤ^{53}，形容词并列词组的标记为副词 ʑi^{31} “也”。

3. 动词或动词性词组并列根据语义关系不同，又可以分为名物化的动词并列词组、动作行为累积的并列词组和动作行为同时进行的并列词组三类。我们在此重点考察三类关联标记的一致性和关联标记的位置模式。

（1）名物化的动词并列词组

两个动词或动词词组并列，在句子中充当主语、宾语或定语。如：

独龙语（孙宏开 2009：694）

ăŋ^{53}　măn^{55}dʑu^{55}ɔ^{53}　niŋ^{55} kɑ^{55}　gɯ̆^{ʔ55}niŋ^{55}sɯ^{31}nă^{ʔ55}tɑ^{55}sɑ^{55}　găm^{53}.

他　歌　唱　（连）话　说　（连）都　听（后加）好

他唱歌和说话都好听。

阿昌语（戴庆厦、崔志超 2009：471）

a^{31}pʐo^{55}ʑəŋ^{31}lɔ^{ʔ55}mu^{55}lə^{31}　读书和干活

书　读　和　活　干

这类动词并列词组使用的关联标记和名词性并列词组一致。

（2）动作行为累积的并列词组

根据关联标记在并列词组中的位置及数量，把动作行为累积的并列词组分为"G+V1+G+V2""NP1+G1+V1+G2+NP2+G1+VP2""NP1+G+V1+NP2+G+V2""V1+G+V1+V2+G+V2""V1+G+V2+G""G1+V1+G2+G1+V2""VP1+G+VP2"七个小类，具体见第三章内容。其中，NP1+G1+V1+G2+NP2+G1+VP2 模式和模式 G1+V1+G2+G1+V2 有两个关联标记，有专门表示动作行为积累的标记，还有动词词组间相连接的标记。在统计的 19 种语言中，3 种语言属于此种类型。如：

仓洛语（张济川 2009：909）

nan^{13}　ki$^{(13)}$ jin^{55}tɕa^{55}pu$^{(13)}$ŋon^{13} ȵi，om^{55}tɕaŋ^{55}rai^{13}pu$^{(13)}$ ŋon^{13} ȵi.

你　（结构）盐　也　买　又　布　也　买

你是又买盐又买布。

曲谷羌语（黄布凡、周发成 2006：211）

qupu tʂu wuˀ ȵi tʂu dʐaɕtɕi　他又说又笑

他　又　说　并　又　笑

勐朗坝拉祜语（常竑恩、和即仁等 2009：642）

m ɣ^{53}xɔ^{33}ka^{31}mɯ^{54} lɛ^{33}　m ɣ^{53}ze^{31}ka^{31}la^{31}.　又刮风又下雨。

风　也　吹　（连）雨　也　下

上述几例中，其中一个连接标记不直接连接两个动作行为，而是连接两个由副词和动词组成的词组，另一个连接标记分别位于两个动词前面。我们在考虑标志一致性问题时，可以先忽略这个动词词组间的连接标记，因为这个不直接与动词相连。其余的 16 种语言连接两个动作的关联标记只使用一个标记，但连接标记出现一次到两次不等。正是因为这个原因，表示动作行为累积义的并列词组呈现出多种模型，G+V1+G+V2 是较多语言使用的模型，有 8 种语言使用该模型；有 3 种语言使用模型 V1+G+V1+

V2+G+V2，2 种语言使用模型 NP1+G1+V1+G2+NP2+G1+VP2，2 种语言使用模式 NP1+G+V1+NP2+G+V2，2 种语言使用模型 VP1+G+VP[24]，剩下的 2 种语言分属其他两种模型。

（3）表示动作行为同时进行的并列词组

这类词组强调动作行为进行的同时性，根据关联标记使用的数量及其位置，也可以把表示动作行为同时进行的并列词组分为 7 类，分别为"V1+G1+G2+V2+G1""V1+G+V2+G""V1+G+V2""NP1+G+V1+NP1+G+V2""G1+V1+G2+G1+V2""NP1+G1+V1+G2+NP1+G1+V2""G+V1+G+V2"。在以上 7 种模式中，3 种模式有两个不同类型的关联标记，其中一种为相同的 2 个关联标记，另一种为不同于前一种的标记。如模式 V1+G1+G2+V2+G1，如：

东旺藏语

tɕʰa^{33} <u>lao^{ʔ54}tɕi^{33}</u> <u>nə^{33}</u> ʂie^{33}rao^{41}jɛ^{24} <u>lao^{ʔ54}tɕi^{33}</u> 一边吃饭一边说话

吃 边 （连）说话 边

模式 G1+V1+G2+G1+V2，如：

曲谷羌语（黄布凡、周发成 2006：211）

qupu <u>tʂu</u> tse <u>ɳi</u> <u>tʂu</u> bəl 他边看边做

他 一边 看 并 一边 做

模式 NP1+G1+V1+G2+NP1+G1+V2，如：

邦朵拉祜语（李春风 2014：180）

jɔ^{53}xɯ^{33}qa^{33} <u>te^{53}phɔ^{53}</u>mɯ^{31}<u>lɛ^{33}</u> puai^{53}<u>te^{53}phɔ^{53}</u>te^{33}.

他们 歌 一边 唱 （关）舞 一 边 跳

他们一边唱歌一边跳舞。

其他四种模式都使用一种类型的关联标记，即为 1 个标记，如模式 V1+G+V2，如：

门巴语（陆绍尊 2009：789）

ɕat^{53}ti^{53} <u>ne^{35}（na^{35}）</u> cɛ^{ʔ35}kho^{53} 边说边走

说（后加）（连） 走（后加）

或为 2 个相同的标记，如模式：NP1+G+V1+NP1+G+V2

桃坪羌语（孙宏开 2009：374）

tha^{55}lə^{55} χqa^{33} <u>tsuə^{31}</u> thie^{33}pu^{33} pɑu^{13}tʂʅ^{51}<u>tsuə^{31}</u>tsia^{33}pu^{33}.

他 饭 边 吃（后加）报纸 边 看（后加）

他边吃饭边看报。

再看模式 G+V1+G+V2，如：

zø^{35} te^{33}ȵe^{55} tɕhiɔ̃^{53} te^{33}ȵe^{55} dʑye^{35}. 他一边唱一边跳。
他 一边 唱 一边 跳

在这几种模式中，居于优势的模式是 G+V1+G+V2 模式，在统计的 23 种语言或方言中，13 种语言属于此种并列模式。第三章对此进行过详尽的描述，在此不再赘述。

不论关联标记的位置，我们先来考察一下不同类型动词性并列词组关联标记的使用情况。如表 5-1 所示。

表 5-1 不同类型动词性并列词组关联标记

类型 语言/方言	一般动词并列词组	表示动作行为累积的动词并列词组的关联标记	表示动作行为同时进行的动词并列词组的关联标记
东旺藏语	nə^{33}	zoŋ^{35}…zoŋ^{35}	lao^{ʔ54}tɕi^{33}…nə^{33}…lao^{ʔ54}tɕi^{33}
安多藏语	ra	-①	ʐor…ʐor
门巴语	ne^{35}	-	ne^{35}（na^{35}）
仓洛语	taŋ$^{(13)}$	pu$^{(13)}$ … om^{55} tɕaŋ^{55}…pu$^{(13)}$	ȵi
扎巴语	-	nə^{31}…nə^{31}	-
桃坪羌语	na^{33}	ɕi^{31}…ɕi^{31}	tɑ^{33}/tsuə^{31}
曲谷羌语	-	tʂu…ȵi…tʂu	tʂu…ȵi…tʂu
蒲溪羌语	-	-	pi…pi
大羊普米语	nəuŋ^{31}	ʐe^{31}…ʐe^{31}	tʃʅ^{55}pɑ^{31}…tʃʅ^{55}pɑ^{31}（də^{55}bie^{31}…də^{55}bie^{31}）
贵琼语	-	-	te^{33}ȵe^{55}…te^{33}ȵe^{55}
景颇语	-	-	let^{31}/let^{31}…let^{31}
独龙语	…niŋ^{55}…niŋ^{55}	-	-
博嘎尔语	ni^{33}	-	-
喜德彝语	-	ȵi^{33}…ȵi^{33}	-
他留彝语	ni^{33}	ʐou^{55}…ʐou^{55}	tshʅ^{31}ta^{33}…tshʅ^{31}ta^{33}
白宏哈尼语	sɤ^{53}	o^{31}…o^{31}	o^{31}…o^{31}
碧约哈尼语	-	ju^{33}	thɯ^{31}pja^{33}…thɯ^{31}pja^{33}

① -号表示未找到该类型的语言材料。

续表

类型 语言/方言	一般动词并列词组	表示动作行为累积的动词并列词组的关联标记	表示动作行为同时进行的动词并列词组的关联标记
勐朗坝拉祜语	–	ka³¹…lɛ³³…ka³¹	
邦朵拉祜语	–	–	ɔ³¹ mɯ⁵³ … lɛ³³ … ɔ³¹ mɯ⁵³/te⁵³phɔ⁵³…lɛ³³…te⁵³phɔ⁵³/te⁵³phɔ⁵³…te⁵³phɔ⁵³
基诺语补远方言	ɤ³³	…nɛ⁴⁴…nɛ⁴⁴	ji⁴⁴ me⁴⁴ … nɛ⁴⁴ … ji⁴⁴ me⁴⁴/loŋ⁴⁴
怒苏语		–	me³⁵le³¹…me³⁵le³¹
纳西语大具话	–	le³³…le³³	ka³³…ka³³
傈僳语	–	–	ɡuɑ³³…ɡuɑ³³
剑川白语	jĩ ⁵⁵	lɑ³⁵…lɑ³⁵	lɛ³⁵…lɛ³⁵
载瓦语	–	tum³¹…tum³¹	lɛ⁵¹…lɛ⁵¹
阿昌语	lɔ^ʔ55	ʐu³⁵…ʐu³⁵	tă³¹pa³¹…tă³¹pa³¹
波拉语	muŋ^35/31	jaŋ³¹	a⁵⁵…a⁵⁵
勒期语	–	tum⁵³…tum⁵³	a³³no³³…a³³no³³

多数藏缅语在连接三种类型的动词并列词组时，倾向于使用不同的连接标记，如大羊普米语、东旺藏语、仓洛语、桃坪羌语、他留彝语、剑川白语、阿昌语、波拉语等。多数语言表示动作行为累积义的动词并列词组和表示动作行为同时进行的动词并列词组的关联标记不一致，但也有少数语言二者使用同样的关联标记，如白宏哈尼语、曲谷羌语等，这说明多数语言使用关联标记区分动作行为的累积义以及动作行为同时进行的语义关系。

为了更好地考察整个藏缅语并列词组的关联标记使用情况，我们把名词并列词组和形容词并列词组以及动词并列词组的关联标记列在一起，如表 5–2 所示。

表 5–2　　藏缅语并列词组关联标记一览

	名词性并列词组	动词性并列词组			形容词性并列词组
		一般动词并列词组	表示动作行为累积的动词并列词组的关联标记	表示动作行为同时进行的动词并列词组的关联标记	
东旺藏语	nə³³	nə³³	zoŋ³⁵…zoŋ³⁵	lao^ʔ54tɕi³³…nə³³…lao^ʔ54tɕi³³	la³³

续表

	名词性并列词组	动词性并列词组			形容词性并列词组
		一般动词并列词组	表示动作行为累积的动词并列词组的关联标记	表示动作行为同时进行的动词并列词组的关联标记	
安多藏语	ra	ra	–	ʐor…ʐor	tokʁa
门巴语	neŋ^{55}	ne^{35}	–	ne^{35}（na^{35}）	–
仓洛语	taŋ$^{(13)}$	taŋ$^{(13)}$	pu^{13}）…om^{55} tɕaŋ^{55}…pu$^{(13)}$	ȵi	–
白马语	re^{13}	–	–	–	–
扎巴语	nə^{31}/mtsha^{31}	–	nə^{31}…nə^{31}	–	–
桃坪羌语	na^{33}	na^{33}	ɕi^{31}…ɕi^{31}	tɑ^{33}/tsuə^{31}	
曲谷羌语	ȵa	–	tʂu…ȵi…tʂu	tʂu…ȵi…tʂu	la
蒲溪羌语	ȵi	–	–	pi…pi	–
箐花普米语	nə^{55}	–	–	–	–
大羊普米语	nəuŋ^{55}	nəuŋ^{31}	ʐe^{31}…ʐe^{31}	tʃʅ^{55} pɑ^{31} … tʃʅ^{55} pɑ^{31}（də^{55}bie^{31}…də^{55}bie^{31}）	ʐe^{55}/nəuŋ^{55}
贵琼语	lø^{55}	le^{55}	–	te^{33}ȵe^{55}…te^{33}ȵe^{55}	lø^{33}/le^{55}
景颇语	theʔ^{31}	–	–	let^{31}/let^{31}…let^{31}	in^{31}/n^{31} thom^{55}/n^{31} na^{55}
独龙语	niŋ^{55}	…niŋ^{55}… niŋ^{55}	–	–	kɯ̆ʔ^{55}/niŋ^{55}
格曼语	nʌŋ^{31}	–	–	–	–
博嘎尔语	lo	ni^{33}	–	–	to
喜德彝语	si^{33}ni^{21}	–	ȵi^{33}…ȵi^{33}	–	ȵi^{33}
他留彝语	ni^{33}	ni^{33}	ʐou^{55}…ʐou^{55}	tshʅ^{31}ta^{33}…tshʅ^{31}ta^{33}	ʐou^{55}
白宏哈尼语	sɤ^{53}	sɤ^{53}	o^{31}…o^{31}	o^{31}…o^{31}	ʐi^{31}
碧约哈尼语	xɪ^{33}	–	ju^{33}	thɯ^{31}pja^{33}…thɯ^{31}pja^{33}	xa^{55}
勐朗坝拉祜语	lɛ^{33}	–	ka^{31}…lɛ^{33}…ka^{31}		
邦朵拉祜语	lɛ^{33}	–	–	ɔ^{31} mɯ^{53} … lɛ^{33} … ɔ^{31} mɯ^{53}/te^{53} phɔ^{53} … lɛ^{33} … te^{53} phɔ^{53}/te^{53} phɔ^{53} … te^{53}phɔ^{53}	ka^{31}/lɛ^{33}
补远基诺语	ɤ^{33}	ɤ^{33}	ji^{44}me^{44}…ji^{44}me^{44}	ji^{44}me^{44}…nɛ^{44}…ji^{44} me^{44}/loŋ^{44}	nɛ^{44}

续表

	名词性并列词组	动词性并列词组			形容词性并列词组
		一般动词并列词组	表示动作行为累积的动词并列词组的关联标记	表示动作行为同时进行的动词并列词组的关联标记	
怒苏语	le^{31}	–	–	me^{35}le^{31}…me^{35}le^{31}	li^{35}
大具纳西语	nə^{13}	–	le^{33}…le^{33}	ka^{33}…ka^{33}	le^{33}
傈僳语	ɑ^{31}ne^{33}/tʃ ho^{31}/be^{33}	–	–	ɡuɑ^{33}…ɡuɑ^{33}	–
剑川白语	jĩ^{55}/li^{55}	jĩ^{55}	lɑ^{35}lɑ^{35}	lɛ^{35}…lɛ^{35}	jĩ^{55}/lɛ^{31}
龙房土家语	ne^{55}	–	jiu^{35}…jiu^{35}	–	jiu^{35}
仙仁土家语	ȵe^{33}	–	ʐu^{35}…ʐu^{35}	–	ʐu^{35}
遮放载瓦语	ə^{ʔ55}	–	tum^{31}…tum^{31}	lɛ^{51}…lɛ^{51}	lui^{55}tum^{31}/tum^{31}
阿昌语	lɔ^{ʔ55}	lɔ^{ʔ55}	ʐu^{35}…ʐu^{35}	tă^{31}pa^{31}…tă^{31}pa^{31}	ʐu^{35}
波拉语	jɔ^{55}/ɣɛ^{ʔ55}	muŋ$^{35/31}$	jaŋ^{31}	a^{55}…a^{55}	tam^{31}
勒期语	ɣɛ^{ʔ55}	–	tum^{53}…tum^{53}	a^{33}no^{33}…a^{33}no^{33}	tum^{53}

综观藏缅语并列词组使用的关联标记，可以看出藏缅语诸语言连接不同类型的并列词组时，倾向于使用不同的并列标记，这从一个侧面也说明了各语言的并列关联标记较为发达，在进行并列连接时，从句法结构和语义关系上都做考虑，从而形成了不同类型并列结构用不同标记表示的状况。

很多语言的名词并列词组的关联标记和一般动词并列词组的关联标记呈现出一致性，如阿昌语、白语、白宏哈尼语、他留彝语等，这主要是由于一般动词并列连接时名物化了，呈现出名词性。还有一些语言形容词并列词组的关联标记与表示动作行为累积的动词并列词组的关联标记一致，如勒期语、遮放载瓦语、阿昌语、大具纳西语、他留彝语、大羊普米语等，这可能与形容词的谓词性有关。

（二）关于并列词组关联标记的多功能性问题的认识

世界上很多语言并列标记兼表伴随，并列关系和伴随关系有语义上的交叉，都可以表示共同实施和互相实施的行为，藏缅语多数语言并列标记不仅表示伴随，还可兼表其他功能。如东旺藏语名词性并列标记，还可以表伴随和假设，如表伴随：

khu^{33} nə^{33} a^{24}wu^{33} ȵɯ^{31} thao^{54} ɕhə^{33} rɛ^{24}.　他跟哥哥吵架了。
他　和　哥哥　俩　吵架（句尾：过去）

表假设：

ŋa^{35} ʈʂʅ^{33} nə^{33} ɕhɤ^{24} jɛ^{24}　sə^{33}.　我走的话，告诉你。
我　走（连）你（受助）告诉

表 5-3　　藏缅语并列标记兼用功能

语言/功能	名词性并列标记	伴随	假设	连贯	补充	因果	从由	方式	选择	工具
东旺藏语	nə^{33}	nə^{33}	nə^{33}							
桃坪羌语	na^{33}		na^{31}	na^{31}	na^{31}					
曲谷羌语	ȵa	ȵa								
扎巴语	mtsha^{31}	mtsha^{31}								
大羊普米语	nəuŋ^{55}	nəuŋ^{55}		nəuŋ^{55}	nəuŋ^{55}	nəuŋ^{55}	nəuŋ^{55}	nəuŋ^{55}		
史兴语	ȵi^{3155}						ȵi$^{31\ 55}$		ȵi$^{31\ 55}$	
景颇语	theʔ^{31}	theʔ^{31}								
攸乐山基诺语	mjʌ^{44}			mjʌ^{44}				mjʌ^{44}		
碧约哈尼语	xɪ^{33}	xɪ^{33}		xɪ^{33}		xɪ^{33}		xɪ^{33}		
勐朗坝拉祜语	lɛ^{33}	lɛ^{33}		lɛ^{33}				lɛ^{33}		
邦朵拉祜语	lɛ^{33}	lɛ^{33}		lɛ^{33}	lɛ^{33}	lɛ^{33}		lɛ^{33}	lɛ^{33}	
遮放载瓦语	əʔ^{55}	əʔ^{55}			əʔ^{55}					

在表 5-3 列出的 12 种藏缅语中，9 种语言名词性并列标记兼表伴随，6 种语言兼表连贯、5 种语言兼表方式修饰关系、4 种语言兼表补充、4 种语言兼表因果、3 种语言兼表从由。这说明并列标记还和因果、连贯、补充、方式修饰、从由等关系相关。并列标记如何衍伸到其他功能，还有待进一步考查。

（三）并列复句中的并列标记

这节考察的并列复句只是狭义的并列关系复句，不包含连贯、递进、选择关系的复句，在第四章第一节中，依据并列复句关联标记的性质及其位置先把并列复句分为副词占主导的并列复句关联标记模式和连词占主导的并列复句关联标记模式两大类型，对上述两大类型的关联标记模式进行了探讨。在这节中，无论关联标记性质如何，我们只根据关联标记位置对并列关联标记进行了划分。具体如表 5-4 所示。

表 5-4　　并列关系并列复句关联标记模式

语言/方言　模式	G+A，G+B	A，G+B	A+G1+G2，B+G1	A+G，B	A+G，B+G
东旺藏语	la^{33}		G1①=lao^{ʔ54} tɕi^{33} G2= nə^{33}	G=ȵi^{31}	
仓洛语	pu$^{(13)}$	pu$^{(13)}$			
门巴语		jɛ^{35}			
白马语		sʅ^{53}/ ɦõ^{55}kho^{13}			
扎巴语	ʐo^{31}；G=ta^{55}ŋo^{55}	ts ɹ^{55}			
桃坪羌语	nə^{33}	nə^{33}			
蒲溪羌语	la				
曲谷羌语	la；ʔexɕi	la			
箐花普米语	ʐə^{55}	ʐə^{55}			
大羊普米语	ʐe^{55}；G=tʃʅ^{55}pɑ^{31}	ʐe$^{55/21}$			
贵琼语		xɑi^{33}sʅ^{33}/ȵi^{33}			
史兴语	G=ȵ i^{31}			G=ȵi^{31}	
景颇语	G = mă^{31} ka^{55} mi^{33}/n^{31} ka^{55}mi^{33}	pai^{55}；muŋ^{31}			
独龙语	ɕɯ^{31}	ɕɯ^{31}			
格曼语	wʌn^{35}ni^{31}	ni^{53}			
博嘎尔语	ɕə	ɕin			
喜德彝语	ȵi^{33}	ȵi^{33}			
绿春哈尼语	li^{31}	li^{31}			

① 符号“/”表示“或者”，符号前后两个标记功能一样；符号“；”表示符号前后是不一样功能的符号，如例所示，符号前的为副词关联标记，符号后的为并行关联标记。G=表示是并行标记

续表

模式 语言/方言	G+A， G+B	A，G+B	A+G1+G2， B+G1	A+G，B	A+G，B+G
白宏哈尼语	G=tɕhi̱^{31}pa^{31}	ʑi^{31}			
碧约哈尼语	xa^{55}； G=thɯ^{31}pja^{33}	xa^{55}			
补远基诺语	nɛ^{44}； G=ji^{44}me^{44}/ kɔ^{44}tʂɤ^{33}	lɛ^{44}			G=loŋ^{44}
邦朵拉祜语	ka^{31}； te^{53}phɔ^{53}/ te^{53}khɯ^{33}	ka^{31}	G1=te^{53} phɔ^{53}； G2=lɛ^{33}		
勐朗坝拉祜语	G=ɔ^{31}mɯ^{53}				
怒苏语	G=me^{35}le^{31}				
青龙纳西语	lɑ^{33}	lɑ^{33}			
大具纳西语	lɑ^{33}	lɑ^{33}			
剑川白语	li^{55}、lɛ^{31}	li^{55}			
遮放载瓦语	ʒʅ^{31}	ʒʅ^{31}			G=ku̱n^{55}
勒期语		（m）ɛ^{ʔ55}/ ɣɛ^{ʔ55}			
波拉语	ʒɛ^{31}	ʒɛ^{31}			

表 5-4 展示了藏缅语诸语言并列复句的全貌，根据表 5-4 所示，我们可以得出以下认识。

1. 关于关联标记位置模式

（1）就关联标记位置模式来说，前置并列关联标记占优势，在统计的 30 种语言中，28 种语言都有前置的并列关联标记，约占 93.33%。只有东旺藏语、史兴语、补远基诺语、遮放载瓦语等语言有后置的关联标记，多数为后置的并行标记。

范丽君（2017）[①] 曾统计过 49 种藏缅语（方言），考察因果关联标记在因果复句复句中的位置，研究发现，在 49 种藏缅语中，有 39 种语言有因句后置型关联标记，置于整个因句之后，当然也置于因句 VP 之后，这

① 范丽君：《从藏缅语因果复句的特点反观汉语》，《语言研究》2017 年第 4 期。

种位置类型占总数的79.6%，除极个别由于语言接触的原因外，藏缅语因果复句几乎都是后置型关联标记，因此得出因果复句关联标记后置的类型在藏缅语中居于绝对优势地位的结论。对比藏缅语因果复句，藏缅语并列复句的关联标记位置则是前置型占优势。我们认为有如下几个方面的原因。

首先，并列复句关联标记前置与副词作为关联标记有关。并列复句中并列关系的表达以零形式居多，关联标记是后起的。一般没有典型的专属于并列复句的关联标记，使用副词进行分句间的关联，除了动作并行关联标记和少数几个表并列关系的标记，其余都是副词在并列复句中起关联作用。如：东旺藏语

khu^{33} tɕaŋ^{33} lao^{ʔ54}tɕi^{33} nə^{33} pha^{33} lao^{ʔ54}tɕi^{33}.

他 唱 一边（连） 跳 一边

他一边跳舞，一边唱歌。

此句中使用了并行标记 lao^{ʔ54} tɕi^{33} 和连接并列词组的并列关联标记 nə^{33}，在藏缅语中，同时使用这两种类型的并列标记的语言并不多，我们只在东旺藏语和邦朵拉祜语中发现这种情况。

东旺藏语：

khu^{33}sen^{44}la^{33}ma^{33}tɕha，ȵi^{35} la^{33}ma^{24}ȵi^{33}

他 饭 也 不 吃 睡觉 也 不 睡

他不吃饭，也不睡觉。

此句中前后分句分别使用了副词 la^{33} “也”，使得前后分句的并列关系更为凸显。藏缅语中诸如此类在前后分句中分别使用副词进行关联的语言很多，如桃坪羌语、大羊普米语、青龙纳西语、剑川白语、遮放载瓦语、波拉语等多种语言。还有的只在后一分句中使用副词进行关联，如独龙语：

独龙语（孙宏开 2009：683）

ăŋ^{53}kuŋ^{55}ljɑŋ^{31}sɑ^{55} le^{31} di^{53}，ŋɑ^{53}ɕɯ^{31}kuŋ^{55}ljɑŋ^{31}sɑ^{55}le^{31} diŋ^{55}.

他 公粮 送（助）去 我 也 公粮 送（助）去

他去送公粮，我也去送公粮。

此句中只有后一分句有关联副词 ɕɯ^{31} “也”。

我们认为较早的形式是双标记，即前后分句都有关联副词连接，在发展的过程中，一部分语言发展出了单标记，即只在后一分句使用关联副词

标记。有的语言只停留在双标记阶段，如桃坪羌语、蒲溪羌语和曲谷羌语，还有的语言双标记形式已经不用，只使用单标记，如门巴语、白马语、扎巴语等，还有很多语言单双语言标记都存在。

使用副词表达连接关系就要遵循副词在语言当中的组合规则，藏缅语诸语言副词一般都用在动词短语之前，修饰限制动词短语，所以副词在表达连接关系时，也需遵循副词句法组合规则。表现就是前置于动词短语。再加上关联副词在藏缅语并列复句表达中占有重要地位，多数语言都有采用副词关联并列复句，因此并列复句中前置关联标记占优势。

其次，并列复句关联标记前置与动作并行关联标记有关。动作并行关联标记无疑也是后起的，一部分语言发展出了并行的关联标记，语言中并行的关联标记多数是双音节形式，如邦朵拉祜语的 te^{53}phɔ^{53}，怒苏语的 me^{35}le^{31}，大羊普米语的 tʃɿ^{55}pɑ^{31}等。并行关联标记的产生以远远高于偶然的机会与语言接触有关，这些双音节或多音节的并行标记的产生与汉语的接触有关。如补远基诺语：

xɤ^{44}tshɔ^{44} ji^{44}me^{44} ji^{44} ʂʅ^{44} ji^{44}me^{44} sa^{44}.

他　　一边　笑　一边　说

他一边笑一边说。

再如仙仁土家语（戴庆厦、田静 2005：106）

ʑi^{33}miɛ̃^{55} li^{54} ka^{33}，ʑi^{33}miɛ̃^{55} mɯe^{33}tsɿ^{54} pha^{35}.

一 边　土 挖　一 边　麦子　种

一边开荒，一边种小麦。

这两种语言除借用汉语关联标记“一面”，也借用了汉语关联标记的位置模式。

并行关联标记在有些语言中比较发达，邦朵拉祜语除了并行标记 te^{53}phɔ^{53}，还有 te^{53}khɯ^{33}“一会儿”等。如：

（李春风 2014：303）

jɔ^{53} tshɔ^{33}ʨhi^{33}te^{53}ɣa^{53}te^{53}khɯ^{33}da^{31}，te^{53}khɯ^{33}ma^{53}da^{31}.

他　人　这　一 个　一会　好　一会　不 好

他这个人有时好，有时不好。

遮放载瓦语单用关联标记 lǎ^{31}khjɔ^{51}kə^{31}“一方面”等。如：

（朱艳华、勒排早扎 2013：342）

lă^{31}nɔŋ^{55}pui^{51}num^{51}jɛ^{51}xui^{51}ʒa^{55}， lă^{31}khjɔ^{51}kə^{31} kai^{51}ma^{55}

勒弄 亲戚 去 会 （实然）一方面 （话助）街（方助）

tsə^{51} ʒʅ^{31} lă^{31}tsui^{55} jɛ^{51} wui$^{51/31}$ ʒa^{55}.

东西 也 一点 去 买（实然）

勒弄去走亲戚，另一方面去街上买点东西。

（2）后置的并列复句关联标记极为少见。如：

史兴语（孙宏开、徐丹、刘光坤 2014：172）

thi^{55}tɔ̃^{55}tɔ̃^{55} ʐã^{35} ŋ̥i^{31}， lɛ^{33} wu^{55} wu^{55} bɐ^{33} ji^{55}.

他 说 （结果）和（前加）手势 做（后加）

他一边说一边打手势。

史兴语并列词组关联标记即并列连词 ŋ̥i^{31}后置于第一分句末尾，表示前后两个分句动作并行。

遮放载瓦语（朱艳华、勒排早扎 2013：342）

ja̠ŋ^{55}mɔ^{ʔ31}i^{51}ʃu^{ʔ55}kun^{55}， ŋja̠^{55}pɔ̠k^{55}kun^{55}， pə^{55}məŋ^{31}məŋ^{31}kun^{55} a^{31}kɔ̠^{51}.

他们 酒喝 一边 烟 抽 一边 聊天 聊 一边（实然）

他们一边喝酒，一边抽烟，一边聊天。

这两种语言的后置并行并列关联标记与藏缅语优势语序一致，也使用语言固有词语。

2. 关于并列复句关联标记的来源

（1）并列关联标记来源有三个：一是来源于各语言中的副词“也”或“又”；二是来源于语言接触密切相关的并行关联标记，有的语言直接借用汉语关联标记“一面”；三是来源于并列词组标记，也就是该语言的并列连词，如博嘎尔语的 ɕin 和喜德彝语的 ŋ̥i^{33}等。

（2）各语言并列关联标记没有同源关系，属于各语言各自发展而来的。语支内部由于语言间关系亲密且经常接触，不排除它们之间的相互影响作用。如载瓦语的 ʒʅ^{31}和勒期语的 ʒɛ^{31}。

（三）并列词组与并列复句组合手段的异同

前面分别简要总结了并列词组和并列复句的组合手段，讨论了它们的关联标记，这里我们来考察一下并列词组和并列复句组合手段的异同。

我们首先来讨论二者的相同点。

1. 形容词性并列词组关联标记与并列复句关联标记关系密切

一些藏缅语的形容词性并列词组所采用的关联标记与并列复句关联标记一致，如下列语言：

东旺藏语

t^{h}ə^{33} la^{33} t^{h}ə^{33}mə^{33} tɕ^{h}u^{33} la^{33} tɕ^{h}u^{33} 又高又大

高 也 高 大 也 大

khu^{33} sen^{44} la^{33} ma^{33} tɕha，ɳ̥i^{35} la^{33} ma^{24} ɳ̥i^{33}.

他 饭 也 不 吃 睡觉 也 不 睡

他不吃饭，也不睡觉。

曲谷羌语（黄布凡、周发成 2006：186）

tseː ɡuəs teː də la dəŋ ɕe la ɕe.

这个 衣服（定指）一个暖和也 暖和 美 也 美

这衣服又暖和又漂亮。

（黄布凡、周发成 2006：243）

mi thoʐwu ʁa tɕiləŋw la dʐuə，tsiləŋw la dʐuə.

人 那堆 范围男人 也有 女人 也有

那批人里有男人，也有女人。

大羊普米语（蒋颖 2015：339）

ti^{55} sʉ$^{24/31}$ʐʅ^{55}thə$^{24/31}$ ʐe^{55}thə$^{24/31}$ ʃʅ$^{24/31}$ ʐe^{55} ʃʅ^{24}.

这 果子们 甜 也 甜 新鲜 也 新鲜

这些果子又甜又新鲜。

大羊普米语（蒋颖 2015：475）

tə^{55}ɡɯ^{55}wo$^{55/31}$ dʐə^{55} ʃtʃiɛ$^{24/31}$ʐəu^{55}，ɑ^{55} ʐe^{55} wo$^{55/31}$ dʐə^{55} ʃtʃiɛ^{24}.

他 老鼠 对 怕 （缀） 我 也 老鼠 对 怕

他怕老鼠，我也怕老鼠。

独龙语（孙宏开 2009：683）

ɡɔŋ^{55} dɔ^{31} bɯ̆m^{53}bɯ̆m^{53} ɕiŋ^{55}dzɯ̆ŋ^{55} mɹăŋ^{53} kɯ̆^{ʔ55} mɹăŋ^{53} tăi^{53} kɯ̆^{ʔ55} tăi^{53}.

山坡（助） 多多 树 高 又 高 大 又 大

ɑ^{31}jɑ^{55} ăi^{53}，tɯ̆i^{53} kɯ̆^{ʔ55} tɯ̆i^{53} tɕiŋ^{53} kɯ̆^{ʔ55} tɕiŋ^{53} ɑ^{31}jɑ^{55} kɯ̆^{ʔ55} ăi^{53}.

那 有 矮 又 矮 小 又 小 那 也 有

山坡上有许多又高又大的树，也有又矮又小的树。

整个句子是并列复句，使用关联标记 kɯ̆^{ʔ55}，前后分句又分别包含形

容词并列词组，词组同样使用关联副词标记 kɯ̆ˀ⁵⁵

碧约哈尼语（经典 2015：145）

ji³¹khɔ³¹te̱³¹ke̱³³xa⁵⁵ke̱³³ ɔ³¹tshv⁵⁵xa⁵⁵tshv⁵⁵. 他又矮又胖。

他 矮 又（叠）胖 又（叠）

（经典 2015：270）

ji³¹khɔ³¹ tshu⁵⁵ xa⁵⁵ tsʅ⁵⁵ka̱³¹ ɯ³¹thɯ⁵⁵ xa⁵⁵khia⁵³ mɔ̱³³.

他 人 也 很 漂亮 嗓子 也 特别 好

她人长得漂亮，又有一副好嗓子。

邦朵拉祜语（李春风 2014：233）

mɯ³⁵ ka³¹ mɯ³⁵ tsʅ̱⁵³ ka³¹ tsʅ̱⁵³ 又积极又细致

积极 也 积极 细致 也 细致

（李春风 2014：302）

qhɔ³³tshɔ³³khɔ⁵³ŋa³¹ka³¹ɕi¹¹，xɛ̱⁵³khɔ⁵³ŋa³¹ka³¹ɕi¹¹.

苦聪话 我 也 会 汉话 我 也 会

苦聪话我也会，汉话我也会。

上述这些语言形容词并列词组连接标记之所以与并列复句关联标记一致，是因为它们都使用关联副词连接。换句话说，这些语言采用副词手段连接形容词并列词组和并列复句。

2. 动词性并列词组关联标记与并列复句关联标记关系密切

藏缅语很多语言表示动作行为同时进行的动词并列词组与动作并行性并列复句一脉相承，它们采用相同的连接标记，差别只在于并列复句分句间有停顿，而并列词组结合紧密，中间没有停顿。

东旺藏语

tɕʰa³³ lao²⁵⁴tɕi³³ nə³³ ʂie³³rao⁴¹jɛ²⁴ lao²⁵⁴tɕi³³

吃 边 （连） 说话 边

一边吃饭一边说话

khu³³ tɕaŋ³³ lao²⁵⁴tɕi³³nə³³，pha³³ lao²⁵⁴tɕi³³

他 唱 一边 连 跳 一边

他一边跳舞，一边唱歌。

大羊普米语（蒋颖 2015：339）

tə⁵⁵gɯ⁵⁵tʃʅ⁵⁵pɑ³¹xkua⁵⁵tʃʅ⁵⁵pɑ³¹tʃʅ²⁴/³¹ʐəu⁵⁵ 他边哭边说

他 一边 哭 一边 说 （缀）

tə^{55}gɯ^{55}tʂən$^{24/31}$sto^{55}<u>də^{31}bie^{31}</u>tʂən$^{24/31}$sto^{55}，dzi^{55}dzu$^{24/55}$<u>də^{31}bie^{31}</u>dzi^{55}dzu$^{24/55}$.

她　孩子　看　一边　孩子　看　饭　做　一边　饭　做

她一边看孩子，一边做饭。

上述这些语言并列词组和并列复句的区别在于中间是否有语气停顿。诸如此类的语言还有邦朵拉祜语和阿昌语等语言。

3. 都采用相同的关联标记模式

排除前后分句间的停顿，无论哪种类型的动词性并列词组，都有和并列复句一致的关联标记模式。

（1）并列词组和并列复句都有 G+V1+G+V2 模式

如载瓦语：（朱艳华、勒排早扎 2013：233）

<u>tum^{31}</u> kɔ^{55} <u>tum^{31}</u> thɔ^{51}　又跳又唱　<u>tum^{31}</u>tai^{31}<u>tum^{31}</u>wui^{51}　又说又笑

又　跳　又　唱　　　　又　说　又　笑

（朱艳华、勒排早扎 2013：341）

ja̱ŋ^{31} mjɛn^{51}mjiŋ^{55}<u>ʒʅ^{31}</u>tat^{31}mu^{51} ʒa^{55}，tsai^{31}mjiŋ^{55}<u>ʒʅ^{31}</u>tat^{31}mu^{51} ʒa^{55}.

他　缅语　也　会　说（实然）载瓦语　也　会　说（实然）

他既会说缅语，又会说载瓦语。

遮放载瓦语并列词组的关联标记前置于 VP 结构，并列复句中的关联标记也前置于前后分句中 VP 结构中的动词。

（2）并列词组和并列复句都有重复谓语型的结构

独龙语（孙宏开 2009：700）

ŋɯ^{55}<u>ɕɯ^{31}</u>ŋɯ^{55} tɯ^{31}xɹăl^{53}<u>ɕɯ^{31}</u>tɯ^{31}xɹăɹ^{53}tɕăm^{55}ɹɑ^{31}　又哭又闹的孩子

哭　也　哭　闹　也　闹　孩子

绿春哈尼语（李永燧、王尔松 2009：460）

a^{31}jo^{31}dzo^{55}<u>li^{31}</u>dzo^{55}ȵa^{33}，bu̠^{31}<u>li^{31}</u>bu̠^{31}ȵa^{33}.　他也会读，也会写。

他　读　也读　会　写　也写　会

独龙语的并列词组和绿春哈尼语的并列复句都关联标记位于两个重复的谓语的中间。

接下来我们讨论一下二者的不同点。

1. 并列词组关联标记的模式比并列复句丰富

除极个别的代词和名词并列时，连接词位于名词和代词之后，如桃坪羌语（孙宏开 2009：376）

ŋɑ^{55} ko^{55}ko^{55} <u>na^{33}</u>　我和哥哥

我　哥哥　和

藏缅语绝大多数语言名词并列词组的连接词位于两个名词中间，即N+G+N模式。形容词性并列词组的模式有A1+G+A1+A2+G+A2模式、A1+G+A2模式和G+A1+G+A2模式三种模式，动作行为累积义并列词组的模式有G+V1+G+V2模式、NP1+G1+V1+G2+NP2+G1+VP2模式、NP1+G+V1+NP2+G+V2模式、V1+G+V1+V2+G+V2模式、V1+G+V2+G模式、G1+V1+G2+G1+V2模式以及VP1+G+VP2等七种模式，动作行为并行义并列词组有V1+G1+G2+V2+G1模式、V1+G+V2+G模式、V1+G+V2模式、NP1+G+V1+NP2+G+V2模式、G1+V1+G2+G1+V2模式、NP1+G1+V1+G2+NP1+G1+V2模式以及G+V1+G+V2等7种模式。动作行为累积义并列词组的6种模式可以与动作行为并行义并列词组的6种模式重合，这样，动词并列词组共有8种模式。并列词组包含1种模式的名词并列词组、3种模式的形容词并列词组和8种模式的动词并列词组，共12种模式。

藏缅语并列复句关联标记位置模式有A+G1+G2，B+G1、A+G，B、A+G，B+G、G+A，G+B、A，G+B等5种模式。由此看来，藏缅语并列词组关联标记位置模式比并列复句丰富。

2. 并列词组的关联标记比并列复句丰富

理论上说，关联标记位置模式丰富，势必其连接手段也更为丰富，事实也确实如此。藏缅语并列词组连接词要比并列复句丰富。以他留彝语为例，不同性质的并列词组采用不同的连接词，如：

thɔ^{31}zʅ^{31}ni^{33}pʅ^{31}　纸和笔　　　ʑou^{55} my̩^{55}ʑou^{55}ɣuɔ^{31}　又高又大

纸　　和　笔　　　　　　又　高　又　大

tshʅ^{31}ta^{33}ɕɔ^{55}tshʅ^{31}ta^{33}bɛ^{33}　一边走一边说

一边　走　一边　说

ni^{55}ʑi^{55}ŋu^{55}dɔ^{31}ʑi^{55}.　你去，我也去。

你　去　我　也　去

名词并列词组N+G+N模式的关联标记为ni^{33}，形容词并列词组G+A1+G+A2模式的关联标记为ʑou^{55}，动词并列词组G+V1+G+V2的关联标记为tshʅ^{31}ta^{33}，三种性质的并列词组都采用不一样的关联标记，而并列复句的关联标记是关联副词dɔ^{31}。

再如波拉语（戴庆厦、蒋颖、孔志恩 2007：148）

khɔi^{35}tsɛ^{51} ɣɛ^{ʔ55}khɔ^{ʔ55}　筷子和碗　tam^{31}mjɔ^{55}tam^{31} tʃa^{ʔ31}　又高又壮

筷子　和 碗　　　　　　又 高 又壮

ŋau^{55} jaŋ^{31} ɣəi^{55}　又哭又笑

哭 又 笑

（戴庆厦、蒋颖、孔志恩 2007：149）

ɣəi$^{55/31}$ a^{55}　ti^{35}　a^{55}. 一边笑一边说。

笑　一边说　一边

（戴庆厦、蒋颖、孔志恩 2007：232）

tă^{31}tsap^{31} pam^{55} ta^{ʔ31}，tă^{31}tsap^{31} ɣəi^{55} ku$^{31/51}$. 一会儿爬山，一会儿过河。

一会儿　山 爬　一会儿　河　渡

（戴庆厦、蒋颖、孔志恩 2007：231）

jɔ̃^{31}sɛ̃^{35} mjaŋ^{31} ʒɛ^{31} pɛ^{31} ti^{35}，xɛ^{55} mjaŋ^{31}ʒɛ^{31} pɛ^{31} ti^{35}.

他　傣　语　也　会　说　汉　话　也　会　说

他傣语也会说，汉话也会说。

波拉语中名词并列词组的连接词是 ɣɛ^{ʔ55}，形容词并列词组的连接标记是 tam^{31}，动作行为累积义并列词组的连接词是 jaŋ^{31}，动作行为并行义并列词组的标记为 a^{55}，并列复句的关联标记为 ʒɛ^{31} 和 tă^{31}tsap^{31} “一会儿”。并列词组有 4 种不同的标记，而并列复句有 2 种类型的标记。

因为并列词组类型多，有三种性质类型，采用的关联标记不一样，即便是动词性并列词组，少数语言表示动作行为累积义的并列词组和表示动作并行性的并列词组除外，都使用不同的关联标记。并列复句分为关联副词连接的和动作并行义连接的 2 种，所以并列词组关联标记比并列复句关联标记丰富。

3. 并列词组和并列复句采用不同性质的关联标记

不同性质的并列词组使用不同的关联标记，连接名词的并列词组使用并列连词，各语言都有并列连词连接两个名词性的并列词组。一部分语言使用与并列复句连接词一样的副词连接形容词性的并列词组，如曲谷羌语的副词 la，也用来连接形容词词组。还有一部分语言使用其他的副词连接形容词词组，如安多藏语的副词 thokʁa “又”。还有一少部分语言的形容词连接标记和名词并列词组一致，如大羊普米语的 nəuŋ^{55}偶尔可以连接形容词，但更常用连接词是 ʐe^{55}，独龙语的 niŋ^{55}偶尔可以连接形容词，但更常用的是副词 kɯ̆^{ʔ55}。总之，形容词并列词组常使用副词性质的连接词。

动词性并列词组情况比较复杂，一般动词并列已经名物化，可看作名词并列词组，也使用和并列名词词组一样的连词标记。表示动作行为累积义的并列词组的连接词大部分属于副词性的，如东旺藏语的 $zoŋ^{35}$，因为是连接两个不同的动作行为，基本上都是成对配合使用，这些副词有的和形容词词组连接词一致，如大羊普米语、彝语。大部分语言都用专门副词来连接，从而形成一定的构式。表示动作行为并行义的并列词组使用的连接词双音节居多，表示“一边”“一会儿”“有时”等意义，除极个别外，其性质比较复杂。蒲溪羌语的 pi 为词缀形式，东旺藏语的连接词为 $lao^{ʔ54}tɕi^{33}$……$nə^{33}$……$lao^{ʔ54}tɕi^{33}$，$lao^{ʔ54}tɕi^{33}$用在 VP 之前，前后并行的 VP 中间还有连词 $nə^{33}$。$lao^{ʔ54}tɕi^{33}$等词经常用来连接 VP，具有副词性质，而且他们也经常用在并列复句中，连接分句，认为是连词更合适。综上，动词并列词组的性质有连词性质的、有副词性质的。

关于并列复句的关联标记，我们就是依据关联标记的性质对其进行的分类，一类是副词关联标记，另一类是表动作并行义的并列复句关联标记，可视为连词性质关联标记。

第二节　并列结构并列项的顺序考察

一　并列复合词语素的顺序

大部分藏缅语并列复合词语素的顺序与语素语音和语义都有关系。

（一）语音方面

影响和制约并列复合词语素顺序语音方面的因素主要有：元音因素、辅音因素、声调因素。制约语素顺序的元音因素又可分为元音舌位的高低因素、元音舌位的前后因素以及元音唇形的圆展因素。

并列复合词语素顺序受元音舌位高低因素的制约，如景颇语：

$kun^{33}phai^{33}$　担负　　$tʃi̠ŋ^{33}pau^{31}$　锣鼓
背　抬　　　　　　　鼓　锣

景颇语并列复合词受前后音节元音舌位“前高后低”搭配规律的制约。

并列复合词语素顺序受元音舌位前后因素的制约，如白宏哈尼语：

xa^{31}mi^{31}xa^{31}ʐo̱^{33}　夫妻　za^{21}mi^{31}za^{31}ʐo̱^{33}　儿女

妻子　丈夫　　　　　女儿　儿子

因为上述并列复合词中第二、第四音节为意义的主要承担者，第一、第三音节为前缀，固只考察第二、第四音节。白宏哈尼语的并列复合词“夫妻”“儿女”“祖先”以第二第四音节的元音舌位高低为次序，舌位高的在前，舌位低的在后，与语义无关。

并列复合词语素顺序受元音唇形圆展因素的制约，如独龙语：

ŭɹ^{55}xɹăi^{55}肢体　ɟɔ̆^{55} bɯ̆^{ʔ55}　铺盖

手　脚　　　　毯子被子

据不完全统计，独龙语并列复合词圆唇元音在前，展唇元音在后。

并列复合词受辅音因素的制约，如：景颇语在元音一致的情况下，跟是否有辅音韵尾、辅音韵尾的性质有关。如：

sai^{31}ʃan^{31}　亲骨肉　pan^{31}sa^{ʔ5}　休息

血　肉　　　　　休息 歇

总体的规则是：元音一致的情况下，有辅音尾的在后；都有辅音韵尾的，塞音的在后。

在元音、辅音韵尾都一致的情况下，语义规则才起作用。如：

ŋaŋ^{31}ka̱ŋ^{33}　结实

牢　绷紧

并列复合词词素顺序受声调因素制约，如大理白语①：

xɛ^{55}pha^{44}　菜　　　tɕi^{55}kha^{44}　饥饿

菜　菜（汤里的）　饿　渴

大理白语中，若是两个平调相结合，一般是调高的词素在前，调低的词素在后。

（二）语义方面

制约藏缅语并列复合词语素顺序语义因素主要包括认知顺序、积极义与消极义、本民族看重与否、与词义关系远近等。

并列复合词语素受语义顺序的制约，如博嘎尔语语素按长幼顺序进行排列。

abɯŋ　nɯro　兄弟

① 赵燕珍：《大理白语的并列复合词》，《百色学院学报》2012 年第 2 期。

哥哥 弟弟

并列复合词语素区分积极义和消极义。如普米语并列复合词中积极义在前，消极义在后。

ko^{55}ni^{55} 胜负 ʒə^{55}nɛ^{55} 多少

胜利失败 多 少

并列复合词语素受语素义和词义关系的影响，与词义关系近的语素义在前，相对较远的在后。如曲谷羌语：

qutʂkhə^{ɹ}we 六畜

大牲畜 山羊

“大牲畜”义与“六畜”义较近，也表示泛称、类称。另一个语素则是具体义。

并列复合词语素顺序受本民族是否看重制约，即本民族对事物的认知的制约，如：东旺藏语：

tsha^{24}dʐoŋ^{33} 冷热 ʑao^{33}noŋ^{ʔ54} 里外

热 冷 外 里

喜德彝语：

tɕhu^{33} ʂʅ^{33} 金银

银 金

综合藏缅语并列复合词的所有语料，我们发现藏缅语并列复合词的语素顺序是一个十分复杂的问题，并列复合词的词素顺序往往不只受一种因素的制约，而是受多种因素的制约，在第一个制约作用不起作用时，第二个制约因素起作用，语义因素在语音因素不起作用时有着很强的解释力。

二 并列词组的顺序

并列可以分为句法上的并列和语义上的并列。词组为词与词的组合，脱离了构词层面，上升到了句法层面。并列词组在句法上和语义上都有并列关系，词语之间的顺序主要受语义关系的制约。藏缅语并列词组中词语的顺序也主要受语义关系的制约。如：

东旺藏语

rʅ^{24}ŋu^{33}rʅ^{24}ʐao^{ʔ54} 山上山下

山 头 山 底

门巴语（陆绍尊 2009：789）

ʔa^{55}tɕe^{53} ʑɔk^{35}po^{53}哥哥弟弟　ri^{35}khu^{53} la^{35}po^{31}　山上山下

哥哥　弟弟　　　　　　　山上　山下

白宏哈尼语

gɯ^{31}v^{31} gɯ^{31}mi^{31}　山上山下

山头　　山尾

傈僳语（徐琳、木玉璋、盖兴之 2009：565）

tsho^{44}mo^{31}phɑ^{31} tsho^{44}mo^{31}mɑ^{44}　老头老太太

老　头　　　老太太

遮放载瓦语（朱艳华、勒排早扎 2013：234）

a^{55}nu^{31} a^{55}va^{31}　爸爸妈妈

爸爸　妈妈

上述语言与男女、上下、长幼等语义有关，也按这个顺序进行排列。

这里的语义关系与各民族对事物的认知有关，有的语言按从小到大的顺序排列，如曲谷羌语：

(黄布凡、周发成 2006：71)

qa-tɕ　　satʂu̥ sawaʴ　ɣʐətʂ ʑi

我　领属　妹妹 姐姐　四个 有

我有四姐妹。

与并列复合词的语素顺序受多种因素制约不同，并列词组中词语的顺序多与语义有关。如果对其中一个词语进行强调，可调换顺序。如补远基诺语：

a^{44}ŋɔ^{44}le^{54} a^{44}xɤ^{44}le^{54}　又高又大

高　　　大

也可以说成：a^{44} xɤ^{44}le^{54} a^{44}ŋɔ^{44} le^{54}　又高又大

　　　　　　大　　　　　高

他留彝语：

tshʅ^{31}nie̠^{33}nu̠^{31}ŋ̊a^{31}　今年和明年

今年　　明年

一般根据语义顺序排列并列词组，但如果要有特殊的语义表达，则可以调换顺序。比如今年和明年这个并列词组，多个藏缅语的顺序都是“今年”在前，“明年”在后，如大具纳西语

tʂhʅ^{33}pe^{33}sɔ^{31}pe^{33}　今年和明年

今年　明年

白宏哈尼语

$tsh\text{ɯ}^{31}n\text{ɯ}^{33}na^{31}ha^{31}$　今年和明年

今年　　明年

总的来说，藏缅语并列词组的顺序和语义有关，但根据实际表达，调换语序并不影响意义表达。上面的例子多以名词并列词组为主，形容词并列词组和动词并列词组词语顺序排列也以语义为主要制约因素。作为亲属语言的汉语，其并列词组（不含固定词组）中词序受哪些因素的制约呢？我们先来看一下这些常见并列词组：

山前山后　天上地下　姐姐妹妹　哥哥弟弟

爸爸妈妈　爷爷奶奶　外公外婆　弟弟妹妹

今天明天　叔叔阿姨　舅舅舅妈　姑姑姑父

门里门外　钢筋水泥　桌子椅子　椅子凳子

一般情况下，上面的词组词序顺序如上所示，可以看出，词序顺序遵循语义因素的制约，具体如前后顺序、上下顺序、男女顺序、长幼顺序、亲疏顺序、重要非重要顺序、大小顺序等。但我们经常说祖父祖母、爷爷奶奶、外公外婆，但常说“姥姥姥爷”很少说“姥爷姥姥”，这是为何？“姥姥姥爷”词序没有按男女的顺序，诸如此类的还有“姑姑姑父”，姑姑姑父或许和亲疏相关，姑姑是有亲缘关系的，而姑父没有，但姥姥姥爷的亲疏程度一致，那就是和别的因素有关，从“舅舅舅妈、姑姑姑父、姥姥姥爷”这三者的一致性可以推知，重叠词一般居前。

汉语并列词组词序虽与语义有关，有称说词组时的常规语序，但在特定的语境下，语序都可以灵活改变，如“把这些椅子桌子都搬走”。可能说话时椅子离说话人距离较近，这样说不会影响意思表达。再如我们可以说“星星月亮”也可以说“月亮星星”。

形容词组和动词词组也有其常规词序，如“又高又大”“又粗又长”“边走边说”“一边唱歌一边跳舞”，但都可根据需要调整顺序。

综上所述，藏缅语和汉语的并列词组的词序和语义有关，根据语义关系，有常规的顺序，但词序灵活，可根据语义调整词序。

三　并列复句的顺序

藏缅语并列复句的顺序也遵循语义原则，语序灵活，可以随意调换。

如补远基诺语：

ŋo^{54} nɛ^{31} tʃi^{54}nɔ^{31}，xɤ^{44}tshɔ^{44}nɛ^{31}mɔ^{44}xɔ^{31}.　我是基诺族，他是汉族。

我　是　基诺族　他　　是　汉族

根据说话人表达的意义的先后排列顺序，语序调换后不影响意义的表达，但有语用方面的细微差别，先表达的应该是说话人想让对方优先关注的。

xɤ^{44}tshɔ^{44} nɛ^{31} lau^{31}sɿ^{44}，ɕɔ^{31}sɤŋ^{44}maŋ^{44} a^{44}.　他是老师，不是学生。

他　　　是　老师　学生　不是（助）

上句有强调“他是老师，不是学生”之义，如果前后分句顺序变化，则强调“他不是学生”。

但对于有标记的并列复句，则不论前后分句如何调换顺序，如果只有一个关联副词标记，则关联标记还是位于后一分句。如补远基诺语：

xɤ^{44}tshɔ^{44} xɤ^{44}ma^{44} tsɔ^{44} a^{44} ji^{44}nɛ^{44}ma^{44}ji^{44}tjɛ^{54}a^{44}.

他　　　饭　不　吃　助　睡　也　不　睡觉　助

他不吃饭，也不睡觉。

关于成对使用关联标记的并列复句，前后分句主要结构调换位置，不影响语义表达，但有细微的语用差别。

xɤ^{44}tshɔ^{44}ji^{44}me^{44}ji^{44} ʂʅ^{44}a^{44}，ji^{44}me^{44} sa^{44}. 他一边笑一边说。

他　　　一边　笑　　助　一边　说

如果调换顺序，则变为：

xɤ^{44}tshɔ^{44} ji^{44}me^{44} sa^{44}a^{44}，ji^{44}me^{44} ji^{44} ʂʅ^{44}. 他一边说，一边笑。

他　　　一边　说　助　一边　笑

第一分句后的助词 a^{44}始终位于第一分句尾。

汉语的并列复句的顺序安排情况和藏缅语一样。意合的并列复句根据表达需要，顺序灵活，调整位置后不影响表达。

如：悲观的人虽生犹死，乐观的人永生不老①。

如果并列复句中有关联标记，前后分句调整顺序虽不影响意义表达，但关联标记等也应作出相应调整。如：

衡量人的尺度，不在职位的高下，而在成就的大小。

如调整顺序，则为“衡量人的尺度，在于成就的大小，而不在职位

① 此处汉语例句摘自黄伯荣、廖序东《现代汉语》，高等教育出版社 2011 年版，第 161 页。

的高低”。调整顺序时，有时会增加或删除一些虚词，以确保前后分句句法结构完整。

由此可见，藏缅语和汉语并列复句分句顺序较为灵活，能够根据语义表达调整顺序，但调整顺序后，相对应的语用意义有所改变，且句法结构也有微调。

本章小结

藏缅语并列复合词、并列词组和并列复句都有零标记形式。并列词组进入句子中时，常常做主语或宾语以及谓语等句子成分，是以一个整体存在的，此时一般会加上联接标记，以便更容易作为一个整体来辨识。

综观藏缅语并列词组使用的关联标记，可以看出藏缅语诸语言连接不同类型的并列词组时，倾向于使用不同的并列标记，这从一个侧面也说明了各语言的并列关联标记较为发达，在进行并列连接时，从句法结构和语义关系上都做考虑，从而形成了不同类型并列结构用不同标记表示的状况。并列标记兼表伴随具有一定的普遍性，藏缅语很多语言并列标记表伴随义。

连贯、递进和选择关系与并列关系还是有一定语义差别，这些复句使用的关联标记也不同于并列义的并列复句。并列词组和并列复句组合手段的相同点表现：形容词性并列词组关联标记与并列复句关联标记关系密切，动词性并列词组关联标记与并列复句关联标记关系密切，都采用相同的关联模式等。二者的不同点为：并列词组关联标记的模式比并列复句丰富，并列词组的关联标记比并列复句丰富，这说明从词组进入分句联合体，会有更多的限制；并列词组和并列复句采用不同性质的关联标记。

关于并列项顺序，大部分藏缅语并列复合词词素的顺序与词素语音和语义都有关系。藏缅语和汉语的并列词组的词序和语义有关，根据语义关系，有常规的顺序，但词序灵活，可根据语义调整词序。藏缅语和汉语并列复句分句顺序较为灵活，能够根据语义表达调整顺序，但调整顺序后，相对应的语用意义有所改变，且句法结构也有微调。

主要参考文献

一　中文文献

北京大学中文系现代汉语教研室：《现代汉语（增订本）》，商务印书馆2012年版。

卞成林：《现代汉语三音节复合词结构分析》，《汉语学习》1998年第4期。

［英］伯纳德·科姆里：《语言共性和语言类型》（第二版），沈家煊、罗天华译，北京大学出版社2010年版。

才项措、王双成：《藏语的并列结构》，《中国藏学》2020年第2期。

曹婧一：《并列复句分类的拓展研究》，《太原师范学院学报》（社会科学版）2018年第5期。

陈爱文、于平：《并列式双音词的字序》，《中国语文》1979年第2期。

陈池华：《汉英并列结构对比研究》，中国社会科学出版社2019年版。

陈娥：《布依语四音格并列复合词的韵律特征》，《云南师范大学学报》（哲学社会科学版）2017年第5期。

丛珊：《鄂伦春语的并列结构及类型特征》，《西北民族大学学报》（哲学社会科学版）2019年第6期。

崔希亮：《并列式双音词的结构模式》，第三届国际汉语教学讨论会论文选，1990年。

戴浩一、黄河：《时间顺序和汉语的语序》，《国外语言学》1988年第1期。

戴浩一、叶蜚声：《以认知为基础的汉语功能语法刍议（上）》，《国外语言学》1990 年第 4 期。

戴庆厦：《景颇语并列结构复合词的元音和谐》，《民族语文》1986 年第 5 期。

戴庆厦：《语法比较的几点思考》，《语言与翻译》2006 年第 1 期。

戴庆厦：《景颇语参考语法》，中国社会科学出版社 2012 年版。

戴庆厦：《汉藏语并列复合词韵律词序的类型学特征》，《吉林大学社会科学学报》2015 年第 3 期。

戴庆厦、蒋颖、孔志恩：《波拉语研究》，民族出版社 2007 年版。

戴庆厦、李洁：《勒期语研究》，中央民族大学出版社 2007 年版。

戴庆厦、田静：《仙仁土家语研究》，中央民族大学出版社 2005 年版。

戴雪梅：《英汉并列结构的语序对比与翻译》，《长春教育学院学报》2013 年第 12 期。

邓云华：《并列短语典型性的认知研究》，《外语与外语教学》2007 第 5 期。

丁声树等：《现代汉语语法讲话》，商务印书馆 1961 年版。

董婧：《汉语“前—后”的方位隐喻和时间参照》，《文教资料》2018 年第 4 期。

段业辉、张怡春：《论现代汉语并列结构内部构造的紧凑性》，《暨南学报》（哲学社会科学报）2006 年第 6 期。

范丽君：《从藏缅语因果复句的特点反观汉语》，《语言研究》2017 年第 4 期。

范晓：《汉语的短语》，商务印书馆 1991 年版。

龚群虎：《扎巴语研究》，民族出版社 2007 年版。

郭燕妮：《并列短语研究综述》，《株洲师范高等专科学校学报》2005 年第 3 期。

韩滨：《〈左传〉选择复句的结构特点》，《山西广播电视大学学报》2015 年第 2 期。

何金松：《虚词历时词典》，湖北人民出版社 1994 年版。

和智利：《大具纳西语的并列结构复合词》，《汉藏语学报》2016 年总第 9 期。

洪帅：《〈孟子〉赵注并列式复音词研究》，《宁夏大学学报》（人文社会科学版）2009 年第 6 期。

胡坦：《藏语并列式复合词的一些特征》，《民族语文》1986 年第 6 期。

胡裕树：《现代汉语》，上海教育出版社 1997 年版。

黄伯荣、廖序东主编：《现代汉语》（增订三版），高等教育出版社 2002 年版。

黄伯荣、廖序东主编：《现代汉语》（增订五版），高等教育出版社 2011 年版。

黄布凡、周发成：《羌语研究》，四川人民出版社 2006 年版。

黄成龙：《蒲溪羌语研究》，民族出版社 2007 年版。

贾越：《论类型学框架下的满语并列结构》，《满语研究》2018 年第 2 期。

蒋颖：《大羊普米语参考语法》，中国社会科学出版社 2015 年版。

金海月：《朝鲜语并列复合词词素顺序的类型学特征》，《民族语文》2017 年第 2 期。

经典：《墨江碧约哈尼语参考语法》，中国社会科学出版社 2015 年版。

拉都：《汉藏并列复句的比较与翻译》，《康定民族师范高等专科学校学报》2002 年第 1 期。

拉都：《汉藏连贯复句的比较与翻译》，《康定民族师范高等专科学校学报》2004 年第 3 期。

黎锦熙：《新著国语文法》，湖南教育出版社 2007 年版。

黎锦熙、刘世儒：《汉语语法教材》，商务印书馆 1962 年版。

李丹弟：《汉语有标并列词语考察——对汉语“意合”特征的重新审视》，《外语教学》2012 年第 6 期。

李丹弟：《语序类型中的并列连词参项》，《语言研究》2016 年第 1 期。

李洁：《拉祜语的并列结构复合词》，《民族语文》2004 年第 4 期。

李育林、邓云华：《并列短语标记性的认知研究》，《外语与外语教学》2009 年第 4 期。

李占炳：《并列结构的类型学研究》，商务印书馆 2019 年版。

李占炳、金立鑫：《并列标志的类型学考察》，《民族语文》2012 年第 4 期。

李智：《〈孟子〉并列式双音复合词研究》，《乐山师范学院学报》2009 年第 4 期。

李宗江：《并列成分的层次标记》，《汉语学习》2002 年第 5 期。

刘丹青：《语序类型学与介词理论》，商务印书馆 2003 年版。

刘丹青：《汉语的若干显赫范畴：语言库藏类型学视角》，《世界汉语教学》2012 年第 3 期。

刘丹青：《汉语及亲邻语言连动式的句法地位和显赫度》，《民族语文》2015 年第 3 期。

刘丹青编著：《语法调查研究手册》（第二版），上海教育出版社 2019 年版。

刘继超：《略论并列式新词词义与语素义之关系》，《宝鸡文理学院学报》（哲学社会科学版）1994 年第 4 期。

刘瑞莲：《衔接理论下的汉维语并列复句》，《喀什师范学院学报》2012 年第 2 期。

刘瑞莲：《汉维语并列复句的时空认知特点》，《喀什师范学院学报》2013 年第 1 期。

吕叔湘：《中国文法要略》，商务印书馆 1956 版。

吕叔湘主编：《现代汉语八百词》（增订本），商务印书馆 1999 年版。

马建忠：《马氏文通》，商务印书馆 1998 年版。

马清华：《并列连词的语法化轨迹及其普遍性》，《民族语文》2003 年第 1 期。

马清华：《并列结构的自组织研究》，复旦大学出版社 2005 年版。

马清华：《偶举成分的并列格式化条件》，《汉语学报》2007 年第 3 期。

马清华：《论汉语并列复合词调序的成因》，《语言研究》2009 年第 1 期。

全炳善：《试论汉、朝并列式复合名词字序的共同点》，《民族语文》1990 年第 6 期。

邵敬敏主编：《现代汉语通论》（第二版），上海教育出版社 2007 年版。

沈红丹：《“不但 p，更 q”复句语义探究》，《连云港师范高等专科学校学报》2006 年第 1 期。

时建：《梁河阿昌语参考语法》，中国社会科学出版社 2009 年版。

史东青：《汉语并列关系连词通释》，齐鲁书社 2015 年版。

史慧媛：《“或者”类选择复句语序的初步考察》，《黑龙江省语言学会 2004 年年会论文集》2004 年。

宋伶俐：《贵琼语研究》，民族出版社 2011 年版。

宋文辉：《现代汉语名词性并列结构的部分类型学特征》，《燕山大学学报》（哲学社会科学版）2015 年第 4 期。

宋文辉：《再论汉语名词性并列结构的“欧化”说》，《语言教学与研究》2016 年第 2 期。

孙宏开、齐卡佳、刘光坤：《白马语研究》，民族出版社 2007 年版。

孙宏开、徐丹、刘光坤、鲁绒多丁：《史兴语研究》，民族出版社 2014 年版。

孙宏开、胡增益、黄行主编：《中国的语言》，商务印书馆 2007 年版。

孙良明：《再说“并列结构”和“小句”》，《励耘学刊（语言卷）》，2010 年第 2 期。

覃聪：《两可式并列复句“A 也行，B 也行”的分析》，《河北北方学院学报》2006 年第 1 期。

王诚、王云路：《试论并列式复音词语素结合的深层原因——以核心义为研究视角》，《浙江大学学报》（人文社会科学版）2020 年第 1 期。

王海棻、赵长才、黄珊、吴可颖：《古代汉语虚词词典》，北京大学出版社 1999 年版。

王力：《王力文集第二卷》，山东教育出版社 1985 年版。

王强：《再论汉语并列结构的中心语》，《励耘语言学刊》2020 年第 1 期。

王维贤、张学成、卢曼云、程怀友：《现代汉语复句新解》，华东师范大学出版社 1994 年版。

王伟：《并列结构的认知功能》，《郑州大学学报》（哲学社会科学版）2010 年第 3 期。

王自强编著：《现代汉语虚词词典》，上海辞书出版社 1998 年版。

王祖姝：《说承接连词“于是”》，《襄阳师专学报》1998 年第 1 期。

吴静、石毓智：《英汉并列结构的语法共性与个性》，《外语学刊》2005 年第 3 期。

吴秀菊：《论湘西苗语的名词性并列结构》，《贵州民族研究》2019 年第 3 期。

吴云芳：《V+V 形成的并列结构》，《语言研究》2004 年第 3 期。

吴云芳：《面向语言信息处理的现代汉语并列结构研究》，北京师范大学出版社 2013 年版。

吴云芳等：《汉语并列复句的自动识别方法》，《北京大学学报》（自然科学版）2013 年第 1 期。

谢晓明、王倩：《并列结构的语序异变类型及其制约因素》，《对外汉语研究》2018 年第 2 期。

邢福义：《复句与关系词语》，黑龙江人民出版社 1985 年版。

邢福义：《汉语复句研究》，商务印书馆 2001 年版。

阎德胜：《科技俄语翻译中并列结构调换语序翻译技巧》，《解放军外语学院学报》1991 年第 1 期。

杨丹：《上古汉语并列复句关联标记“亦”的使用与发展》，《殷都学刊》2019 年第 1 期。

伊志：《从并列式复合词的建构看汉民族的整体思维观》，《现代语文》（语言研究版）2012 年第 1 期。

尹蔚：《“或者说”类有标选择复句的语义类型及语用机制考察》，《中南大学学报》（社会科学版）2011 年第 3 期。

尹蔚：《多维视域下的有标选择复句研究》，博士论文，华中师范大学，2008 年。

尹蔚：《有标选择复句语义关系之辨察》，《中南大学学报》（社会科学版）2013 年第 2 期。

尹蔚、罗进军：《从“是 p，还是 q”有标选择复句看合用型关系词的自动识别》，《中南大学学报》（社会科学版）2007 年第 6 期。

尹蔚、罗进军：《基于小句关联理论的有标选择复句层次关系自动识别》，《湖南工业大学学报》（社会科学版）2016 年第 6 期。

于峻嵘：《〈荀子〉单重承接复句语义及标示研究》，《燕赵学术》2009 年第 1 期。

余金枝：《吉首矮寨苗语并列复合名词的结构和声调特征》，《民族语文》2004 年第 1 期。

张斌主编：《现代汉语虚词词典》，商务印书馆 2001 年版。

张斌主编：《现代汉语描写语法》，商务印书馆 2010 年版。

张斌主编：《新编现代汉语》（第二版），复旦大学出版社 2008 年版。

张博：《先秦并列式连用词序的制约机制》，《语言研究》1996 年第 2 期。

张冈：《调序说‘异议’》，《中国语文》1980 年第 5 期。

张苹苹：《〈史记〉并列式合成词研究》，《语文学刊》2016 年第 3 期。

张萍：《〈墨子〉并列式复合动词“比列”“陈执”研究》，《湖州师范学院学报》2020 年第 1 期。

张怡春：《并列结构中并列项的句法结构和序列》，《盐城师范学院学报》（人文社会科学版）2003 年第 2 期。

赵凤娇：《并列式复合词词义识解影响因素实证研究》，《海外华文教育》2017 年第 6 期。

赵小刚：《〈朱子语类〉并列式复合词语素音序的第三种规则》，《西北大学学报》（哲学社会科学版）2012 年第 3 期。

赵燕珍：《大理白语的并列复合词》，《百色学院学报》2012 年第 2 期。

赵元任：《汉语口语语法》，商务印书馆 1979 年版。

赵运普：《说“于是”——兼谈顺承、因果复句的划界》，《新乡师范高等专科学校学报》2001 年第 1 期。

郑燕：《维吾尔语递进复句的语义关系范畴考察》，《语言与翻译》2017 年第 1 期。

智红霞：《征战类并列式双音节动词的语素组配方式及语素选择倾向性分析》，《牡丹江师范学院学报》（哲学社会科学版）2016 年第 4 期。

《中国少数民族语言简志》编委会、《中国少数民族语言简志丛书》修订委员会：《中国少数民族语言简志丛书》修订本·卷壹，民族出版社 2009 年版。

《中国少数民族语言简志》编委会、《中国少数民族语言简志丛书》修订委员会：《中国少数民族语言简志丛书》修订本·卷贰，民族出版社

2009 年版。

中国社会科学院语言研究所古代汉语研究室：《古代汉语虚词词典》，商务印书馆 1999 年版。

周刚：《汉、英、日语连词语序对比研究及其语言类型学意义》，《语言教学与研究》2001 年第 5 期。

周刚：《连词与相关问题》，安徽教育出版社 2002 年版。

周静：《现代汉语递进复句研究回眸与范畴化思考》，《西南民族大学学报》（人文社科版）2004 年第 6 期。

周榕：《隐喻认知基础的心理现实性——时间的空间隐喻表征的实验证据》，《外语教学与研究》2001 年第 2 期。

朱斌：《并列句关联标记模式的类型学问题》，《语言研究》2015 年第 1 期。

朱晓亚：《并列短语的句法作用》，《世界汉语教学》2001 年第 1 期。

朱艳华、勒排早扎：《遮放载瓦语参考语法》，中国社会科学出版社 2013 年版。

朱子良：《选择复句与选言命题》，《衡阳师专学报》（社会科学）1995 年第 1 期。

祝克懿：《并列复句和承接复句的话语结构》，《信阳师范学院学报》（哲学社会科学版）1988 年第 3 期。

祝克懿：《并列复句和承接复句中的语法关联手段》，《贵州师范大学学报》（社会科学版）1988 年第 4 期。

二 英文文献

Anette Frank. (2002). A (discourse) functional analysisof asymmetric coordination. In Proceedings of theLFG-02 Conference.

BernardComrie. (2008). Subordination, coordination: form, semantics, pragmatics. *IEEE Transactions on Power Apparatus & Systems*, 72(6), 1064-1084.

Bhat, D. N. S. (2004). 4. *Conjunction and Personal Pronouns. Coordinating Constructions.*

Bril, I. (2010). Clause linking and Clause Hierarchy: Syntax and Pragmatics. *John Benjamins Pub. Comp.*

Caterina Mauri. (2008). *Coordination Relations in the Languages of Europe and Beyond*, Mouton de Cruyter.

C. Jan-Wouter Zwart. (2005). Some notes on coordination in head-final languages. *Linguistics in the Netherlands*, 22(1), 231-242.

Dik S C, et al.(1997). *The Theory of Functional Grammar*, Parte 1: The structure of the clause. Mouton DE GRUYTER.

Dik, Simon C. (1968). *Coordination: Its Implications for the Theory of General Linguistics*. Amsterdam: North-Holland publishing company.

Dixon SJ, et al. (2009). Systematic mapping of genetic interaction networks. Annual Review of Genetics 43:601-25.

E. N. S. Bhat. (2004). Conjunction and personal pronouns, *Coordinating Constructions*, Typological Studies in Language (TSL) 58volumn.

Edward J. VaJda. (2008). Subordination and coordination strategies in north asian languages, John Benjamins Publishing Company.

Elena Rudnitskaya, Elena Uryson. (2008). *Toward a Semantic Typology of Coordinaion, Subordination and Coordination Strategies in North Asian Languages*.

Etsuyo Yuasa and Jerry M. Sadock. (2002). Pseudo-subordination: a mismatch between syntax and semantics. Journal of Linguistics, Volume 38, Issue 1, March 2002.

Foley, W.. (2010). *Clause Linkage and Nexus in Papuan languages.Clause Linking and Clause Hierarchy*.

Foley, W. A., & Jr, R.. (1984). Functional syntax and universal grammar. Cambridge University Press.

Genetti Carol. (2011). The tapestry of dolakha newar: chaining, embedding, and the complexity of sentences. Linguistic Typology, 15(1).

Graham Thurgood and Randy J. LaPolla (1983). THE SINO-TIBETAN LANGUAGES.

Jeffrey Heath. (2004). Coordination: An adaptationist view, *Coordinating Constructions*, Typological Studies in Language (TSL) 58volumn.

Jeschull, L.. (2004). 10. *Coordination in Chechen. Coordinating Constructions*.

Jespersen, Otto. (1924). *Philosophy of Grammar*, New York: Norton (1965 edn.).

Lehmann, C.. (1988). *Towards a Typology of Clause Linkage. Clause Combining in Grammar and Discourse.*

Marianne Mithun. (1989). *The Grammaticization of Coordination.* Clause Combining in Grammar and Discourse.

Martin Haspelmath. (2004). *Coordinating Constructions.* Typological Studies in Language (TSL).

Martin Haspelmath. (2007). " Coordination. " In: Shopen, Timothy (ed.) Language typology and syntactic description, vol. II: Complex constructions. 2nd ed. Cambridge: Cambridge University Press, 1-51.

Niina Ning Zhang. (2002). *Coordination in Syntax.* Cambridge University Press.

Ohori, T. (2004). 2. *Coordination in Mentalese. Coordinating Constructions.*

Payne, John R. (1985). *Complex Phrases and Complex Sentences.* In: Timothy Shopen (ed.) vol. 2, 3-41.

Progovac, Ljiljana. (1998). *Structure for Coordination* (Part I & II). Glot International 3(7): 3-6 &3(8): 3-9.

Reintges, C. (2010). *Coordination, Converbs and Clause Chaining in Coptic Egyptian: Typology and Structural Analysis.*

Ross, J. R.. (1967). *Constraints on Variables in Syntax.* PhD diss. MIT.

Ross, John Robert and David Perlmutter (1970). *Relative clauses with splitantecedents*, Linguistic Inquiry 1:350.

Stassen, Leon. (2000). *AND-languages and WITH-languages.* Linguistic Typology 4. 1:1-54.

Tang, G., & Lau, P. (2012). *Coordination and Subordination in Sign Languages. Sign Language: An International Handbook.*

Wilder, C.. (1994). Coordination, ATB, and ellipsis. University of Groningen. Center for Language and Cognition Groningen.

Yuasa E. & J. Sadock (2002) *Pseudo-subordination: A mismatch Between Syntax and Semantics.* Journal of Linguistics.

后　记

《藏缅语并列结构类型比较研究》一书就要出版了，感慨万千。自2017年6月获批国家社会科学基金项目以来，欣喜之余兢兢业业，心里一直想着如何完成课题，时刻不敢放松。

2017—2019年，进行了漫长的材料收集，其间还顺利完成了悠乐山基诺语和补远基诺语的语保调查工作，对我来说，这段时间是累并兴奋着。2019年8月8日到2020年9月11日，赴美国俄勒冈大学做访问学者。正是这13个月的访学生涯，让我沉浸在我的课题当中。

在美丽的小城尤金市，在俄勒冈大学语言学系提供的简陋办公室里，我一点点分析整理着纷繁无序的语言材料，有时刚想好一种分类方法，过几天就全盘推翻。有时发现一个亮点，赶快再梳理材料。就这样，在办公室里，走过了秋天，迎来了雨季，在烂漫春天快要结束时，书稿的大致框架和内容已初步形成。但这时疫情已经影响到校园，校园停课停学，我不得不告别可爱的办公室。尤金居家的日子里，利用便捷的外文文献查询条件，我又一遍梳理并列结构文献，待回国时，书稿基本完成。

2020年9月底回国，10月初开始教书工作。在教书育人的同时，进一步提炼书稿内容，补充书稿材料。尤其是在结项前的三个月，挑灯夜战，一遍遍梳理核对稿件内容，我的研究生许安琪、马昕瑞、陈元莹、邢佳也帮我进行稿件核对，感谢他们。2021年春，国家社科结项，评级为良好，很高兴，但也说明还需进一步努力，在此感谢各位匿名专家的意见。

我的导师戴庆厦先生从课题申请、课题完成、课题结项都给予了宝贵的意见。作为戴老师的学生非常幸福，从未感觉到已毕业，一直受教于敬爱的老师。

感谢家人，尤感谢小女菁菁在尤金的陪伴。

2024年11月10日

于石景山融景城